少年速读中国史

朱仲玉 等 编著

中国少年儿童新闻出版总社
中国少年儿童出版社
北京

图书在版编目（CIP）数据

少年速读中国史 / 朱仲玉等编著 . -- 北京 : 中国
少年儿童出版社 , 2025. 1. -- ISBN 978-7-5148-9447-9

Ⅰ . K209

中国国家版本馆 CIP 数据核字第 2025UP3300 号

SHAONIAN SUDU ZHONGGUOSHI

出版发行： 中国少年儿童新闻出版总社
中国少年儿童出版社

执行出版人：马兴民
责任出版人：缪 惟

策划编辑：史 钰		责任校对：杨 雪
责任编辑：张 靖		责任印务：厉 静

社　　址：北京市朝阳区建国门外大街丙 12 号　　　邮政编码：100022
编 辑 部：010-57526303　　　　　　　　　　　　总 编 室：010-57526070
发 行 部：010-57526568　　　　　　　　　　　　官方网址：www.ccppg.cn

印刷：河北赛文印刷有限公司

开本：880mm×1230mm　　1/16　　　　　　　印张：33.5
版次：2025 年 3 月第 1 版　　　　　　　　　印次：2025 年 3 月第 1 次印刷
字数：380 千字　　　　　　　　　　　　　　印数：1-5000 册

ISBN 978-7-5148-9447-9　　　　　　　　　　定价：88.00 元

图书出版质量投诉电话 010-57526069　　　电子邮箱：cbzlts@ccppg.com.cn

目录

夏朝建立

传说上古时期，中国大地上发生过一次大洪水。洪水泛滥，淹没了农田、村庄，很多人死在洪水中。当时的首领是尧，他命令鲧（gǔn）去治理洪水。鲧用筑堤的办法阻挡洪水，但根本挡不住。他的治水行动失败了。

后来，舜接替尧做首领，他杀了鲧，命令鲧的儿子禹继续治理洪水。禹吸取了父亲鲧失败的教训，改用疏导的办法治理洪水，疏通河流，让洪水流向大海。他成功了。

禹完成了治水的任务后，被指定为舜的继承人。过了十七年，舜去世了，禹正式成为部落联盟的领袖，建立了夏朝，禹也被称为夏禹。它是我国历史上的第一个朝代，夏禹是夏朝的第一个国君。

夏朝的疆域已经超出黄河流域，一直到达长江流域，打败了原先在那里的三苗（今湖北、湖南、江西一带），俘虏很多苗人当奴

〈 齐家文化红陶人头像 〉

隶。据说，一部分苗人被迫迁徙到了西南贵州一带。在东南方，夏朝的势力一直到达浙江一带。据说夏禹曾在会稽（今浙江绍兴，会稽kuài jī）召开各部族首领大会，防风氏迟到了，夏禹就杀死了防风氏。

还有一个传说：为了纪念治理洪水这件大事，夏禹用当时九个州出产的铜矿石铸了九个鼎，代表九个州，这九个鼎后来就成了国家政权的象征。这个传说说明，夏朝创立的时候已经能够生产铜器了。考古学家虽然至今还没有发掘到夏禹铸造的九个鼎，但是别的铜器已经发掘出了一些。

夏禹到了晚年，也像尧和舜一样，想找一个贤能的人做自己的继承人。最初人们推荐皋陶（yáo）。皋陶死得早，人们又推荐皋陶的儿子伯益。十年以后，夏禹巡视到会稽，死在那里了，按理应当由伯益来继承王位，可是夏禹的儿子夏启不干。夏启宣称，天下是他父亲夏禹辛辛苦苦奋斗得来的，已经成了他们家的私产，父亲死了，私产应当传给儿子，所以王位应当他来继承。夏启用武力把伯益赶到箕山南边，然后在钧台（今河南禹州）举行大规模宴会，宣布自己继承禹的地位（也有一种观点，把夏启算作夏朝的第一个王）。从此，选贤任能的公天下制度，变成了父死子继或兄终弟及的家天下制度了。

公天下制度被破坏，自然会受到一些人的反对。有一个部族首领叫作有扈氏（扈hù），首先出来指责夏启不应当抢夺伯益的王位，要求夏启把王位立即还给伯益。夏启就和有扈氏在甘泽（今陕西户县西南）这个地方发生了战斗。第一仗，夏启的部队被有扈氏打得七零八落，几乎全面崩溃。夏启的臣子建议夏启赶快补充人员，重整军容，准备进行第二次战斗。可是夏启知道，有不少人不赞成父死子继

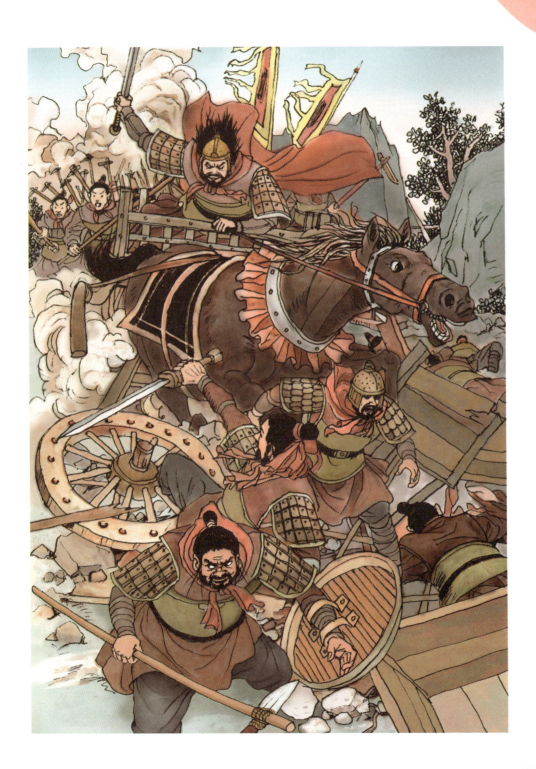

的办法，所以不肯拥护他。这个时候再打仗，没有胜利的把握；想要得到胜利，首先必须把人心拉向自己这一边来，让人们知道，他夏启是一个贤能的人，由他来继承王位是合理的。

于是夏启严格要求自己，来博得人们对他的信任。他吃饭只吃一碗普通的蔬菜；睡觉只铺一床粗糙的旧褥子；除了祭神和祭祖以外，他不许演奏音乐作为娱乐。他爱护小孩，尊敬老人。谁有本领，他就赶快请来加以重用；谁懂得武艺，他就赶快请来叫他带兵打仗。

夏启这样收买人心，真的产生了效果，才过了一年，他的声誉就大大提高了。人们常常说："夏启真不愧是夏禹的好儿子，你看他要求自己多么严格，对待别人又多么热情，多么有礼貌，看起来天下就应当交给像他这样的人来治理。以后要是有谁再来和他争王位，我们应当全力保卫他才对。"就这样一传十、十传百，大家都不约而同地认为，夏启是夏禹的当然继承人了，对于父死子继的家天下制度，再没有人觉得有什么不合理了。

夏启看到人心已经倒向他这一边了，就又一次发动了对有扈氏的战争。这一次，群众帮助夏启去攻打有扈氏，把有扈氏打得溃不成军。有扈氏本人也做了俘虏，被放逐到草原地区去做放牧牛羊的奴隶。夏启的王位终于坐稳当了，父死子继的家天下制度正式建立了。

夏启实行家天下制度，说明了我国原始社会晚期私有财产制度正式确立，阶级开始出现，奴隶社会开始形成，国家的雏形也开始出现了。从表面上来看，从没有剥削压迫的原始社会过渡到有剥削有压迫的奴隶社会，好像是坏的制度代替了好的制度。其实呢，原始社会生产力极其低下，人们的生活极其艰苦。进入奴隶社会以后，农业和手工业有了分工，社会生产力有了很大的提高，生产有了很大的发展，从而为文化的繁荣创造了条件。所以说，从原始社会进入奴隶社会，是人类一次划时代的进步。

商汤灭夏

　　夏启死后，其子太康即位。太康即位后，沉溺于打猎，不理朝政，被东夷有穷氏首领后羿（不是射日的那个后羿）篡夺了王位，史称"太康失国"。后来，后羿又被部下寒浞（zhuó）杀死。寒浞上台后，为了斩草除根，派人杀死了太康的侄子相。相虽然死了，但仍留下一个遗腹子少康。少康长大后，在夏朝遗臣的帮助下杀死寒浞，成功复国，史称"少康中兴"。

< 商代战车 >

　　少康中兴以后，只有少康的儿子季杼（zhù）在位的时候比较强盛。季杼是个很能干的人，他发明了打仗穿的甲，这种甲是用兽皮做的，石刀砍不透，石制的箭镞（zú）穿不透，就是当时已经少量生产的铜制武器也奈何不了它，可以说是当时打仗的护身法宝。季杼依仗这种法宝，加上其他有力的手段，继续同东夷各部落斗争，终于降伏

了东夷各部落，进一步扩大了夏朝的疆域。

季杼以后的夏王一代不如一代，最糟糕的是夏禹的第十四代孙子、夏朝的第十七个王夏桀（jié）。老祖宗夏禹辛辛苦苦创立的基业，就是在他手里断送的。

夏桀是一个出名的败家子。他继承王位后，嫌居住的宫室太简陋，就下令在洛阳建造一座高大无比的宫殿，因为太高，看上去像是要倾倒下来，所以叫"倾宫"。倾宫占地十里，宫室的中心修一座瑶台，用洁白的玉石砌成。这座倾宫修了七年才完工，动用了成千上万的奴隶，花费了大量的财力物力，真是劳民伤财，害苦了老百姓。

夏桀对饮食十分讲究，尽想吃山珍海味，常吃的是西北出产的蔬菜，东海里捕捞来的鲸；调味的佐料必须是南方出产的生姜，北方出产的海盐。为了供应他一个人的膳食，得有成百上千人替他种菜、捕鱼、运输、烹调。夏桀又是个酒鬼，特别喜欢喝酒。他喝酒还有个怪脾气，必须喝十分清澈的酒，酒一混浊，他就要杀厨师，许多厨师因此断送了性命。夏桀喝醉了以后，还要拿人当马骑着玩耍。谁要是不肯让他骑，就要挨一顿打或者被拉出去杀头。对夏桀来说，杀一个人简直比宰一只鸡还要随便。

夏桀喜欢阿谀（yú）奉承的人，讨厌直言规劝他的人。有个叫于莘（shēn）的坏蛋很受夏桀宠爱。于莘经常给夏桀出坏点子，夏桀听了于莘的教唆后，更是火上浇油，越变越坏。有个好人叫关龙逢（páng），看到夏桀胡作非为，经常劝他改过自新。夏桀不但听不进去，最后还把关龙逢杀了。从此，好人不敢再亲近夏桀，而坏人则成群围着夏桀转。夏朝的政治越来越腐败了。

正当夏朝势力日渐衰落的时候，黄河下游的商国势力强大起来了。商国是夏朝的属国，据说祖先是黄帝的曾孙帝喾（kù）的小儿子，名字叫契。契曾经帮助夏禹治水，立了功。夏禹赐他姓子，封他在商地。子契在封地建立了一个小国家，叫作商。夏桀胡作非为的时候，正是子契的第十四代孙子汤掌管商国政权。商汤看到夏桀遭到众多老百姓的反对，觉得民心可用，就积极准备进攻夏朝。夏桀知道了，就把商汤抓去，关在夏台的监狱里。商汤差点儿断送了性命，多亏他很善于应付，骗过了昏庸的夏桀。过了一阵子，夏桀把商汤释放了。

商汤回到商国，历数夏桀的昏庸和残暴，劝说那些受夏朝控制的部族起来反抗夏朝，归顺商国。葛伯族不听商汤的劝告，商汤就先出兵把葛伯族消灭了，借以杀一儆百（儆jǐng）。商汤把首都迁徙到亳（今河南郑州，亳bó），在国内加紧笼络老百姓，表示自己是个贤明的国君，好让老百姓听从他的指挥。

有一次，商汤到城外去玩，看到一个捕鸟的人张着四面网在捕鸟，捕鸟人口里还不断地念叨说："从天上落下来的，从地面往上飞的，从四面八方来的，都掉进我的网里来！"商汤看了，对捕鸟人说："你这样做太残忍了，赶快撤掉三面网，留下一面就够了。"捕鸟人说："一面网怎么能捕鸟？"商汤说："你张一面网，对鸟喊叫，'鸟儿啊！你们愿意往左就往左飞；愿意往右就往右飞；实在不想活了，就进我的网里来吧！'这样才显得你心地善良。"商汤对捕鸟人说的这一番话很快就流传开来，人们都说商汤这个人真好，他对禽兽都这样仁慈，我们应当真心拥护他。这个张一面网捕鸟的故事，后来就成为一个成语，叫作"网开一面"，用来比喻采取宽大态度，给人留一条出路。

　　商汤做好了准备工作后，就发表一个宣言，对夏朝发动了进攻。他在宣言中说："大家都跟着我去攻打夏桀吧！这倒不是我这个人喜欢作乱，叫你们撂下繁忙的农事去打仗。实在是夏桀这个人太昏庸，天下被他糟蹋得太不像话了。老百姓早就指着他的脊梁骨在诅咒他，叫他快点儿死。他做的坏事真是天地难容。现在我奉着老天爷的旨意去消灭他，你们应当帮助我。你们如果能在战争中立功，我一定重重地赏赐；如果不努力作战，我就一定要重重责罚！"

　　夏桀听说商汤带兵打来了，对自己的手下人说："如今到了这个地步，我真后悔当初没有在夏台里把商汤这家伙给杀了。"他命令赶快调动从属夏朝的昆吾国、韦国、顾国三个小国家的军队来保卫夏朝。商汤早就料到这一着，他先派兵灭亡了韦国和顾国，打败了昆吾国，大军直逼夏朝的重要城市鸣条（今河南封丘）。夏桀亲自带兵到鸣条迎战，但是士兵都不听他的指挥，有的逃散，有的投降。夏桀看到大势已去，不敢再回首都洛阳，带着少数残兵败将去投靠昆吾国。商汤乘胜追击，一举灭亡了昆吾国。夏桀带着他的妻子妹喜（妹mò）逃出重围，乘上一只小船渡江到了南巢（今安徽巢湖）。夫妻俩自己不会劳动，最后双双饿死在南巢山中。

　　这样，从公元前2070年开始的夏朝，经历了四百多年，灭亡了。大约在公元前1600年，商汤正式建立了我国历史上第二个奴隶制国家商朝。

武王伐纣

商朝国都多次迁移，后来盘庚在位时，迁都到殷（今河南安阴）才稳定下来。盘庚的侄子武丁在位时，商朝达到鼎盛时期。

商朝后期，西方的周国发展起来。

周武王即位的时候，商朝最后一个王纣王（纣zhòu）已经把自己的国家搞得越来越糟。商纣王攻克东夷，开发东南，在历史上有过一定的功绩，可他毕竟是最大的奴隶主，必然有他荒淫丑恶的一面。他特别爱摆阔气，穿的衣服上缀满各种玉石和其他宝贝。他住的王宫用玉石做门，黄金做柱，还在宫苑里建造了一座十丈高的鹿台，装潢得富丽堂皇，比夏桀的瑶台还要阔气。他特别喜欢喝酒吃肉，在王宫里设了酒池肉林，尽情享受。酒池就是凿一个池子，里面灌满了酒，这个酒池很大，据说可以行船。肉林就是在酒池边上竖立许多木头桩子，木桩上面挂着烤得香喷喷

〈 后母戊鼎 〉

的肉。纣王和奴隶主贵族们在酒池边上纵情酗酒（酗xù），到肉林里一伸脖子就可以吃到肉。

纣王还特别宠爱一个名叫妲己（妲dá）的女人。妲己尽出些坏主意，叫纣王干下许多伤天害理的事情。例如她叫纣王用炮烙（páo luò）的酷刑惩治反对他们的人。炮烙又叫炮格，就是用炭火把铜柱子烧热，让人在铜柱上爬，掉下来就被下面的炭火活活烧死。

纣王这样荒淫残暴，不是没有人规劝他。他的异母哥哥微子启就对纣王说："现在我们拼命喝酒，败坏了祖先留下来的美德。喝酒使得我们的百姓、大臣都做出偷窃奸邪的事情来，眼看我们商朝就要灭亡了。"纣王不听微子启的劝告。微子启只好偷偷离开他，到别的地方去躲起来。纣王的叔叔比干也好言劝告纣王，纣王居然杀死比干，剖开肚子，取出心来观赏。纣王的堂兄弟箕子（箕jī）也劝过纣王，纣王不但不听，反而把箕子囚禁了起来。这样一来，其他的人再也不敢来劝纣王了。他们有的借口有病躲了起来；有的虽然天天上朝，见了纣王却一言不发；有些太师、少师一类的大官，甚至偷偷拿走商朝太庙里的祭器、乐器，投奔了周武王。

纣王如此腐败，老百姓更是苦透了。纣王建造鹿台，拉老百姓去服劳役；纣王要喝酒，就把老百姓的口粮夺了去酿酒；纣王要吃肉，就叫老百姓没日没夜地到深山密林里去猎取野兽；纣王宠爱的妲己喜欢看杀人，就随便地把老百姓拉去砍头、剁脚、剖肚子。老百姓实在忍受不下去了，就只好抱着小的，扶着老的，哀号哭泣，四处逃亡。

商朝的天下被纣王搞得乌七八糟，再也维持不下去了。这时候，周武王在姜

尚的协助下作出了进攻商朝的决定。周武王先向各部落、各小国发出通知，叫大家到黄河边上的孟津（今河南孟津）会盟，商讨如何收拾乱糟糟的天下，借以试探一下这些部落和小国的态度。到了规定的日期，赶来会盟的部落和小国的首领有八百多个，说明天下绝大多数人都愿意跟着周武王起兵伐纣。周武王就在会盟大会上宣读了伐纣宣言，公布了纣王的罪恶，宣告周武王是奉了老天爷的旨意去讨伐殷纣王的。参加会盟的各部落各小国的首领们一致赞同周武王的决定，纷纷表示愿意出兵参加伐纣。但是周武王认为时机还不够成熟，没有马上出兵。

周文王死后的第四年春天，周武王出动了三百辆兵车，三千名勇猛的先锋，四万五千名士兵，会合各部落和小国的支援部队，浩浩荡荡地从孟津向着商朝的都城朝歌（今河南鹤壁）进发。这支讨伐大军前歌后舞，士气旺盛，一路上没有遇到多大抵抗就到了离朝歌只有七十里路的牧野（今河南卫辉北）。

在牧野，周武王正式竖起伐纣大旗，当众誓师。他在誓言中历数纣王腐败荒淫、凶恶残暴的种种罪恶。他说："现在纣王昏庸极了，不祭祀祖宗，不理国家大事，连自己的堂兄弟、兄弟、叔叔的话都不听了。相反地，那些从四方逃来的坏人和罪犯，他却大量收容，让他们做官，用他们来残害老百姓。现在我代表老天爷来处罚纣王。希望大家勇敢作战，消灭顽抗的敌人，不要杀害投降的敌人。谁努力作战，就给予奖励；谁怕死后退，就严厉责罚！"誓师完毕，就挥动旗帜，驱动兵车，向商军进攻。

这时候，纣王正带着他心爱的妲己和宠臣在鹿台上欣赏歌舞，喝酒吃肉。手下的人把周军进攻的消息告诉纣王，他这才散了酒席，召集大臣们商量如何应战。商朝的军队当时正在东南地区对付东夷族，一时抽不回来，纣王只好下令把大批的奴隶和俘虏编入军队，一共七十万人，开赴牧野前线，抵抗周军的进攻。著名的牧野之战爆发了。

牧野之战是我国古代史上规模空前的一场大战。论人数，周武王的伐纣大军总共只有六七万人，而纣王这边却有七十万人；可是论士气，周武王的伐纣大军同仇敌忾（kài），都下了决心要把商纣王推翻。而纣王的军队本来是奴隶和俘虏，他们早就恨透了纣王，哪里肯替纣王卖命。

周商两军都摆开了阵势，周军呐喊着向商军冲杀过来。商军士兵不但不抵抗，反而在阵前纷纷起义，掉转戈矛，和周军一起杀向纣王。纣王一看大事不妙，赶快逃回朝歌城里，跟着他的只有百十来个人。纣王知道自己的末日到了，就穿上他的宝玉衣，在鹿台上大吃一顿，叫人在鹿台下放一把火，把自己烧死了。

周武王听说纣王在鹿台自焚，就带着伐纣大军冲进朝歌。朝歌的老百姓早已烧好了开水，煮好了饭，等着迎接周武王的军队。周武王一进城，老百姓齐声欢呼，感谢他从纣王的暴政底下解救了他们。

周武王乘车赶到焚毁的鹿台，亲自向着烧焦了的纣王尸体射了三支箭，又用剑刺了几下，最后用铜斧砍下纣王的脑袋，悬挂在旗杆上号令示众。周武王庄严地宣告伐纣战争胜利结束，商朝已经灭亡。他得到了各部落和各小国的首领的拥戴，建立了周朝，自称为天子。这是发生在公元前1046年的事。周朝是我国历史上第三个奴隶制王朝，也是奴隶制最兴盛的时代。

烽火戏诸侯

公元前781年，周宣王由于征战失利，忧郁而死，他的儿子姬宫涅（shēng）继承了王位，即周幽王。

周幽王是在天灾频繁、政局不稳的情况下坐上王位的。他即位的第二年夏天，久旱不雨，泾水、渭水、洛水都干涸（hé）了，接着又是地震，又是闹饥荒，广大老百姓没有饭吃，到处流浪。阶级矛盾尖锐，政局更加不稳定了。

在这种情况下，周幽王不但没有设法去安定民心，挽救危局，反而过着更加荒唐的日子，所以加速了他的灭亡。

周幽王早年曾娶申侯的女儿做王后，生了一个儿子，取名宜臼。周幽王即位以后，宜臼被立为太子。可是后来幽王又爱上了一个名叫褒姒（bāo sì）的女人，他和褒姒生了一个儿子，取名伯服。幽王因为喜欢褒姒，所以想废掉太子宜臼，立伯服为太子。可是周朝的规矩是只有王后生

‹ 西周伯方座簋 ›

的嫡长子才能做太子，有权继承王位，妃子生的儿子是没有这种权利的。因此幽王想杀死自己的亲生儿子宜臼，然后废掉宜臼的母亲申后，以便封褒姒为王后，立伯服为太子。

有一天，太子宜臼正在花园里玩耍，幽王故意派人把关在笼子里的老虎放出来，想让老虎咬死宜臼。没想到宜臼的胆子很大，当凶恶的老虎张牙舞爪扑将过来的时候，宜臼不但不躲避，反而勇敢地迎上前去大吼一声，把老虎吓得后退了好几步，乖乖地像只巴儿狗一样俯首帖耳地趴在地上，不敢动弹了。周幽王的阴谋没能得逞。太子宜臼从此存了戒心，害怕再一次遭到暗算。在幽王即位后的第五年，他偷偷地逃出王宫，躲到外祖父申侯那里去了。宜臼一走，幽王好像拔掉了眼中钉，很是高兴。过了三年，他下令废掉申后和宜臼，封褒姒为王后，立伯服为太子。

幽王还有一件事情不惬意（惬qiè），就是褒姒有个怪脾气，她从来不笑，不管多么有趣的事情，她都不感兴趣，不露笑容。她被封为王后了，她的儿子伯服被立为太子了，这应当是件最值得高兴的大事，可是她也没有丝毫高兴的表示。

原来她不是出自公侯贵族人家，而是一个宫女的私生女。她妈妈生下她以后，就把她偷偷丢弃在外面了。一对好心的夫妇看到这个初生的弃婴在野外啼哭，就把她抱起来，带到一个叫褒的小国去抚养，十几年以后，她长成一个漂亮的少女。褒国有个贵族得罪了周幽王，为了赎罪，花钱把她买来，取名褒姒，献给了周幽王。褒姒虽然身在王宫，名为王后，可实际上无非是一个奴隶而已，或者说只不过是周幽王的一个玩物而已。一个有着如此悲惨遭遇的女人，叫她怎么能笑得起来呢？

周幽王当然体会不了褒姒内心的委屈，偏要叫她笑。为此，幽王想出了千百条

妙计，想要逗引褒姒笑一笑，都没有成功。他又悬出了赏格，说有谁能叫褒姒笑一笑，就赏给千金。

幽王手下有个大官叫有虢石父（虢guó），是个惯会拍马逢迎的坏家伙，也是个财迷心窍的贪财鬼。他听说幽王悬赏千金想叫褒姒笑一笑，就来向幽王献策。他的计策就是"烽火戏诸侯"。

原来西周时候，为了防备西边犬戎部族的侵扰，在镐京（今陕西西安，镐hào）附近的骊山（骊lí）一带修了许多烽火台。烽火台就是修筑得很高很高的平台，如果发现犬戎来进攻，晚上就在烽火台上烧起大火，白天就在烽火台上烧狼粪使它冒烟，向诸侯发出警报。远方的诸侯看到烟和火光，知道京城告急，天子有难，就赶快带着军队和战车前来救援。烽火台是这么重要的报警设施，周幽王听了虢石父的教唆，竟然把它当作开玩笑的工具。

这一天，周幽王带着褒姒来到桥东的城楼上，他派人在烽火台上烧起了熊熊大火。这一下可热闹啦，诸侯们一看到火光，以为天子有难，赶快派出大军赶来救援。将领们乘着战车，士卒们奔跑赶路，个个都跑得气喘吁吁，汗流浃背（浃jiā）。他们赶到镐京城下，却看不到一个犬戎的兵，见到的只是幽王和褒姒坐在城楼上喝酒看热闹。诸侯们的这一阵奔忙，可真把褒姒给逗笑了。她笑幽王如此轻率行事，笑诸侯这样容易上当。褒姒的嫣然一笑，周幽王高兴得什么似的，马上给了虢石父千金的奖赏。那些带兵来勤王的诸侯可气坏了，知道受了愚弄，都骂骂咧咧地带兵回去了。

再说申后的父亲、宜臼的外祖父申侯听说幽王废掉了申后和宜臼，封褒姒为王后，立伯服为太子，生气极了。他联合了缯国（缯zēng）和犬戎，发兵前来攻打镐京。幽王看到犬戎真的打来了，赶快派人去点燃烽火，向诸侯求救。可是这一次，诸侯们以为幽王还是拿他们取乐，谁也不派兵来。镐京终于被犬戎攻破，幽王逃到骊山脚下，被杀掉了，褒姒被掳走了，周王室历年积存下来的宝贝财物被洗劫一空。当诸侯们弄清楚这一次真的是犬戎来犯，急忙派兵赶来救援时，已经晚了一步。诸侯们看到幽王已死，就只好和申侯一起商量，拥戴幽王的儿子宜臼继承王位，就是周平王。

周平王即位以后，怕犬戎再一次打进来，不敢再留在镐京。公元前770年，他把王都从镐京迁到了东都洛邑（今河南洛阳）。因为镐京在西边，所以历史上把平王东迁以前的周朝称为西周，把平王东迁以后的周朝称为东周。

齐桓称霸

东周又分为春秋和战国两个时期。春秋的名字来源于我国著名思想家、教育家编写的编年体史书《春秋》。周朝立国的时候，分封了许多诸侯国，让功臣和姬姓子弟去诸侯国做国君。齐国就是姜太公受封的诸侯国，在山东省北部和东部。齐桓公在位时，齐国有管仲、鲍叔牙、隰（xí）朋、宁戚等大臣治理，十分强盛。

齐桓公想要称霸诸侯。他对管仲说："现在咱们兵强马壮，可以会合诸侯了吧？"管仲说："如今南方的楚国、西方的秦国和晋国都比我们强，可他们都没能当上诸侯的首领，这是什么道理呢？因为他们对周王室不够尊崇，不知道用天王的名义号召诸侯，停止混战。您要是用'尊王攘夷'来号召，您的声望就会越来越高。"管仲所说的尊王攘夷，就是指尊重周王室，承认周天子的共同领袖地位，联合各诸侯国共同抵御戎、狄等部族对中原的侵袭。齐桓公听管仲说得有理，便问："那该怎样做呢？"管仲回答说："宋国刚经过内乱，至今新国君还没得到各国承认。我们不妨利用周王刚即位的机会，一来去贺喜，二来请天王下令，让诸侯承认宋国的君位。只要天王同意，我们就可以出面召集诸侯了。"齐桓公马上派使臣朝见周王。

春秋时期，许多诸侯都不把周王室放在眼里了。这次，周王刚上台，见强大的齐国前来贺喜，心里说不出多高兴，就把召集诸侯承认宋国君位这件美差派给了齐桓公。齐桓公得到天王的命令后便发出通知：三月初一，在齐国的北杏（今山东东阿北）大会诸侯。

这以后，齐国又多次会盟诸侯，带领诸侯们救助弱国、讨伐不尊重周天子的国家。这样，大多数诸侯都承认了齐国称霸的事实，齐桓公从此成为春秋时期第一个霸主。

打这以后，各大诸侯国之间接二连三地互相争霸，战争越打越激烈。这是什么原因呢？主要是因为当时社会经济发展比较快，而各国的发展又不平衡。强大起来的国家和民族不满足同弱小国家和民族平起平坐，要求占有更大的地盘，拥有更多的劳动力，掌握更大的权力，因此就经常发生利害冲突，出现了大国争霸的局面。

〈 齐国殉马坑 〉

历来都说"春秋无义战"，当时各国统治者为了各自的利益打个不停，确实给百姓带来了巨大的灾难。但是从客观上来看，争霸战争的主要方面，还是推动了社会的进步。在战争过程中，各族人民频繁往来，互相影响，这就加速了各族人民相互同化和融合的步伐，加速了整个中华民族的前进和发展。几百个小国逐渐归并为十几个以至几个大国，为统一的多民族帝国的建立奠定了基础，为全国性的统一准备了条件。中原各国逐渐承认了齐国的盟主地位，可是边境上的少数民族却不讲这一套，他们不管盟主不盟主，有机会就来骚扰。齐桓公听说南方的楚国任用贤人，奋发图强，怕它强大起来，北上争雄，就和管仲商量对付的办法。正商量着，有人来报告，说山戎侵犯燕国，燕国派人来求救了。齐桓公开始有些不愿出兵，管仲说："山戎是中原地区的忧患，不征服不行。再说，我们要想征伐楚国，必须先打退山戎，解除后顾之忧。"齐桓公听了管仲的话，亲自统率军队援救燕国。

山戎是当时我国北方的一个少数民族，经济和文化都比较落后。他们经常到中原地区进行骚扰，劫掠粮食、牲口和财物，破坏生产。中原各国抵御山戎和其他少数民族的侵犯，是具有积极作用的。

周惠王十三年（公元前664年），齐国大军到了燕国，山戎早就带着抢掠的人口和财物逃走了。管仲说："山戎虽然跑了，等我们一走，他们又会来抢掠。我们不如趁这次出兵，彻底打垮他们，安定北方。"于是，齐桓公决定继续前进，追击山戎。

燕国的国君燕庄公对齐桓公说："离这儿八十里有一个无终国（今河北玉田），和我们有点儿交情，他们又跟山戎有仇，可以请他们给我们带路。"齐桓公立刻派人带着礼物去请无终国国君帮助。无终国派了一支军队前来助战。

山戎的首领密卢听说齐国、燕国、无终国联合征伐，便向北逃去，来不及跑的山戎百姓和士兵都投降了。齐桓公为了收服山戎，传下令来，不许杀害山戎降兵和百姓。山戎百姓受到宽待，十分感激齐桓公。齐桓公问他们："你们的首领逃到哪里去了？"他们说："一定是逃到孤竹国借兵去了。"齐桓公决定跟踪追击，去征伐孤竹国。

再说密卢逃到孤竹国请求援助，孤竹国国君答里呵派大将黄花率兵跟密卢一起去迎战。黄花刚一出战，就被齐国打得大败而逃。黄花跑回无棣（dì）城，对答里呵说："齐侯今日来，不过要惩罚山戎，跟我们有什么关系？我看不如杀了密卢和齐侯讲和。"答里呵正犹豫不决，一位大臣献计说："我国北边有个地方叫'旱海'，又叫'迷谷'，那里一片沙漠，茫茫无边，路途难认。如果能把齐军引进去，我们不动一兵一卒，就可以把他们困死在那里！"答里呵说："怎样才能把齐兵引进迷谷呢？"大臣说："这好办。您带着百姓暂时躲到山里去，然后派人去向齐侯报告，说您已经逃跑。齐侯见是空城，一定信以为真，必然去追。这样不就可以把他们引进迷谷了吗？"黄花听大臣说得头头是道，就主动要求去诈降。

黄花边走边想：如果杀了密卢，把他的脑袋献给齐侯，齐侯准会相信我，于是到马鞍山去找密卢。黄花杀了密卢，将密卢的脑袋砍了下来，直奔齐军。

齐桓公正在商量如何进取孤竹，黄花带着一颗人头前来投降。黄花跪在地上，双手捧着人头说："我劝我们国王投降，他不听，现在已经逃到沙漠北边请救兵去了。我杀了密卢，把他的头献给大王。我情愿给您做一个小兵，为您效劳。"齐桓公找来投降的山戎兵让他们辨认，果真是密卢的脑袋，就以为黄花真的投降了，便让他做向导，带着大军向无棣城进发。第二天，齐军到了无棣城，果然是座空城，齐桓公更加相信黄花了。他怕答里呵跑远了，所以只留下一支燕国部队守城，自己则带领大队人马连夜追赶。

黄花在前面带路，大队人马跟在后面，浩浩荡荡，一路追去。眼看到了大沙

漠，齐桓公传令，加速前进。走了半天，转了几个弯，怎么也找不到路了。这时候太阳渐渐落山了，茫茫无边的黄沙跟大海一样，分不出东南西北。齐桓公急忙喊带路的黄花，哪里还有他的影子？这才知道中了黄花的诡计。管仲对齐桓公说："我早就听说北方有个迷谷，是个很危险的地方，大概就是这里。咱们不能再向前走了。"这时候，夜幕笼罩着大地，四周一片漆黑，前后队失去了联系。西北风一个劲儿地刮着，冻得士兵们直打冷战。想点起火把，带去的火种早就被风吹灭了。好不容易才把大家集合到一起，挨到天亮，查点人马，已经零散不全。管仲见这样下去有全军覆没的危险，急忙传令：赶快寻找出路。大队人马转来转去，怎么也走不出去。齐桓公慌了。管仲猛然想到，老马多半认识路，便对齐桓公说："我听说老马识途，无终国的马很多是从山戎来的，不如挑选几匹无终国的老马，让它们在前边走，我们在后面跟着，也许可以找到出去的路。"齐桓公半信半疑地说："那就试试吧。"管仲派人挑选了几匹老马，让它们在前面走，大队人马跟在后头。只见几匹老马不慌不忙地走着，居然真的领着大队人马出了迷谷，回到原来的路上。大家死里逃生，对管仲佩服得不得了。

齐桓公率领大队人马出了迷谷，返回无棣城。一路上看到百姓扶老携幼，向前赶路，管仲派人去探听情况，那些人回答说："我们大王已经把燕兵赶走，现在又让我们回去呢。"

齐桓公和管仲这才知道，前几天看到的空城也是黄花和答里呵耍的诡计，如今无棣城又被答里呵、黄花占领了，大家气愤极了。管仲将计就计，派人扮作孤竹国百姓混进城去。到了夜里，混入城里的齐兵放起火来，城外的齐兵发动进攻，内外夹击，城中顿时大乱，黄花和答里呵全被杀死。孤竹国就这样被齐国灭了。

齐桓公对燕庄公说："山戎、孤竹这一片土地有五百多里，全送给您吧。"燕庄公急忙说："那怎么行呢？我靠您的帮助保全了国土，心里已经非常感激，哪里还敢要土地呢？"齐桓公说："您不要推辞，北部边疆十分重要。您把它治理好，向天王进贡，使戎狄不敢来犯，我也光彩啊！再说，齐国离这里这么远，怎么管理得了呢？"燕庄公听齐桓公说得这么诚恳，也就不好再推辞了。

齐桓公班师回国，燕庄公亲自送行，一路上两人恋恋不舍，不知不觉出了燕国边界五十多里。他们分手的时候，齐桓公猛然想起周礼的规矩，便说："自古以来，诸侯送诸侯不能送出边界。我怎能不按规矩办事呢？"说着便要把这五十里地割给燕国。燕庄公得了五百里土地已经感激不尽了，怎么肯再要齐国的五十里土地呢？可是齐桓公一心要人家承认他是霸主，说话做事公道讲理，所以非要燕庄公收下不可。这样，燕国又得了五十里土地。

诸侯们看到齐桓公千里迢迢援救燕国，打了胜仗又不贪恋土地，没有一个不佩服他的。从此，齐桓公这个霸主的威信更高了。

退避三舍

晋国是周武王的儿子周成王封给周武王另一个儿子的诸侯国。晋文公是继齐桓公之后的又一位霸主。他年轻时因为晋国内乱逃亡到外国待了很多年，最后是秦国派兵送他回国的。晋文公回国后，当上了国君，这时候他已经年纪很大了。他把国内治理好了，就开始向中原地区发展自己的势力，想要争霸诸侯。这时候，南方的楚国强大起来。楚成王很快就把中原黄河以南的地方变成自己的势力范围，并且不断向北推进。这样，晋楚两国就发生了尖锐的矛盾冲突。

周襄王十八年（公元前634年），楚国借口宋国投靠了晋国，发兵攻打宋国。宋成公派公孙固到晋国去请救兵。晋文公马上召集群臣商议，大将先轸（zhěn）说："现在只有楚国最强大，主公要是想树立威信，奠定晋国的霸业，非打败楚国不可。"狐偃同意先轸的意见，并且提出转移楚国兵力、解宋国之围的具体办法。他说："楚

〈 春秋青铜五柱器 〉

国不久前刚把曹国拉到自己一边去，最近又和卫国结成亲家，他们三国的关系正是最好的时候，曹、卫又是我们的仇敌，如果我们出兵攻打这两个国家，楚国一定要去救。这样，宋国的围也解了，我们的仇也报了，岂不是一举两得吗？"晋文公认为他们说得都很有道理，就答应了公孙固的要求，并且决定出兵攻打曹国和卫国。

在出兵之前，晋文公首先整顿军队。晋国原来只有上、下两军，为了增强战斗力，晋文公把两军扩充为上、中、下三军，接着选拔了中军元帅，任命了上、下两军的正副将领。晋国的军事力量大大加强了。

周襄王二十年（公元前632年）正月，晋国出兵讨伐曹国。晋国的南边是卫国，卫国的南边才是曹国。晋国要去打曹国，必须经过卫国。晋国向卫国借路，卫国不答应。晋国就利用这个理由，先把卫国打下来了。接着，晋军长驱直入，没几天就打进曹国都城，活捉了曹共公。为了争取曹国的民心，晋文公入城以后，列举罪状，当众责问曹共公；并且为了表示尊重贤者，不忘旧恩，晋文公又命令晋军不得进入曹国大夫僖负羁的住宅，以保护僖负羁家族的安全。魏犨（chōu）、颠颉（xié）不听命令，放火烧了僖负羁的住宅，晋文公把颠颉处死，把魏犨革职。晋文公的这些措施博得了曹国百姓的支持，大大提高了晋国的威信。

晋国打下曹、卫，虽然提高了自己的威信，但是想以此来解宋国之围的目的却没有达到，楚国还是围住宋国都城不放。宋成公没有办法，只好再次派人带着礼物向晋文公求援。晋文公感到十分为难，他对先轸说："不去援救吧，宋国势必和我们绝交；去援救吧，又要和楚国大战一场。光靠我们自己的力量现在恐怕还打不过楚国，最好联合齐秦两国，可是齐秦两国跟楚国又没有仇恨，他们怎么肯帮咱们呢？"先轸说："这好办。让宋国使节带着礼物去贿赂齐秦两国，请这两国替他们向楚国说情，请求楚国退兵。如果楚国不同意退兵，齐秦两国就会恼恨楚国不讲情面。那时候我们再联合他们一起去打楚国，准保能成。"晋文公说："万一楚国同意退兵，齐国、秦国不就没有理由帮助咱们了吗？"先轸说："主公不用发愁。曹国、卫国是楚国保护的国家。如今两国的土地都在咱们手里，咱们拿他们的土地送一部分给宋国，楚国肯定不甘心。那时候，任凭齐秦两国怎样说情，楚国恐怕也不会答应退兵。"晋文公连声说好，马上依计而行。

一天，齐秦两国的使者正在楚国大将成得臣面前替宋国说情。只见曹卫两国的守臣慌里慌张地跑进来，哭哭啼啼地向成得臣诉说，宋国仗着晋国的势力把他们君臣赶走，将两国的土地给占去了。成得臣一听，勃然大怒，对齐秦两国使者说："宋国这样欺负我们的保护国，哪里有讲和的意思？"说罢，一甩袖子走了。两国使者讨了一场没趣，十分难堪地离开了楚军大营。晋文公早就派人等在路上了，一见两国使臣，就把他们请到大营，摆上酒席，热情招待，对他们说："楚国将领太狂妄了，二位受委屈了！我们马上就要和他们开战，请两国多多帮忙。"两国使臣当即表示同意。

晋文公取得了齐国、秦国的支持，壮大了自己的力量，孤立了楚国，在外交上取得了重大的胜利，就积极准备向楚军开战。

楚成王得知晋、齐、秦三国同盟的消息，感到形势对自己不利，马上派人通知成得臣退兵，并且嘱咐他说："晋侯在外面奔波了十九年，如今已经六十多岁了，很有经验。我们和他打仗未必打得赢，赶快收兵回来吧！"

　　成得臣接到命令很不高兴。当初，重耳在楚国避难的时候，成得臣就认为重耳妄自尊大，野心不小，现在楚成王又让他躲避重耳，他怎么能够甘心呢？他便对手下的将领说："拿下宋国的都城不过是早晚的事，现在退兵未免太可惜了！"随后派人回答楚成王："请让我再待几天，等我打败了宋国马上就收兵。如果碰到晋军，我就和他们决一死战。万一战败了，我情愿受军法处分。"楚成王见成得臣不服从命令，很不痛快。不过，楚成王也不甘心让晋国称霸中原，阻碍自己北进，所以对成得臣也没有坚决制止，只是嘱咐他要小心谨慎，不要轻易和晋军决战。

　　成得臣根本没把楚王的话放在心上，反倒更加紧攻打宋都。宋国军民奋勇坚守，楚军怎么也攻不进去。成得臣看到晋国步步紧逼，而自己却陷在宋国拔不出来，又气又急。他想：一个宋国都打不下来，还怎样和晋国争雄呢？于是，他改变策略，派部将宛春去见晋文公。宛春对晋文公说："您要是恢复曹国和卫国，我们也愿意解除对宋国的包围。"宛春的话还没说完，狐偃就跳起来了，骂道："成得臣的如意算盘打得太好了。他放掉一个还没有打下来的宋国，却要我们给他两个已经灭了的国家，想得倒美！"先轸假装不同意狐偃的意见，转身对宛春说："请您先休息休息，让我们商量一下，再答复您。"宛春刚退下去，狐偃便问："莫非您真要按宛春说的办吗？"先轸说："他们提出的这个办法既不能听，可又不能不听！"狐偃说："这话怎么讲？"先轸说："您没看出来？这是成得臣的诡计啊！如果不答应，曹、卫、宋三国得不到安定，三国都要恨咱们；如果答应他，三国得到了安定，功劳是楚国的，三国都感激楚国。依我看，我们不如将计就计，私下和曹卫两国谈好，如果他们与楚国绝交，我们保证恢复他们的君位。这样，楚国的如

意算盘就落空了。然后，我们再把宛春扣住来激怒楚国。成得臣见扣了他的使臣，一定转过来打我们。那时候，宋国的围自然而然就解除了。"

晋文公听了以后，当下就把宛春拘留起来。成得臣果然暴跳如雷，大骂："重耳这老不死的东西，刚刚当上国君，就忘恩负义啦！'两国相争，不罪来使'这是自古以来的规矩，为什么扣我使臣？我一定亲自去质问他！"可巧，这时候曹卫两国要与楚国绝交的信也送到了，成得臣嚷着："这两封信准是重耳逼他们写的！这老家伙欺人太甚，今日我一定要跟他拼个死活！"说罢，急令大小三军解除对宋国的包围，马上开赴晋军的驻地。一场大战不可避免了。

这时候晋楚两国的形势，已经发生了很大的变化。本来，楚国强大，它拥有的土地、军队和附属国都远远超过晋国。晋军力量比较弱，又远离本土作战，处于劣势。可是，自从晋文公采纳了大臣们的建议，首先整顿了军队，然后把靠近晋国的曹卫两个小国占了，取得了前进的基地，接着又得到齐秦两国的支持，从而改变了不利的处境，取得了战略上的主动权。

两军对垒，正要开战，狐偃对晋文公说："当初您在楚国的时候，曾经对楚王说过，万一两国交战，晋军一定退避三舍（一舍约合三十里），您可不能失信啊！"晋文公听了一怔，左右的部将都表示反对，他们说："我们晋国的国君能在楚国的臣子面前退避吗？"狐偃说："成得臣虽然猖狂，但楚王的恩惠我们不能忘记。再说，我们退避是向楚王表示谢意，并不是因为怕成得臣哪！"部将们又问："我们后退，楚兵追来怎么办？"狐偃说："我们后退，他们还要追，那他们就输了理。那时候我们理直气壮，勇猛反击，一定可以打赢！"大家认为狐偃的话有道理。

　　周襄王二十年（公元前632年）四月，晋文公下令晋军后退九十里，晋军一直退到城濮（卫国地名，今河南范县）才停下来。这时候，齐国、秦国、宋国的兵马也先后到了。

　　其实，所谓"退避三舍"并不单纯是履行诺言。它还是一个策略，让士兵看到国君讲信用，可以激励士气，提高自己在政治上的声望；又可以避开楚军的锋芒，挫伤楚军的锐气，以便选择有利的时机对敌决战，这是积极防御、激励士气的一招。

　　楚军见晋军退避，以为是晋文公不敢和楚国打仗，都很得意。有的人说，晋军既然还没交锋就被我们吓跑了，我们也够体面的了，不如就此收兵。可是主将成得臣不干，他说："晋军撤退，说明他们已经吓坏了，我们正应该乘胜追击，彻底打垮他们！"于是下令全线出击，直追到城濮城下。晋军将士见楚军这样猖狂，人人摩拳擦掌，士气十分高涨，决心和楚军决一死战。

　　晋军虽然在各方面做了充分准备，晋文公还是很不放心。特别是他看到楚军靠山扎营，占据了有利的地形之后，心里七上八下，更加犯愁。晋文公想：这一仗打好了，可以称霸；打不好，晋国从此就要听楚国的了。楚军兵强马壮，多年来很少打败仗，成得臣又是楚国名将，这一仗能不能打胜呢？真是日有所思，夜有所梦，晋文公刚入睡就做了一个噩梦，梦见自己和楚成王搏斗，楚成王把他打倒，趴在他身上，吮吸（吮shǔn）他的脑浆。晋文公吓醒了，头还疼着。他越想越害怕，天一亮就把狐偃叫来，详细地讲述了昨夜的梦。狐偃听完哈哈大笑，便向晋文公道喜。他说："这个梦真是大吉大利。主公请放心吧，这一仗准能打赢。"晋文公很奇怪，便问："这话怎么讲？"狐偃说："君王脸朝着天，这不是得到了老天的帮助吗？楚王伏身向地，这不是向您请罪吗？哈哈！这一仗您准打赢了！"狐偃知道晋文公对这一仗很不放心，为了鼓励他的信心，故意编造了这一套话。晋文公还真信了，顿时头不疼了，信心百倍地准备决战。

成得臣派斗勃来下战书，措辞十分傲慢："我的部下要求和您的部下玩耍一番，请您在车上观看，我也奉陪观战。"狐偃对晋文公说："成得臣把打仗当作玩耍，如此轻心，怎能不败呢！"晋文公叫人回信给成得臣："我从未忘记楚王对我的好处，所以退避到这里，不敢和大夫对阵。大夫一定要观战，我也只好奉陪，明天早晨我们在战场上见面吧！"

晋军的战车一共有七百辆，士兵五万多人，全副披挂，整整齐齐。晋文公站在高岗上，检阅全军，他说："上下一致，纪律严明，可以决战了！"楚国的主将成得臣亲自统率中军，他认为楚军历来战无不胜，眼前的晋军不堪一击，他向将士们夸口说："今天一定要叫晋军完蛋！"

第二天，就是周襄王二十年四月初四，会战开始了。晋军统帅先轸派三军中的下军去进攻楚的右军。楚的右军是陈、蔡联军，力量单薄，所以先轸挑中了这个薄弱环节作为突破口。一阵鼓声，晋下军首先冲了出来，驾车的战马全部蒙着虎皮，楚军的战马见了，吓得狂奔乱跳，晋军趁势杀来，楚国右军弃阵逃跑，死伤无数。先轸又命上军主将狐毛假充中军，将中军主帅的大旗竖在狐毛的战车上，迷惑对方。楚左军主将斗宜申远远看见晋军主帅大旗，果然冲杀过来。狐毛抵挡了几下，扭头便跑。晋下军主将栾枝叫人用战车拉着树枝扬起尘土，假装败逃。斗宜申以为晋军败了，指挥楚军全力追击。正追得起劲，忽然鼓声大作，晋军主将先轸率领预先埋伏的精锐部队，向楚军拦腰杀了过来，狐毛又转回来厮杀，两下夹攻，楚国左军手忙脚乱，招架不住，也崩溃了。楚军一片混乱，成得臣见势不好，急忙收兵，才幸免全军覆没。到四月初八，晋军已经开到楚军阵地，用楚军丢下的粮食生火做饭了。城濮之战就这样以晋国的胜利、楚国的失败而告终。

楚军战败的消息传到郢都（郢yǐng），楚成王本来就不满意成得臣不服从命令，结果又败得这样惨，更生气了，他大骂成得臣："跟他出征的战士死了这么多，他还有什么脸回来？"这话传到成得臣耳朵里，他感到确实没脸面回去，便自杀了。

晋国打败楚国的消息传到了洛阳，周襄王派卿士王子虎慰劳晋文公。晋文公把战场上俘虏的一千名楚兵和一百辆兵车献给了天王。天王赐给晋文公一百张红色弓箭、一千张黑色弓箭。天王赐弓箭给诸侯，这是很高的奖赏，表示允许这个诸侯有权对其他诸侯自由征伐。晋文公借此机会会合诸侯，歃血为盟，当了霸主。

崤山之战

周襄王二十四年（公元前628年），晋文公重耳去世，公子欢即位，即晋襄公。

晋襄公即位以后，立即为晋文公出殡。送葬的队伍刚出城，就听见棺材里面轰轰作响，好像牛叫一般，同时棺材也变得非常沉重，装棺材的车都拉不动了，文武百官吓坏了。晋襄公赶快叫人把太卜找来占卜，问问吉凶。太卜解释说："卜辞上说，最近几天将有从西边来的军队偷袭我们。我们在新君的率领下，一定可以逢凶化吉，转祸为福。"接着又补充说，"这是先君在天之灵来通知我们的。"太卜说得神乎其神，没人不相信，说完后棺材里的响声顿时停止了，惊得文武百官急忙下拜。这时候先轸十分肯定地说："从西边来的军队就是秦军。"

这件怪事其实是晋襄公搞的鬼。先轸早就得到了情报，知道秦国偷袭郑国，想取代晋国当霸主。晋襄公刚继位，一来怕当年跟随晋文公逃难的老臣们不听指挥，二来也是为了解除大臣们惧怕秦国的心理，便利用鬼神迷信来提高自己的威信。文

〈 春秋铜戈 〉

武百官都信以为真，服服帖帖地听晋襄公调遣。晋襄公让先轸指挥三军，在崤山（今河南洛宁，崤xiáo）设下埋伏，自己亲自挂帅，专等秦军到来。

再说秦军偷袭郑国不成，就顺路灭了滑国，抢掠了大量金银珠宝、粮食衣物，班师回国。四月初，秦将孟明视率领军队到了渑池（今河南渑池，渑miǎn）。白乙丙对孟明视说："离这儿不远就是崤山了，我父亲再三嘱咐要多加小心，咱们可得千万注意，防备晋军有埋伏啊！"孟明视说："有什么好怕的？过了崤山就是咱们秦国的地界。我在前边开路，你们放心走吧！"他派勇将褒蛮子做先锋，自己紧紧跟着，在前面开路。一路上没见一个人影，孟明视更放心了，他让士兵脱下盔甲，轻装前进。士兵们有的扶着车，有的牵着马，三个一群五个一伙，队伍拖得很长，慢慢悠悠地前进。秦军走着走着，忽然听到远处有鼓角的声音，有人大喊："不好了，晋兵来了！"秦军一听，队伍顿时乱了起来。孟明视说："不要慌，深山野岭，哪儿来的晋军？你们放心走吧，我来断后。"说完，他跟在队伍的最后头。又走了一段路，有人跑来报告："前边的路让乱木给堵死了，没法通过。"孟明视跑到前面一看，只见横七竖八的木头上竖着一面红旗，旗杆有三丈多高，旗上大大一个"晋"字。孟明视心里有些嘀咕，可又故作镇静，大声喊道："这是晋军吓唬人的，不要停留！"他吩咐士兵放倒红旗，搬开乱木，开路前进。

谁知这边秦军刚放倒红旗，那边顿时鼓声大作，山谷中旌旗闪动，不知有多少兵马。原来这里是崤山最高的地方，晋军人马都埋伏在山谷当中。红旗是晋军的信号，按照事前约定，晋军见红旗一倒，便立即冲杀出来，直扑秦军。秦军不敢抵抗，只得向前逃命。没跑多远，一支晋军迎面杀了过来，秦军只好又往回跑。前有

堵截，后有追兵，秦兵走投无路，孟明视只好下令回到堆着乱木的地方。哪里知道晋军早在那些木头上洒上了硫黄等引火物，见秦军都挤到那里便把火点着，霎时间树木毕毕剥剥地燃烧起来，风助火势，烈焰腾空，山谷变成了火海。秦军更是一片慌乱，争相逃命，你推我挤，互相践踏，烧死的、挤死的、踩死的不计其数。孟明视看到这惨象，已经完全绝望。他叹了口气，对西乞术、白乙丙说："伯父真是料事如神哪，可惜我没有听他的话！今天我只好死在这儿了，你们赶快逃命吧。"话没说完，晋军从四面八方围了上来，三员大将都成了晋军的俘虏。

晋军把孟明视等三人装入囚车，押回都城，准备用他们的头来祭祀祖先，庆贺胜利。晋襄公的后母文嬴（即怀嬴）是秦穆公的女儿，她听说襄公要把秦国的三员大将杀掉，非常着急，赶忙对襄公说："秦国和晋国是亲戚，本来关系不错，不要因为孟明视这几个人伤了两家的和气。如今秦军大败，秦伯一定恨透了他们。我们不如把他们放了，让秦伯自己去处置他们，省得我们落个杀人的名声，影响两国关系。"晋襄公想想当年父亲晋文公回国继位还是秦国出的力，便吩咐把孟明视等三人都放了，让他们回秦国去。

孟明视等三人死里逃生，生怕晋襄公再变卦，拼命往回赶路。没过多久，晋襄公果然后悔了，派阳处父去追。阳处父赶到黄河边上，孟明视等人乘的船刚刚离开岸边。阳处父急中生智，解下拉车的马，高声叫道："三位慢走，我们国君怕你们路上没有车坐，特派我送上一匹千里马，请三位收下吧！"这三个秦将好比漏网之鱼，哪里还敢再上岸？孟明视站在船尾上，对阳处父说："贵国国君不杀我们，已经感激万分，哪里还敢再接受这么贵重的礼物啊！请您回去转告贵国国君，如果我们还能活着，三年之后，我们一定亲自来贵国道谢。"阳处父还想说什么，只见那只船已经荡过中流，朝对岸划去。孟明视、西乞术、白乙丙三人就这样回到了秦国。

孟明视等三人回到秦国后，秦穆公并没有责备他们，反而让他们继续带兵。此后，孟明视再次带兵攻打晋国，又被晋军打败。周襄王二十八年（公元前624年），也就是崤山之后的第三年，孟明视终于带领秦军打败了晋军，报了崤山之战的一箭之仇。

秦穆公打败晋国之后，周边小国纷纷归附秦国，此后秦国又大力向东扩展，成为诸侯中举足轻重的力量。周襄王知道后，派使者送了十二面铜鼓给秦穆公，承认了他的霸主地位，秦穆公成为晋文公之后又一位霸主。

一鸣惊人

　　楚国在城濮之战败给晋国以后不久，楚成王就被他的儿子商臣害死了。商臣当了国君，就是楚穆王。楚穆王加紧操练兵马，发誓要和晋国决一雌雄。他首先把附近的几个小国兼并了，又把中原的陈、郑等国拉了过去。周顷王六年（公元前613年），楚穆王正在雄心勃勃、发愤大干的时候，突然得暴病死了。他的儿子熊旅即位，就是赫赫有名的楚庄王。

　　晋国见楚国忙于办丧事，又重新会合诸侯，订立盟约，随后，把楚国拉过去的陈、郑等国又拉回到自己的势力范围之内。这一来，楚国的大臣们都急了，要和晋国决战。可是，楚庄王却无动于衷，即位三年以来，他整天喝酒、打猎，不问政事，还在宫门口挂上一块大牌子，上面写着：谁敢劝谏，立即杀头！

　　有一天，大夫伍举来见楚庄王。楚庄王手里端着酒杯，嘴里嚼着鹿肉，醉醺醺地在欣赏歌舞，他眯缝着眼睛问道："大夫此来是要喝酒呢，还是想看歌舞？"伍举心情沉重地说："有人要我猜一个谜语，我怎么也猜不着，特地来向您请教。"楚庄王一边喝酒，一边说："什么谜语这样难猜？你说说看。"伍举说："楚国京城，有只大鸟，五彩缤纷，美好多娇；整整三年，不飞不叫，满朝文武，莫名其

妙。请您猜猜看，这究竟是只什么鸟？"楚庄王一听，心里明白伍举的意思，笑着说："我猜到了。这可不是只普通的鸟，这只鸟啊，三年不飞，一飞冲天；三年不鸣，一鸣惊人。你等着看吧！"伍举也明白了楚庄王的意思，他高兴地退了出去。

又过了几个月，楚庄王这只大鸟依然如故，既不"飞"，也不"鸣"，照旧喝酒、打猎、欣赏歌舞。大夫苏从忍耐不住了，便去见庄王，他一进宫门就大哭起来。楚庄王说："先生，什么事这么伤心啊？"苏从回答说："我为自己就要死去伤心，也为楚国即将灭亡伤心。"楚庄王很奇怪，便问："你怎么会死呢？楚国又怎么会灭亡呢？"苏从说："我想劝谏您，您不听，一定要杀死我。您整天欣赏歌舞，打猎游玩，不理朝政，楚国的灭亡不就在眼前了吗？"楚庄王听了大怒，训斥苏从："你是找死吗？我早就说过，谁敢劝谏，我就杀死谁。你明知故犯，真是傻透了！"苏从十分沉痛地说："我是傻，可您比我更傻。如果您把我杀了，我死后会得到忠臣的美名。您要是再这样下去，楚国早晚要灭亡的，您就成了亡国之君！您不是比我更傻吗？我的话说完了，您要杀就杀吧。"楚庄王突然站起来，激动地说："大夫的话全是忠言，我一定照你说的办。"随后，他便下令解散了乐队，遣散了舞女，决心要干一番事业。

楚庄王先是整顿内政，起用有作为的人，把伍举、苏从提拔到关键的职位上去。当时楚国的令尹斗越椒野心勃勃，想要篡权。楚庄王便任命了

〈 吴王光青铜鉴 〉

三个大臣协助令尹工作，削弱了令尹的权力，防止斗越椒叛乱。

楚庄王一面改革政治，一面扩充军队，加强训练，准备和晋国决战，报城濮之败的仇。他即位的第三年，出兵灭了庸国（今湖北竹山一带）；第六年，打败了宋国；第八年，又打败了陆浑（今河南嵩县北部）的戎族。楚庄王还在周王室的边界上阅兵示威，吓得周定王赶忙派大臣王孙满去慰劳。楚庄王见了王孙满，头一句话就问周朝京城宗庙里的九鼎有多重。这九鼎是天子权力的象征，问九鼎的重量实际上是对周天王地位的威胁。经过这一番耀武扬威，楚国的势力和声威又大大振作起来。没想到，这时候楚国国内却发生了叛乱。

周定王二年（公元前605年），楚庄王讨伐了陆浑的戎族，在回来的路上突然被一队人马拦住了去路。原来斗越椒趁楚庄王不在造反了，他占了郢都，又急忙发兵拦截楚庄王，想把楚庄王消灭在郢都之外。楚庄王见斗越椒人多势众，自己带的兵刚刚打完仗回来，疲惫不堪，知道硬拼对自己不利，便说："斗氏一家对楚国有大功，宁肯让越椒负我，我不能负越椒。"便派苏从前去讲和。斗越椒认为楚庄王已是囊中之物，只待伸手擒拿了，哪里肯和，就对苏从说："回去告诉熊旅（楚庄王的名字），有胆量的决一死战，不然就赶快投降！"楚庄王假装退兵，到了晚上，却把军队埋伏在漳水东岸，又派一队士兵在西岸活动，引诱斗越椒过河，自己则带着少数士兵躲在桥的下面。第二天早上，斗越椒看到河对岸有楚兵，果然追过河去，等发现中了计想往回撤退时，桥已经被拆毁了。斗越椒惊慌失措，急忙命令士兵蹚水过河。士兵们正要下水，只听对岸一员楚将大声喊："大将乐伯（乐，姓氏，yuè）在此，斗越椒快快投降！"说完，命令士兵奋力射箭。斗越椒也急令士兵向对岸射箭。在双方对射之中，乐伯手下的神箭手养由基一箭射死了斗越椒。斗家兵马见主将身亡，四下逃散。楚军分头追剿，取得了全胜。

楚庄王平定了内乱，又经过多年的准备，决定挥兵北上，同晋国争霸。

周定王九年（公元前598年），楚庄王趁陈国内乱的机会，派兵降伏了陈国。第二年，楚庄王亲自率领大军去攻打郑国。陈、郑都是晋国的保护国，楚国出兵陈、郑就是向晋国挑战，不承认晋国的霸主地位。

晋国当然不甘示弱。这一年的夏天，晋景公派荀林父为大将，先轸的孙子先縠（gǔ）为副将，率领六百辆兵车去援救郑国。晋军大队人马到了黄河边上，探子报告，郑国已经投降，楚国正在往回撤兵。荀林父本来就不愿意打仗，听到这个消息后立刻决定退兵。先縠坚决不同意，他大叫："临阵退兵，太可耻了！你们要是怕楚军，我一个人去！"先縠仗着先人有大功，自己是将门之子，根本不把荀林父放在眼里，说完便带着自己的一队兵车渡过黄河追击楚军去了。赵同、赵括（两人都是赵衰的孙子、晋国现任相国赵盾的兄弟）也认为自己父兄劳苦功高，也不听荀林父的将令，带上队伍跟着先縠过河去了。荀林父没有办法，只好下令全军过河。先縠得意扬扬地对赵同、赵括说："我就知道主将得听我们的！"

楚庄王听说晋军已经渡过黄河，便召集部将们商量对策。令尹孙叔敖主张同晋军讲和，然后退兵；一批年轻的将士都主张战。楚庄王一时拿不定主意，有一个叫伍参（shēn）的小臣说："晋军主将荀林父刚掌大权，没有威信；副将先縠倚仗先人的功劳，瞧不起荀林父；三军的将领想要主动出击，又没有权力；士兵们不知道听谁的。晋军上下不同心，我看非败不可。再说，您是国君，却躲避晋国的臣子，恐怕有伤我们楚国的尊严吧？"楚庄王听伍参分析得入情入理，便下令楚军摆开阵势，将战车一律朝向北方，准备出击。

孙叔敖见晋军有六百辆兵车，实力雄厚，总是放心不下，他对楚庄王说："我看不如先派人去讲和。他们如果不同意和，非打不可，我们再迎战也不迟。那时候，理就在我们这边了。"楚庄王接受了这个建议，派蔡鸠居出使晋军。荀林父派人接待蔡鸠居，表示同意讲和，并且提出双方同时退兵。蔡鸠居完成了使命，准备返回楚营。谁知先縠早就在营帐外面等着，他见蔡鸠居出来，一把拦住道："刚才接待你的人没有说清楚。你回去告诉你们国君，我们这次来，不把你们杀个落花流水，决不收兵！即使我们主将肯和，我也不答应！"蔡鸠居十分气愤，没有搭理先縠，继续往外走，刚到军营门口，又碰上了赵同、赵括。这两个人拿弓点着蔡鸠居的头骂道："当心你的脑袋。回去告诉你们那个蛮子头儿，小心别碰到我们手上！"

蔡鸠居跑回楚营，把他受辱的情况向楚庄王讲了一遍。楚庄王大怒，问："谁敢打头阵，给晋军点儿厉害瞧瞧？"大将乐伯挺身而出，跨上战车，直奔晋军大营，走不远就碰上了十几个巡逻的晋兵。乐伯也不说话，一箭一个，一连射倒三个，又下车活捉一人，然后跳上车往回便走。晋军看到楚将杀人，分三路追来。乐伯大喊："晋将小心，我左边射马，右边射人，看箭！"说完，左一箭右一箭地射起来，果然箭无虚发，左边射倒三四匹马，右边射伤三四个人，吓得晋军谁也不敢再追，眼睁睁地看着乐伯跑回楚军大营。

荀林父见楚军来挑战，急忙又派魏锜（qí）去讲和。魏锜就是跟随晋文公重耳逃难的魏犨的儿子。魏锜想当大夫，没有当上，一直不满，恨不得晋军失败。荀林父派他去讲和，他却下了战书，回来后反而对荀林父说："楚王不同意讲和，一定要决一胜负。"

晋将赵旃（zhān）认为自己本事高强，总想露一手给主将看看。到晚上，他趁着天黑带领部下去偷袭楚营，不小心被楚兵发觉，楚兵大喊抓奸细，他吓得上车就跑。楚庄王弄清情况之后，驾车就追。楚军将领见庄王亲自出击，纷纷跟了上去。孙叔敖对庄王说："兵法上讲'宁可我追人，别让人追我'。晋军欺人太甚，既然众将都出来了，咱们不如趁其不备，杀过去！"这时候天还不亮，楚庄王下令出击。霎时间，鼓声如雷，车马飞驰，楚军将士争先向晋国军营冲去。晋军将士睡得正酣，一点儿没有准备。荀林父听到鼓声，急忙下令抵抗。两国军队在邲城（郑地，今河南郑州东，邲bì）郊外大战起来。晋兵刚从梦中惊醒，乱哄哄的，士气不振，指挥不灵，抵抗无力。而楚军一鼓作气，往来冲杀，没多大工夫，就把晋军打得溃不成军了。

荀林父带着残兵败将仓皇逃走。只见先縠从后边赶了上来，头上中了一箭，满脸鲜血，用战袍裹着。荀林父恨恨地说："勇将也落得这样的下场吗？"说话间，晋军残兵都跟上来了。荀林父下令赶快渡河。可是船少人多，你争我夺，自相残杀。船上的人满了，后来的人攀住不放，把船弄翻了不少。先縠站在船上，喊道："谁再攀住船不放，用刀砍他的手。"于是那些船上的士兵举起刀来，砍那些攀船的人，手起刀落，鲜血淋漓，河水都染红了，真是惨不忍睹。

楚庄王率领楚军开进邲城。有人请他乘胜追击，楚庄王说："楚国自从城濮之战败给晋军，就不敢和晋国争锋，这次胜利可以洗掉耻辱啦。晋国、楚国都是大国，早晚总得讲和，何必多杀人呢？"于是，下令楚军立即收兵，不再追击，放晋国官兵渡河回去。

邲城一战，拥有六百辆兵车的晋国大军，一夜之间几乎全军覆没。三年不鸣的楚庄王终于一鸣惊人，继齐桓公、晋文公、秦穆公之后，也当了霸主。

掘墓鞭尸

春秋后期，在长江下游和钱塘江流域有两个国家先后崛起：一个是吴国，一个是越国。吴国原本比楚国弱，一向被楚国欺负。

公元前515年，阖庐即位，重用从楚国来的伍子胥（也叫伍员，员yún）和从齐国来的孙武。在两人的辅佐下，吴国国力逐渐强大起来。

阖庐看到吴国实力增强了，又有伍子胥和孙武两员大将辅佐，就想要早日进攻楚国，争夺霸权。孙武不同意马上出兵，他说："吴国这几年连年打仗，老百姓疲劳不堪，应该再等两年，让老百姓喘口气。"伍子胥则建议吴王把军队分成三批，先派第一批去骚扰楚国边境，等楚国军队来迎战，吴军马上退回来，等楚军撤回后，吴军再换第二队去骚扰。这样，吴军轮番骚扰，楚军往来奔波得不到休息，时间一长必然疲劳松懈，丧失斗志。到那时候，吴国把三批军队会合在一起，大举进攻，准能取胜。吴王接受了伍子胥的建议，一面继续整顿内政，聚积力量；一面分兵去骚扰楚国。

吴王阖庐又经过六年的准备，到周敬王十四年（公元前506年），便决定伐楚。他任命孙武为主将，伍子胥为副将，自己的兄弟公子夫概为先锋，自己亲自挂

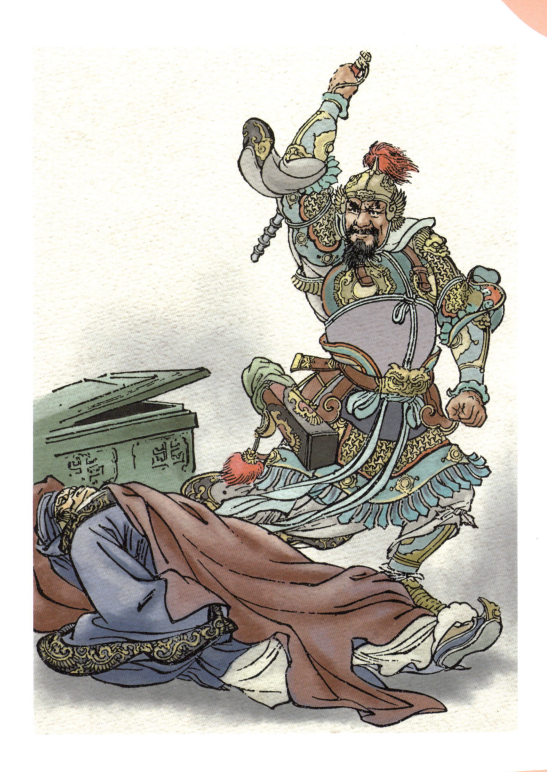

帅，率领六万吴军出发了。吴军在孙武的指挥下，先由水路渡过淮水，然后又转上陆路，通过蔡、唐两国国境，跋涉一千多里，迂回到楚国的东北部，从侧面袭击楚国，直指郢都。吴军五战五胜，把楚国二十万大军打得落花流水，吓得楚昭王丢下郢都逃命去了。

阖庐由孙武、伍子胥等人护卫进了郢都。伍子胥劝阖庐把楚国灭了，孙武不同意，他说："楚国为什么落得今天的下场？就是因为楚平王废了太子建，立了孟嬴的儿子。如果我们把公子胜立为楚君，不用说公子胜会感激我们、会听我们的话，就是楚国的百姓也会感激我们的。这样做表面上对楚国宽大，实际上和灭亡楚国没有什么不同，而且会得到好名声，岂不是更好吗？"阖庐不听孙武的话，决定把楚国的宗庙全部拆毁烧掉。古时候，宗庙是代表国家的，毁了宗庙就等于灭亡了那个国家。接着，吴王在楚王宫殿上大摆宴席，庆祝胜利。大家都高高兴兴的，只有伍子胥还是闷闷不乐。吴王问："你报仇雪恨的目的已经达到了，为什么还这么难过呢？"伍子胥说："楚平王已经死了，楚昭王又逃跑了，我没有活剥他们的皮，生嚼他们的肉，死也不瞑目。"吴王问："你打算怎样报仇呢？"伍子胥说："请大王允许我掘开楚平王的坟墓，拉出楚平王的尸首，斩首示众。"阖庐同意了。

伍子胥带领手下的士兵找到了楚平王的坟墓，让士兵刨开坟堆，打开

〈 春秋时期吴国战船 〉

棺椁（guǒ），拖出楚平王的尸体。伍子胥怀着满腔仇恨，手提皮鞭，冲着楚平王的尸体使劲地抽，一口气抽了三百多鞭才住手，然后割下了楚平王的头，把楚平王的尸体剁成一块一块的，扔到田野里去。

伍子胥鞭尸复仇这件事很快就传开了。伍子胥的老朋友申包胥听说以后，派人给伍子胥送来一封信，信的大意说："你这仇报得也太过分了。凭着武力，当然也可能取得一时的胜利，但是过于残暴，终究是要失败的。希望你赶快离开楚国回去吧，否则，我说过的话也是算数的。"伍子胥看了申包胥的信，想了很长时间，最后对送信的人说："你替我转告申包胥，忠孝不能够两全。我好比一个赶路的人，天已经很晚了，路途还很远，只要能达到目的，就顾不了怎么个走法啦。"

申包胥当初曾向伍子胥表示过，你要灭楚，我一定复楚，现在听了伍子胥的回话，觉得再劝他也没有用了，必须赶快想办法拯救楚国。他想到楚昭王的母亲是秦哀公的妹妹，便到秦国去求救兵。秦哀公看到吴国强盛，不愿意得罪吴国，不肯出兵。申包胥看到自己的祖国就要灭亡了，想到父母之邦任人蹂躏而无法拯救，伤心极了，站在秦国大殿上大哭不止，别人都走了，他也不动，一连哭了七天七夜。听到哭声的人，没有一个不被他的爱国心所感动。秦哀公说："没想到昏庸的楚昭王却有这样好的臣下，真难得啊！"于是派五百辆兵车去援救楚国。

秦军刚开到楚国边界，就和吴军打起来了。这时候，阖庐的弟弟吴军先锋夫概偷偷地跑回了吴国，他欺骗国内的人说："阖庐被秦国打败了，死活不知。"随后宣布自己继承王位。阖庐得到这个消息大惊，正和伍子胥商量对策，又传来越国趁机偷袭吴国的消息，真是一波未平一波又起。阖庐无心再战，赶快派人去和秦军讲

　　和。等到秦军一撤退，他马上下令掉转车头，火速赶回吴国，讨伐夫概。

　　夫概本来没有什么威信，留在都城里的将士听说阖庐率领大军回来了，纷纷投奔过来。夫概见大势已去，便逃跑了，一场叛乱平息下去了，阖庐仍旧做王。可是，打这以后，吴国和越国却结下了仇，吴王发誓要惩罚越国。

卧薪尝胆

吴王阖庐打败了强大的楚国后，一心想向中原扩张自己的势力，尝尝当霸主的滋味。可南面的越国也一天天强盛起来，威胁吴国的后方，使它北上争霸受到牵制。于是，阖庐决定先征服越国。周敬王二十四年（公元前496年），阖庐不顾伍子胥的反对，亲自率兵进攻越国，却不想被越国国君勾践打得大败。阖庐身负重伤，回国后不久就死了。

阖庐死后，其子夫差即位。夫差即位后，立志复仇。经过三年的准备，夫差任命伍子胥为大将，伯嚭（pǐ）为副将，带领全国军队，直奔越国而来。越王勾践率兵迎敌，结果大败，勾践夫妇也成了俘虏。大臣文种带着重礼去见伯嚭，请他为勾践说话。伯嚭收下东西后，劝夫差不要杀勾践夫妇。夫差不顾伍子胥的反对，决定留下勾践夫妇在吴国养马。三年后，夫差又不顾伍子胥的反对，决定放勾践夫妇回国。

越王勾践在吴国待了整整三年，忍辱负重，终于得到吴王夫差的信任，回到了越国。

勾践回到越国后，为了不忘三年前的奇耻大辱，把国都迁到了会稽。他怕自己贪图眼前的安逸，消磨报仇雪耻的意志，特意给自己安排艰苦的生活环境。晚上他

睡在稻草堆上，还在屋里挂一个苦胆，吃饭的时候先尝尝它，为的是不忘过去的耻辱。勾践还亲自下田耕种，让夫人绩麻织布，为的是带动百姓努力发展生产，增加国家的财富。他规定七年不收赋税，为的是增加百姓的积蓄，使大家更安心生产。为了繁衍人口，增加劳动力，补充兵源，他下令不准青年娶老妻，不准老年娶少妻。青年男女要不及时成亲，就要处罚他们的父母。生儿育女，官府都给奖励，生一个以上男孩子的夫妻，都由官府赡养。就这样，越国君民上下齐心，艰苦奋斗，发愤图强，几年的工夫，国家逐步转弱为强，实力也比较雄厚了。

为了不使吴王夫差起疑心，勾践仍旧经常派使者到吴国去朝见进贡，而且贡品有增无减。夫差非常满意，更加赞赏勾践的"忠诚"。

勾践听说夫差要改建姑苏台，趁机派文种送去又长又大的木料。夫差一见这些木料，真是喜出望外，立刻下令按照这些木料的尺寸重新设计宫殿的样式，增派民工服劳役。一直干了八年，姑苏台才算建成，可浪费了许多人力、物力、财力，真是劳民伤财。勾践又叫文种和范蠡（lí）选了越国最漂亮的两个姑娘西施和郑旦送给吴王。夫差自从得到这两个美女，成天就像着了迷，很少过问国事。

有一年，越国年景不好，向吴国借粮。夫差念勾践对自己一片"赤诚"，不顾伍子胥的反对，同意借给越国一批稻谷，越国把这批稻谷分给了老百姓。第二年，越国年景比较好，勾践就如数把稻谷还给了吴国。夫差见勾践挺讲信用，又见还来的稻谷籽粒饱满，便命令把这批稻谷分给百姓，用来做种子。春天，吴国百姓播了种，过了很久也没发芽，而且一直也没有出苗，结果误了一年的收成。原来越国还给吴国的稻谷都是蒸熟了的，夫差还以为是吴国的土地不适于越国稻种的生长呢！

　　周敬王三十六年（公元前484年），吴王夫差兴兵伐齐，伍子胥又出来反对，他说："我听说勾践回国以后跟百姓同甘苦，又派范蠡日夜练兵，图谋报复，这可是大王的心腹之患。大王却要去攻打齐国，这不是太危险了吗？"夫差哪里肯听，亲自率兵去攻打齐国，这一仗还真打胜了。夫差凯旋之日，满朝官员都来庆贺，越王勾践也亲自赶来祝贺。夫差十分高兴，设宴招待勾践，当面宣布再给勾践一部分封地作为赏赐。伍子胥看到这个情景，又跑出来反对一通，使夫差心里很不痛快。后来，夫差派伍子胥出使到齐国去。伍子胥看到吴国将来难逃亡国之祸，便把自己的儿子托付给齐国的一位大臣抚养，改姓王孙氏，然后才回到吴国。夫差听到这件事后，马上派人送给伍子胥一把宝剑，让他自杀。伍子胥被迫拔剑自刎，他在临死的时候嘱咐说："我死了以后，请在我的坟地上栽下楸树（楸qiū），到楸树长大的时候，吴国就要灭亡了。另外，请把我的眼珠挖下来挂到都城东门楼上，我要睁眼看着越军开进来！"

〈 越王勾践剑 〉

　　夫差杀了伍子胥，让伯嚭继任相国。周敬王三十八年（公元前482年），夫差和晋、鲁等国诸侯到黄池（今河南封丘西南）会盟。勾践认为机会到了，于是统率五万大军直捣吴国。经过三天激战，越军攻下了吴国都城，活捉了吴国太子。夫差在黄池听到这个消息后，急忙带兵回国，派人去向越国求和。勾践看到吴国还有实力，一时很难灭掉它，便答应讲和，并且从吴国退了兵。

过了四年，越王勾践再次发兵攻打吴国。吴王夫差在笠泽（今江苏吴江）迎战，双方军队隔着一条河摆开了阵势。越王勾践把军队分成左右两路，趁着黑夜左右轮番进攻，擂鼓呐喊前进，吴军只能被动地抵抗。这时候，勾践指挥越军偷偷地渡过河，向吴军大本营发动猛烈的进攻。吴军顿时大乱，不久就全线崩溃，大败而逃。

越军乘胜追赶，接连击败吴军。夫差被围困在阳山（在今江苏苏州），走投无路，只好向勾践求和，伯嚭早已投降了。范蠡和文种都认为，在这个关键时刻不能手软，他们说："大王卧薪尝胆，发愤图强，熬了二十二年，现在应该坚决除掉夫差，灭掉吴国，千万不能再留后患呀！"夫差这时候才后悔当初不听伍子胥的忠告，羞愧难言，自杀了，临死之前还吩咐："我死了以后，你们用布把我的脸遮住，我实在没脸去见伍子胥啊！"

周敬王四十四年（公元前476年），越王勾践灭亡了吴国，又杀掉了伯嚭。接着，勾践统率越军乘胜北渡淮河，在徐（今山东滕州南，徐xú）这个地方约齐、晋、宋、鲁等诸侯国前来会盟，会盟后派人给周天子送去贡品。周元王派使者给勾践送来了祭庙用的肉，承认了他作为诸侯领袖的地位。这样，越王勾践也称起霸来，成了春秋时代最后一个霸主。

吴王夫差在打败越国之后，被胜利冲昏了头脑，沉醉于安逸的生活，放松了对越国的警惕，结果被越国灭亡了。而越王勾践在战败之后艰苦奋斗，发愤图强，终于灭掉了吴国，进而称霸中原。

孔子和老子

我国古代的大思想家、大教育家孔子是春秋时期的鲁国人。他姓孔名丘，字仲尼，出生于公元前551年。他的思想和学说在我国历史上产生了巨大的影响。

孔子的祖先是宋国的贵族，曾祖父为避难才逃到了鲁国，父亲做过鲁国陬邑（陬zōu）的大夫。孔子很小的时候父亲就死了，母亲带着他搬到离陬邑不远的鲁国都城曲阜，过着清贫的生活。

宋国是殷商的后代，鲁国又是周朝初年周公的封地，这两个国家都保存了很多古老的商周文化，鲁国更是当时公认的文化中心。孔子从小受到这种古老文化的熏陶，懂得了许多古代的鲁礼，就连做游戏也常用小木块当祭器，小泥团当供品，演习古代的礼仪。

当时的礼可多啦，结婚、死人、祭祀祖先，都有一套十分烦琐的仪式。穷人当然说不上这些。但是，从天王、诸侯、大夫，到一般奴隶主富贵人家可是讲究这一套，他们认为这正是炫耀自己财势的好机会。每逢婚丧大事，他们就雇用一班子人来举行礼的仪式。干这种职业的人叫"儒"，孔子就干过，所以后人把孔子倡导的学说称作"儒家"。

　　孔子年轻的时候对周礼已经很熟悉了，可是他仍旧不断努力钻研。一次，他进入鲁国祭祀周公的庙堂，见到每一项礼节、每一件祭物都虚心地向内行人请教。有人嘲笑他说："谁说这个陬邑大夫的后代懂得礼呢？看他这样没完没了地问，大概什么也不懂。"孔子听了却很坦然地说："不懂就问，这正是礼呀！"孔子还说过："知道就是知道，不知道就是不知道，这才是真正的聪明。"由于这样虚心好学，孔子对周礼达到了精通的地步，在他三十岁的时候便有人专门向他学习周礼。孔子在其他方面的学识也很丰富。他的声望逐渐提高了。

　　孔子为什么对周礼这样感兴趣呢？原来，在周王室鼎盛时代，天王拥有绝对的权威，诸侯全听王室的调遣，周公又用"制礼作乐"的形式，把君臣、父子、尊卑、贵贱的差别固定了下来，以巩固统治的秩序。可是到了春秋时代，周王室已经衰落，只剩下个有名无实的空架子，诸侯国都争当霸主，犯上作乱、杀父弑君的事层出不穷，兼并战争连绵不断。既然连周王室都不放在眼里，周礼当然更没人遵守了。孔子认为社会的动乱是周礼被破坏的结果，所以他一心想通过恢复周礼，来恢复王室的统治，维护社会的稳定。由于思想保守，孔子对当时一些"越礼"的行为很反感。他三十五岁那年，听说季氏家里组织了一次由六十四人组成的舞蹈队，十分气愤。为什么呢？因为按周礼的规定，舞蹈队一行八人算一佾（yì），只有天子才能使用八佾——六十四人组成的舞蹈队。诸侯用六佾，像季氏那样的大夫，只能用四佾——三十二人（也有十六人或四人的说法）的舞蹈队。现在季氏竟然用起天子作乐的规格，岂不是大逆不道吗？所以孔子惊呼："这样越礼的事情都做得出来，还有什么事情不能狠心做出来呢？"

后来，孔子一直以教书为业。在他五十一岁的时候，当上了鲁国的中都（今山东汶上）宰，第二年升为司空（主管建筑）、大司寇（主管司法）。孔子干得很有成绩，据说当时各诸侯国都来效法。

鲁国与齐国相邻，这两个国家面和心不和，总是相互提防着，唯恐对方超过了自己。现在，鲁国各方面有了起色，威望也有所提高，齐国便看作是对自己的威胁。齐景公派使者到鲁国去，邀请鲁定公到夹谷（今山东莱芜）举行会盟，调整一下双方的关系。鲁定公接到邀请很高兴，便打算前往。孔子说："您不要这样匆忙。您这次去和齐国会盟，虽说是重修旧好，可也要有武将随从以防不测才是。"鲁定公接受了孔子的意见，带上了左右司马，并且指派孔子做赞礼官，这才来到了夹谷。齐景公也以礼相迎，互相赠送礼品之后，举行了盛大的宴会。宴会进行中间，齐国赞礼官给鲁定公奏"四方之乐"。只见一队队武士手持戈矛剑戟，在音乐声中蜂拥而上，虽说是舞蹈，却显得杀气腾腾，吓得鲁定公面如土色，负责护驾的左右司马持剑护卫在鲁定公两旁。这时候，只见孔子快步登上台阶，朝着齐国的赞礼官一挥袖子，高声喊道："两国君主举行友好会晤，为什么要舞戈弄剑？你还不把他们赶走！"那位赞礼官下令武士们退下，武士们都不听，斜着眼看齐景公的态度。齐景公理亏，只好挥手叫他们退去，并且下令换"宫中之乐"。不一会儿，上来了一群侏儒小丑，他们忸怩作态，表演的都是一些粗俗下流、不堪入目的节目。孔子再次快步上前，厉声质问齐国的赞礼官："这些侏儒公然戏弄诸侯，乱人耳目，按律当斩，你还等什么呢！"赞礼官只好下令把这些人杀掉。一场宴会不欢而散，这就是有名的夹谷之会。会盟以后，齐景公见鲁国君臣不肯示弱，只好做些让步，把过去侵占鲁国的郓（yùn）、汶阳、龟阴等地归还鲁国，以示歉意。孔子维护国君有功，更加得到鲁定公的信任。

这时候的鲁国是"三桓"——孟孙、叔孙、季孙的天下，连国君也要听他们的摆布。孔子对这种现象很看不惯，向鲁定公提出了削弱"三桓"、加强国君地位的建议。他说："周礼规定，大夫家是不能贮备武器的，封地城墙也不能长过三百丈。现在'三桓'把规矩全破坏了，这对您是很大的威胁。您应该下令把他们封地上的城墙拆掉，武装解除，才能长治久安。"鲁定公觉得很有道理，忙说："我巴不得这样，就怕'三桓'不答应。"孔子蛮有把握地说："我看做起来也不难。"果然，经过一番磋商，三家都同意把自己封地上的城墙拆除。

"三桓"为什么同意削弱自己的势力呢？原来长期以来，"三桓"分掌国家大权在都城进行活动，把自己封地上的事情交给家臣去料理。这样一来，家臣成了封地的实际控制者，"三桓"倒不能左右他们了。拆除城墙，表面上是"三桓"削弱自己的势力，其实是削弱家臣、恢复自己的势力，又何乐而不为呢？可是，"三桓"的家臣都强烈反对这样做，叔孙、季孙两家的家臣先后武装叛乱，甚至打进了都城曲阜，把鲁定公也包围起来了。孔子一方面收回"三桓"的武装；一方面调兵遣将，才算把这场叛乱平息下去，把两家的城墙也趁势拆除了。

最后剩下孟孙的封地成城的城墙，家臣公敛阳执意不肯拆除。他认为，城墙本来就不该拆，季孙、叔孙两家拆了，那是因为家臣叛乱闹事；如果他也照样拆了，岂不跟叛臣没有区别了吗？不过，拆城墙是国君的命令，不好直接反对，公敛阳便去找孟孙氏，让他去说服孔子。

孔子一听公敛阳态度那样坚决，便顺水推舟，说："不拆也没什么。一来，三都废二，成城已陷于孤立；二来，公敛阳一向忠于鲁君，不会干另外两家家臣那样的坏事；三来，成城北邻齐国，为守住北大门，保留成城的城墙也很有必要。"叔孙、季孙听孔子说的蛮有道理，自己又得到了削弱家臣势力的实惠，也都没有意见；孟孙和他的家臣也保住了面子，成城的城墙终于保留了下来。

那么，孔子为什么改变主意，同意保留了一家的城墙呢？这是因为堕（huī，毁坏）三都的政治目的已经达到，国君的地位得到了加强，"三桓"被解除了武装，对国君的威胁减少了，同时还抑制了家臣的势力，"三桓"的实权也得到了恢复。拆除城墙已经招来两处家臣的叛乱，好不容易才平息下去，如果再逼得公敛阳作乱，局面就不好收拾了。何况，齐国在北边虎视眈眈，保留成城的城墙确有必要。因此，孔子的态度才来了这一百八十度的大转弯。

孔子堕三都的行动维护了鲁国统治者的利益，因此得到鲁国君臣的尊重。但是鲁定公贪图安乐，不理朝政，孔子认为自己在鲁国不可能有什么作为，就领着一批学生离开了鲁国，到别的诸侯国去推行他那以礼治国的政治主张去了。

孔子是主张积极入世的，热心政治活动。他周游列国十四年，大部分时间住在卫国（前后十来年）和陈国（三年），其余时间奔波在宋、蔡、楚等国。说来可怜，孔子领着一班学生东跑西颠，向各国君主游说（shuì），推销自己的政治主张。可是他的主张过于保守，结果不被人家采纳，人家对他常常是敬而远之，尊敬他却不重用他。孔子四处碰钉子，最后只好又回到鲁国，从此，他专心一意在家里教书、做学问，直到七十三岁（公元前479年）死去。

孔子最突出的贡献还是在教育方面。过去，学校都由官府开办，只有贵族子弟才有接受教育的权利。孔子创办了"私学"，自己聚徒讲学，这样就打破了贵族对教育的垄断。他提出了"有教无类"的口号，招收学生没有门第、等级的限制，他的学生既有贵族子弟，也有居住在陋巷的贫民；既有鲁国的，也有别的国家的。他开设了德行、言语、政事、文学四门课程，还把礼节、音乐、射箭、驾车、写字、算数"六艺"的技能教给学生。孔子把"学而不厌，诲人不倦"当作自己的座右铭，意思是：学习没有个满足，教导人也不知道疲倦。他鼓励学生把学习与思考统一起来，认为只死读书本而不认真思考就会迷惑，只想来想去而不勤于学习就会走上邪路，那就更危险。孔子这些教学方法和教学态度受到了人们的称赞。

孔子办教育取得了很大成绩，据说他的学生先后有三千人，其中成绩优异的也有七十二人，这在当时是了不起的。

孔子的学生有不少出色的人才，像以品德好闻名的颜渊、闵损，以政治见长的子路、冉有，口才智慧过人的子贡、公西华，还有子夏、子游、宰我等。孔子喜爱这些学生，同时注意用不同的方法教育他们。

有一次，子路来问孔子："一个人如果听了好的主张，是不是应该马上去实行呢？"孔子平静地回答："总得先问问别人的意见吧，然后再去决定能不能实行。"子路走了以后，冉有也来问老师："如果认为是件好事，是不是可以立刻去做？"孔子马上说："那当然了，应该马上去做！"在场的公西华非常纳闷，问孔子："子路和冉有问的同一件事，你怎么回答的不一样呢？"孔子说："子路平时办事有胆量可很莽撞，容易不谨慎，我就劝他多听听别人的意见；冉有办事稳重，可勇气不足，迟疑不决，我应该鼓励他办事果断。"孔子的这种"因材施教"的方法是很高明的。另外，像"三人行必有我师""温故而知新""知之为知之，不知为不知"这些说法，也是很让人信服的。

孔子晚年集中精力整理古代文化典籍，据说《诗》《书》《礼》《易》都是他整理修订的，他还修订了我国第一部编年体史书《春秋》。这些古代文化典籍得以流传到今天，是孔子的一大功劳。这些书还对儒家学说的流传起过很大作用，被奉为儒家的"经典"。孔子死后，他的弟子把他的言行记录加以整理，编成《论语》一书，这本书记载了孔子的主要思想。

在春秋时期，和孔子齐名的另一位思想家是老子。老子是楚国苦县（今河南鹿邑东）人，姓李名耳，曾经做过周朝藏书室的官员，后来因为战乱和国势衰微，离开了周都洛邑（今河南洛阳），到外地去了。

据说孔子曾经向老子请教过，并称赞他是飞腾的"龙"。但是老子和孔子的思想不一样。老子认为天是物质的，就是说天是没有意志的，不能主宰人世间的吉凶祸福，只有"道"才是万物的根基。道，在天地之前就存在，是它产生了万物，而人却看不见摸不着它。同时，道又是以自然为依据的，世界万物是受自然规律约束的。老子所说的"道"是客观自然规律，他的这个思想否定了天神的存在和权威。

特别可贵的是，老子有丰富的辩证思想。他认为事物是相互联系并相互转化的。比如他说"有无相生，难易相成，长短相形，高下相倾""祸兮福之所倚，福兮祸之所伏"。

老子对当时社会战争不断、人民生活痛苦的局面很不满，他批评统治者剥削

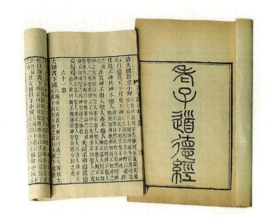

《 老子《道德经》书影 》

人民，主张关心百姓的疾苦，努力帮助他们，但他同时又主张"无为而治"，让人民"无知无欲"，这样社会才会安宁。他的这些思想和孔子积极入世的思想大不一样，有合理的一面，也有不正确的一面。

老子离开周的时候路过函谷关。关尹喜知道他学问高深，劝他说："您就要走了，请写本书给我吧！"老子就写了一部书叫《道德经》，又叫《老子》。我们现在了解老子的思想，主要就是根据这本书。

老子被后人称为"道家"的始祖。道家和儒家主张虽不相同，但都是我国古代重要的思想流派，对后世影响很大。

三家分晋

　　春秋以后是战国时代。按照多数历史学家的意见，战国始于周元王元年（公元前475年），止于秦王政二十六年（即秦始皇统一全国那一年，公元前221年），共二百五十五年。为什么这个时期叫战国时代、这是一个什么样的时代呢？

　　春秋时代末期，周天王的权力已经完全衰落，诸侯国之间强侵弱，大吃小，争当霸主。在有些诸侯国内，一些卿大夫（当时诸侯国中，国君下面设卿、大夫、士三个等级的爵位）也拼命扩大自己的封地。他们鼓励农民开荒，并用新的封建剥削方式，允许农奴有较多的人身自由。农民在他们手下，比生活在国君统治下好些。有的卿大夫为了壮大自己的势力，还采用了种种收买民心的措施，例如减轻租税等。这样，越来越多的农奴受不了国君的残酷压迫和剥削，纷纷逃到卿大夫那儿去做佃户。卿大夫的势力因此越来越大，甚至超过了国君。晋国就是一个例子。

〈 战国铜矛 〉

　　晋国在春秋时代是数一数二的大国，可是到了春秋末期，实际上成了好几个小国，国君已经成了傀儡。一些卿大夫各自割据地盘，建立军队，相互攻打，你争我夺。到后来，一些小的被大的吞并了，只剩下智、赵、魏、韩四家。四家的大夫当时是智伯、赵襄子、魏桓子和韩康子，其中以智伯势力为最大。他一心想废掉晋国的国君哀公，自己当国君。可是他怕另外三家也要来争当国君，就想出一个削弱三家的办法：他借口国君要去讨伐越国，力量不够，要四家各献出一百里土地给国君。由于晋哀公实际上被控制在智伯手里，所以三家如果从命，智伯就可以轻轻松松地得到三百里地方，他的势力就更强了；如果哪家不听话，他就以违抗君命问罪。这就是智伯的如意算盘。

　　智伯派人到三家去要地。韩康子和魏桓子害怕智伯的权势，都如数献出了土地，唯独赵家不听他这一套。赵襄子冲着智伯派来的人吼："要地？地是我祖宗传下来的，我不能轻易拿去做人情！"智伯听了这话，肺都要气炸了，马上带着韩魏两家的兵联合去攻赵，事先讲好，胜利以后，赵家的地方由三家平分。这样，三家的兵马就浩浩荡荡杀奔赵家来了。赵襄子看三家来势凶猛，不敢硬拼，退守晋阳（今山西太原）。晋阳这座城池先后经过赵家两个家臣的苦心经营，不仅修筑了宽敞的宫殿和坚实的城墙，而且生产也有很大的发展。赵襄子到那儿以后，见城墙牢固，粮草充足，非常高兴；但是看看自己的军队，装备简陋，刀剑大都破旧了，弓箭更少，担心抵挡不住智伯的进攻，又挺发愁。他找大臣们来商量，大臣张孟谈告诉他：当初兴建晋阳宫殿围墙的时候，怕将来出现紧急情况，在墙里边砌满了芦柴和荆条，这些都是做箭杆的好材料；宫殿的柱子是用铜铸成的，可以做刀剑戈矛。

赵襄子马上派人扒围墙、拆柱子，一看果然不错，那些芦柴、荆条都还很坚硬哩，他喜得合不拢嘴，说："好好，这下有救了！"于是派人连夜赶造刀枪弓箭等各种武器，加强守备，等着智伯他们来进攻。

智、韩、魏三家兵马一来，就把晋阳城围了个风雨不透，拼命攻打。赵襄子靠着武器精良，粮草充足，军民勇敢，硬是坚守了三个多月。智伯见城攻不下来，整天急得油煎火燎似的。

有一天，智伯上晋阳城西北边的龙山去察看地形，看到晋河从城东北角流过，忽然想出一个破城的办法，就连忙请韩魏两家来商议。智伯说："我想趁现在河水不大，在河里垒一条大坝，把水蓄住，等到雨季山洪下来，再把南岸的堤坝挖开，到那时候，一城的人还往哪儿跑！"说完哈哈大笑。韩魏两家不敢不依，都说是个好主意。三家的士兵都依照智伯的命令立刻行动起来，堤坝很快就筑好了。

到了雨季，智伯叫人把南岸的堤坝扒开，滚滚的洪水很快把晋阳城给围住了，连城里也进了尺把深的水。但是晋阳城里，上自赵襄子，下到老百姓，都誓死不投降，日夜防守，毫不懈怠。这样，围城围了三年，城里不少房子塌了，粮食也快吃完了，士兵生病的很多，眼看就要守不住了。赵襄子非常忧愁，又同大臣们商量解救的办法。大臣张孟谈说："我看，韩魏两家同智家也是面和心不和。我去找他们谈谈，争取他们同我们一起对付智家。"赵襄子同意让他去试试。

张孟谈趁天黑偷偷地溜进了韩魏的营寨，对韩康子和魏桓子说："俗话说得好，唇亡齿寒。现在智伯领着你们两家兵马来攻打我们赵家，赵家要是完了，下面就轮到你们啦。"韩魏两家本来就对智伯有戒心。他们想，即使三家平分了赵家，强的还是智家。智伯野心勃勃，贪得无厌，将来自己也难免落得赵家的下场。听了张孟谈的话更加担心，可是又怕擒虎不成反被虎伤，就对张孟谈说："您的意思我们明白，不过智伯这家伙又狠又毒，我们商议的事万一泄露出去，那就大祸临头了！"张孟谈安慰了他们几句，答应保守秘密，于是共同商量好了消灭智家的办法。

这一天，智伯同韩康子魏桓子一起察看水势。智伯指着被洪水围困的晋阳城，得意扬扬地说："我今天才知道水的厉害啊，可以把一个国灭亡呢！你们看，这水要是再涨一点儿，整个晋阳城就没影儿啦。"韩魏两人一听，嘴上连声说："对，对！"心里可吓得扑腾扑腾直跳。原来韩和魏的都城都有河流经过，要是智伯将来也用水对付他们，怎么办呢？他们连忙派人悄悄地同赵襄子取得了联系，约定提前动手。

那天半夜，韩魏两家派人扒开了北岸的堤坝，水一下子涌进了智家的营寨。智军大乱，忙着去堵水。韩魏的兵马趁机从两边向他们进攻，赵襄子带着军队从正面杀进了智家营寨，高喊："逮住智伯有重赏啊！"智伯从睡梦中惊醒，一看赵、韩、魏大队人马已经杀进来了，自己的军队乱了营，知道大势已去，只得狼狈逃跑。他想乘船在龙山靠岸，再到秦国去请救兵。没想到赵襄子早派兵在那儿埋伏等着他呢，他一上岸，赵军就一窝蜂拥上去，把他捉住杀掉了。智家的军队死的死，伤的伤，不少人做了俘虏。智伯一死，他的地盘被韩、赵、魏三家瓜分了。这是发生在周贞定王十六年（公元前453年）的事。

没过多久，赵襄子病死，他的侄孙赵浣（huàn）成了赵家首领。赵浣跟韩魏两家商量，趁晋国新国君幽公刚刚即位，索性把他的地盘也平分了。这样，晋国就只剩下赵、韩、魏三家，各自独立。这件事历史书上叫作"三家分晋"，把韩、赵、魏称为"三晋"。晋幽公虽然还保留着国君的名位，但是只能靠三晋留给他的两座小城维持生活，也没有什么权力，处处看"三晋"的脸色行事，如同一个摆设一样。从此，奴隶制的晋国转化成为封建制的赵、韩、魏三国。

"三晋"虽然是三个国家，可并不算是诸侯，他们的名分还是"卿"，跟别的诸侯国国君打交道的时候总是矮人一截。要想当上诸侯，必须得到周天王的任命。周威烈王二十三年（公元前403年），"三晋"各派自己的代表，一块儿到周王室去讨封。其实这时候，周天王早已经是个空架子，根本管不了诸侯的事，"三晋"去请封不过履行一下合法手续就是了。威烈王面对既成事实，只好大大方方地封韩家首领韩虔为韩侯，魏家首领魏斯为魏侯，赵家首领赵籍为赵侯。"三晋"从此正式成了三个独立的诸侯国。这件事标志着新兴地主阶级已经夺取了晋国的政权，封建制度在晋国已经形成了。

同时，其他各国的奴隶制度也在逐步瓦解，新兴地主阶级先后在各国夺取了政权，在齐国是大臣田和夺了权，还是叫齐国，但和以前的齐国已经不同了。我国历史开始进入封建社会的新时期。

到了这个时候，春秋后期的十几个大国经过激烈的战争和兼并，一些国家灭亡了，一些国家强大了，只剩下齐、楚、燕、赵、韩、魏、秦七个大国和几个小国，这七个大国被称为"战国七雄"。为了保存和扩展自己的势力，他们都想方设法去侵占别国的土地，削弱别国的实力，相互之间钩心斗角，在军事、政治、外交各方面斗争十分激烈，不断发生战争，战争规模也越来越大，双方动辄出动几万人甚至几十万人。由于这个时期战争连绵不断，所以后来历史书上称它为"战国"。

商鞅变法

战国早期的秦国在政治、经济、文化各方面都比较落后，中原各国叫它"西戎"，把它看作野蛮民族，瞧不起它，很少跟它来往，还不时派兵侵夺它的土地。

周显王八年（公元前361年），秦孝公即位。他感到秦国外受强邻的欺压，内有贵族的专横，日子很不好过，决心奋发图强，改变国家落后的面貌。为了寻求改革的贤才，就下了一道命令："不管是本国人，还是外国人，谁有好办法使秦国富强起来，就封他做大官，赏给他土地。"不久，一个叫卫鞅（yāng）的年轻人应征从魏国来到秦国。

卫鞅姓公孙，名鞅，原是卫国的一个没落贵族，所以大家管他叫卫鞅。他看卫国弱小，不足以施展他的才能，就跑到魏国，在魏国当了好些时候的门客，也没受重用。卫鞅正在郁郁不得志的时候，忽然听到秦孝公招聘人才，他决心离开魏国到秦国去。

卫鞅到了秦国，托人介绍，见到了秦孝公。卫鞅把他的一套富国强兵的道理和办法给孝公讲了一遍，他说："一个国家要富强起来，就必须重视农业生产。这样，老百姓有吃有穿，军队才有充足的粮草；要训练好军队，做到兵强马壮；还要赏罚分明，种地收成多的农民、英勇善战的将士，都要鼓励和奖赏，对那些不好好生产、打仗怕死的人，要加以惩罚。真能做到这些，国家没有不富强的。"秦孝公听得津津有味，连饭都忘了吃。两个人议论国家大事，谈了好几天，十分投机。最后，孝公决定变法，改革旧的制度，推行卫鞅提出的新法令。

这个消息一传开，贵族大臣们都一起反对。不少大臣劝秦孝公要慎重，不要听信卫鞅那一套。秦孝公心里非常赞成卫鞅的主张，觉得不变法就不能使秦国富强起来，但是看到反对的人那么多，又感到为难，就把许多大臣召集到一起，让他们辩论。一个叫甘龙的大臣首先发言，他说："现在的制度是祖宗传下来的，官吏做起来得心应手，老百姓也都习惯了，不能改！改了准会乱！"另外一些大臣也跟着说"新法是胡来"，是"谬论"，"古法、旧礼改不得"！卫鞅理直气壮地驳斥他们说："你们口口声声讲什么古法、旧礼，请问这一套能使国家富强起来吗？从古以来就没有一成不变的法和礼。只要对国家有好处，改变古法、旧礼有什么不对？墨守成规只能使国家灭亡！"卫鞅从古到今举出大量事实，说明变法的必要，把那些大臣驳得哑口无言。秦孝公听他说得头头是道，把反对变法的大臣一个个都驳倒了，非常高兴，对卫鞅说："先生说得对，新法非实行不可！"于是就拜卫鞅为左庶长（古时候一种官名），授予他推行新法令的大权，叫他抓紧把变法方案制定出来，并且宣布：谁再反对变法，就治谁的罪。这样，那些大臣都不敢吭声了。

卫鞅很快就把变法方案制定出来了。秦孝公完全同意。卫鞅怕新法令没有威信，老百姓不相信，推行不开，就想了个办法。他叫人在都城的南门竖了一根三丈来长的木头，旁边贴了张告示说："谁能把这根木头扛到北门去，赏他十金。"不

多会儿，木头周围就围满了人。大伙儿心里直犯嘀咕：这根木头顶多百把斤，扛几里地不是什么难事，怎么给这么多的金子呢？或许设了什么圈套吧？结果谁也不敢去扛。卫鞅看没人扛，又把奖赏提高到五十金。这么一来，人们更疑惑了，都猜不透这新上任的左庶长葫芦里到底卖的什么药。这时候只见一个粗壮汉子分开人群，跨上前去，说："我来试试。"扛起木头就走。许多看热闹的人好奇地跟着，一直跟到了北门。只见新上任的左庶长正在那儿等着呢，他夸奖那个大汉说："好，你能够相信和执行我的命令，真是一个良民。"随后就把准备好的五十金奖给了他。这事很快就传开了，大家都说："左庶长说话算数，说到做到，他的命令可不是随便说说的啊！"

周显王十三年（公元前356年），卫鞅的新法令公布了。主要内容有：

第一，加强社会治安。实行连坐法。把老百姓组织起来，五家编为"一伍"，十家编为"一什"，互相担保，互相监视。一家犯了罪，九家都要检举，否则十家一起判罪。检举坏人和杀敌人一样有赏，窝藏坏人和投降敌人一样处罚。外出必须携带凭证，没有证件各地不准留宿。

第二，奖励发展生产。老百姓努力生产，粮食布帛（bó）贡献多的，可以免除一家劳役；懒惰和弃农经商的，连同妻子、儿女一起充为官奴。一家有两个儿子以上，孩子成人以后就要分家，各自交税，否则一人要交两份税。

第三，奖励杀敌立功。官爵大小以在军事上立功多少为标准。功劳大的封的官爵就高，车辆、衣服、田地、住宅、奴婢的赏赐，也都以功劳大小而定；军事上没有功劳的，即便有钱也不能过豪华的生活，就是贵族也只能享受平民的待遇。

　　新的法令刚刚开始推行就遇到很大阻力。那些贵族宗室不去打仗立功，就不能做官受爵，只能享受平民待遇，失去了过去的许多特权；实行连坐法以后，他们也不能为所欲为了，因此，他们都疯狂地攻击新的法令，更不要说保守势力的代表甘龙他们了。在他们的唆使下，就连太子也出来反对。卫鞅把甘龙罢了官。可是，太子是国君的继承人，不便处分，卫鞅去找秦孝公，对他说："新法令所以推行不开，主要是上头有人反对。"秦孝公说："不管谁反对，都要惩办。"卫鞅把太子反对、故意犯法的事一说，秦孝公既生气又为难，没有言语。卫鞅说："太子当然不能治罪。但是新法令如果可以随便违犯，今后就更不能推行了。"秦孝公问："那怎么办呢？"卫鞅说："太子犯法，都是他的老师唆使的，应该惩治他们。"秦孝公表示同意。这样，太子的老师公子虔就被割了鼻子，公孙贾被刺了面。大伙儿看到秦孝公和卫鞅这样坚决，都不敢反对新法令了。

　　几年以后，秦国变得强盛起来。由于新法令规定了增产多的可以免除一家的劳役，老百姓都一心务农，积极种田织布，生产得到很大发展，人民的生活也有所改善；由于新法令规定了杀敌立功的可以升官晋级，将士们都英勇作战，老百姓都很高兴。孝公看卫鞅制定的新法令成效显著，就提升他为大良造（当时一种大官名称），派他带兵去攻打魏国。原来十分强盛的魏国，这时候已经衰弱下来，根本不是秦国的对手，连都城安邑也被秦军攻占了，魏国只得向秦国求和。接着，卫鞅在国内又进一步推行新法令，主要内容有：把国都从雍城（今陕西凤翔，雍yōng）迁到东边的咸阳，以便于向中原发展；把全国分成三十一个县，由中央直接委派县令县丞去治理，不称职（称chèn）的县官治罪；废除"井田"制度，鼓励开荒，谁开

<　商鞅变法时颁布的标准量器　>

荒归谁，允许自由买卖土地；统一度量衡等。这些都是发展生产的有力措施，对于巩固和发展新兴地主阶级的势力起了很大作用。新法令实行了十年以后，秦国变成当时最富强的国家。周天王派人给孝公送来礼物，封他为"方伯"（一方诸侯的领袖），中原各国都纷纷前来祝贺，对这个新兴强国都另眼相看了。

秦孝公十分欢喜，把商、于一带十五座城镇封给了卫鞅，表示酬谢。从此以后，人们就把卫鞅称作商鞅了。

过了几年，秦孝公病死了，太子即位，是秦惠文王。秦惠文王以前反对商鞅的新法令，商鞅给他定了罪，给他老师判了刑，所以他一直怀恨在心。这会儿，他一当国君，那些过去反对商鞅的人就又得势了。他们串通一气，捏造罪名，硬说商鞅阴谋造反，惠文王就把他抓住处死了。商鞅虽然死了，可是，他推行的新法令已经在秦国扎下了根，再也无法改变了。他的变法为后来秦国统一中原打下了坚实的基础。

屈原投江

商鞅变法以后，秦国建立起新兴地主阶级政权，政治经济、军事实力都比别的国家强大。自秦孝公起，秦国历代君主都有统一天下的梦想，于是不断出兵攻打周围邻国，接连打了许多胜仗，夺取了不少地方。在先后打败周围邻国后，秦国又将目光瞄准了地域广大的楚国。

当时楚国与齐国结盟，秦国为削弱楚国，派张仪到楚国，提出以六百里土地做代价，换取楚国同齐国断交，企图拆散齐楚联盟，孤立和打击楚国。楚怀王没有看出这是个阴谋，听信了张仪的花言巧语，结果上了大当：不仅六百里土地没到手，而且损兵折将，丢城失地，连汉中大片地方也被秦国夺去了，魏韩两国也趁机侵犯楚国的边境。楚怀王看到形势危急，不得不赶快撤军，派大夫屈原上齐国道歉讲和，要求重建联盟，共同抵抗秦国。

屈原是个什么人呢？他是我国历史上一位伟大的爱国诗人，也是战国时代一位杰出的政治家和思想家。他姓屈名平，"原"是他的字，出身贵族，同楚王是本家。他从小受到较好的文化教育，二十多岁的时候就有丰富的知识，善于作诗写文章，口才也好，年纪轻轻就当了楚国的左徒（楚国的一种官名），经常同楚怀王一起研究政事、拟定法令、接待各国使臣，深得怀王的信任。

　　屈原生活的年代正是战国中后期，各国之间的兼并战争越来越激烈。在战国七雄中，秦国最强大。秦国依靠它雄厚的经济和军事实力，不断向外扩张，一心要吞并六国。楚、齐虽说是大国，可都不能单独同秦国抗衡。拿楚国来说，尽管疆域广大、军队最多，可是由于政治腐败，正一天天走向衰落，反而经常受到秦国的欺负。面对这种形势，屈原主张在国内积极改革政治，削弱奴隶主贵族的特权，减轻人民的负担，举贤授能，变法图强；在国外联合齐、魏、赵等国共同抗秦。这些主张受到人民的拥护，可是遭到那些腐败守旧的贵族的坚决反对。他们嫉妒屈原的才能，明里暗里和屈原作对。

　　有一天，楚怀王叫屈原起草一份重要法令。屈原刚写完草稿，上官大夫靳尚来了，就要抢了去看。屈原赶紧把草稿收起来，冷冷地说："这是个草稿，还没定下来，谁也不能看！"

　　靳尚讨了个没趣，讪讪地走了。一到楚怀王那儿，他就陷害起屈原来了："大王啊，您还蒙在鼓里呢！"楚怀王问："怎么啦？"靳尚说："大王不是总让屈原起草文件吗？他把这当成炫耀自己的本钱哪！每次法令一公布，他就到处说，'哼，除了我，谁干得了！'""啊！他还说什么？"楚怀王问。"他还说，大王昏庸残暴，目光短浅，大臣们都贪婪自私，愚蠢无能，朝廷大事没他就完了！"楚怀王听了信以为真，火冒三丈，从此就对屈原疏远了。

　　屈原倒不计较个人得失，只担心楚国被靳尚这些人弄糟，一有机会仍旧去劝谏楚怀王。楚怀王不但听不进屈原的忠告，反而讨厌他直言敢谏，于是让他去当三闾大夫，管些无关紧要的事，国家大事一点儿也不跟他商量了。

楚怀王在靳尚一班人的撺掇下上了张仪的当以后，想起屈原平时联齐抗秦的主张，觉得有道理，于是又起用屈原，派他出使齐国。屈原到齐国以后，尽力施展外交才能，好不容易才恢复了齐楚两国的联盟。

秦王听说楚齐又要联合，就又派张仪来拉拢楚国。楚怀王本来想杀张仪，但是架不住靳尚和郑袖替张仪说好话，又糊里糊涂地把他给放了。等屈原从齐国回来，张仪早就没影儿了。

楚怀王并没有从这些事接受教训。他对靳尚、郑袖这班人仍然非常信任和宠爱，对屈原十分疏远。屈原的才能得不到施展，政治上的抱负得不到实现，眼睁睁地看着楚国一天天衰败下去，内心悲愤不已。他把满腔的爱国热忱倾泻到诗句中去，写出了有名的长诗《离骚》。这部伟大的文学作品充满了爱国主义精神，反映了屈原强烈的正义感和追求真理的决心，艺术上有辉煌的成就，在我国和世界文学史上享有崇高的地位。

周赧王八年（公元前307年），秦昭襄王即位，当了国君。秦昭襄王怕楚国再同齐国结盟，难以对付，于是又采取软的一手，想方设法拉拢楚国。他经常给楚怀王送礼物，还把女儿嫁给楚怀王做儿媳妇。楚怀王以为秦国真的要同楚国交好，就同秦国结盟了。楚国本来是同齐、赵、韩、

〈《天问》书影〉

魏等国订了"合纵"盟约一起反对秦国的，如今出尔反尔，这就惹恼了参加"合纵"盟约的其他国家。公元前304年，齐、韩、魏三国联合进攻楚国，大破楚军。楚怀王派太子横到秦国做人质，请秦国援救。所谓人质，就是拿人做抵押品，以取得对方的信任。秦国一出兵，三国也就退兵了。

这时候，太子横还留在秦国，没有回国。他在那儿经常受秦国人的气。有一次，太子同一个秦国的官员发生了冲突，他一气之下把那个人杀了，然后跑回了楚国。这一下可闯了大祸。秦国就以这为借口，联合齐、韩、魏三国，大举攻楚；第二年又单独发动进攻，杀了楚兵两万人，攻占楚国的襄陵等城池。楚怀王只好又向齐国求救。这时候，秦国采取了又打又拉的策略，一方面继续进攻，另一方面写信给楚怀王，约他在秦国的武关（今陕西东南部）相会，举行和谈。楚怀王看过信，没了主意：去吧，怕被秦国扣留；不去吧，又怕秦军更加大举进犯。于是召集群臣来商议。大臣们有主张去的，有反对去的，正在争论不休之际，忽然有一个人从殿堂下面大声嚷着走进来："大王可千万不能去，秦国相信不得！"大伙儿抬头一看，来的是三闾大夫屈原，不由得一愣。原来三闾大夫是无权参与议论国家大事的。但是，屈原热爱祖国，时刻关心着国家的命运。今天他听说朝廷上要讨论楚怀王去不去秦国谈判的事，生怕楚怀王再上当，忍不住冲进殿堂来，他激动地对楚怀王说："秦国向来就像虎狼一样凶狠残暴，从来不讲信义，我们上它的当不是一次两次了。上次张仪欺骗我们，难道您忘了吗？这次秦王约您去相会，肯定又没安好心。大王一去，恐怕又要上他的圈套。"令尹昭睢（suī）也附和着说："屈原大夫说得对啊，大王不能去！"楚怀王犹豫不决。那些主张对秦国妥协投降的大臣，如楚怀王的小儿子子兰和上官大夫靳尚一看这情景，连忙替秦国说起好话来。一个说："秦王约大王去和谈，我看没什么恶意。"一个说："通过谈判或许能使秦国把占去的地方还给我们，不去就辜负了秦王的一片好心。得罪了秦国可不是闹着玩儿的！"他们起劲地劝楚怀王去。楚怀王听信了这些人的话，终于还是到秦国去了。

楚怀王一到秦国的武关，秦国就派兵把他的后路给截断了，然后把他押送到咸阳。秦王逼着他割地，楚怀王不肯，秦王就把他软禁起来。到这时候，楚怀王才后悔没听屈原的忠告，可是已经晚了。他在那儿被软禁了一年多，几次逃跑都没有成功，气恼成疾，后来竟死在秦国。

屈原听到这个消息后，悲愤交加。他既对楚怀王昏庸无能、被囚而死感到悲痛，又对秦王奸诈凶狠、背信弃义感到愤慨。他把这种感情抒发出来，写了《招魂》一诗。

正当楚怀王被扣留在秦国的时候，楚国立了太子横为国君，就是楚顷襄王。这位楚王同他父亲差不多，也是个糊涂虫。他上台以后，就让子兰取代昭雎，当了令尹，同子兰、靳尚这班人打得火热，整天在宫中吃喝玩乐，根本不过问国家大事。秦军入侵，杀了楚军五万人，夺去了十五座城池，他也不放在心上。屈原看朝廷这样腐败，国家的命运越来越危急，不由得忧心如焚。但是，他仍旧把希望寄托在国君身上，希望顷襄王有朝一日能够醒悟过来。于是他接连写了几封奏章，劝顷襄王改弦易辙，起用贤人，斥退奸臣，革新内政，抓紧练兵，以图报仇雪耻，这些奏章落到了子兰手里。子兰大动肝火，恨不得杀了屈原才称心。可是，屈原声望挺高，子兰怕引起公愤，不敢轻易下手。于是他又使出阴谋陷害的手段，派靳尚到顷襄王

跟前说屈原的坏话。靳尚对顷襄王说："屈原这个人可实在狂妄得很哪，先王在位的时候，他就不把先王放在眼里；如今，他又以老臣自居，近来居然上书来教训您。背地里他说得更放肆了，说子兰不主张讨伐秦国，是不忠；说大王不为先王报仇，是不孝。大王是雄才大略的君主，能让他这样污蔑吗？"顷襄王越听越气，把手一挥，下令立即撤掉屈原三闾大夫的官职，把他放逐到长江以南的楚国边疆地方去。

楚国的南疆就是现在的湖北省南部和湖南省北部一带地方，当时那儿还很荒凉。屈原在流放中，生活非常艰苦。但是，他仍旧时刻关注着楚国的命运，牵挂着楚王，希望顷襄王召他回国都，以便挽救国家的命运。然而，一年一年过去了，没有要他回朝廷的消息。屈原内心的悲愤是难以形容的。

多年的流放，精神上、生活上的折磨，使屈原的头发由黑变白，身体由强变弱。他面色憔悴，形容枯槁，行动迟缓，已经变成一个干瘦的老人了。但是，他的爱国热忱还是那样强烈，追求真理的意志仍旧是那样坚强。他不肯向邪恶势力屈服，决心保持他那高尚的品格。一天，他在河边散步，边走边吟诵着自己创作的诗歌。一个渔夫认出了他，问："您不是三闾大夫屈原吗？怎么落到这步田地啊？"屈原说："天下都混浊，只有我一个人干净；众人都醉了，只有我一个人清醒，所以被流放到这儿来了。"渔夫又问："您为什么不随波逐流呢？不然，也不会弄到这个样子啊！"屈原叹了口气说："人身上衣服干干净净的，谁肯到污泥里染上一身泥呢？我情愿跳进江心，埋在鱼肚子里，也不愿跟那些奸臣一起糟践楚国！"

在流放中，屈原有更多的机会接触人民群众。他看到老百姓缺吃少穿，生活非常悲惨，对他们深表同情，群众也很爱戴他。他同人民群众同欢乐、共患难，思想感情发生了深刻变化，使他写出了更多更好的诗歌。《九歌》《九章》等光辉诗篇，大部分都是他这一时期的作品。

周赧王三十七年（公元前278年），秦国派大将白起带兵攻打楚国，占领了楚国的郢都，毁坏了楚国先王的陵墓。楚顷襄王逃到陈城（今河南淮阳），楚国已经到了朝不保夕的地步。屈原听到这个消息后，知道楚国快要灭亡了，伤心得大哭起来。他不愿看到楚国沦亡，不愿看到老百姓受秦国的残害和欺压，于是就在这一年的五月初五，抱了块大石头，投进汨罗江中（今湖南东北部，湘江的支流，汨mì）自杀了。这年他六十二岁。

当地的老百姓听到这个噩耗（噩è）都很悲痛，争先恐后地来打捞屈原的尸体。也不知来了多少船，打捞了多少时间，结果都一无所获。有人用苇叶包了糯米饭投进江中，祭祀屈原；还有人怕江里的蛟龙抢吃这种食物，又在苇叶外边系上彩线，吓唬蛟龙，保证屈原能够享用，这种食物就是粽子。这种悼念活动一年年流传下来，渐渐成为一种风俗。直到现在，每逢农历五月初五端午节这一天，很多地方赛龙船，家家户户包粽子。有的人家还用彩线缠个粽子形状的物件，挂在女孩子脖子上避邪。

胡服骑射

　　战国中期，赵国出现了一件震惊中原的新鲜事：朝廷上下，从国君到大臣，从将帅到士兵，一律脱掉了原来穿的大袖宽袍，改穿起胡人（指当时我国北方的少数民族）的窄袖短衣；还学着胡人的样，打仗的时候不再使用战车，改成骑马射箭。这是怎么一回事呢？

　　原来，赵国从赵襄子建国以后，一度是个强国，后来渐渐衰落下来。周显王四十四年（公元前325年），赵武灵王即位的时候，国势更是一天不如一天。秦国几次来侵犯，占领了赵国不少地方；北方的少数民族匈奴、林胡等经常来骚扰边境，就连中山那样的小国也仗着齐国的支持不断来欺侮赵国。赵武灵王是个有志气的人，他看到国势这样衰微，受人欺侮，决心要改变落后挨打的状态。他一掌权，就注意重用像肥义、楼缓那样有经验的大臣，请他们出谋划策；同时军

< 战国时期玉器夔龙纹黄玉佩 >

事上也采取了一些措施，比如在边境常山一带修筑起望台，随时观察齐国和中山国军队的动向。后来，他在战争实践中越来越感到，必须在服装和打仗方法上加以改革，就是改穿胡服，学会骑马射箭，增强军队的战斗力，以适应当时战争的需要。但是他知道，这种改革必定会遇到阻力，所以考虑了好久还下不了决心。

　　一天，赵武灵王率领群臣巡视西北一带边疆，他们走上一座叫黄华的山顶，往下一望，只见滔滔黄河从山下流过，周围群山起伏，气象万千。赵武灵王看到这壮丽河山，回顾国家衰弱的现状，不由得叹了一口气。在他身边的大臣肥义和楼缓问他为什么感叹，他说："你们看，咱们赵国北边是燕国、胡人，西边是楼烦、秦国，东边是齐国、中山，处在强敌的包围当中。咱们怎样才能使国家强大起来呢？"肥义说："胡人、中山是咱们的心腹之患，不制服它们就不可能对付强大的秦国。"楼缓也说："是呀，尤其是胡人，经常来骚扰边境，得想办法打败他们。"赵武灵王问："有什么好办法呢？"这一问，两位大臣竟然一时回答不上来。赵武灵王说："我看得向胡人学习，改穿胡服，骑马射箭。"俩人大吃一惊："什么，学习胡人？"赵武灵王不慌不忙地把他打算学习胡人的想法说了一遍。原来，当时汉人穿的那种衣袖又长又大的袍子，穿上以后很不灵便；打仗用的是战车，也非常笨重。而胡人呢，穿的是窄袖短衣，打仗的时候骑马射箭，十分轻快敏捷。赵国军队同胡人打仗，常常因为这个吃了大亏。最后，他说："如果我们不学胡人的长处，就别想制伏胡人！"肥义、楼缓听他说得很有道理，都说"好"。于是，赵武灵王决定先改革服装，一律改穿胡服，并且带头示范，君臣三人首先穿戴起来。

没想到，当他们三个人穿着胡人衣服在群臣面前出现的时候，就像水滴掉进了油锅，马上炸开了。朝廷上下议论纷纷，一片混乱，有的说："中原国君竟然穿起胡服来了，成何体统！"有的埋怨肥义和楼缓，为什么不制止国君的非礼行为，反而推波助澜，自己也穿戴起来？赵武灵王的叔父公子成更是气得脸白胡子翘，一赌气，干脆托病不上朝了。

下了朝，赵武灵王就把肥义、楼缓找来商量，他说："实行一项新的改革，往往要遭到众人的反对，这些我是估计到的。可没想到刚试了一下，就碰到这么大的阻力；往后骑马射箭的事一宣布，不要翻了天啊！"肥义看到赵武灵王面有忧色，就说："办什么事情都不能患得患失，犹豫不决，否则就不会取得成功。大王，您可不要动摇啊！"赵武灵王说："我倒没动摇，胡人衣服的好处我是看准了，我怕的是招来天下人的耻笑，那滋味可不大好受。"说罢，苦笑了一声。楼缓说："只要我们做得对，就不怕人家嘲笑。改革以后，国家强大起来，那些现在反对我们改革的人就会心悦诚服的。"赵武灵王说："对，我一定坚决干下去。"肥义又提醒他，要争取大臣们的支持，特别是像公子成这样的老臣，他在朝廷中很有影响。赵武灵王点点头，说："对，我准备找他谈谈，相信他是能识大体的。"

这一天，公子成正在家里生闷气，赵武灵王来了。公子成一看他那身打扮，就憋了一肚子气，冷冷地说："我赵家迎候华夏的国君、中原的使节，不接待夷狄。请您换去胡服，我再拜见。"赵武灵王脸一板，说："一家要听老子的，一国要听君主的，这规矩您不是不知道。我穿胡服，您作为臣子应该效法，以便在全国推广，为什么领头作对？"公子成没被唬住，反而倚老卖老地说："国家大事固然要

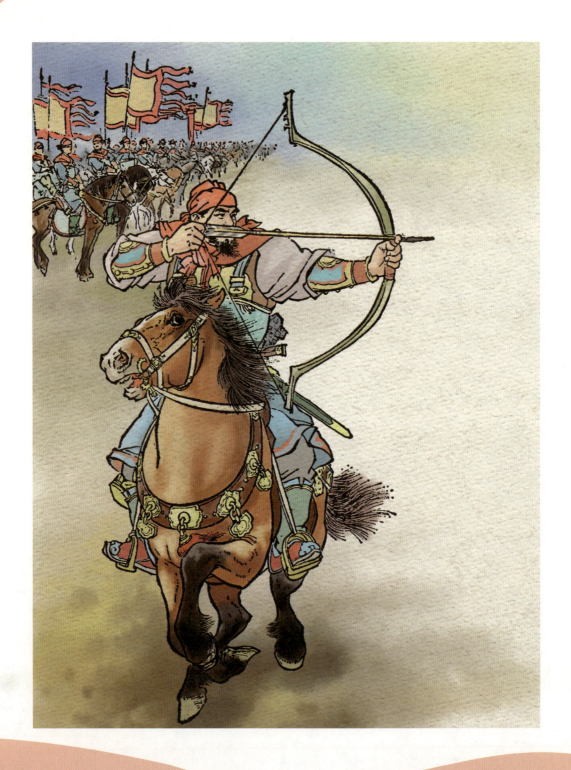

听您的；在家里，我是您叔叔，您也要听听我的话呀！想我中原国家，是文化发源之地，礼义之邦，那些未开化的夷狄正待我们去开化。可您本末倒置，反而向他们学习起来，把祖训、传统置之不顾，我身为老臣，能跟着您胡来吗？"赵武灵王并不生气，把学习胡服骑射的好处和必要性细细地说了一遍，最后说："我提倡胡服骑射，就是要提高军队战斗力，使国家强盛起来，防备来犯的敌人。可是您拘泥于陈腐的偏见，反对改革，忘掉了国家的危难。这种态度，难道就是您给我们晚辈做出的榜样吗？"一番辩论，终于把公子成说服了。

第二天，赵武灵王召集群臣集会，正式颁布了全国上下一律穿胡服、兵士学习骑马射箭的命令。公子成也现身说法，自己穿上了胡人的衣服，讲起了胡服骑射的好处。大家一看国君的决心很大，又看这几个人穿起胡服，行动确实干净利索，都表示拥护。

当胡服在赵国军队中装备齐全，武灵王就开始训练将士，让他们学着胡人的样子骑马射箭，驰骋疆场，还经常打着游猎的旗号进行军事演习。不出一年，一支精锐的轻骑部队训练出来了。于是武灵王发动了讨伐中山国的战争，只用了四五年工夫，就占领了中山国大部分领土，一直打到距离中山国都城只有八十里的地方，吓得中山国君赶忙逃到齐国去避难。赵国从此国威大振，不要说中原各国，就是强大的秦国也不得不把赵国另眼看待了。

武灵王并不满足于这些胜利，为了对付秦国的威胁，他把国内的事交给小儿子（就是赵惠文王）去管理，让肥义、李兑、公子成这些大臣去辅佐他，好让赵惠文王早些得到执政的经验。他自己做主父，相当于后来的太上皇，主要谋划国家的长远大计，并且决定亲自到秦国去了解情况，以便制定对付秦国的策略。

他装成赵国的使者赵招，去向秦王递交新王登基的国书，一路上叫人详细描画了秦国的山川地形。到了咸阳，晋见秦王，秦王问他："贵国国君岁数并不太大呀？"他回答说，"是啊，还不到四十岁，正在壮年。""为什么就要传位给儿子呢？""我们大王认为，各国继位的君主长期当太子，大多不懂政事，缺少执政经验；大王想让太子早点儿上来锻炼锻炼。我们大王虽然退了位，可还是主父，国家大事还是由他来拿主意的。"秦王又问："贵国也怕我们秦国吗？"他回答说："要是不怕秦国，也就不提倡胡服骑射了。不过，如今经过改革，兵强马壮，已非过去可比，或许跟贵国可以平起平坐、互相交好了吧？""那当然，当然。"送走了这位使者，秦王心里可嘀咕开了：这位使者不卑不亢，很有见地，是个人才，应该设法把他留下来；实在不行，也要从他嘴里仔细摸摸赵国的虚实。第二天，秦王约赵国使者会晤，得到回话说使者病了。等了好几天，赵国使者也没来。秦王急了，派人把他拉了来，一见拉来的人并不是上次交谈的使者，就问："你是谁？""赵招。""什么？你是赵招？那么上次来的人是谁？""那是我们的主父。实不相瞒，主父想了解一下大王的为人，所以冒我的名充当赵使。跟大王谈过话以后，他就走了，特地留下我来向您道歉。"秦王气得干瞪眼，忙命人去追。这时候，武灵王离开秦国已经好几天了。秦王后悔莫及，心里明白，武灵王是摸底来了，就下令严守边境，提防赵国前来侵犯。

其实，赵武灵王知道，眼下赵国还不是秦国的对手，也不敢轻举妄动。通过这次考察，他看清楚了秦国一时并没有攻赵的打算，就决定利用这个机会向西北方向发展。他带领军队从代邑出发，于周赧王十八年（公元前297年）灭了楼烦。过了两年，赵国又联合齐燕两国，最后灭了中山。这时候在原来的"三晋"中，赵国算是最强的了。

赵武灵王不拘泥于旧的习俗，敢于摒弃偏见，向兄弟民族学习，这在历史上是一件有意义的大事。

火牛阵

周赧王三十一年（公元前284年），燕昭王任命乐毅为上将军，叫他带领大军，联合秦、楚、赵、魏、韩五国，大举进攻齐国，齐军望风而逃。乐毅率领军队乘胜前进，接连攻占七十多座城池，只有莒和即墨没有攻下。乐毅派军队把这两座城紧紧围住，不断攻打，齐国军民拼命抵抗。燕军围城围了一年，也没攻下来。

乐毅考虑，光靠武力硬攻不行，还得收买齐国的民心，不然，就是攻下来的地方也不容易守住。如果齐国的百姓心向燕军，那么，这两座城就能够不攻自破。于是他重申军纪，严禁军队骚扰齐国的百姓，废除了齐王颁布的各项残暴法令，减轻赋税，优待齐国的大臣和著名的人物，这样来笼络人心。他还解除了对莒和即墨的包围，让燕军在离城九里的地方驻扎下来，下命令说："城里的老百姓出来以后不要抓，打柴的让他打柴，做买卖的让他做买卖，没饭吃的给他饭吃。"虽然采取了种种收买民心的措施，但是过了三年，莒和即墨还是不投降。

这时候，燕国有个大臣在燕昭王跟前说起乐毅的坏话来了，他说："大王啊，乐毅打齐国，开始的时候不出半年接连拿下七十多座城，现在只剩两座城，三年都没攻下来，您知道是什么原因吗？他围而不攻，还采取种种办法收买齐国的民心，他是想自己当齐王哪！您快想办法吧！"燕昭王一听，就知道是来拨弄是非的，发了火，当即把那个大臣斥责了一顿。接着召集群臣，把他的话跟大伙儿说了一遍，严厉地斥责他说："我们同齐国世世代代有冤仇，我做梦都想报这个仇。现在乐毅将军替我大破齐国，给我报了仇，雪了恨，就是他真的要当齐王，也是应该的！如果他真能当齐王，同我们结成友好邻邦，共同抵抗别的国家的侵犯，也是件大好事，也是我的愿望。你怎么敢这样胡说八道呢？"说完，让人打了那个大臣五十板子。昭王又派人传令给乐毅，封他为齐王。乐毅感激得流下泪来，死也不肯接受。这以后，就没有人再敢到燕昭王面前挑拨离间了。

没过多久，燕昭王死了，他的儿子燕惠王即位。燕惠王当太子的时候，就跟一个叫骑劫的大夫打得火热。骑劫有野心，一直想掌握乐毅手里的兵权。燕昭王在世的时候，他不敢乱动。这会儿燕惠王即位，他就到燕惠王面前进行挑拨了。他对燕惠王说："乐毅早先时候不肯当齐王，现在燕昭王去世了，那就难说啦。不然他为什么不去攻打那两座城呢？他是想借这个来取得齐国人的拥护，将来好当齐王啊！再说，您当太子那阵子，他不是对您挺有意见吗？现在他大权在握，名声又高，还能对您忠心耿耿吗？"燕惠王非常信任骑劫，听他这么一说，心里犯了疑。不久又听到外边起了谣言，说乐毅打算利用新王刚即位的机会称王了，怕就怕新王撤他的职。燕惠王相信了这话，就下令叫骑劫代替乐毅的上将军职务，召乐毅回国。乐毅知道回去肯定凶多吉少，悄悄跑到赵国去了。

　　骑劫一上任就全部打乱了原来的军事部署，改变了围而不打的策略，把即墨和莒城围了一层又一层，拼命硬攻。守卫即墨的将领田单领导齐国军民早已做好了准备，把进攻的燕军一次次打了回去。

　　田单原来是齐国国都临淄的一个小官，燕军攻破临淄以前逃到了即墨。他深通兵法，很会打仗。即墨守城的将领战死以后，大伙儿一致推选他当了大将。田单是个有志气的爱国者，一上任就把自己家里人和本族的人编进军队，同大伙儿一起修工事、一起练兵。他自己也身先士卒，和士兵同甘共苦，所以得到军民的一致拥护，大家同心协力死守即墨城。

　　乐毅做上将军的时候，田单知道他有勇有谋，很有本事，所以不出城同他打仗，只是严守城池。燕惠王即位以后，田单听说燕惠王对乐毅有疑心，就派人到燕国去散布谣言。这会儿，听说骑劫代替乐毅当了大将，他就准备反攻了。

　　田单利用当时人们对上天的迷信心理，编了一套梦话，说："齐兴燕败，乃是天意。昨儿夜里我做梦，老天爷告诉我，马上就要派一个神师来帮助我们。"大家听了很高兴。有个机灵的小兵走到田单跟前，悄悄说："您看我可以当神师吗？"说罢就走。田单先是一愣，很快明白过来，上去一把拉住他，向大家说："看啊，他就是老天爷在梦里指派给我的神师！"随后就把这个小兵当作"神师"打扮起来。小兵倒慌了，私下对田单说："我是开玩笑的啊，这神师让我怎么当法呢？"田单嘱咐他说："你别作声就行了，一切有我哩。"从此，田单就叫小兵装神弄鬼，部署起自己的作战方案来了。

　　有一天，田单传达"神师"的命令：每顿饭前要把祭品挂到房檐上，先祭祀祖先，这样，祖宗就会显灵援助我们。城里人都照着做了。这下子可乐坏了那些乌鸦、麻雀，都争着来吃食，每天到吃饭的时候，就成群成群地飞来了。城外的燕军将士觉得很奇怪。起先，听说城里来了神师，他们半信半疑；现在一看，连飞鸟都黑压压一片去朝拜，还有什么疑问呢？心想，既然人家得到天助，这仗还能打赢吗？于是，人心惶惶，士气动摇了。

　　田单又派人到燕军中间去散布流言，说什么田单最怕燕军把齐国俘虏的鼻子割掉，拉着他们示众。如果燕军这么做，齐国人就吓破了胆，不投降才怪哩！骑劫正为打不下即墨城而气恼，一听这话，就下令割掉齐国俘虏的鼻子，拉到阵前去示众。燕军的残暴激起了齐国军民的怒火，他们下定决心死守。接着，田单又派人到燕军中去煽动，说城里人的祖坟都在城外，他们成天提心吊胆，生怕燕军把他们的祖坟刨了。祖坟一刨，他们作为不肖子孙还有什么脸活着？更不要说打仗了。骑劫认为这又是出气的好机会，下令刨坟、烧尸。城里人见了，更把燕军恨得咬牙切齿，纷纷向田单请战，要为祖先报仇雪耻。田单看到反攻的时机已经成熟，就派使者去见骑劫，说城里快要粮尽援绝，无法再守下去，田单想要投降，不知骑劫同意不同意。骑劫一听喜出望外，燕军将士也高兴得欢呼起来。为了进一步麻痹燕军将士，田单还派了一些人打扮成富户，拿着财宝偷偷贿赂燕军将士，请求在攻下即墨城的时候，保护他们家生命财产的安全。燕将大喜，收下财宝，发给这些"富户"小旗，让他们插在自己门前做记号。这样，燕军将士对齐军投降一事深信不疑，因而战备松懈、兵无斗志，只等过几天受降了。

　　田单趁这机会加紧了反攻的部署。他下令把全城的牛都集中起来，共有一千多头，给每头牛披上一件褂子，褂子上画着稀奇古怪、五颜六色的花纹，牛犄角上都绑上锋利的尖刀，尾巴上绑了一捆浸满了油的芦苇，好像是一把大扫帚。还挑选了五千名身强力壮的战士，个个身穿五色花衣，涂着五色花脸，手持兵器，跟在牛后头。在预定"投降"的头一天晚上，田单命令军民把城墙挖了几个口子，偷偷把牛赶出去，然后点着了牛尾巴上的芦苇。芦苇一着火，烧到牛尾巴，那些牛又惊又跳，都把尾巴翘得老高，没命地往前狂奔。芦苇越烧越旺，牛也越来越暴躁，一个劲儿地朝前头横冲直撞起来。五千名壮士紧紧地跟在后边，向燕军营帐冲杀过去。这时候，骑劫和燕军将士正呼呼睡觉呢，忽然听到一片喊杀声、牛叫声，都惊醒了，衣服也顾不上穿，赶紧拿了武器就往外跑。还没弄清是怎么回事，火牛已经冲进军营里来了。这群火牛，撞着人，人死；碰着营帐，营帐起火。五千名壮士又跟着杀来。城里百姓也在后边敲锣打鼓，呐喊助威，喊杀声、锣鼓声，震天动地。燕军原来就听说齐人得到天助，现在眼见这些凶猛的火牛和奇形怪状的武士，真以为是天兵天将下凡，吓得丧魂落魄、哭爹叫娘，急于逃命，只恨没长兔子腿。他们自相践踏，死伤不计其数。那个骑劫也被齐军杀死。

　　田单率领齐军乘胜追击败逃的燕军，把敌人全部赶出国门之外，收复了失去的领土。随后，他把齐襄王从莒城接回到国都临淄。就这样，齐国在濒于灭亡的当口，又转危为安。

　　到这时候，燕惠王才十分后悔，觉得当初不该革掉乐毅的军权，可是已经晚了。

　　乐毅和田单都不愧为当时优秀的军事家。乐毅懂得，人心向背是决定战争胜负的一个因素，所以他严申军纪，笼络名流，减轻赋税，以收买民心。如果燕王能够始终信任他，坚持实行他的一套做法，齐国是可能败亡的。在齐国生死存亡的紧急关头，田单临危不惧，利用和扩大敌人的矛盾，一步步削弱敌人，壮大自己，最后用出奇制胜的"火牛阵"战法，大破敌军，以弱胜强，彻底战胜了敌人，收复了失去的国土。他们的战略在军事史上都是很有名的。

荆轲刺秦王

　　田单复国之后，齐国又维持了几十年。秦国愈发强大，首先灭掉了韩国，接下来灭掉了赵国。赵国一灭亡，秦军就驻扎到了燕国边境上，下一个进攻的目标就是燕国了。燕国太子丹在秦国做过人质，知道秦国的厉害，他认为正面抵抗无济于事，就把希望寄托在杀死秦王嬴政上，想用这个办法打击秦国，保住燕国。于是，"荆轲刺秦王"的事就发生了。

　　荆轲本是卫国人，爱读书而又精通剑术，曾经去游说卫国的国君，不被赏识，郁郁不得志。后来卫国被秦国灭了，荆轲不愿做亡国奴，就逃亡到了燕国。他在燕国同一个叫高渐离的人结成了好朋友。高渐离善于击筑（一种古乐器，筑zhù），荆轲喜欢喝酒。两个人经常到街市上痛饮，喝得醉醺醺的，高渐离就击起筑来，荆轲跟着曲子放声高唱，唱得高兴了，就一齐大笑起来；唱到悲伤的地方，又都流下了眼泪。荆轲就这样来抒发他亡国的悲伤和怀才不遇的苦闷。

　　不久，太子丹从秦国回来了。他在秦国的时候，秦王政待他不怎么好，所以他对秦王一肚子不满。他眼看秦国灭了韩国又去打赵国，心里非常焦急。他想，赵国隔在秦国和燕国中间，赵国一亡，燕国失去了屏障，还不跟着完啦！他越想越觉得在秦国住不下去了，打算回国组织力量，抵抗秦国。但是怎么回去呢？他知道秦王是不肯放他走的，于是就化装成一个穷人，混过了沿路的关卡，偷偷逃回了燕国。

太子丹回国后，决心向秦国报仇。但是燕国又小又弱，怎么打得过秦国呢？他想来想去，想不出别的办法，最后选择了暗杀秦王的路子，想用这种办法削弱和搞乱秦国，趁机再联合各国，击破秦国。他四下里搜罗勇士，准备实现他的计划。秦国有一个叛将叫樊於期（於wū），畏罪潜逃到燕国，太子丹把他也收容下来了。

秦国灭了赵国，燕国就受到直接的威胁。燕国君臣上下都很恐慌，太子丹更是忧心如焚，寝食难安，他就去向他的老师鞠武请教。鞠武说："燕国的力量太小了，单独同秦国对抗，就如同拿鹅毛燎火，拿鸡蛋去碰石头。只有西约魏国，南联齐楚，北交匈奴，三面夹攻，或许可以击退秦国，使燕国免遭灭亡的惨祸。"太子丹看鞠武这样悲观，不以为然地说："先生的筹划倒是不错，只是旷日持久。我心里跟着了火似的，实在等不及了。不管鹅毛燎火也罢，鸡蛋碰石头也罢，我都准备孤注一掷了。请先生推荐一个人，帮我出出主意。"鞠武说："那您跟田光商量商量。这人智勇双全，又从容沉着，他会给您出主意的。"太子丹托鞠武把田光请来相见，鞠武答应了。

第二天，田光来了。太子丹恭恭敬敬地把他迎进宫里来，让左右的人退下去，然后推心置腹地说："燕秦势不两立，先生是

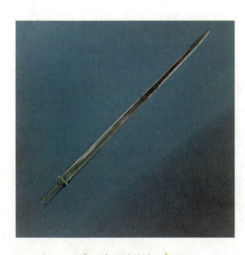

〈 战国铜剑 〉

知道的。早听说你有勇有谋，能不能救救危在旦夕的燕国呢？"田光这时候已经七十开外了，他摆了摆手，说："鞠武引见我，因为他只知道年轻力壮时候的我；现在我老了，不中用啦！"太子丹挺失望，问："你朋友当中有没有像您年轻时候那样的人呢？"田光想了一下，说："有，我有个朋友荆轲，他的本事可比我强多啦！"太子丹听后喜出望外，要田光把荆轲介绍给他做朋友。田光满口答应。

不久，荆轲同太子丹见了面。太子丹见荆轲气宇轩昂、举止不凡，十分敬重地说："承蒙田光老先生推荐，才能得见先生。如今，秦国贪得无厌，得寸进尺，它不把各国吞并、称王天下是不肯罢休的。现在韩国、赵国都被它灭亡了，下一个不就轮到我燕国了吗？我睡不安枕、食不甘味，请先生指教。"荆轲问："照您的意见，是出兵同秦国决一胜负呢，还是有什么别的打算？"太子丹回答："同秦国硬拼，或者联络各诸侯国，这些都不行。我想来想去，觉得只有一个办法，就是请一位机智勇敢的人充当使者，前往秦国，以重利诱惑秦王。秦王贪婪（lán），必定会接见他。到那时候，就可以学过去曹刿逼齐桓公退还鲁国土地的做法，一手拿匕首，一手抓住秦王，逼他归还从各国夺去的土地。秦王要是不答应，就一刀捅死他。秦王一死，秦国没个头儿，准会乱。趁此机会，我们联合各国一起攻秦，把秦国灭了。这是我梦寐（mèi）以求的事。只是这项使命关系重大，必须找一位可靠的人。不知道先生肯不肯担此重任？"荆轲低下头不言语，半天才说："这是关系国家生死存亡的大事。我才能低下，恐怕完不成使命。"太子丹一再苦苦恳求，请荆轲不要推辞，荆轲才答应了。于是，太子丹拜荆轲为上卿，把他安置在上等宾馆里，天天用佳肴美酒招待他，经常送来奇珍异宝、车马美女，供他赏玩。

　　过了好久，荆轲还没有动身的意思。这时候，秦国大将王翦开始进犯燕国的边境。太子丹非常恐慌，连忙找到荆轲，说："秦兵很快就要打进来了，到那时候，就是我想再招待您，也办不到了。先生快想想办法吧。"荆轲说："这事我早考虑好了。要想靠近秦王身边，就必须取得他的信任。现在，秦王用千金重赏捉拿樊於期将军，一心要杀掉他。如果我带着樊将军的头，另外再带上我们燕国最富饶的地方督亢（今河北省涿州、定兴、固安一带）的地图做礼物，秦王一定会高兴地接见我。到那时候，我就有办法了。"太子丹说："督亢地图好办，樊将军穷途末路才来投奔我，我绝对不忍心加害他。请先生另想主意吧！"

　　荆轲看太子丹这个样子，就背地里去见樊於期，对他说："秦王对将军可算是做绝了，杀害了将军的父母宗族，还用重金购买将军的脑袋，将军不想报仇吗？"樊於期一听这话，叹了一口气，眼泪掉了下来，说："我恨秦王，恨得眼睛出血，就是想不出报仇的办法来。"荆轲说："现在有一个办法，既可以解除燕国的忧患，又可以为将军报仇雪恨，不知您同意不同意？"樊於期忙问："什么办法？"荆轲踌躇（chóu chú）了半天，没有吭声。樊於期催他快说。荆轲说："办法倒有，就是难以开口。"樊於期说："您尽管说，只要能报仇，我就是粉身碎骨也在所不惜。"荆轲这才开了腔："我打算去刺杀秦王，怕只怕不能接近他。假如能给他献上将军的头，秦王一定非常高兴，就会接见我。那时候，我一手抓住他的袖子，一手拿匕首扎他的胸脯。那样，将军之仇可报，燕国也解除了亡国的危险。将军，您看怎么样呢？"樊於期一把撕开了自己的衣裳，咬牙切齿地说："我日日夜夜撕心裂胆，苦于找不出报仇的办法，今天先生的话使我开了窍。"说罢，拔出宝剑来自杀了。

荆轲派人马上报告太子丹。太子丹立刻坐车赶去，趴在樊於期的尸首上号啕痛哭了好半天，然后叫人好好地埋葬了尸身，把头装在一个木头盒子里，交给荆轲。荆轲问太子丹："找到好的匕首没有？"太子丹拿出一把锋利的匕首来，说："这上头浸过毒药，碰到人，只要出一丝丝血，没有不死的。我早就把这把匕首准备好了，就等您动身呢。"荆轲说："我等一个好朋友，想让他做我的助手。"太子丹担心夜长梦多、荆轲变卦，就说："哪等得及呢！我手下有位勇士，叫秦舞阳，就让他陪您去吧。"荆轲看太子丹这么着急，又不知道自己的朋友什么时候才能来，就说："好，我这一两天就走吧。"

荆轲和秦舞阳动身那天，太子丹和一些同荆轲要好的宾客穿戴白衣白帽，像送殡一样把荆轲送到易水河边，在那儿摆了酒席，给荆轲饯行。河边上，除去飒飒秋风（飒sà）、哗哗流水，听不到一点儿声响。大伙儿全都哭丧着脸，心里十分悲伤：知道荆轲这一去就回不来了。荆轲的好朋友高渐离也赶来送行。饮酒中间，高渐离击起筑来，荆轲和着节拍，放声高歌：

风萧萧兮易水寒，

壮士一去兮不复还！

这歌声慷慨悲壮，动人心弦，送行的人都失声痛哭起来。太子丹斟了一杯酒，送到荆轲面前。荆轲一饮而尽，拉着秦舞阳的手跳上马车，头也不回，赶着车跑了。

　　秦王政二十年（公元前227年），荆轲到了秦国的都城咸阳。秦王听说燕国送来贵重的礼物，并且表示臣服，十分高兴，用最隆重的仪式接见燕国使者。

　　那天，荆轲手捧装着樊於期人头的盒子，秦舞阳捧着督亢地图卷轴，一前一后地走进了秦宫。将要上大殿台阶的时候，秦舞阳见宫殿里气氛那么威严，脸吓得煞白、像死人一样，引起秦国大臣的怀疑。荆轲回过头来，看看秦舞阳，笑着对秦王说："他是个偏僻地方的粗人，从没有见过天子，所以感到害怕。请大王谅解！"秦王不放心，说："叫他在下面等着吧。"荆轲只好独自走上前去。秦王验看过樊於期的头，又叫荆轲把地图献上来。荆轲从秦舞阳手里接过地图，回身又献给秦王。秦王打开地图的卷首，从头慢慢地观看，看到最后，一把闪闪发亮的匕首露出来了。秦王吃了一惊，立刻蹦了起来。荆轲连忙用左手揪住他的袖子，右手抓起匕首就扎了过去。秦王使劲一躲，袖子挣断了，趁这机会逃走。荆轲拿着匕首追了上去。秦王看看无处脱身，只好围着大殿铜柱子跑。荆轲紧紧地跟着追。两个人一个躲，一个追，紧张极了。大殿上文武百官都吓慌了手脚。按照当时秦国的制度，大臣上殿不准带任何武器，殿下的卫士没有国君的命令也不许到殿上来，所以那些文臣武将都是手无寸铁，有几个人上去同荆轲徒手搏斗，被荆轲三拳两脚就踢倒打翻了。秦王由于惊慌失措，一时也没想到喊人上来；想拔宝剑，可是剑身太长，怎么也拔不出来。有人对他喊："大王，把剑推到背后，从头上往外拔！"他这才把剑拔了出来。就在他拔剑的一刹那，荆轲已经扬起匕首要朝秦王刺过去。正在这个时候，宫中的御医扔过来一个装药的口袋，打中了荆轲的右胳膊，匕首扎歪了。趁这机会，秦王挥手一剑，砍断了荆轲的一条腿。荆轲倒在地上，忍着剧烈的疼痛，把匕首向秦王使劲地掷去。秦王一闪，匕首从他耳边飞过，刺到后面的铜柱子上，直迸火星。秦王又上来刺荆轲。荆轲徒手抵抗，身负八处重伤，靠着柱子还在笑骂秦王："今天没刺死你，因为我想逼你退还各国的土地。这回算便宜了你，不过你也长不了啦……"话没说完，大臣们早就冲了上来，结果了他的性命。秦舞阳在台阶底下想上来，也早被旁边的人杀死了。

尽管荆轲表现得很是勇敢，这个故事也很悲壮动人，然而，统一既然是历史发展的必然趋势，那么靠暗杀手段企图扭转历史车轮，又怎么能成功呢？这反倒更激怒了秦王。

事后秦王增派了更多的军队，命令王翦加紧进攻燕国，王翦的儿子王贲（bēn）也赶来助战，第二年（公元前226年）就占领了燕都蓟城（今北京西南）和大半国土。燕王喜和太子丹退到辽东。后来，燕王还杀了太子丹，把他的首级送到秦军谢罪，可秦王要的是统一全国，对燕国是不会手下留情的。公元前222年，秦军攻占辽东，燕国灭亡。

这时候，魏楚两国也已经灭亡了，六国中只剩下了齐国。公元前221年，齐国灭亡。秦国终于完成了灭亡六国、统一中原的伟大事业，结束了春秋战国五百多年的分裂局面，建立了我国历史上第一个统一封建大帝国。从此，我国历史进入了统一的中央封建专制主义新阶段。

揭竿而起

秦王嬴政灭六国，统一中原后，取秦皇的"皇"字和五帝的"帝"字，称始皇帝，又称秦始皇。秦始皇废分封，设郡县；统一了货币、度量衡和文字，这些措施都有利于加强全国统一，有利于促进社会经济发展，这是秦始皇的功绩，但与此同时，秦始皇又焚书坑儒，对文化产生了巨大的破坏作用。

公元前210年，秦始皇死于巡视途中，留下遗诏让长子扶苏即位。陪同秦始皇出行的宦官赵高联合丞相李斯伪造诏书，令扶苏自杀，同时秘不发丧，回到咸阳后拥立秦始皇的小儿子胡亥即位，即秦二世。

就在胡亥夺取皇位的第二年，即公元前209年，爆发了我国历史上第一次农民大起义，这就是由陈胜、吴广领导的秦末农民战争。

陈胜又叫陈涉，是阳城（今河南登封东南。也有人认为是今河南商水）人。吴广又叫吴叔，是阳夏（今河南太康）人。陈胜年轻的时候，给地主家做雇农，受尽了剥削和压迫。有一天，陈胜和他的伙伴们在地头歇晌，陈胜又诉起苦来了，他诉说了一阵以后，慷慨激昂地对大伙儿说："苟富贵，无相忘。"意思是：咱们将来谁要是得了富贵，可别忘了今天的穷朋友啊！大伙儿听他这么说，禁不住都笑着回答："你给人家当雇农，连锄头犁铧都不是你自己的，哪儿来的富贵呀？"陈胜长长地叹了一口气说："嗟乎，燕雀安知鸿鹄（hú）之志哉！"意思是：躲在屋檐下的燕子和小麻雀，怎么会懂得天鹅的远大志向呢？

陈胜对自己的遭遇一直愤愤不平，可更不幸的事情落到了他的身上。他和吴广以及其他的穷苦农民一共九百人，被秦二世征发去渔阳驻防。渔阳就是现在北京密云，在遥远的北方，离陈胜、吴广的家乡有好几千里路。这九百人被征集到一起以后，陈胜、吴广被指定为屯长，由两名身佩利剑的军官押送，没日没夜地向渔阳的方向赶路，生怕误了规定到达的日期。

那时候正是夏天，雨水比较多。他们走到蕲县大泽乡（今安徽宿州东南，蕲qí）的时候，正赶上天下大雨。大泽乡靠近淮河的支流浍河（浍huì），地势低洼，大水淹了道，没法走了，他们只好停下来，等天晴了再走。按照秦朝的法律，叫你什么时候到达什么地方，你就得按时到达，误了日期，就要杀头。陈胜、吴广计算一下，无论如何也不能按期到达渔阳，已经犯下了杀头之罪。

陈胜、吴广商量怎么办。陈胜说："如今要是逃走，给抓回去也是死；起来造反，夺不到天下，顶多也是死。与其等死，还不如为争夺天下而死呢！"吴广问："造反怎么个造法呢？"陈

〈 秦一号铜车马 〉

胜说："天下的老百姓吃秦朝的苦头已经吃够了。听说二世是秦始皇的小儿子，按理轮不到他做皇帝，应当做皇帝的是他的大哥公子扶苏。扶苏因为常常劝他父亲不要多杀人，他父亲一生气，就把他派到蒙恬那里去带兵守长城，如今听说二世无缘无故地杀了他。老百姓只听说扶苏是个贤人，并不知道他被害的消息。还有，楚国的大将项燕曾经立下了不少汗马功劳，又很爱护士兵。有人说他已经死了，有人说他在楚国灭亡的时候逃走了，咱们楚国人很想念他。如今要是咱们假借公子扶苏和楚将项燕的名义，号召天下反对二世，定会有许多人起来响应的。"

吴广认为陈胜说得很有道理。当时的人们很迷信，想要号召群众起来造反，除了假借扶苏和项燕的名义外，还得利用装神弄鬼一类的办法取得群众的信任，他们就决定试试看。

第二天，伙夫去上街买鱼回来，剖开一条大鱼的时候，在鱼肚子里发现一块绸子，绸子上用朱砂写着"陈胜王"三个大字。这可是一件新鲜事，消息一下子就传开了，大伙儿都认为这是老天爷的旨意，原来陈胜是个真命天子呀！

到了晚上，忽然有人看到破庙那边的草木丛中闪烁着忽明忽灭的鬼火，并且还隐隐约约地听到了狐狸的叫声："大楚兴，陈胜王。大楚兴，陈胜王。"这件事也一下子传开了。大伙儿又是害怕，又是奇怪：狐狸怎么会说人话？莫非这狐狸是个狐仙，知道陈胜是个真命天子，特地向人们报信来了？

第二天清早起来，大伙儿都指指点点地看着陈胜，越看越觉得他的确长得与众不同，是个真命天子的相貌呢。

陈胜、吴广利用迷信，在群众中造成了当领袖人物的舆论。吴广平日人缘最好，大伙儿都跟他合得来，愿意为他奔走效劳。他和陈胜带领了一大帮人，趁着押送他们的军官喝醉了酒，故意跑去要求军官放他们回家。军官一听，又急又气，先打了吴广几鞭子，接着又拔出剑来要杀吴广。大伙儿一拥而上，帮助吴广抵抗军官。吴广倚仗人多势众，一个箭步蹿上前去，夺过军官手中的剑，一剑把军官刺死了。陈胜趁机把另一个军官打翻在地，也一剑结果了他的性命。

陈胜、吴广杀死了军官，大伙儿扬眉吐气，感到十分痛快。陈胜把大伙儿召集起来，大声地说："弟兄们！咱们遇上了大雨，已经不能如期赶到渔阳了。按照法律，误期的就要杀头，即使万幸能够饶了咱们的命，屯驻边防到头来也十有六七都是要死的。反正是个死，男子汉大丈夫不死则已，死也要死得有个名堂。那些骑在咱们脖子上的王侯将相，难道都是生来有种的？"大伙儿听了陈胜的话，都大声说："对！对！我们听您的！"

陈胜、吴广看到大伙儿都很齐心，就决定立即起义。他们派一部分人上山砍伐树木、竹竿作为武器；派一部分人用泥土垒个台子，作为起义誓师的地方；还做了一面大旗，旗上绣了一个大大的"楚"字。

一切都准备好了。陈胜、吴广领着大伙儿脱下一只衣袖，露出右臂宣誓。他们俩顺应广大老百姓拥护公子扶苏和楚将项燕的心情，假称奉了扶苏、项燕的号令起兵。大伙儿公推陈胜、吴广做首领。陈胜叫人把两个军官的脑袋割下来祭旗，他宣布自己的称号是将军，封吴广为都尉。九百个人的起义队伍一下子就攻占了大泽乡。

陈胜、吴广在大泽乡揭竿而起的消息很快传开，附近穷苦的老百姓扛着锄头、耙子、扁担，纷纷赶来加入起义军，起义军一下就壮大了好几倍。陈胜、吴广带着

起义军从大泽乡出发，一举攻克蕲县。接着，陈胜派葛婴带领一支队伍攻下了蕲县以东的五座县城。打到陈县（今河南淮阳）的时候，起义军已经发展到拥有六七百辆战车、一千多名骑兵、几万名步兵的大部队，起义军很快就占领了陈县。陈胜在陈县建号称王，国号"张楚"，就是要张大楚国的意思。

陈胜称王以后，派吴广率领一部分军队去攻打荥阳（今河南荥阳，荥xíng），派周文率领另一部分军队去攻打秦朝的京城咸阳，还派了另外一些人带兵去打其他地方。

这时候，许多吃够了秦朝残暴统治苦头的百姓纷纷起来杀死郡县的官吏，响应陈胜的起义。同时，也有一部分在秦朝统治下不得志的地主分子和六国的旧贵族，趁机起兵反秦。他们有的投到陈胜名下，有的自立称号，使得反秦的烈火越烧越旺，也使得战争形势越来越复杂。

被陈胜派去攻打咸阳的周文曾经在楚将项燕手下做过事，懂得点儿军事，作战也很勇敢。他率领的军队一路上势如破竹，打下了许多地方，沿途还招收了不少兵马，最后一直打到了离咸阳只有一百多里的戏（今陕西西安临潼境内）。秦二世听说起义军打到京城边上，慌了手脚，赶快派大将章邯把修建骊山陵墓的几十万人武装起来，向起义军反扑。周文作战虽然很勇敢，可惜他的队伍都是临时组织起来的，缺乏训练，经不起打硬仗的考验。同时，六国旧贵族又都纷纷称王，或在农民军中捣乱，牵制了起义军的力量，结果周文的军队被章邯打败，周文被迫自杀。

由吴广率领去进攻荥阳的那支队伍，一时间打不下荥阳。吴广的部下田臧（zāng）因为与吴广意见不合，一气之下，竟然假借陈胜的命令杀害了吴广。田臧派一部分人继续围攻荥阳，他自己则带兵去迎击打败了周文的秦将章邯，结果战败身死。

章邯接连打败周文、田臧以后，又派兵来进攻起义军的大本营陈县。陈胜已经把兵马全都派出去了，手中只留下很小的一支军队。在秦军强大的攻势面前，陈胜只好带着队伍放弃陈县，向东南退却。退到下城父（今安徽蒙城西北）这个地方，他的车夫庄贾（gǔ）竟然背叛农民起义军，把陈胜暗杀了，去向秦军投降。

陈胜被害以后，起义军将领吕臣率领一支由奴隶组成的苍头军从新阳（今安徽太和西北）攻入陈县，捉住叛徒庄贾，杀了他。不久，秦军又进攻陈县，吕臣战败，农民起义军失败了。

破釜沉舟

陈胜、吴广在大泽乡起义的时候，楚将项燕的儿子项梁、孙子项羽也在会稽郡起兵。

项梁和项羽是叔侄俩，他们是下相地方（今江苏宿迁西南）人。项羽从小死了父母，是靠叔叔项梁抚养长大的。项羽身材魁梧，力气大得惊人，连千斤重的大鼎也能扛得起来，可就是不喜欢学习。项羽小时候，叔叔项梁教他念书，他念了几天就不想念了；又教他学剑，他学了一阵子也撂下了。项梁很生气，骂他没有出息。项羽却反驳说："念书写字，顶多记记姓名罢了；剑术学好了，顶多也只能敌得一个两个人。我要学的是那种敌得过成千上万人的真本领。"项梁听项羽这么说，认为侄子胸有大志，很是高兴，就教项羽学习兵法，告诉他这就是能战胜千万人的真本领。可巧这时候，项梁因为打死了人，犯

〈 秦半两钱 〉

了法，叔侄俩逃亡到会稽郡的吴中地方（今江苏苏州一带）隐居下来。

项梁很善于结交朋友，碰到人家有婚丧喜庆的大事，他都赶去帮忙，因此吴中人都很喜欢他。他就趁此机会，把宾客和子弟组织起来，学兵练武，准备为楚国报仇。

秦始皇最后一次出巡，游会稽，渡浙江（今钱塘江），大队人马威风凛凛地经过吴中地方。许多人跑去看热闹，项梁和项羽也夹在人群里头。当秦始皇的队伍经过他们面前的时候，项羽感慨地说："这有什么了不起，谁都可以代替他！"项梁吓得赶快捂住项羽的嘴，悄悄警告说："你别胡言乱语，被别人告发了是要灭门的呀！"

就在这一年，秦始皇在回咸阳的途中死了，胡亥即位，就是秦二世。第二年，陈胜、吴广在大泽乡起义。项梁看到为楚国报仇的时机已经到来，就和项羽杀掉会稽郡守殷通，召集吴中地方的八千子弟兵，起兵反秦。

过了不久，有消息说，陈胜被秦将章邯打败。项梁赶快带着八千子弟兵渡江北进，乘虚攻打章邯的后方，他们很快打到下邳（今江苏邳州）地方。一些零散的反秦队伍，如陈婴、英布、吕臣、蒲将军等率领的武装都投靠到项梁的队伍里来。项梁很快就拥有了六七万人的队伍。

项梁的队伍正在胜利进军，却传来了陈胜被害的消息。在这个紧急关头，项梁在薛城（今山东滕州）召开各路起义军的会议，商量要公推一个起义军的首领。这时候，有个七十来岁名叫范增的老头子赶来献计，他对项梁说："秦灭六国，楚国最冤枉。楚怀王受骗去秦国，一去不复返，死在秦国，楚国人至今还怀念着他。有人说，楚国即使只剩下三户人家，推翻秦朝的也必定是楚国。您从江东起兵，短时间内很多人带兵前来会合，都是因为人们看到您家世世代代做楚国的大将，认为您能够恢复楚国。您如果拥立楚怀王的后代为王，就一定能够号召更多的人。"

项梁觉得范增的话很有道理，就到处寻访楚怀王的后代，结果在民间的牧羊娃当中找到了楚怀王的孙子，就把他立为楚怀王。这消息传开以后，果然又有很多人赶来参加项梁的队伍。

项梁把楚怀王安置在盱眙（今江苏淮安，盱眙xū yí），自己继续带兵西进。他在东阿（今山东阳谷东北）打败章邯，又在濮阳（今河南滑县东北）东面大破秦军，接着又攻入定陶（今山东菏泽南）。这时候，原先齐、赵、燕、魏等国的旧贵族也都在自己的土地上立了王，恢复了自己国家的名称，不再服从秦二世的统治，秦朝的天下眼看快要完蛋了。项梁命令项羽和不久前来投奔他的刘邦带兵疾速西进。项羽和刘邦在雍丘（今河南杞县）大破秦军，杀死了秦朝的大将李由。章邯看到形势危急，赶快请秦朝政府增派援军，趁着项梁得胜后骄傲自满、防备松弛的机会偷袭定陶，杀死了项梁。项梁一死，起义军受到很大损失，项羽、刘邦、吕臣等只好后撤到彭城（今江苏徐州）一带，采取守势。

章邯杀死项梁以后，把项羽、刘邦他们暂时撇开不管，渡过黄河，去进攻当时自称赵王的赵歇。赵王和他的谋臣张耳、陈余没有防备秦军的进攻，一战即溃，只好退到巨鹿（今河北平乡）固守。章邯派部将王离和涉间（jiān）领兵包围巨鹿，他自己驻扎在巨鹿南边，接济王离和涉间的军粮。

赵王被围困得有些顶不住了，赶快派人向楚怀王和其他几个称王的六国旧贵族求救。楚怀王派宋义为上将军，封他为"卿子冠军"，叫他带着次将项羽、末将范增等北上救赵。

　　宋义带兵进到安阳（今山东曹县东）后，听说秦军势力强大，就驻扎下来不再往前走了。一停停了好些日子，急得项羽直跺脚，跑去对宋义说："如今秦军围困巨鹿，赵王他们的处境十分危急。我们应当赶快渡河向秦军发动攻势，跟赵王他们来个内外夹攻。这样，秦军一定很快就会被我们打败，请您赶快发命令吧！"宋义慢吞吞地回答道："你不懂得用兵的道理。我们的目标是要消灭秦军，如今秦军正在攻打赵军，如果它打赢了，一定打得精疲力竭，我们就能很容易地消灭它；如果它打不赢，我们正好趁机西进，一举推翻秦朝，所以我们不如看看再说。在战场上冲锋陷阵，我比不上你；要说出谋划策，你可比不上我哩。"接着，宋义还特地下了一道命令说："将士们打起仗来应当像虎狼那样凶猛，可谁要是不服从命令，一概都得砍头。"这明明就是警告像项羽这样的人，叫他们只能乖乖地服从命令。

　　在这么一个卿子冠军统率之下，怎么能叫项羽服气？他的火暴性子终于发作了。一天早上，他冲进宋义住的营帐，一剑砍死了宋义，然后向全体将士宣布说："宋义按兵不动，想要谋反。我奉怀王密令，已经把他杀了。"将士们听说杀了宋义，都说杀得对，并且一致推举项羽为"假上将军"（"假"是代理的意思），表示愿意服从他的指挥。于是项羽就派遣英布、蒲将军担任先锋，率领两万人渡过漳河，抢占对岸阵地。接着，他自己率领全部兵马渡过河去，解救巨鹿之围。

　　楚军全部渡过漳河以后，项羽命令每个士兵准备好三天的干粮，叫大家把渡河用的船全都凿沉了，把做饭用的釜（古代的一种锅，釜fǔ）全都砸破了，然后率领人马向秦军阵地挺进。项羽用这种破釜沉舟的办法来显示他有进无退、誓必夺取胜利的信心和决心。

项羽指挥楚军很快就包围了王离的军队，同秦军展开了九次激烈的战斗。楚军人人奋勇，个个争先，以一当十，终于把秦军打得大败，杀死了秦将苏角，俘虏了王离，涉间被打得走投无路，放火自焚而死；章邯带着残兵败将急忙后撤。巨鹿大战以楚军胜利秦军失败而结束。那些旧贵族派来的援军看到项羽大获全胜，又是佩服，又是害怕。从此项羽就做了上将军，诸侯的军队都归他统率。

章邯率领残兵败将后退了几十里，派人到咸阳去讨救兵。当时，赵高正忙着篡权，故意避而不见，一个救兵也没有给。赵王的谋臣陈余看到章邯的狼狈相，趁机写信给章邯，劝他投降，章邯也愿意。楚军由于缺少粮草，不便与秦军长期相持下去，项羽就接受了章邯的投降。

巨鹿一战，项羽率领的楚军击溃了秦军的主力，扭转了整个反秦战争的局势。

约法三章

　　曾经和项羽一起打雍丘、杀死秦将李由的刘邦，是沛县丰乡（今江苏丰县）人，做过泗水亭长。亭是县下面最小的行政单位，十里一亭。由于押送民夫去建阿房宫、修骊山墓，刘邦多次去过咸阳。他亲眼看到秦始皇在咸阳街道上出巡的情景，十分羡慕地叹息说：“唉！男子汉大丈夫应当取得天下，当上皇帝才威风啊！”

　　有一次，刘邦又押着一批民夫到骊山去。一路上，民夫不断开小差，刘邦估计到达骊山的时候，这一批人都会跑光了。一天夜里，他叫民夫们都吃饱了饭、喝足了酒，对大家说：“你们干脆都逃走吧！我也准备从此逃亡哩。”说罢，把民夫全给放了。有十几个壮丁看到刘邦如此仗义，不肯离开他，愿意跟他一块儿去逃亡。

　　他们一行人趁着黑夜逃走，进入一片沼泽地。走着走着，前面探路的人突然跑了回来，吓得结

〈 秦始皇陵兵马俑坑 〉

结巴巴地说："不……不……得了，前面路……路当中有……有一条大蛇！"刘邦这时候已经喝得醉醺醺的，借着酒劲儿说："壮士走路，还怕什么蛇！"他拔出宝剑，壮着胆子，冲到大蛇跟前，一剑把蛇斩成了两段。壮丁们看到刘邦如此勇敢，更加佩服他了。

为了表示刘邦是"真命天子"，有人把他斩蛇的事情加枝添叶地编成一段迷信故事，说刘邦斩蛇走了以后，有人经过斩蛇的地方，看见一个老婆婆坐在死蛇旁边放声痛哭。那人问她为什么哭，她说："我的儿子被人杀了，所以我哭。"那人又问："你的儿子被谁杀了？"她说："我儿子是白帝的儿子，他变成一条蛇躺在路当中，结果被赤帝的儿子给杀了，我怎么能不哭呢！"说完，老婆婆就不见了。什么白帝赤帝，这些说法显然是编造出来的，目的是说明刘邦了不起，增加他的号召力，使得人们更加信服他、拥护他。

陈胜、吴广在大泽乡起义的时候，许多郡县的老百姓都杀死郡守县令，起兵响应。刘邦的老朋友、在沛县当文书的萧何和当监狱官的曹参（shēn）听说刘邦逃亡在外，打发刘邦的连襟樊哙（kuài）把刘邦找了回来。几个人一商量，就杀了沛县县令，拥护刘邦做沛公，在沛县起兵反秦。

刘邦按照前面编造的"白帝赤帝"的故事，以赤帝的儿子自居。他派人做了许多赤色旗帜，绣上刘字，在沛县一带招兵买马，干了起来。没几天工夫，这支起义军就拥有两三千人了。刘邦带着起义军在沛县一带活动了一阵子，觉得自己力量不足，需要找个靠山，就带着人马到薛城投奔了项梁，开始和项羽并肩作战。

项梁在定陶被章邯打败牺牲以后，楚怀王命令项羽北上救赵，派刘邦带兵西进，攻打咸阳。楚怀王还和诸将约定：谁先打进咸阳、平定关中，就封他在关中做王。

刘邦的军队打到高阳，有个叫郦食其（lì yì jī）的读书人来投奔他。刘邦平日不喜欢读书人，派人回绝说："现在是战争时期，不见儒生。"郦食其生气了，对管事的人说："你给我进去报告，老子是高阳酒徒，不是儒生。"管事的人赶快进去报告，于是刘邦就把郦食其请进去了。当时刘邦正在洗脚，没有站起来迎接。郦食其向刘邦作了一个揖，劈头就问："你究竟要不要推翻秦朝，夺取天下？你为什么轻视长者？"刘邦听了，赶快趿（tā）上鞋，站起来给郦食其赔礼让坐。郦食其看到刘邦挺能接受意见，就贡献了一条重要的计策，建议他去进攻陈留。刘邦采纳了这个意见，带兵打下了陈留，结果得到许多粮食，解决了军粮不足的问题。

接着，刘邦的军队向西南进军，打到了南阳郡，把那里的重要城市宛城（今河南南阳，宛yuān）里三层外三层地包围了起来，逼得南阳郡郡守想要自杀。后来刘邦采纳别人的意见，引诱南阳郡守投降，并且封他做了殷侯。这种手段很有效，从此，刘邦的军队所到之处，秦军纷纷投降。刘邦的军队顺利地向咸阳推进。

秦二世三年（公元前207年）八月，刘邦进到了武关（今陕西商洛）。赵高杀了秦二世，派人来接洽投降的事，条件是让赵高做关中王。刘邦没有答应，而赵高不久也被秦王子婴杀死。十月，刘邦打到咸阳附近的霸上。秦王子婴看到大势已去，就乘了素车白马，带着代表国家政权的玉玺，还在自己的脖子上套根绳子表示有罪，亲自到霸上向刘邦投降。刘邦派人把子婴看管起来，自己则带着兵马进了咸阳。秦朝至此灭亡了。

咸阳的阿房宫真是个迷人的地方，刘邦一进到里面，就被金碧辉煌的宫殿、价

值连城的珠宝迷住了，他真想住在里面不出来了。樊哙、张良再三劝说，叫他不要贪图眼前的享受，应当以打天下的大事为重。六国的旧贵族都在向咸阳打来，可得认真对付，千万大意不得。刘邦一听很对，马上派人封了贮藏金银财宝的库房，带兵回到霸上。他派人去把守函谷关，阻挡六国旧贵族进入关中。

过了几天，刘邦召集各县有威望的乡绅父老到霸上，告诉大家说："你们已经吃足了秦朝的苦头，什么诽谤一下朝政就要满门抄斩啦，偷偷议论一下时势就要杀头啦，这种法律实在太残暴了。现在我只和大家约法三章：第一，杀人的要偿命；第二，打伤人的要判罪；第三，偷盗的要判罪。除了这三条，其余秦朝的法律一概废除。我是替父老乡亲们除害来的，决不坑害大家，希望大家不要害怕，也希望大家回去把我的话转告给百姓们！"

老百姓听说沛公刘邦如此宽大仁慈，也都很高兴。他们争先恐后地拿着牛羊肉、酒和粮食来慰劳士兵。刘邦再三辞谢说："仓库里有的是粮食，乡亲们千万别破费了。"老百姓看到刘邦这样爱护他们，自然更高兴。他们都希望刘邦能够永远在关中做王，代替秦朝的统治。

鸿门宴

项羽在巨鹿大战中打败章邯，接受章邯投降以后，听说刘邦已经进了咸阳，这可把他气炸了。他觉得自己的功劳比刘邦大，本领比刘邦强，本该先进咸阳，当关中王。他赶快率领大队人马直奔函谷关而来，很快就打到了新丰鸿门（今陕西西安临潼东）地方，离刘邦所在的霸上只有四十里路了。

当时项羽的军队拥有四十万人，刘邦只有十万人，项羽想要消灭刘邦是很容易的事。项羽的军师、被项羽尊称为"亚父"的范增建议说："刘邦在东边家乡的时候，又贪财，又喜欢美女，如今进关以后，财物和美女都不要了，我看他的野心不小，恐怕想要跟大王争夺天下。您不如趁早下手，除了他算了。"项羽正在考虑，还没有作出决定，刘邦手下的左司马曹无伤偷偷派人来给项羽送信说："刘邦想要在关中做王，他准备拜秦王子婴做相国，把秦朝皇宫里的一切珍宝都占为己有。"项羽听了这个消息，火冒三丈，决定第二天一早派兵去攻打霸上，消灭刘邦。

项羽的决定惊动了他的另一个叔父项伯。项伯和刘邦手下的张良是好朋友，他生怕明天打起仗来会伤害张良，就连夜赶到刘邦的军营里去通知张良，叫张良赶快逃走。张良说："我是特地送沛公进关来的，现在他有危险，我只顾自己逃走，太不讲义气了，我得去向他告别一下。"

张良把项伯的话一五一十地报告了刘邦。刘邦一听着了慌，连声说："这怎么办？这怎么办？"张良问刘邦："大王估计一下，咱们的军队能挡得住项王的进攻吗？"刘邦沉默了一下，愁眉苦脸地说："我看挡不住啊！这怎么好呢？"张良说："那您可以请项伯帮帮忙，叫他在项王面前给您求求情。"刘邦叫张良赶快把项伯请进来，摆上酒席，热情招待。刘邦低声下气地对项伯说："我自从进关以来，什么东西都不敢动一下，只是登记了官民的户籍，查封了秦朝的仓库，日日夜夜盼望项王到来。我派些军队把守关口，也只是为了防止盗贼，绝没有抗御项王的意思。请您务必在项王面前替我美言几句，请项王不要听信谣言。"为了结交项伯，刘邦还当场把自己的女儿许配给项伯的儿子，两人结成儿女亲家。项伯答应了刘邦的请托，并嘱咐刘邦第二天清早到项羽大营里去谢罪，然后连夜赶回了鸿门。

第二天一清早，刘邦带着一百来个人赶到鸿门，当面向项羽谢罪。刘邦装作十分诚恳地对项羽说："当初我和将军一起攻打秦朝，您在河北作战，我在河南作战。我自己也没有料想到能够先打进关中，攻破咸阳，今天又在这里和将军见面。听说有些小人在将军面前造谣中伤，挑拨将军和我的关系，希望将军不要听信这些谣言。"

项羽是个直性人，他看刘邦这样谦虚，心头的怒火很快就烟消云

‹ 秦朝统一度量衡的青铜量 ›

散了。他立刻改变语气，毫不在意地说："这都是你那里的曹无伤派人来说的，要不，我怎么会生你的气呢！"项羽叫人摆上酒席，宴请刘邦，表示和好。宴会上，项羽和项伯坐在主位，亚父范增在旁边作陪；刘邦坐在客位，张良在旁边作陪。项羽举杯劝刘邦喝酒，态度越来越和气。

亚父范增一再地给项羽丢眼色，并且三次举起身上佩带的玉玦（jué）做暗示，请项羽赶快下决心杀掉刘邦。项羽默不作声，既不表示同意，也不表示反对。范增急了，借个机会出去，把项羽的堂兄弟项庄找来，吩咐他说："项王的心不够狠，始终下不了杀刘邦的决心。你进去拿敬酒作为理由，舞剑助兴，趁机杀了刘邦。否则，你们这些人都会落在刘邦手里。"项庄真的进去给刘邦敬酒，敬完酒以后说："今天项王请沛公喝酒，我给大家舞一会儿剑，热闹热闹吧！"说完就舞起剑来。他那把寒光闪闪的宝剑越舞越近，直逼刘邦，吓得刘邦身上直冒冷汗。

项伯看到项庄不怀好意，生怕他的亲家刘邦吃亏，也拔出宝剑说："一个人舞剑没有意思，两个人对舞才热闹。"说完，占了刘邦面前的那块地盘，也舞起剑来。项庄的剑逼向刘邦的时候，项伯就用自己的身体掩护刘邦，使项庄下不了手。

张良看到形势非常危急，找个机会溜出去，对樊哙说："宴会上形势不妙，项庄拔剑起舞，看样子想对沛公下毒手。"樊哙听了跳起来说："那还了得，我去！"说完，他带着宝剑和盾牌撞倒了几个拦阻他的卫兵，气呼呼地冲了进去。

项羽看到冷不丁地冲进来一个人，赶快一手按剑，十分紧张地问："你是干什么的？"张良赶快上前一步，替樊哙回答说："他是沛公的车夫樊哙，大概在外面等久了，肚子饿了。"项羽用眼光打量了一下樊哙，见他长得虎头虎脑的，便用赞

叹的口气说："好一个壮士！赏他一斗酒、一只肘子。"底下的人就给了樊哙一斗酒、一只生肘子。樊哙站着一口气喝完了酒，然后把盾牌往地上一放，把肘子放在盾牌上，蹲下身子，用宝剑割着生肘子吃。项羽觉得这人挺可爱，问他："你还能喝酒吗？"樊哙粗声粗气地说："我死都不怕，还怕喝酒！想当年秦王凶暴得像虎狼一样，杀人唯恐杀不完，处罚人唯恐不够重，所以逼得天下人都起来造反。楚怀王跟诸将约定：谁先打败秦军进入咸阳，谁就做王。如今沛公先打进了咸阳，他可什么东西也没有拿，只是封了宫室库房，驻兵霸上，等待大王到来。像他这样劳苦功高的人，大王不但没有给他什么封赏，反倒听信小人的挑拨想要杀他。这不是学秦王的样子吗？我认为大王真不应当这样做。"

项羽对樊哙的这一顿责备，不知道怎么回答才好，只是说："请坐，请坐。"樊哙一屁股坐在张良旁边，一只手紧紧地按着宝剑。项伯看到形势已经缓和，就回到了自己的座位上。项庄看到没法再下手，只好收起宝剑，站在项羽身边。

刘邦这才镇定了下来，假装要上厕所，赶紧出去了。张良和樊哙也跟了出去。刘邦想要溜回霸上，又怕没有告辞，失了礼数。樊哙说："干大事业的人不必拘泥于这种小节，如今他们的刀尖对着咱们，还跟他们讲什么礼数。"说着，推过车子来，催刘邦马上走。刘邦只得把张良留了下来，叫他去向项羽表示谢意。张良问："大王带来了什么礼物没有？"刘邦说："我带来白璧一双，是献给项王的；玉杯两只，是送给亚父的。刚才项王发脾气，我没有敢献上去，你就代我送去吧！"刘邦又怕项羽派兵来追，决定把车子留在鸿门，自己骑上一匹马，樊哙、夏侯婴、靳疆、纪信四个人拿着宝剑和盾牌，跟随他步行，抄小路从骊山脚下赶回霸上。因为这条小路只有二十里，比走大路要近一半。刘邦还再三叮嘱张良，估计等他们回到霸上的时候，再进去向项羽告辞。

刘邦等人一溜小跑回到霸上，进入军营后的第一件事，就是把曹无伤抓来杀了。

张良在外边等了好一阵子，估计刘邦他们已经到达霸上军营，就进去对项羽说："沛公的酒量小，已经喝醉了，不能亲自来向大王辞行。他临行交给我白璧一双，嘱咐我敬献给大王；玉杯两只，是送给亚父的。"项羽问："沛公现在何处？"张良说："沛公听说大王有意要找他的差错，不敢在此久留，已经早走一步，估计现在已经回到霸上军营了。"项羽听说刘邦已经走了，就收下白璧，放在案上。范增气鼓鼓地接过玉杯，扔在地上，用宝剑把它劈碎了，然后长长地叹一口气说："唉！项王太幼稚，真不值得替他出主意。将来与项王争夺天下的人，必定是刘邦这家伙，我们都等着做俘虏吧！"

四面楚歌

鸿门宴后不久，项羽率领军队进入咸阳。和刘邦不同，项羽不但杀了秦王子婴和秦国的许多贵族、官吏，放火烧了阿房宫，掳掠了许多金银财宝和妇女，然后离开咸阳东归。项羽的所作所为使秦人大失所望。人们拿项羽和刘邦相比，觉得项羽野蛮残暴，刘邦宽厚仁慈，他们宁愿让刘邦来做统治者。

当时秦朝已经灭亡，项羽成为唯一能号令天下的人。项羽封刘邦为汉王，秦朝降将章邯为雍王，董翳（yì）为翟王（翟 dí），司马欣为塞王，还有一些起义将领和六国旧贵族，共封了十八个王。项羽自立为西楚霸王，在其他十八个王之上，建都于彭城。当时的人们渴望统一，项羽的分封违背了人民的意愿，是一种倒行逆施的行为，很不得人心。

汉王刘邦听从韩信的计谋，从巴蜀出发，先后打败雍王章邯、翟王董翳、塞王司马欣，并吞了他们的封地，独霸关中，并趁着项羽平定齐国旧贵族叛乱的机会向东进军，于公元前205年夏天，占领了霸王项羽的都城彭城。

项羽听到这一消息后，连忙亲率三万精兵回救彭城。经过几次战斗，项羽打败刘邦，收复了彭城。刘邦的几十万大军死的死、伤的伤，被俘的也不少，连刘邦的父亲太公、夫人吕氏也做了俘虏。刘邦自己带着仅仅几十名骑兵逃到荥阳、成皋（今河南巩义东）一带，才站稳脚跟，重新集结队伍。

不久，霸王项羽来进攻荥阳。刘邦刚刚吃了大败仗，队伍又缺乏粮草，连忙派人向项羽求和。项羽知道自己的后方还不稳定，想要同意讲和。亚父范增出来反对，他对项羽说："彻底消灭刘邦已经是轻而易举的事情，同意讲和放过他，将来一定会后悔。"项羽认为范增说得对，就派兵围攻荥阳。

刘邦见求和不成，就采用了陈平的反间计，挑拨项羽和范增的关系。项羽派使者到刘邦军营中去交涉，陈平先叫人大摆酒席，准备宴请使者。等到使者快要入席的时候，陈平突然出场，故意装作惊讶的样子说："哎呀！差点儿弄错了，我还以为是亚父派来的使者，却原来是项王的使者！"说着，叫人把酒席撤了下去，端来一些粗糙的食物给使者吃。使者回去向项羽一报告，项羽对范增产生了怀疑，以为他私通汉王，就剥夺了他一部分权力。

范增见项羽中了刘邦的反间计，生气极了，他对项羽说："如今天下大事已定，大王自己好好干吧。我已经老了，请您放我回家养老去吧！"项羽一向不愿意接受别人的意见，听范增说要走，觉得耳朵边少一个人啰唆也好，就同意了，派了几个士兵护送范增回家。范增本想一心辅佐项羽夺取天下，现在却落得个告老还家的下

〈 秦始皇兵马俑 〉

场。他觉得自己的一番心意全都白费了，很是伤心，在路上得了病，背上长了个毒疮，没过几天就死了。

范增一死，霸王少了个出主意的人，虽然凭实力还能打败汉王；可是要论斗智，却不是汉王的对手。

汉王刘邦见霸王围住荥阳不退，就采用纪信的计谋，叫纪信在晚上坐着汉王的车子，带着两千名披甲的妇女，打开荥阳东门出走，吸引楚军；汉王自己则带着几十名骑兵从西门突围，逃往成皋去了。

公元前203年，霸王进攻成皋。汉王从成皋北门逃走，霸王占领成皋。这时候，汉王派去进攻魏、燕、赵等地的韩信却打得很顺利，占领了大片土地。汉王还要彭越的军队在霸王的后方骚扰，截断霸王军队的粮草供应，霸王被迫回兵去打彭越。汉王刘邦趁机反攻，收复了成皋，进军到广武。

霸王刚从彭越手中收复一些地方，听说成皋被汉王夺去，急忙又回头来对付汉王。他也进军到达广武，跟汉军隔着一条溪涧扎下营寨。霸王向汉王挑战，要跟汉王单独厮杀。汉王不敢正面应战，却在阵前数落霸王，把霸王骂了一顿。霸王大怒，埋伏的弓箭手向汉王放箭，一箭射中了汉王的胸口。汉王怕军心动摇，偷偷地拔出箭，弯腰摸摸脚趾说："好小子，这一箭射中了我的脚趾！"他下令汉军守住阵地，自己退到成皋养伤去了。

这时候，韩信和灌婴又在齐地大败楚军，彭越也在梁地袭击楚军，截断楚军的粮道。霸王正在进退两难的时候，汉王派人来讲和，条件是：霸王把汉王的父亲太公、夫人吕氏放回；楚汉双方以鸿沟为界，鸿沟以西属汉，以东属楚。霸王同意了这种"楚河汉界"的划分，放走了刘太公和吕氏，收兵东归。

汉王见霸王退兵，也想往西回到关中去养伤。张良、陈平建议说："如今咱们已经占有大半个天下，诸侯都已经归附咱们。霸王兵疲粮尽，不趁此机会把他消灭等于放虎归山，留下后患。"汉王采纳这一建议，撕毁和约，派兵追赶霸王，并且派人去通知韩信、英布、彭越，叫他们配合作战，答应在胜利之后把临淄、淮南、大梁这几大块地方分封给他们。

公元前202年年末，汉王刘邦和韩信、英布、彭越等会师追击项羽。韩信在垓下（今安徽省灵璧县东南，垓gāi）设下十面埋伏，把霸王项羽引诱进来，予以重重包围。为了动摇楚军的军心，张良派人把会唱楚国民歌的人找来，叫他们到各营去教汉兵学唱楚歌。

到了晚上，霸王刚刚睡下，忽然听到四面汉军营里全都唱起了楚歌。他猛地坐了起来，惊骇地说："难道刘邦已经把西楚全都打下来了？为什么汉营中有这么多楚人呢？"霸王闷闷不乐，再也睡不安稳了，只好起来喝酒解闷。夫人虞姬跟随霸王南征北战多年，见霸王不高兴，就过来劝解。霸王的那匹乌骓马也在营帐外"咴——咴——"地嘶叫，像在劝霸王赶快冲杀出去。霸王叫人把马牵走，那马却怎么也不肯挪动一步，还是对着霸王的营帐不断嘶鸣。霸王心里难受极了，他情不自禁地唱起随口编成的歌曲来：

力拔山兮气盖世，时不利兮骓不逝。

骓不逝兮可奈何，虞兮虞兮奈若何！

　　歌词的意思是：我自己空有一身力气和响亮的名望，可是时运不济，乌骓马也在为我抱不平，虞姬啊虞姬，我们可怎么办！虞姬听霸王唱得伤心，劝霸王千万不要把她放在心上，赶快突围出去要紧。霸王拉住虞姬的手，眼泪簌簌地掉下来，左右的几个人也都低着头哭泣。虞姬为了让霸王安心突围，趁霸王不注意的时候，抽出宝剑自杀了。霸王见虞姬已经死去，就带着剩下的八百个江东子弟兵趁着黑夜，骑马突围。

　　天一亮，汉军发现霸王已经突围，赶快派兵追赶。霸王渡过淮河，手下的八百人只剩下一百多人了。霸王想回到彭城整顿兵马，卷土重来，可是走着走着迷了路，被汉兵追上了。他手下的人又被冲散了一多半，只剩下二十八个人了。

　　霸王看看追上来的几千汉兵，再看看自己的二十八个子弟兵，觉得这一次是跑不了啦，他对二十八个子弟兵说："我起兵到现在八年了，经历过的大战有七十多次，从来没有失败过，终于称霸天下。如今到了这个地步，那是天数，并不是我不会打仗。今天我活不成了，但是我还要打三阵，胜三阵，冲破汉兵的包围，杀死他们的将军，砍倒他们的军旗，使大家知道是老天爷要我死，并不是我不会打仗。"说罢，他把二十八个人编成四队，分四个方向冲杀出去，约定冲过山的东面，分三个地方会合。霸王大喝一声，冲在前面。他很快斩了一员汉将，接着又斩了汉军一个都尉，杀死杀伤汉军数百人，突出了重围，点点人数，二十八人又牺牲了两人。

　　霸王项羽带着二十六个人来到乌江（今安徽和县东北乌江浦）边上，正赶上乌江亭长划着一只小船在那里等待。亭长对霸王说："江东地方虽小，可方圆也有一千多里地，几十万人口，您还可以在那里称王。现在这里只有我这一条船，请您快上船渡过江去吧！汉军来了，找不到第二条船，就无法渡江追赶了。"霸王苦笑着对亭长说："老天爷要我死，我还渡什么江！当年我带着江东子弟兵八千人渡江往西去打天下，到如今没有一个活着跟我回去。即使江东父老同情我，拥立我为王，我还有什么脸去见他们？"他指着自己的乌骓马对亭长说："我知道你是个好心人。我骑这匹马打天下已经五年多了，打起仗来，它只知道向前冲，决不往后退。它曾经驮着我一天跑一千里地，我不忍心杀死它，就把它送给你吧！"说完，霸王下了马，叫其他二十六人也下马，一起跟汉军短兵相接。

双方又厮杀了一阵，霸王手下的二十六个人全都阵亡了。据说霸王一个人杀死了汉军几百人，他自己也受了十几处伤。霸王一回头，看到汉军中的司马将军吕马童很面熟，就喊道："这不是我的老乡吕马童吗？"吕马童听了有些不好意思，就指着霸王，对汉军的另一个将军王翳说："这位就是霸王。"霸王对吕马童说："我听说汉王出了千斤黄金和封万户侯的赏格购买我的头，现在我把这个好处送给你吧！"说完，拔出宝剑自杀了，死的时候他才三十一岁。项羽嗜杀成性，有勇无谋，不会团结人，最后众叛亲离，落了个兵败自杀的下场。

项羽一死，刘邦得了天下就正式称帝，建立了汉朝，历史上称他为汉高祖。这一年是公元前202年。

文帝治国

　　公元前195年，汉高祖刘邦去世，太子刘盈即位，就是汉惠帝。惠帝性格柔弱，大权落到太后吕雉（zhì）手中。惠帝年纪轻轻就死了，吕后先后立了两个小皇帝为傀儡，大权掌握在她手里。她还违背高祖"不得封异姓为王"的誓言，封自己的侄子为王，引起了大臣们的不满。于是，太尉周勃等人趁吕后去世之机发动政变，诛杀吕氏族人，夺回了政权，史称"周勃安刘"。

　　平定诸吕之后，皇位还空着。周勃和丞相陈平等人商量说："少帝刘弘不是惠帝的儿子，不应当由他来做皇帝；代王刘恒是汉高祖的儿子，皇位应当由他来继承。"于是他们就派人去迎接代王刘恒。代王刘恒谦让了一番，最后正式即位称帝，他就是历史上有名的汉文帝。文帝元年是公元前179年。

　　刘恒八岁的时候被封为代王，二十四岁做了皇帝。他的母亲是汉高祖的

< 金缕玉衣 >

妃子薄姬。薄姬因为害怕吕后，长期和儿子住在封地上，不管汉朝中央政府里的事情，所以他们母子俩没有引起吕后的注意，没有受到吕家人的陷害。汉文帝做了皇帝以后，看到受战争破坏的农业生产还没有恢复起来，老百姓都很穷苦，政府想要收捐收税也收不上来。因此，他想到首先要办的事情是恢复农业生产。春耕开始的时候，他亲自带着文武百官到首都长安的郊外去耕地、下种。他还叫皇后在皇宫的园地里种桑养蚕，为广大农民作出榜样。

汉文帝知道发展生产得由人去做。老年人生产经验比较丰富，小孩子长大了就是搞生产和当兵的人力，应当敬老抚幼。他在即位之初就下了一道命令，叫政府要关心无儿无女的老公公老婆婆，关心没有父母的孤儿，政府借钱给这些可怜的人，解决他们生活上的困难。后来他又从政府的仓库里拨出一部分麻布、绸缎和丝绵来，分发给他们做衣服穿。对于那些有儿有女而岁数特别大的老年人，汉文帝也特别尊敬他们，规定家里有八十岁、九十岁以上老人的可以减轻赋税负担。为了照顾老年人牙口不好的特点，政府按月发给老年人熬粥用的大米，还发给他们肉，使他们能够生活得愉快。

汉文帝实行的各项政策中，最受人欢迎的是减轻刑罚。他首先废除了一人犯法父母妻子连坐的法律，后来又制定了罚钱赎罪的法律，废除了肉刑。

罚钱赎罪的法律是在张释之做廷尉（负责司法的最高官员）的时候制定的。廷尉张释之严格执行这一条法律，连冲撞了皇帝圣驾这样的大罪也可以用罚钱来赎罪。有一次，汉文帝坐着马车外出巡视，当马车行经中渭桥的时候，突然有一个人冒冒失失地从桥下跑出来，吓惊了拉车的马，差一点儿把汉文帝从马车里摔出来。

汉文帝十分生气，下令捉住了那个冒失鬼，把他送到廷尉张释之那里去治罪。张释之仔细地审问了那个人，问他为什么要冲撞皇帝的圣驾？那人回答说："我刚从乡下来到城里，听说皇帝出巡，街上禁止行人，我很害怕，就躲藏在桥下。我躲了很久，以为皇帝的圣驾已经走过去了，就钻了出来，谁知道一出来就正好碰见了皇帝的圣驾。我怕被卫兵捉住杀头，只好赶快逃走。哪里知道，我这一跑就把马给惊着了！"廷尉张释之认为这个乡下人说的都是实话，虽然他冲撞了皇帝的圣驾犯了大罪，但是他毕竟不是有意的，所以就判他罚钱赎罪。

汉文帝对于这个判决很不满意，生气地说："这个家伙惊了我的马，幸亏马的性格还比较温驯，如果换了一匹烈马，拼命跑起来，把我摔下车，我的命不就完了吗？像这样严重的罪行，你这个管法律的廷尉只判他罚钱赎罪，这不是太便宜了他！"张释之从容地回答说："陛下定的法律是治理天下的，法律有这样的规定，就应当照着去实行，故意加重治罪，就使法律在老百姓中间失去了信用。陛下既然把这个案件交给我处理，我就要处理得公平，不能因为陛下受了惊吓而把案子判重了。罪行有轻有重，轻罪重判，怎么能够叫老百姓服气呢？希望陛下平心静气地考虑考虑吧！"汉文帝听了张释之的辩解，想了很久说："廷尉说得对。乡下人胆子小，罚他一些钱，把他放了吧！"

汉文帝还下过一道命令，规定老百姓有什么解决不了的困难，或愿意给皇帝提个合理建议的，可以给皇帝上书。汉文帝废除肉刑的法令，就是在一个叫作淳于缇萦（tí yíng）的小姑娘给他上书以后颁布的。

那是在汉文帝做皇帝的第十三年（公元前167年），一位著名的医生、齐国（今山东）太仓令（负责管理仓库的官员）淳于意犯了法，被判处肉刑。那时候的肉刑有三种：在脸上刺字，割掉鼻子，砍去左脚或右脚。因为淳于意是现任官吏，地方上只有判罪的权；判罪以后，要把犯人从齐国押解到首都长安，由朝廷的司法机关来执行肉刑。

淳于意育有五个女儿，没有儿子。他被解差押着动身的时候，跺着脚叹气说："唉！生女不生男，有了急事，没有一个能顶用的！"淳于意的小女儿缇萦听了这话，又是伤心又是气愤，她一边哭一边想："女孩子为什么就不顶用？我一定要跟着父亲到长安去，想办法搭救父亲。"于是她收拾行李，跟着父亲到了长安。

缇萦到了长安，听说人们有什么急难可以给皇帝上书，她就写了一封十分诚恳的书信，亲自送到皇宫里去，请求卫兵转呈给汉文帝。

缇萦在书信里写道："我是太仓令淳于意的小女儿，名叫缇萦。我父亲在齐王的封国里做官，当地老百姓都称赞他廉洁公平、是个清官；他精通医道，又是个著名的医生。如今他犯了法，应当受到肉刑的处罚。肉刑是一种可怕的刑罚，就像一个人死了不能复生一样，割了鼻子不能再长起来，砍了脚不能再接上，脸上刺了字也破了相，以后虽然改过自新也没有办法补救了。我情愿让官家收作奴婢，替我父亲赎罪，让他能有改过自新免受肉刑的机会。"

汉文帝看了缇萦的信，觉得这个小姑娘态度很诚恳，写的又是大实话，肉刑的确是一种可怕的刑罚，损伤了肉体是无法补救的。于是他对制定法律的官员们说："刑罚的作用是警戒人们不要犯法。如今实行的三种肉刑都过于严重了，脸上刺字、割鼻子、砍左右脚都害人一辈子，以后想要改过自新也没有办法补救了。你们

应该改定一下法律，废除肉刑，用别的刑罚来代替它。"

丞相张苍和御史大夫冯敬在一块儿合计以后，建议以罚做苦工来代替脸上刺字，以打三百板子来代替割鼻子，以打五百板子来代替砍脚。他们把这种新办法呈报给汉文帝，汉文帝觉得很好，就批准实行。

从此，肉刑正式废除了。淳于意的小女儿淳于缇萦不但救了她的父亲，而且使天下该受肉刑的犯人都减轻了刑罚。

可是汉文帝改革肉刑的做法是不彻底的，因为打板子使皮肉受苦，仍然是一种肉刑。板子打得重了，打不到三百五百就能够把人打死。后来，汉文帝的儿子汉景帝又进一步改革，把该打五百板子的减为打三百板子，该打三百板子的改为打一百板子。打人用的板子也改小改薄，并且规定一律打屁股，不许打身上别的地方。打板子的时候由一人打到底，中途不许换人。这样，肉刑虽然没有完全废除，但是又减轻了一些，对法律的进步还是有作用的。

在汉文帝和汉景帝在位时期，社会趋于稳定，生产也有很大发展，人民生活也逐渐安定，被称为"文景之治"。汉景帝去世后，其子刘彻即位，就是历史上有名的汉武帝。

飞将军李广

　　汉武帝以前的帝王一般用甲子纪年。汉武帝即位以后，正式设立了年号，用一个吉祥好听的词命名。比如，汉武帝即位时候立年号为"建元"，那一年就是建元元年（公元前140年），往后依次计算。年号用两个字的多，也有用四个字的。新皇帝即位，一般在第二年改年号，叫作"改元"。一个皇帝多次改年号，也叫改元。后来的明朝和清朝大多实行一帝一元制。本书从这里起，提到年代的时候，也都写明年号，同时仍注明公元年代。

〈 汉五铢钱 〉

　　汉武帝在位的时候，国家很是富强。可是汉武帝并不怎么愉快，因为他还有桩心事没有解决。这桩心事就是北方的匈奴还不断来骚扰，使得中原地区的汉族人民不能安安稳稳地生活。

　　秦始皇的时候，大将蒙恬（tián）把匈奴逐出河套地区，使得匈奴在很长一段时间里无力南下。到秦末农民战争和楚汉相争的时候，匈奴才又逐渐地强盛起来。匈奴的领袖称为单于，到冒顿（mò dú）做单于（匈奴首领的称号）的时候，匈奴往东灭亡了东胡族，势力发展到现今内蒙古自治区的东部，西边赶走了月氏人（月氏ròu zhī），势力扩展到现今的新疆和新疆以西地区；西边和北边征服了乌孙等小国和部落，势力到达中亚东部和西伯利亚一带；南边又控制了河套地区，到达现今的陕西和山西北部。

汉朝建立以后，汉高祖曾经想要解决匈奴的问题。他于当皇帝的第三年（公元前200年）亲自率领步兵二十二万北上迎击匈奴，因为中了埋伏，在白登山（今山西大同东南）被围七天七夜，险些做了俘虏。突围脱险以后，汉高祖认为汉朝正处在战乱之后，实力薄弱，一时还对付不了匈奴，就采取和亲的办法，把汉朝宗室的女儿嫁给匈奴单于，每年送给匈奴许多绸缎和酒等物资，并且和匈奴结为兄弟。以后，汉惠帝、吕后、汉文帝和汉景帝都一直实行这种委曲求全的和亲办法，来求得同匈奴的和好。可是，匈奴的统治者并不满足，他们还是经常派骑兵来窜扰汉族地区，掳走人民，抢走牲畜、粮食和其他物资，使北方一些地方的农业生产受到严重破坏。

汉武帝即位之初，表面上还在维持跟匈奴和好的关系，给匈奴送去优厚的礼物。实际上由于国力充足，汉朝已经在积极准备用武力征讨匈奴。元光二年（公元前133年），汉武帝派大将韩安国、李广、公孙贺、王恢、李息五人率领三十万兵马，搞了个"马邑之谋"，就是把兵马埋伏在马邑（在今山西朔州）城外的山谷中，然后派马邑人聂翁壹假装到匈奴去投降，假称愿意把马邑城出卖给匈奴。匈奴单于贪图马邑城的财富，真的率领十万骑兵跟了来。当他们进军到武州边塞（今山西左云）的时候，看到草原上布满了牛羊而没人放牧，就产生了怀疑，再仔细观察，发觉汉朝设有埋伏，就半路退兵回去，没有中计。从此以后，汉朝和匈奴就完全断绝了关系，大规模的战争也随着开始了。

在汉朝和匈奴的战争中，李广是出过不少力气的一员猛将。李广是陇西成纪（今甘肃秦安）人，他家世世代代擅长射箭，李广也以善射出名。汉文帝的时候，李广在一次抗击匈奴的战争中立了战功，被提拔为皇帝的侍卫官。李广经常陪着汉文帝出去打猎，他那百发百中的箭法，每次都使汉文帝满载而归。汉文帝很高兴，他曾经对李广说："可惜你生在今天，只能陪着我打打猎，要是你生在高祖那个时候，封个万户侯是不成问题的。"

汉景帝的时候，有一次，李广带着一百多名骑兵去追赶三个匈奴人，射杀了两个，活捉了一个，然后准备往回撤退。这时候突然来了几千个匈奴骑兵，汉兵看了很害怕，都想赶快逃走。李广说："咱们离开大军有几十里地，如果就这样逃走，匈奴人追上来，一阵乱箭就能把咱们全部射死；如果咱们不走，匈奴人必定以为咱们是大军派出来诱敌的，就不敢来打咱们。"说着，他下命令叫大伙儿迎着匈奴人前进。到了离匈奴骑兵大约二里的地方，李广叫大伙儿停止前进，下了马，把马鞍也卸了下来，在草地上休息。大伙儿着急地说："敌人那么近，卸了马鞍，万一他们冲过来怎么办？"李广说："咱们卸下马鞍休息，敌人摸不清底细，绝不敢冲过来。"果然，匈奴人老远看到李广他们下马休息就起了疑心，也勒住马头不再前进。有个骑白马的匈奴将军奔跑过来，想靠近一点儿看个仔细。李广立刻上马迎上去，只一箭就把他射死了。李广回到原地，叫大伙儿都躺在草地上休息。天慢慢黑下来了，匈奴人以为汉军有埋伏，一直不敢发动进攻，到半夜里悄悄地退走了。天一亮，李广他们看到匈奴人已经退走，心上的一块石头才落了地，互相拍拍肩膀，说声"好险哪！"然后奔回了大营。

因为李广这样机智勇敢，所以汉朝皇帝很器重他，边境上哪里形势吃紧，就把他派到哪里去。李广先后做过陇西、北地、雁门、云中等地的太守。他到了哪里，哪里的匈奴人就望风逃走。匈奴人给李广起了个外号，叫他"飞将军"。

"马邑之谋"以后四年，也就是公元前129年，汉武帝派卫青、公孙贺、公孙敖、李广四人分头带兵去抵抗匈奴。匈奴人害怕李广，就设了埋伏，要活捉他。他们事先挖下陷阱，再和李广对阵，假装被打败了，引诱李广去追赶他们。李广光看到前面是平展展的草地，没想到匈奴人挖有陷阱，就追了上去。追着追着，只听"呼啦"一声，李广连人带马都掉进了陷阱，被匈奴人活捉了。

匈奴人把李广装在用绳子结成的大网兜里，用两匹马吊着大网兜，要把他送到单于那里去报功。

李广窝在网兜里，闭上眼睛装死。走着走着，他微睁眼睛，偷偷瞧见旁边一个匈奴兵骑着一匹好马，就一个鲤鱼打挺，从网兜里一跃而起，跳上那匹好马，夺了那个匈奴兵的弓箭，拼命地往回奔跑。几百个匈奴骑兵追了上来，李广一连射死了前面的几个追兵，终于逃了回来。

李广打了败仗、做了俘虏又逃回来，按照当时的军法应当杀头。好在汉文帝已经订下了罚钱赎罪的规矩，李广就交钱赎罪，回家做了平民。

又过了几年，匈奴进攻辽西郡，杀了太守，打败了汉朝的大将韩安国。韩安

国被调到右北平（今辽宁凌源西南），没过多久就病死了。汉武帝觉得还是李广能干，又起用他，派他做右北平太守。匈奴人听说李广来到右北平，连忙逃走，好几年都不敢来骚扰。

边境上暂时没有战事，李广便常常带着一些将士外出打猎。当时右北平山里有不少老虎，李广一连射死了好几只老虎。艺高人胆大，李广常常等老虎扑近的时候才射箭，所以箭无虚发，准能把老虎射死。有一次，一只猛虎朝李广迎面扑来，李广不慌不忙地往下一蹲，让猛虎从自己头顶上扑过去，然后对准猛虎的心窝，只一箭就把猛虎射死了。

有一天，李广和将士们打猎回来，天色已经很晚，他们刚转过一个山坡，突然瞧见迎面的乱草丛中蹲着一只斑斓猛虎，正准备向他们扑过来。李广赶快拈弓搭箭，用足全身力气，一箭射去，只听"嗖"的一声，射个正着。将士们赶快提着剑跑过去逮老虎，可是跑近一看都愣了，原来草丛中并没有老虎，只有一块奇形怪状的大石头。李广的那支箭竟然射进了石头里！箭怎么能射进石头里去？大伙儿很奇怪，李广自己也很纳闷。他站在原地又一连射了几箭，石头上只迸出一些火星，再也射不进去了。

飞将军李广一箭射进石头的消息，很快就传开了。匈奴人听了，更加害怕李广，连忙往西迁移，不敢再来骚扰右北平一带的边境地区了。

张骞通西域

汉武帝刘彻布置"马邑之谋"以前，为了征讨匈奴更有把握，详细询问了一些投降过来的匈奴人。这些匈奴人说："冒顿单于统一匈奴各部以后，曾经打败了月氏国，把月氏王的脑袋砍下来当作酒杯，月氏国被迫西迁到西域。月氏人恨透了匈奴，可惜没有人帮助他们。要是有人帮助，他们准能跟匈奴拼个你死我活。"

汉武帝心想：月氏和匈奴有这样深的仇恨，我正好去联络他们，共同攻打匈奴。月氏在匈奴的西边，要是能跟月氏联络上，等于斩断了匈奴的右臂，胜利就大有把握了。于是汉武帝下了一道诏书，招募精明强干的人出使到西域去联络月氏。

月氏既然在匈奴的西边，要到月氏去必须经过匈奴。胆小的人听到这样的使命，吓得吐吐舌头，哪里还敢来应征？

有个叫张骞（qiān）的小伙子，

<　敦煌莫高窟壁画《张骞出使西域图》　>

胆子特别大。他认为打匈奴是为了汉朝的安全，出使月氏是很有意义的事情，即使要冒点儿风险也是应当的，他就毅然报名应征。

张骞是汉中成固（今陕西城固）人，应征的时候在朝廷里做郎中的官。一些勇士看到张骞的榜样，也纷纷报名应征，有个叫堂邑父的匈奴降将也报了名。

汉武帝建元三年（公元前138年），也就是"马邑之谋"前五年，汉武帝正式任命张骞为使者，让他带上堂邑父当翻译，还有其他应征的人，组成了一百多人的队伍，从陇西（今甘肃省）出发，到西域去联络月氏国。他们一出陇西，就碰上了许多匈奴人，打起来了。因为寡不敌众，张骞和他带领的一百多人都被俘虏了。匈奴单于听说张骞是到月氏国去的，生气地说："月氏国在我们匈奴西边，我不同意你们通过我的地方到月氏国去。"单于把张骞软禁起来，不过对他很优待，还嫁给他一个匈奴女人，让他在匈奴安了家，可张骞心里却一直怀念着汉朝。他把汉武帝交给他的出使证明偷偷地保存着，等待机会逃走。

过了几年，张骞和堂邑父两人终于找到了机会，弄到两匹好马，偷偷逃出匈奴，继续往西走去。他们一连走了几十天，一路上尽是沙漠和草原，找不到人家，也找不到食物和水。亏得堂邑父箭法高超，饿急了，就射些飞鸟和野兽来充饥。他们终于来到了一个热闹的地方，看看那里的人，鼻子高高的、眼睛蓝蓝的，以为那就是月氏国了，一打听，才知道那个国家不是月氏，叫大宛（yuān）。

大宛国国王早听说过东南方有一个又大又富庶的汉朝，老早就想跟汉朝拉关系，却找不到门路，这次看到张骞高兴极了，赶快拿出好酒和牛羊肉来招待张骞。张骞先向大宛王说明了出使西域的任务，然后说："要是您能派人护送我到月氏去，将来我回到汉朝以后．一定请汉朝皇帝用许多金银财宝来酬谢您。"

大宛王自然乐意帮助张骞。他派出骑兵和翻译，护送张骞和堂邑父到了康居，再请康居人护送他们到月氏国去。

月氏国自从国王被匈奴杀害以后，大臣们只好拥立国王的夫人为王，西迁到了大夏国境内。大夏人打不过月氏人，向月氏人投降，两个国家合并成了一个国家，改名为大月氏国。大月氏所在的地方土地肥沃，物产丰富，四周围又没有一个国家能打得过他们，生活十分安乐。生活一安乐，就把报仇雪耻的事情忘在脑后了。张骞几次向大月氏王陈述汉朝想和他们联合的意思，大月氏王总是故意把话岔开，不做正面回答。张骞在那里住了一年多，达不到目的，只好往回走。

在回来的路上，张骞和堂邑父又被匈奴人捉住，软禁了一年多。后来正好赶上单于死了，匈奴发生了内乱，张骞和堂邑父趁乱逃走，回到了汉朝的首都长安。他们这次出使西域，一共花了十三年时间。去的时候，张骞还是个年轻小伙子；回来的时候，下巴颏上已经长了胡须了。去的时候，张骞带领了一百多人；回来的时候，只剩下了他和堂邑父两个人。

张骞这次出使月氏虽然没有达到预期的目的，但是他到了大宛、康居、大月氏、大夏等许多地方，看到了许多新奇的东西。他听别人说，西域还有五六个大国，都是物产丰富、景色美丽的国家，并且也都想和汉朝做买卖。特别有意思的是：张骞在大夏的时候，看到了那里有四川出产的邛竹杖和细布，问当地人这些东西是哪里来的，回答说是他们的商人从身毒国带来的。问他们身毒国在什么地方，回答说是在大夏东南几千里以外，那里靠近大海，地方潮湿，气候炎热，人们骑着

大象跟别人打仗。张骞把这些情况都报告给汉武帝，并且分析说："大夏国在长安西南，身毒国又在大夏东南，在那里能买到四川出产的东西，这说明那里离四川不远。如果再要出使大夏，从羌人那里走，地势险恶，羌人又不让过境；稍许偏北一点儿走，要经过匈奴地界，容易被匈奴人捉住。现在如果能从四川这条路走，又近又安全。"

汉武帝听说大宛、大夏和再往西去的安息都是大国，物产丰富，好吃好玩的东西都很多，他们又愿意和汉朝来往。靠北边的大月氏和康居，兵强马壮，也值得跟他们建立关系。如果派能说会道的人去跟他们讲道理，宣传汉朝的富庶强大，一定能够使他们服从汉朝，拿他们的土特产来进贡。这样，汉朝等于扩充了几万里土地，还能得到许多新奇的东西，又何乐而不为呢？于是汉武帝同意了张骞的建议，决定派张骞从四川出发，再一次出使西域。

张骞从四川犍为（今四川宜宾，犍qián）动身，把人马分成四队去探路，每一路都走了一二千里地，结果都被挡回来了，没有能够到达目的地。

汉武帝元狩二年（公元前121年），骠骑将军霍去病率领一万多名骑兵去征讨匈奴，张骞因为熟悉匈奴的地理形势，被汉武帝从四川召回，奉命随军出征。这一次出征大获全胜，消灭匈奴兵约四万人，并且使匈奴内部分化，招降了一个昆邪王。张骞在战争中立了大功，回来以后，汉武帝封他为博望侯。

过了两年，张骞建议汉武帝去结交西域的乌孙国，把公主嫁给乌孙国国王，跟他们共同对付匈奴。汉武帝派张骞做正使，带领副使和将士三百多人，带去许多金银、绸缎和牛羊，再次出使西域。张骞到了乌孙后，把副使分别派往大宛、康居、大夏、安息等国，他自己则留在乌孙，跟乌孙王拉关系。乌孙王因为不了解汉朝的情况，又害怕匈奴，一时决定不下来，就想先派人到长安去看看，了解一些情况。

汉武帝元鼎二年（公元前115年），张骞带着乌孙的使者回到长安。汉武帝热情招待乌孙使者，派人带着他到各地方去参观。乌孙使者亲眼看到了长安的繁华景象，看到了汉朝的繁荣昌盛。他回到乌孙以后，把这些情况一五一十地报告了乌孙王。乌孙王听了很高兴，决定跟汉朝建立友好关系，并且娶了汉朝的公主做夫人。

张骞从乌孙回来后，过了一年多就病死了。他死后不久，派到大宛等国去的副使才陆续带着各国的使者回到长安。这些国家和乌孙一样，都跟汉朝建立了友好关系。

张骞和他的随从几次出使西域，对于沟通汉朝和西域的交通作出了重大贡献。从此以后，西域出产的葡萄、苜蓿、核桃、石榴和大蒜等陆续传入汉朝，这些农作物在黄河、长江流域落地生根，逐渐扩散开来。汉族人先进的农业生产技术、打井和炼铁的方法也传到了西域，西域的音乐舞蹈和乐器流传到了汉朝。汉朝生产的丝绸等也带进了西域，并通过西域进一步传到欧洲和世界其他地方。这样一来，汉朝、西域以至世界各地都得到了很大的好处，人民的生活更加丰富多彩了。后来，人们习惯上把由张骞开通的汉朝到西域的道路称为"丝绸之路"。

苏武牧羊

汉武帝时期，汉武帝先后几次派大将卫青和霍去病主动出击，攻打匈奴，都取得了大胜。卫青和霍去病打败匈奴，使得匈奴元气大伤，好些年不敢派兵到汉朝边境来骚扰。有时候，匈奴派使者到汉朝来访问，表面上做出想跟汉朝和好的样子，其实是来探听消息，为他们再次进行骚扰做准备。为了表示友好，汉朝也派使者去回访，送去一些中原地方的土特产。可是匈奴单于很不讲信用，经常扣留汉朝派去的使者。汉朝为了报复，也扣留匈奴来的使者。这样，日子一久，双方互相扣留使者的事就有十多起了。

天汉元年（公元前100年），匈奴且鞮侯（鞮dī）单于新立，他怕汉朝出兵打他，便派使者到汉朝来求和，并且把以前扣留的汉朝使者全都送了回来。

汉武帝觉得这个新即位的单于还算懂道理，就决定好好报答他的善意，就派中郎将苏武为正使，副中郎将张胜为

〈 西汉彩绘木轺车 〉

副使，带着助手常惠和一百多名士兵，还带了许多金银绸缎，护送以前扣留下来的全部匈奴使者回匈奴去。

苏武接受任务以后，拿着汉武帝亲手交给他的"使节"，出发到匈奴去。"使节"是一根七八尺长的棍棒，顶部略弯，挂着一串串毛做的绒球，是用来表示使者的身份的。苏武到了匈奴，把带去的匈奴使者当面交还给了单于，并且送上礼物。哪知道匈奴单于反复无常，看到汉朝给他送去那么多礼物不但不感谢，反而骄横起来了。苏武为了维护双方的和平，尽量耐着性子跟单于打交道，准备完成任务后迅速返回汉朝。

苏武正准备回来的时候，突然发生了一件意外事件。原来，早在苏武去匈奴以前，有个叫作卫律的汉朝使者投降了匈奴，并且死心塌地为单于出谋划策，干尽了反对汉朝的坏事。卫律的部下有个叫虞常的，是个忠于汉朝的血性汉子，他出于义愤，一心想找个机会收拾卫律。苏武出使匈奴，虞常高兴极了。他本来就认识苏武的副使张胜，就偷偷地和张胜商量说："听说汉朝皇帝很痛恨奸贼卫律，我决定暗地里除掉他。我的母亲和弟弟都在汉朝，万一我有什么不幸，希望皇上能够好好照顾他们。"张胜赞成虞常的计谋，并且拿出钱财和货物支持虞常。可是，由于虞常办事不够仔细，计谋泄露了，他被单于逮捕，交给卫律去审问。

事情发生后，张胜恐怕牵连上自己，就把虞常跟他合计的经过告诉苏武。苏武说："事情到了这般地步你才告诉我，看起来我也要受牵连了。我是汉朝的使者，如果我到匈奴的公堂上去受审，就等于我们汉朝受了侮辱，太丢脸了，还不如趁早自杀的好。"说着，他拔出刀来就要往脖子上抹。张胜、常惠赶快制止，把刀夺了下来。

卫律审问虞常，用尽了各种残酷的刑罚。虞常经受不住酷刑，终于攀连上了张胜。因为张胜是苏武的副使，单于命令卫律去叫苏武来受审。苏武对常惠等人说："我这次出使匈奴，是为了汉朝与匈奴和好。如今我出庭去受审，让汉朝受到侮辱。我虽然活着，又有什么脸面回到汉朝去呢？"说着，又拔出佩刀向自己身上砍去。卫律急忙把他抱住，夺下刀来，可是苏武已经受了重伤，血流如注，晕过去了。卫律赶快找来医生，包扎抢救，老半天苏武才慢慢地醒过来。常惠哭着把苏武抬回营房，张胜却被单于抓去关在监牢里了。

因为苏武很有骨气，视死如归，单于心里也暗暗佩服，希望苏武能够投降，像卫律一样替他效力。他早晚派人来问候，想要感化苏武，劝说苏武投降。

苏武恢复健康以后，单于命令卫律提审虞常和张胜，叫苏武去旁听。在审问的过程中，卫律当场把虞常杀死。接着，他举起宝剑威胁张胜说："你身为汉朝副使，居然参与谋杀匈奴大臣的阴谋，也应当把你杀了；你要是肯投降，可以免你一死！"张胜害怕了，就跪下请求投降。卫律回过头来对苏武说："副使有罪，你应当跟他连坐。"苏武从容地回答道："我不知道他们的密谋，跟他们又没有亲属关系，凭什么叫我连坐！"卫律说："你也赶快投降，否则把你也杀了！"说着，举起宝剑向苏武砍来。苏武脸不变色地迎上去说："你有胆量杀堂堂汉使，你就杀吧！"卫律看苏武那样镇定，知道用武力吓不倒他，就收起宝剑，露出一脸奸笑对苏武说："苏先生，我劝你还是投降吧！你看我投降匈奴以后，单于很重用我，封我为王。如今我手下有好几万人，牛羊满山，享尽了荣华富贵。你今天投降，明天也就会跟我一样。否则，你将白白地死在匈奴，葬身于荒原乱草之中。天高皇帝

远，又有谁能够知道你的一片忠心呢？"

　　苏武对于卫律的胡言乱语根本不予理睬。卫律却还是恬不知耻地接着说："你如果听我的话，投降匈奴，我就跟你结为兄弟。今天你不听我的话，以后再想见我，那就难上加难啦。"苏武听卫律说要跟他结为兄弟，觉得自己受了莫大的侮辱，指着卫律的鼻子大骂道："你身为汉朝使臣却投降匈奴，真是忘恩负义、厚颜无耻。像你这样的人，我真不想见你。你仗着匈奴单于信任你，随便杀人，还想挑动汉朝和匈奴打仗，真是罪大恶极！你今天杀了我，将来总有一天，有人来荡平匈奴，杀死你这个奸贼！"

　　卫律用尽了威胁利诱两套手段都不能使苏武投降，只好去回报单于。单于听说苏武这样坚定，更加希望苏武投降。他下令把苏武关押在一个大地窖里，不给饮食，想用饥饿来迫使苏武投降。匈奴的气候十分寒冷，天空经常飘着鹅毛大雪，西北风整天呼呼地吼叫。但是，意志坚强的苏武丝毫不动摇，他蜷卧在地窖里，渴了就吃把雪，饿了就嚼毡毛，过了好些天也没有死。

　　对于苏武这样的硬汉子，匈奴单于实在奈何不了他，只好下个命令，把苏武送到北海边上（今俄罗斯西伯利亚贝加尔湖一带）去牧羊。单于对苏武说："等公羊生了小羊，就送你回汉朝去！"公羊怎么能生小羊呢？十分明白，单于是决意不放苏武回汉朝了。

　　北海终年白雪皑皑（ái），荒无人烟，连鸟兽也很稀少。苏武饿了，就掘取野鼠洞里的草籽来充饥。过些日子，单于又派人来劝苏武投降，苏武依旧斩钉截铁地坚决拒绝了。每天，苏武一面牧羊，一面抚弄着出使的时候，汉武帝亲手交给他的使节，内心深深地怀念着自己的父母之邦。日子一长，使节上的毛都脱落了，可苏武还是紧紧地攥着那根光秃秃的使节不肯撒手，晚上睡觉也紧紧地抱在胸前。就这样，苏武在荒凉严寒的北海艰苦地度过了漫长的岁月。

汉武帝死后，汉昭帝即位，匈奴又跟汉朝议和。汉朝要求匈奴放苏武回来，匈奴欺骗说苏武已经死了。汉朝又一次派使者到了匈奴，苏武的助手常惠买通监视他的匈奴兵，在夜里偷偷地去见汉使，详细报告了苏武的情况，并且教给使者向单于要回苏武的办法。使者听了很高兴，决定按照常惠说的办法去办。

第二天，使者去见单于，提出放苏武回汉朝的要求。单于说："我们早就说过，苏武已经死了。"使者照着常惠教给他的一套说："你们匈奴惯会骗人，苏武明明没有死。有一天，我们皇上在上林苑里射猎，射下一只大雁，大雁脚上系着一条绸子，那是苏武写给皇上的一封信，信里说他在北海牧羊。你们怎么说他死了？"单于听使者这么说，不觉大吃一惊，只好承认自己没有说实话，并且答应赶快派人把苏武找回来，送他回汉朝。

汉昭帝始元六年（公元前81年）春天，苏武、常惠等九个人回到了久别的首都长安，晋见了汉昭帝。汉昭帝下令为苏武准备了牛羊等祭品，叫他到先帝庙里去拜谒汉武帝的灵位，把那根光秃秃的使节交还到汉武帝灵前。

苏武出使的时候，是个四十岁左右的壮年汉子，他在匈奴度过了十九年异常艰苦的岁月，回来时已经是个须发全白的老人了。他那坚强不屈、不怕磨难、永不失节的非凡事迹轰动了朝野上下，不论是做大官的还是普通老百姓，一提起苏武的名字，没有一个不表示钦佩的。

昭君出塞

汉宣帝五凤元年（公元前57年），匈奴内部发生了五个单于争统治权的斗争，争来争去，形成郅支（郅zhì）单于和呼韩邪（yé）单于南北对抗的局面，最后，郅支单于打败了呼韩邪单于。呼韩邪单于带兵南移，投降了汉朝。

甘露三年（公元前51年），呼韩邪单于到长安朝见汉宣帝。汉宣帝用十分隆重的礼仪接待他，赏赐他一套上等的衣帽，一颗系着紫色绸带的金印，一口上等的宝剑，一把佩刀和弓箭、棨戟（棨qǐ）等武器，一辆用珠玉装饰起来的车子和十五匹拉车的马，此外，还赏赐给他黄金二十斤，钱二十万，绸缎八千匹，丝绵六千斤。汉宣帝带领满朝文武百官、各少数民族的酋长、诸侯王和长安城里的百姓，亲自出长安城迎接匈奴贵宾，在渭桥旁边举行了隆重的欢迎仪式。汉宣帝请呼韩邪单于一起登上渭桥，人们朝着皇帝和远方来的贵宾高呼"万岁"。呼韩邪单

‹ 西汉鎏金铜蚕 ›

于见到这样的大场面，十分感动，不断地向汉宣帝道谢。接着，汉宣帝请呼韩邪单于出席皇宫里的宴会，请他参观了皇宫里收藏的珍宝。

呼韩邪单于在长安住了一个月，回去的时候，汉宣帝派长乐卫尉董忠、车骑都尉韩昌等带领一万六千名骑兵护送他回国。汉宣帝还派人先后送去了三万四千斛（古代容量单位，十斗为一斛，斛hú）粮食给匈奴人吃。

郅支单于看到呼韩邪单于投降汉朝后得到这么多好处，同时也害怕汉朝派兵支援呼韩邪单于进攻他，所以也赶快派了使者来朝见汉宣帝，送来许多土特产。汉宣帝也非常客气地接待郅支单于的使者，回赠了许多贵重礼品。但是郅支单于和汉朝的关系总比不上呼韩邪单于。郅支单于知道自己的力量不足，怕汉朝支持呼韩邪单于向他进攻，就只好往西迁移。

汉宣帝在位二十五年，到四十三岁那年去世了，他的儿子刘奭（shì）继承皇位，就是汉元帝。

汉元帝竟宁元年（公元前33年）正月，呼韩邪单于又一次到长安来。他为了表示要和汉朝世世代代友好下去，请求汉元帝答应他跟汉朝结亲。汉元帝同意了他的请求，派人到后宫去物色才貌双全的宫女，准备以嫁公主的礼节嫁给呼韩邪单于。

在汉元帝即位之初，谏议大夫贡禹曾建议减少宫女，已经把许多宫女打发出去了，但是留下来的宫女还不少。这些宫女都是从民间选来的，她们一被选进皇宫，就好像飞鸟被关进了笼子，失去了自由。许多宫女盼望能够从皇宫里出去，嫁个丈夫，过自由自在的生活。可是现在要远出塞外，嫁到匈奴去，那里天寒地冻，语言不通，生活习惯大不一样，因此她们又都犹豫起来，不愿意应选。

　　有个叫王嫱（qiáng）的宫女出身于小康家庭，幼年念过几年书，学名叫作昭君，她刚被选进宫里不久，还没有见过皇帝。王昭君听说匈奴想和汉朝结亲，觉得这是关系到匈奴和汉朝和好的大事，决定应选到匈奴去。经办这件事情的官员禀明汉元帝，为王昭君准备嫁妆，并且找了个匈奴女人来，给王昭君讲解匈奴的风俗习惯，教她学习匈奴的语言，演奏琵琶、胡琴等西域地方的乐器。王昭君用心学习，没有多久就学会了匈奴话，会演奏非常动听的乐曲了。

　　到了结婚那天，新郎呼韩邪单于按照汉朝的风俗习惯，亲自来迎娶新娘王昭君，新郎新娘拜见了汉元帝。汉元帝赏赐他们很多财物，并设宴为他们送行。新郎新娘离开长安回匈奴的时候，文武百官一直送他们到十里长亭。王昭君抱着琵琶，骑在马上，内心交织着欢乐和忧愁的情绪出发了。她欢乐的是自己为匈汉人民的和好作出了贡献，自己的终身从此也有了依靠；忧愁的是从此离开了父母之邦，永远回不来了。王昭君在马上思索了一阵，很快就把自己这种矛盾的心情谱成了一首曲子，一边走着一边弹奏起来，人们把这首曲子称为《昭君怨》。其实，这首曲子的内容并不完全是忧愁怨恨的情绪。后来有人把王昭君叫作汉明妃，《昭君怨》就又被人叫作《明妃曲》。

　　王昭君出塞到了匈奴，帮助呼韩邪单于发展匈奴的生产事业，改革了一些游牧民族落后的风俗习惯。大约从王昭君到匈奴时候起，匈奴人学会了使用从汉朝输入的农业生产工具，逐步发展农业生产，自己基本上解决了粮食需要，不再到汉族地区抢劫粮食，也不再靠汉朝政府的救济了。因为农业有了发展，牲畜的饲料也就更有保障，畜牧业更发达了。郅支单于已经带领他的那部分人西迁，呼韩邪单于就把北边郅支单于的地盘接收了过来。在呼韩邪单于统治下，匈奴出现了人畜两旺的繁荣景象。

呼韩邪单于仰慕汉族的文化，十分尊重王昭君，夫妻两人的感情很融洽。到匈奴的第二年，王昭君生了一个儿子，取名叫伊屠智牙师，长大以后被封为匈奴的右日逐王。呼韩邪单于去世以后，按照匈奴的风俗习惯，王昭君改嫁给新立的复株累若鞮单于，又生了两个女儿，一个叫须卜居次，一个叫当于居次。

王昭君是匈奴单于的妻子，地位跟汉朝的皇后差不多，出塞以后不便再回汉朝。不过王昭君热爱自己的父母之邦，经常派人送信回来，有时候还叫单于打发使者送些匈奴的土特产来奉献给汉朝皇帝。汉朝皇帝也回赠一些金银珠宝和绸缎。自从昭君出塞以后，匈奴和汉朝长期和睦相处，六十多年没有打仗。

王昭君年老的时候立下一个遗嘱，要求在她死后把她安葬在归化（今内蒙古呼和浩特）郊外，坟墓要坐北朝南，让她能够遥望自己的父母之邦。她去世以后，她的子女选了一块向阳的水草丰茂的山坡地，为她修建了坟墓。沙漠地区寒冷干燥，大多数地方只在夏季很短的一段时间才能长青草。可是据说昭君墓得天独厚，又向阳，又有水，墓上的草生长期特别长，一年中大部分时间都是青葱葱的，因此后人就把昭君墓称为"青冢"。

王昭君为了汉族和匈奴族的和好，自愿远嫁匈奴，为祖国民族大家庭的形成作出了贡献。

昆阳大战

昭君出塞的那一年夏天，汉元帝去世了，他的儿子刘骜（ào）即位，就是汉成帝。汉成帝尊母亲王政君为皇太后，拜大舅王凤为大司马大将军，给其他几个舅舅也都封了侯，外戚王家从此掌握了朝政大权。其中有一个人，开始时默默无闻，后来才显露头角，他就是王凤的弟弟王曼的次子王莽。

王莽因为父亲早死，对人不那么霸道，人们都说王家子弟中数王莽最好，朝廷上有名望的大臣也上书称赞王莽，汉成帝就封他为新都侯，让他做大官。王莽做了官，对人更加恭敬，做事谨慎，越来越得人心。后来汉成帝见他能力强，就拜他为大司马。王莽掌握大权后，一步步培植自己的力量，终于在公元9年正式称帝，改国号为"新"。

王莽称帝后，进行了一系列的改革，史称"王莽改制"。这些改革表面上好像是要解决西汉末年社会上出现的种种矛盾，实际上却是一种想要开历史倒车的倒行逆施，引起了人们的不满，各地起义此起彼伏。为了扑灭起义军，王莽于地皇四年（公元23年），派大将王寻、王邑带领四十二万军队，南下进攻起义军，对义军占领的昆阳（今河南平顶山）形成了包围。

昆阳周围的农民起义军看到敌人来势汹汹，难以抵挡，都纷纷退到昆阳城里。有的将领认为敌众我寡，阵地守不住，主张放弃昆阳，把队伍分散到各地去各自为战。担任太常偏将的刘秀反对这种做法，他说："如今我们兵寡粮少，敌人十分强大。如果我们集中力量打他一路，还有胜利的可能；分散兵力，只能进一步削弱自己，势必被敌人各个击破，全面崩溃。昆阳是首当其冲的要地，如果昆阳失守，一天之内，其他地方也都会被敌人占领。因此我们只有同心协力保卫住昆阳，挫伤敌人的锐气，才能够把新军打败。"

起义军其他将领听刘秀这么说，认为很有道理，决定坚守昆阳。这时候，探子回来报告：王莽的新朝军队已经到了昆阳城北，队伍有几十里路长，只见一路上烟尘滚滚，旌旗蔽天，望不见队伍的尾巴。

《 东汉彩绘陶仓楼 》

这时候，昆阳城里的起义军只有八九千人。起义军领袖王凤、王常和刘秀等人商量，决定由王凤、王常全力守卫昆阳，派刘秀和宗佻（tiāo）、李轶（yì）等十三人在当天夜里骑着快马从南门冲出去，到附近地区去征集援军。

这时候，王莽的新朝军队已经有十万人抵达昆阳城下。他们看到有人从城里冲出来，知道是去求援的，就赶快过来拦截。刘秀、宗佻、李轶等十三人奋勇作战，杀退了一批又一批敌人，终于冲了出去，分头到了郾城和定陵。不久，他们把两地的几千农民起义军统一组织了起来，由刘秀率领着去援救昆阳。

再说昆阳城外边，王邑、王寻的新朝军队已经团团围住了昆阳城。王莽的纳言将军严尤给王邑提出建议，他说："昆阳城虽然小，但是很坚固，轻易不能攻破。反军的头子更始皇帝刘玄在宛城一带，我们应当用主力去打他，把他打败了，昆阳就会不攻自破。"可是王邑不接受严尤的意见，一定要先打昆阳。他把四十二万大军全都压向昆阳，把小小的昆阳城围了几十重。只见昆阳城外旌旗蔽野，尘埃遮天，军号军鼓的声音几十里以外都能够听得到。王邑、王寻还调来了攻城用的云车、撞车和楼车。云车是十几丈高的瞭望车，居高临下，能够把城里的情况侦察得一清二楚。撞车是冲锋陷阵用的战车，能够用来冲击城墙。楼车是弓箭手用来向城里射箭的战车。新朝军队几乎把一切精良的武器设备全都用上了。他们还派遣了一部分士兵专门挖掘地道，想从地道打进城去。

王凤、王常指挥昆阳城里的汉军紧闭城门，守住险要的地方。城外敌人射来的箭，像雨点一般倾泻到城里。人们要到井里去汲水都得头上顶着门板，抵挡飞箭。守城的士兵选好地形，隐蔽自己，坚守住自己的岗位。王莽的新军接近城墙、想要爬城的时候，城上的滚石檑木像冰雹似的打将下去，打得他们头破血流、抱头鼠窜。

昆阳城里的汉军这样艰苦奋战，死守了一个多月，打退了敌人一次又一次的进攻。到六月里，刘秀率领的援军赶到了。他们在离开新军大本营四五里的地方扎下营寨。刘秀亲自带着精兵，从背后攻打新军。王邑、王寻听说刘秀只调来几千援军，不禁哈哈大笑，他们用轻蔑的口气对部下说："刘秀只搬来几千援军，这不是

拿鸡蛋来碰石头吗？"他们下令派出几千兵马去对付刘秀的援军。

新汉两军对阵的时候，刘秀一马当先，冲向敌阵，士兵们见主将这样勇猛，也纷纷拿起刀枪，呐喊着像猛虎一般冲杀过去。新军没有料到汉军这样厉害，他们的阵脚被冲乱了，后退了好几里才站住脚跟。这一仗，刘秀的汉军消灭新军一千多人。以后几天，刘秀选择敌人力量薄弱的地方继续进攻，又消灭了许多敌人。

这时候，宛城已经被起义军攻了下来，但是刘秀并不知道。为了虚张声势，恫吓敌人，刘秀派人假装成从宛城来的使者，向昆阳城里送信，信上说进攻宛城的汉军已经取得胜利，马上就要乘胜开来支援昆阳。他叫这个送信的假使者故意把信丢在路上，让敌人捡走。捡到书信的人拿去报告，王邑、王寻看后大吃一惊，他们认为，如果攻打宛城的汉军增援到昆阳来，自己取胜的希望就更少了，原来那种趾高气扬的狂妄劲头已经下去了一半。

昆阳城里的守军听到城外喊杀的声音，从城墙上望见敌人队伍开始散乱，知道援军已经到来，就积极准备反攻，里应外合夹击敌人。

决战的日子到了。刘秀探听到敌人的大本营在昆阳城西的河边，还探听到王邑、王寻仗着兵力强大，又有河流作屏障，大本营的防备不免松懈。于是刘秀带着三千名敢死队直捣敌人的巢穴。当汉军敢死队冲到新军大本营门口的时候，王邑、王寻才从睡梦中惊醒，匆匆忙忙地带兵迎战。汉军由于连日得胜，士气旺盛，个个以一当百；新军由于接连吃败仗，士气低落，都在设法后退保命。双方一接触，新军顷刻大乱，汉军勇猛向前冲杀，把新军的主将王寻杀死，把新军队伍打得七零八落，溃不成军。

昆阳城里的守军趁着城西激战的时刻，由王凤、王常率领，擂响战鼓，呐喊着冲杀出来，与援军前后夹攻敌人。王邑见王寻被杀，自己已经腹背受敌，于是骑着快马赶快逃命。新军士兵们见主将逃走，有的投降了汉军，有的撒开两腿跟在王邑的马后逃跑。前面的人被撞倒了，后面的人也顾不得扶起他们，就从他们身上践踏过去，这样互相践踏而死的就有一千多人。王邑带着残兵败将拼命奔跑了一百多里路，逃到滍水（汝河的支流，流经昆阳北边，滍zhì）边上，正赶上一阵狂风暴雨，河水漫出河床。士兵们为了逃命争着渡河，有些人顾不得水深流急，跳进水里，想游到对岸去，结果淹死了好几万人，把河流都堵塞了。王邑、严尤等丢掉了军器、辎重、战车和抢来的财宝，骑着马、踩着死尸渡过滍水，逃回洛阳，点点人数，四十二万人只剩下了几千人。

战争结束，刘秀、王凤、王常等派人打扫战场，光是收拾缴获的战利品就费了一个多月的时间。

昆阳大战中，昆阳城里的汉军八九千人，加上外来的几千援军，总共才一万多人，却打败了王莽新军四十二万人，这是中国古代历史上以少胜多、以弱胜强的著名战例之一。

昆阳大战以后，更始皇帝刘玄派农民军领袖王匡攻打洛阳，派另一支军队攻打长安。因为王莽新军的主力在昆阳大战中已经崩溃，所以攻打长安的这支汉军很快就打到长安城下，从东北方的宣平门攻入城内。长安城内的平民在少年朱弟、张鱼的号召下起义，跟汉军一同围攻王莽的宫殿。攻破宫殿大门之后，商人杜吴跑在最前面，他一口气冲上宫中的渐台，杀死了王莽。起义军战士跟着上了渐台，他们出于对王莽的仇恨，一块块地分割了王莽的尸体。至此，篡夺汉朝天下的王莽在维持了十五年的统治之后被推翻了。

在昆阳大战中立下大功的刘秀，在各派势力的斗争中逐渐壮大自己的力量，他先在鄗城（今河北柏乡，鄗hào）称帝，国号为汉，后定都于洛阳。历史上为了区别，把刘邦建立的汉朝称为西汉，把刘秀建立的汉朝称为东汉，刘秀就是东汉光武帝。

投笔从戎

自从张骞通西域以后，西域的一些主要国家和汉朝建立了友好关系。西汉末年，西域有五十多个国家。王莽当政的时候，西域诸国又跟汉朝断绝了关系，服从了匈奴。东汉建立以后，西域诸国都想跟汉朝恢复关系。汉光武帝建武二十一年（公元46年），车师、鄯善、焉耆（yān qí）等十几个西域国家的国王都把儿子送到洛阳来做抵押，表示愿意做汉朝的藩属，请汉朝设置西域都护保护他们。汉光武帝觉得自己的政权刚刚稳定下来，腾不出力量去管西域方面的事，就没有答应他们的请求。汉明帝即位以后，北匈奴出兵骚扰汉朝，汉明帝于永平十六年（公元73年）派大将军窦固带兵去讨伐匈奴。窦固重用青年将领班超，取得了很大的胜利。

班超字仲升，从小就有远大的志向。他爱好劳动，有口才，读了很多书，但是不喜欢深刻钻研，总想在军事方面能为国家作出些贡献。

永平五年（公元62年），班超的哥哥班固被汉明帝召去做校书郎，班超和他母亲也一起跟着到了洛阳。因为家里贫穷，班超只好到衙门里去帮公家抄写公文信件，挣点儿钱来贴补家用。可是班超不甘心自己的一辈子就这样庸庸碌碌地度过，他想为国家驰骋疆场，建立战功。有一天，他抄完了一件公文，突然把笔投向砚台

边上，叹口气说："男子汉大丈夫没有别的志向，应当效法西汉傅介子那样杀敌报国，学习张骞那样立功异域，争取封侯才对，怎么能够老是在笔砚之间讨生活呢？"旁边的人听班超这么说，心想："这个穷小子，饭还吃不饱，志向倒不小哩。"他们斜着眼看看班超，发出了一阵冷笑。班超不禁长叹一声，轻轻地自言自语地说："唉！小人怎么能够知道壮士的远大志向呢！"

永平十六年，班超投笔从戎的机会终于来到了。他投到大将军窦固门下，跟着窦固出兵去攻打匈奴。班超作战勇敢，多次打了胜仗。有一次，窦固叫班超率领一支军队去进攻伊吾卢（今新疆哈密）。班超打败了匈奴的军队，占领了伊吾卢，把匈奴军队一直追击到蒲类海（今新疆巴里坤湖）。窦固觉得班超很能干，报请汉明帝批准，任命班超为假司马，并且派他和从事郭恂一起，带着三十六名军士出使西域，去联络西域诸国，巩固对匈奴的胜利。从此，再次通西域的任务，就由班超承担起来了。

‹ 东汉铜奔马 ›

班超等一行三十六人长途跋涉，历尽千辛万苦，首先到了鄯善（在今新疆维吾尔自治区南部）。鄯善是西域一个比较大的国家。鄯善王听说他们是汉朝的使者，开始对他们很恭敬，招待得十分周到。没过几天，态度忽然一变，对他们显得十分冷淡了。班超对自己的随从说："鄯善王对咱们的态度变了，你们觉察到了没有？我看这一定是匈奴的使者来了，所以鄯善王举棋不定，不敢对咱们太亲近了。俗语说，聪明的人在事情未发生以前应当有所觉察，何况现在已经看得见苗头了。咱们应当早有准备才对！"说完，班超把服侍他们的鄯善侍者叫来，诈唬他说："告诉我，匈奴使者来了几天了？如今住在哪儿？"鄯善侍者见班超气势汹汹地逼问他，心里十分害怕，连忙回答："已经到了三天了，他们的营地离这儿三十里路。"

班超把鄯善侍者关在一个小房间里，然后把自己带去的三十六名军士全都召集起来，跟他们一起喝酒。大伙儿喝得正来劲的时候，班超突然站起来，激昂地对大家说："弟兄们！你们跟我来到西域，目的是想要立大功，求富贵。可是如今匈奴使者来了才几天，鄯善王对咱们的态度就变了。如果咱们不采取对策，鄯善王很可能把咱们抓起来送给匈奴，到那时候，恐怕咱们的尸骨也回不了家乡啦。你们看这怎么办好？"三十六名军士异口同声地回答说："如今到了危急关头，我们都听您的。您怎么说，我们就怎么办！"班超说："不入虎穴，焉得虎子。当今之计，只有趁着黑夜对匈奴人发动火攻，使他们摸不清咱们有多少人。他们一乱，咱们就能把他们全部收拾掉。消灭了匈奴的使者，鄯善王才可能对咱们汉朝友好。"众人一致赞同班超的意见，连忙分头去准备。

天刚刚黑下来的时候，班超领着大伙儿出发了。当时正好刮大风，班超叫十个人拿了鼓，埋伏在匈奴使者的营房后面，跟他们约定说：只要看到火起，就使劲敲鼓，大声叫喊。其余二十六个人都拿了刀枪弓箭，埋伏在正门两边，一见匈奴使者冲出来，就截住厮杀。一切布置停当，班超叫人放火。火顺着风势蔓延开来，鼓声、喊杀声立刻响成一片。匈奴人惊慌失措，四散逃命。班超冲上前去，手起刀落，杀死了三个匈奴人。二十六名埋伏着的军士也跟班超一齐奋勇冲杀，一共杀死匈奴人三十多个，烧死一百多个。

战斗结束后，班超派人把鄯善王请来，叫他看匈奴使者的首级。鄯善王一看，吓得面色煞白，话都说不出来了。班超和颜悦色地开导他，叫他不要跟着匈奴反对汉朝，要和汉朝建立友好关系。鄯善王连连点头表示同意，并且决定把儿子送到洛阳去做人质。

班超把这一事件的经过向窦固报告，窦固很是高兴，立即替班超向汉明帝请功。汉明帝听说班超这样足智多谋、胆大心细，也很高兴，下令奖励班超，提升班超为军司马，命令他继续完成通西域的重大任务。

窦固向班超传达了汉明帝的决定，让他出使于阗（tián），还准备拨出更多的士兵归他指挥。班超只要原先的三十六个人，多了不要，他说："人多了，如果遇到意外事件，行动反而不方便，有三十六个人就足够了。"

于阗在鄯善西面，国势比较强，由匈奴使者监护国政，在那一地区称霸。班超等人到了于阗，向于阗王转达了东汉朝廷的友好愿望，希望他和汉朝结成友好关系。于阗王因为害怕匈奴，对班超等人十分冷淡。有个巫师向于阗王出坏主意说："大王千万不能和汉朝通好呀！不然的话，神明就会发怒。汉朝使者有匹好马，不如向他要来杀了祭神，神明会保佑大王的。"于阗王派大臣向班超要马。班超已经掌握了这一情况，表示同意，不过提出要巫师亲自来取马。巫师果然神气活现地和大臣一起来牵马。班超二话没说，当场斩了巫师的头，打了大臣几百鞭子，责备于阗王不讲友好。于阗王早已经听说班超在鄯善的所作所为，这会儿感到十分害怕，就杀了匈奴使者，表示愿意和汉朝友好。班超好言抚慰于阗王，并且送了许多礼物给于阗王和他的大臣们。

班超率领三十六名军士继续出使西域诸国，先后又和疏勒、车师等国结成了友好关系。他还发动这些国家的兵马去进攻那些还跟着匈奴敌视汉朝的国家，用巧妙的战略战术取得了一连串的胜利，使得西域五十多国全都归附了东汉。班超自己被东汉政府任命为西域都护，负责监视匈奴，保护西域诸国。这样，从西汉末年起被阻塞了几十年的东西交通大道，又重新畅通了，汉族地区和西域的经济文化交流，又继续在那条著名的丝绸之路上频繁地展开了。

黄巾起义

东汉的皇帝从汉和帝开始，都是幼年即位。这些小娃娃当了皇帝后，当然不会处理国家大事，只好由自己的母亲皇太后临朝听政。皇太后相信娘家人，把自己的父亲和兄弟，也就是皇帝的外祖父和舅父找来，帮助管理国家大事，这在历史上叫作外戚专权。

年幼的皇帝长大后，不愿意充当傀儡，受外戚摆布，就让自己身边的宦官当亲信，利用宦官打击外戚。宦官把外戚打下去后，他们也把持朝政，拿皇帝当傀儡。外戚集团不甘心被排挤，又利用皇帝对宦官的不满，卷土重来。这样，东汉就出现了外戚与宦官交替掌权的局面。

宦官和外戚争权夺利，使得社会不安定，加深了人民的痛苦。而且，从汉和帝刘肇的时候起，全国各地接连不断地闹水灾、旱灾和蝗灾。农民实在没有活路了，只好离开家乡，四处逃亡，形成了一群一群的流民。流民四处乞讨，风餐露宿，饿死冻死的很多，连京城洛阳的街头也经常可以看到冻饿而死的流民的尸体。当农民被逼得走投无路的时候，他们终于被迫打出了造反的旗号，开始聚众起义。东汉政府对农民起义实行残酷镇压，可是农民反抗斗争的烈火是扑不灭的。当时民间曾流

行着这样一首歌谣：

发如韭，剪复生；头如鸡，割复鸣。

吏不必可畏，小民从来不可轻。

广大农民群众唱出了这种富有反抗精神的歌谣，他们藐视统治阶级，酝酿着起来斗争。从汉安帝刘祜（hù）在位的时候起，小规模的农民起义已时有发生。到汉灵帝刘宏在位的时候，终于爆发了一次波澜壮阔的黄巾大起义。

黄巾大起义是张角领导的。张角是巨鹿（今河北平乡西南）人，太平道的首领。太平道是道教的一派，他们信奉中黄太一之神，以《太平清领书》作为他们的经典，宣传"黄天太平"思想，认为只有到了太平的时代，人们才能不愁吃穿，过无忧无虑的日子。张角本人懂点儿医道，常常免费给农民治病，病治好了，他就劝人家参加太平道。穷苦农民为了摆脱眼前困苦的生活，把张角看成自己的救星，都纷纷信奉太平道，张角的信徒越来越多。在青、徐、幽、冀、荆、扬、兖、豫八州（今山东、河北、河南、湖北、湖南、江西、安徽、江苏一带），太平道的信徒很快就发展到了几十万人。

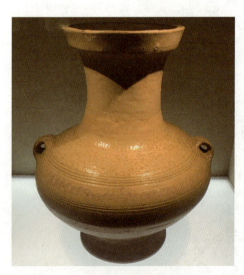

❮ 汉代青釉波纹双耳壶 ❯

　　张角把八个州的信徒组织成为三十六方，大方一万多人，小方六七千人，每一方都指派一名首领去领导，叫作渠帅，三十六个渠帅都听张角统一指挥。张角还制定了"苍天已死，黄天当立，岁在甲子，天下大吉"的十六字起义口号。"苍天"是指东汉，"黄天"是指起义军要创造的天下，甲子是年号，就是汉灵帝中平元年（公元184年）。他们预定在这一年的三月初五，八个州同时发动起义。张角还叫人在京城洛阳和地方州郡官府的门上，用白土写上"甲子"二字，标明这些官府衙门到时候都将改变主人，借以鼓舞人心。

　　张角手下最得力的弟子是大方渠帅之一的马元义。他经常到洛阳联系，传达张角的命令。张角叫他先把荆州、扬州两地的信徒几万人调到邺城（今河南安阳北）集中，作为起义军的主力，以便配合京城附近各州郡的起义军进攻洛阳。

　　在预定的起义日期前一个月，济南的起义军中出了一个名叫唐周的叛徒，他写信给官府告密，起义的消息泄露了。东汉官府逮捕了马元义，在洛阳当众把他杀害。在洛阳受牵连被害的有一千多人，起义者的鲜血染红了洛阳街头。东汉政府还下令搜捕张角。张角得知消息以后，连夜派人赶去通知各地的信徒，叫他们立即发动起义。

　　叛徒的告密虽然打乱了起义的日程，使得起义军牺牲了一个重要领袖和一千多名战士，但是并不能扑灭起义的烈火。各地的太平道信徒早已组织起来，有了充分的准备，接到张角的命令以后，三十六方立即同时发动起义。起义军用黄巾裹头，作为"黄天"的标志，因此被称为黄巾军。张角自己称为天公将军，他的两个弟弟张宝和张梁称为地公将军和人公将军，他们三个人共同指挥起义军的战斗。

　　起义军每打到一个地方，就焚烧当地的官府衙门，攻打豪强地主的坞堡，捕杀为非作恶的官吏和地主，地方州郡的长官和大地主吓得纷纷逃窜。十几天工夫，封建统治的秩序就被打乱了。

　　东汉朝廷十分惊慌，派重兵守住洛阳和附近的关口，又派皇甫嵩为左中郎将，朱隽（jùn）为右中郎将，率领四万多名精兵来镇压黄巾起义军。颍川的黄巾军首领波才打败了皇甫嵩，把他围困在长社（今河南长葛东）。官军看到黄巾军作战勇敢、声势浩大，都十分害怕。老奸巨猾的皇甫嵩却看出了黄巾军缺乏作战经验的弱点。他召集自己的部下说："打仗要用计谋，不在乎人数多少。我看黄巾军结草为营，一定害怕火攻。如果我们趁着月黑风紧的夜晚去偷袭，放火烧他们的营寨，准能取得胜利。"在一个刮风的夜晚，皇甫嵩命令官军偷袭黄巾军，放火焚烧波才的军营。波才从梦中惊醒，赶快整顿队伍，奋勇抵抗，可是已经迟了。皇甫嵩、朱隽和曹操率领官军包围了他们，趁乱砍杀了成千上万的黄巾军战士。汝南、陈国两地的黄巾军闻讯赶来援救，也被打败。波才损失惨重，没有别的办法，只好带着剩余人马退往阳翟（今河南禹州）。

　　北方由张角兄弟亲自率领的黄巾军打了胜仗，打败了东汉官军的北中郎将卢植和东中郎将董卓。汉灵帝赶快命令皇甫嵩从河南北上，夹击黄巾军。张角派张梁迎战皇甫嵩，两军在广宗（今河北威县东）大战。张梁作战很英勇，他率领黄巾军奋勇冲杀，打得皇甫嵩招架不住，只好紧闭营门，躲藏起来。可惜，就在战局十分紧张的时候，张角得病死了。张梁因为料理哥哥的后事，放松了警惕。皇甫嵩趁机向黄巾军反扑，他命令官军连夜准备，天刚蒙蒙亮就发动进攻，打破了黄巾军的大营。张梁率领部下奋勇抵抗，他和三万多名黄巾军战士英勇战死，另外五万多名黄巾军战败以后英勇不屈，投到河里壮烈牺牲。皇甫嵩居然劈开张角的棺材，砍下他的脑袋，送到京城里去请功。接着，皇甫嵩又去进攻张宝率领的黄巾军。张宝势孤力单，在下曲阳（今河北晋州西）战死。

黄巾军的主力被镇压下去了，但是各地的黄巾军仍然在战斗，沉重地打击了东汉朝廷的统治。在黄巾军影响下的各地各族农民起义军，也纷纷起来跟地主阶级斗争。直到汉灵帝的儿子献帝刘协的时候，农民起义的浪潮还没有平息下去。

官渡之战

　　在镇压黄巾起义的过程中，各地豪强趁机扩充自己的力量。东汉朝廷害怕农民起义，也派宗室大臣到各地担任州牧（地方最高行政长官），交给他们军政大权。这些人跟当地豪强地主勾结起来，形成了地方割据势力，也就是军阀。豪强地主和大小军阀之间弱肉强食，互相兼并，战争连绵不断，给人民带来了深重的灾难。曹操就是其中之一。

<u>汉代绢底平绣人物像</u>

　　曹操，字孟德，小名阿瞒，沛国谯县（今安徽亳州，谯qiáo）人。他从小就很机警，能够随机应变。二十岁时被举为孝廉，担任了皇宫的侍从官，不久调任洛阳北部尉，负责洛阳北部的治安。黄巾起义爆发后，他参与镇压起义军，调济南相。董卓专权时，他散尽家财，起兵讨伐董卓。初平三年（公元192年）占据兖州。建

安元年（公元196年），迎汉献帝至许县（今河南许昌），从此以汉献帝的名义发号施令，"挟天子以令诸侯"，总揽朝政。

曹操来到许昌后，采用屯田的方法发展农业，使当时因战乱被破坏的农业生产得到恢复，曹操的实力不断增强，对盘踞北方广大地区的袁绍构成了威胁，双方矛盾一触即发。

曹操用汉献帝的名义，封当时占有江东（今长江下游江苏一带）的孙策为吴侯，稳住了江东。不久，他和占据冀州、幽州、青州、并州的袁绍互相火并起来，历史上有名的官渡之战爆发了。

汉献帝建安五年（公元200年）二月，袁绍任命沮授（沮jǔ）为监军，统领十万大军，从邺城出发，进攻许昌。袁绍进军到黄河北岸的黎阳（今河南浚县），派郭图、颜良进攻白马（今河南滑县）。他企图引诱曹操离开官渡（今河南中牟东北），一举消灭曹军。监军沮授认为，颜良虽然勇猛，但骄傲自大，缺少智谋，恐怕担当不了这样重要的任务。袁绍一向自以为是、固执己见，根本不听沮授的意见，坚持不改变原来的决定。

在白马的东郡太守刘延听说袁军进攻，急忙派人向曹操报告。曹操召集文臣武将商量对策。他根据大家的建议，决定不和袁绍硬打硬拼，而是采取避实就虚、声东击西的打法。他指挥军队，装出要从延津方向渡过黄河去攻打袁绍后方的样子，其实是要引诱袁绍的主力离开黎阳，并且麻痹进攻白马的颜良。果然不出曹操的意料，袁绍得到曹操向延津进军的消息后，限令黎阳的军队赶在曹军渡河之前到达延津渡口，做好和曹军决战的准备。曹操见袁绍中计，就悄悄率领轻骑，急奔白马。

进攻白马的颜良、郭图倚仗兵马众多，又有在黎阳的主力军做后盾，正扬扬得意地开怀畅饮。曹操的人马突然出现，使得颜良手忙脚乱，仓促应战。曹军左右夹攻，颜良抵挡不住，在阵前被曹军杀死。郭图一看形势不好，吓得连滚带爬地逃走了。

袁绍听说大将颜良被杀，进攻白马的袁军全被消灭，气得直跺脚。为了给颜良报仇，他派大将文丑带领五六千骑兵渡河追击曹操。

曹操已经从白马撤军，沿着黄河西进。曹军走到延津南面一个山坡下的时候，得到了袁绍派兵追来的消息。曹操见这里地势险要，两面高山对峙，峡谷中只有一条蜿蜒曲折的小道，山坡上树木郁郁葱葱，百草茂盛，就心生一计。他传下命令："以后军为前军，前军为后军，丢下一些车辆物资，绕道西进。"叫徐晃挑选精锐骑兵六百多名，在树林中埋伏起来。过了一会儿，文丑的大队人马到来。他们看见道上的车辆物资，以为是曹军为了逃命丢下的，便争先恐后地跳下马，一窝蜂似的拥上去抢东西。这时候曹操一声令下，埋伏着的骑兵突然冲将出来，看见袁军就杀。文丑遭到这突然袭击，仓促应战，结果被徐晃一刀砍死了，他手下的士兵逃的逃、降的降，全都溃散了。打了胜仗的曹军将士，斗志昂扬地带着战利品回到官渡。

袁军接连打了两次败仗，士气低落。但是袁绍仍然自恃兵多，定要渡河跟曹操的主力决战。沮授劝告他说："目前我军新败，不能决战。曹操虽胜，但是兵少粮缺。只要我们和他长期对峙，就能战胜他。"袁绍冷冷地说："兵贵神速，难道你不懂吗？"他不听沮授的劝阻，率领大军渡过黄河，进驻阳武，又涉过蒗荡渠（蒗làng），直逼官渡。

官渡离许昌不到二百里，是南北交通的咽喉。如果官渡失守，许昌就失去了屏障。因此，曹操竭尽全力固守官渡阵地，使袁绍一时不能得手，战局进入了相持状态。

日子一久，袁绍感到粮食困难，希望早点儿打破这旷日持久的局面。一天，袁绍巡视阵地，爬上一个土堆，望见了曹营将士活动的情况。袁绍从这里受到启发，命令士兵沿曹营阵地堆起土山，筑起瞭望楼，让弓箭手居高临下，寻找机会向曹营射箭。曹军遭到这突然袭击，死伤不少。曹操吃了亏，就聚众商议对策。有人建议制造发石车对付袁军，这种发石车能把十斤重的大石块发射到三百步以外的地方。曹操命令工匠赶快连夜按图制造。发石车造好以后，曹操命令各处的发石车同时对准袁绍的瞭楼发射。顷刻之间，声如雷鸣，乱石飞空，打得袁军头破血流，鬼哭狼嚎。

曹操虽然多次打退了袁绍的进攻，守住了阵地，但是由于双方相持的时间长，粮草供应也越来越困难，显得有点儿一筹莫展。正在这时候，突然卫兵跑来报告说：从袁军那边跑过来一个名叫许攸（yōu）的官员，说是有急事求见。许攸原先就认识曹操，曹操赶快把他迎了进来。许攸诉说了前来投奔曹操的原因，并且建议曹操派兵去袭击袁绍的乌巢粮仓。他说：“袁绍派在乌巢看守粮仓的淳于琼，为人骄傲自大，喜欢喝酒，警惕性很差。如果派奇兵去袭击，烧掉那里的全部粮食，不出三天，袁军就会不战自溃。”第二天，曹操和谋士们商量，拟定了夜袭乌巢的作战方案。

十月的一天夜里，万籁俱寂，星光满天。曹操和张辽、乐进等几员将领，带着五千精兵，打着袁军的旗号，悄悄地离开官渡，向乌巢进发。守卫在乌巢外围的袁

军哨兵看见一队人马迎面走来，连忙截住查问。张辽骗他们说："我们是蒋奇的人马，是袁将军派到乌巢来护粮的。"他没等哨兵进一步追问，又走近一步，故意压低了声音，装出十分神秘的样子说："听说曹操要偷袭乌巢，袁将军派我们赶来增援。"哨兵一看旗帜上写着斗大的"袁"字，就不再怀疑，让他们通过了。曹军摸进乌巢，按预定计划分头占领要道，放火焚烧粮囤。霎时间，粮囤到处起火，浓烟滚滚，直冲云霄。袁军士兵吓得连声叫苦，赶快去报告淳于琼。喝得醉醺醺的淳于琼听说粮囤起火、曹操的人马打进来了，吓得出了一身冷汗，急忙集合士兵准备厮杀。曹操的大将乐进已经冲了进来，一刀就把他给收拾了，剩下的士兵逃的逃、降的降，没有多久就结束了战斗。

在官渡前线的袁绍得知乌巢被袭，粮食被烧光，吓得目瞪口呆。他的儿子袁谭催促说："情况危急了，怎么办？快想想办法吧！"袁绍略为思考了一下，故作镇静地说："曹操偷袭乌巢，我将计就计，袭击他的大本营，切断他的归路，叫他死无葬身之地！"袁绍不管有人反对，命令部将张郃（hé）、高览去进攻官渡的曹营，张郃、高览只好勉强带领军队出发。袁军到达官渡，前面遇到了曹洪的坚强抵抗，背后受到了从乌巢回军官渡的曹操的猛烈袭击。张郃腹背受敌，抵挡不住；他恨袁绍的虚伪奸诈、听信谗言，认定袁绍成不了大事，就和高览一同投降了曹操。袁绍连吃败仗，粮草被烧，谋士离叛，将领投降，见大势已去，慌忙向北逃窜。逃过黄河的时候，身边只剩下八百名残兵败将了。

一场以少胜多、以弱胜强的官渡大战结束了。曹操乘胜追击，继续向袁绍占领的地区进军，很快统一了北方。

赤壁之战

　　曹操统一北方以后，发展生产，增强了军事力量。他打算进军南方，消灭荆州的刘表和江东的孙权，进而统一全国。

　　建安十三年（公元208年），曹操挥军南下，直取荆州。这时候盘踞荆州的刘表刚刚死去，次子刘琮（cóng）承袭了他的职位。刘琮听说曹军声势浩大，吓破了胆，暗地里向曹操投降。受刘表派遣驻守新野、樊城一带的刘备见曹操大军迫近，想要抵抗已经来不及了，只得匆忙地向江陵（今湖北江陵）退却。江陵是军事

〈 曹操横槊赋诗（出自颐和园长廊绘画） 〉

重镇，又是兵力和物资的重要补给地。曹操怕刘备占领江陵，就亲自率领五千轻骑兵，不分日夜地追赶。没几天工夫，曹操在长坂（今湖北当阳东北）追上了刘备，把刘备打得大败，夺取了江陵。刘备从小道逃到夏口（今湖北武汉），在那里和刘表的长子刘琦相遇，合兵一处，约有两万人。

对于曹操的南下，占据江东的孙权也感到很紧张。在孙权的同意下，鲁肃到刘备那里去察看动静，并且说服刘备和孙权联合起来，共同对付曹操。刘备完全同意鲁肃的主张，带领军队退守长江南岸的樊口（今湖北鄂州）。曹操收降了刘琮的军队八万多人，兵力增加到二十多万。他率领兵马沿江东下，直逼夏口。诸葛亮看到形势紧张，对刘备说："事情已经很急了，让我去孙权那里求救吧！"刘备就派诸葛亮跟着鲁肃去柴桑（今江西九江）会见孙权。

诸葛亮见到孙权，看出孙权对抵抗曹操还有些犹豫不决，就对孙权说："曹操破了荆州，威震四海，现在他顺江而下，直逼江东。孙将军如果想要抵抗曹操，就应该立刻跟他断绝关系；如果没有这份胆量，何不按兵束甲，趁早投降、向曹操称臣呢？"孙权一听这话，反问道："刘豫州（刘备当过豫州牧，古人不称名而称官衔，表示尊敬）为什么不向曹操投降呢？"诸葛亮回答说："刘豫州是汉朝王室的后裔，读书人仰慕他就像江河归大海一样，眼前遇到一点儿困难，怎么就能屈居人下呢！"孙权听诸葛亮这么说，十分激动，猛地站起来说："我不能拿整个江东和十万甲兵，受人家的控制！我的主意已经拿定了！不过刘豫州刚打了败仗，他又怎么能抵抗得了曹操呢？"诸葛亮说："刘豫州还有精兵两万。曹操兵马虽多，但是经过长途跋涉，已经疲惫不堪。何况曹军又多半是北方人，到了南方水土不服，又不习惯于水战。他们刚刚占领荆州，人心不服。在这种情况下，只要我们两家联合起来，协力作战，就一定能够打败曹操。"诸葛亮这样一分析，孙权觉得很有道理，增强了抗曹的决心。他立即召集文臣武将开会商讨抗击曹操的方法。恰巧在这个时候，曹操写信威吓孙权，声称他带领八十万军队讨伐江东，要同孙权见个高低。

在会议上，孙权把曹操的信拿给大家看，许多人大惊失色。长史张昭说："我们可以凭借着抗拒曹操的，是长江天险。现在曹操占了荆州，得了刘表的水军和几千条战舰，沿江水陆俱下。他已经占有长江北岸的险要地方，我们有什么办法能抵抗他！照我看，我们不如跟他讲和，表示欢迎好了！"孙权听到这种投降的言论，心里很不高兴，起身离开了会场。鲁肃赶快跟在后面，追到屋檐下，对孙权说："刚才张昭他们的那些泄气话，您可千万听不得。您应当把周瑜叫回来，请他一起来决定大计。"孙权接受了鲁肃的建议，宣布暂时休会，等周瑜来了再说。

周瑜当时正在鄱阳湖训练水军，听说孙权召见他，就动身回到柴桑。他听了文武官员的意见，对孙权说："将军割据江东，地方数千里，兵精粮足，应当横行天下，哪能向曹操称臣呢？"周瑜接着分析说："其实，曹军最多不过二十多万，现在正是天寒地冻的季节，他们军马缺乏草料。北方士兵来到南方，水土不服，必然生病。这些都是曹军的致命弱点。依我看，这正是我们打败曹操的最好时机。请主公拨给我几万精兵，开赴夏口，击败曹操。"孙权听周瑜这么说，精神为之一振。他拔出佩刀，一刀砍下案桌的一角，对大伙儿说："谁要是再提迎降曹操，就和这张桌子一样。"他任命周瑜做大都督，程普做副都督，鲁肃做赞军校尉，叫他们带领三万人马与刘备的水军会合，协同作战。孙刘联军进驻长江南岸的赤壁（在今湖北蒲圻境内，圻qí），跟北岸曹操的军队隔江对峙，一场大战就要开始了。

这时候，曹操的士兵因水土不服，陆陆续续地生起病来；没有得病的士兵不习惯水上的风浪颠簸，许多人晕船，恶心呕吐，失去了作战的能力。曹操对此非常焦急。有人献计把战船用铁链连在一起，铺上木板，造成"连环船"，就会四平八稳。曹操急忙命令工匠连夜赶造。连环船造成了，人在船上行走就像在陆地上一样，果然平稳得多了。

统率孙刘联军的周瑜得知曹操使用连环船的消息后，就跟大伙儿商量对策。部将黄盖说："连环船虽然四平八稳，但是它有弱点，最怕火攻。"周瑜说："火攻，确实是个好主意！可怎样放火呢？要有个人去诈降，挨近他们，趁机放火才行。可这是很危险的事。"黄盖说："我愿意去。就是粉身碎骨，我也要设法火烧曹营。"

几天以后，曹操接到了黄盖要求投降的信。这时候，曹操认为自己处于绝对优势，同时认为孙权的处境已经十分困难，江东覆亡的命运已经不可避免，孙氏政权内部的分化极有可能。因此他对黄盖的诈降信以为真，还约定了黄盖来投降的日期和暗号。

到了约定的日子，天快黑下来的时候，曹操得到士兵的报告说："有十条插着青龙旗的小船向北岸开来了。"曹操高兴地说："这是黄盖前来投降。黄盖一来，我的大功就告成了！"曹操哪里知道，黄盖的船上装满了浇上油的枯柴干草，外边盖上帷幕。在离曹营不远的地方，黄盖叫点起火来。当时正刮东南风，火借风势，风趁火力，十条船就像十条火龙，飞快地顺着风势冲向曹营，把曹营的船只都烧着

了。因为曹军的船是用铁链锁着的连环船，很快就烧成了一片火海。只见烈焰腾空，火光把江岸的石壁都照红了。曹军士兵一片惊慌，争着逃命，被烧死淹死的不计其数。周瑜指挥联军主力，趁机向曹军展开了猛烈的进攻，曹军大败。孙刘联军分水陆两路乘胜追击。曹操带着残兵败将由陆路狼狈逃走，最后回到了许昌，从此再也没有力量向南进军了。

赤壁之战以孙刘联军的胜利、曹军的失败而告结束。这是我国战争史上以少胜多、以弱胜强的又一著名战例。

赤壁之战后，曹操败归北方。孙权和刘备因力量不足，加之同床异梦，所以得胜后就匆匆罢兵。曹、孙、刘三方的力量暂时趋向于平衡，形成了三足鼎立的局面。三方都忙着整顿自己内部，积蓄力量，以备将来进一步行动。

曹操回到北方后，总结失败教训，决定先从整顿军队、发展生产、搜罗人才入手，充实力量。同时还一步步迫使汉献帝把更多的权力交给自己。建安十八年（公元213年），汉献帝封曹操为魏公，三年后又封曹操为魏王。这时的曹操已经六十多岁了。建安二十五年（公元220年）曹操去世，他的儿子曹丕接替他做了魏王和丞相。

曹丕即位后，加快了逼迫汉献帝让位的步伐。在曹丕的步步紧逼下，汉献帝被迫"禅位"给曹丕，东汉一百九十五年的历史就此结束。曹丕改国号为魏，史称曹魏，他就是魏文帝。

曹丕称帝后，刘备于第二年（公元221年）在成都称帝，自称继承汉朝法统，因其统治范围仅局限于蜀地，史称蜀汉。八年后（公元229年），孙权在金陵（今江苏南京）称帝，国号吴，史称东吴或孙吴。中国历史进入了三国时期。

火烧连营

三国时期一开始就发生了一场战争，更加巩固了三足鼎立的局面。这场战争是在东吴和蜀汉之间爆发的，历史上叫"夷陵之战"，又叫"猇亭之战"（猇xiāo）。

赤壁大战以后，曹操对孙权和刘备的威胁暂时解除了，孙、刘之间的矛盾却激化起来。孙权认为荆州（今湖北和湖南）应该是东吴的地盘，而刘备却占据不让。后来，刘备去了益州（今四川和重庆），让大将关羽守卫荆州。关羽带兵北上去攻打曹军，不想孙权却派人从后面偷袭夺取了荆州，又杀了关羽。

刘备和关羽情同手足，得知关羽被害，怎肯罢休？他发誓要灭了东吴，为关羽报仇。他即位称帝那年（公元221年）七月，不顾诸葛亮的反对，带领蜀汉的大部分人马，对东吴发动了大规模战争。

‹ 吴国青瓷羊尊 ›

　　孙权得到这个消息后，几次派人向刘备求和，都遭到刘备拒绝。这时候，东吴的大将周瑜、鲁肃和吕蒙等都已经先后去世了，孙权只得任命年轻的镇西将军陆逊为大都督，和朱然、徐盛、韩当、孙桓等统率五万人马去抵抗刘备。吴国的文武大臣对陆逊就任大都督议论纷纷，有的说陆逊声望不高，怎么能指挥打仗？有的说陆逊才能不够，担当不起统帅的重任。孙权知道陆逊为人忠厚，才能出众，他力排众议，坚决把统帅的重任交给陆逊。

　　为了提高陆逊的威望，孙权当着文武百官的面对陆逊说："朝廷里的事，由我主持；外面打仗的事，由你负责。"说完，就把自己佩带的宝剑交给陆逊，接着说："有人不听指挥，我允许你先斩后奏。"陆逊辞别孙权，带着水陆两军来到前线。

　　这时候，刘备已经领兵从秭归（今湖北宜昌，秭zǐ）进抵猇亭（今湖北宜都西北），深入吴境五六百里。蜀军从建平（今重庆巫山）到猇亭沿路扎营，绵延几百里，在夷道（今湖北宜都西北）围困了吴国的先锋孙桓。吴军将领要求陆逊赶快派兵去援救孙桓。陆逊详细地询问了前线的情况之后，胸有成竹地说："孙桓将军一向受士兵爱戴，一定能够坚守城池，现在不必去救他。等我打败了蜀兵，他自然解围了。"将领们又要求陆逊赶快出兵迎击刘备。陆逊说："刘备带兵东下，连连得胜，气势正旺，并且占据高处，我们很难攻破他。如果我们出战不利，就会挫伤士气。这是关系全局的大事。我们应当勉励将士，布置防御，等待时机，后发制人。"将领们听了这一番话，嘴上虽然没有说什么，心里却认为这是陆逊胆小害怕刘备，脸上都流露出轻蔑的神色，嘲笑他懦弱。陆逊拔出宝剑，严肃地对将领们说："我虽然是一个书生，但是主上交给我这样重大的使命，是因为我还有一点儿可取的地方，能够忍辱负重，把事情办好。你们只准紧守关隘，不准出战。违抗命令的，一律按军法治罪！"

蜀军多次挑战，陆逊总是置之不理。这样，吴蜀两军从第二年二月相持到了六月。刘备见一时不能取胜，心生一计，命令吴班带着一万多老弱兵士到靠近吴军的地方去扎营，自己则率领精兵八千，在山谷里埋伏起来。吴班带领士兵挑战，耀武扬威，不断辱骂吴军；许多士兵还脱下衣服，赤身裸体地坐着或者躺着，来引诱吴军进攻。吴军将领十分气愤，都要求跟蜀军拼一阵。陆逊说："这里头一定有假，咱们不能盲目进攻，以免中计。"他命令吴军照旧坚守阵地，不要理睬蜀军的挑战。过了几天，刘备知道自己的诱敌之计已经被陆逊识破，只好从山谷里撤出伏兵。这时候，陆逊对将领们说："我不让你们去打吴班，就是估计到刘备设下了埋伏哩。"

当时正是盛夏季节，天气异常炎热，蜀军士兵忍受不了蒸人的暑气，叫苦连天。刘备只得让水军离船上岸，和陆军一起，靠着溪沟山涧、树林茂密的地方，扎下互相连接的四十多座军营，以便躲避暑热，休整军队，等到秋凉后再向吴军大举进攻。陆逊看到了蜀军战线拉得过长，兵力分散，士卒疲劳，士气低落，认为反攻的条件已经成熟。他仔细拟订了破蜀的作战方案，写成报告，向孙权请示。孙权看了报告，高兴地说："东吴有了这样的将领，我还有什么不放心的呢！"

一天，陆逊召集大小将士，宣布了出兵破蜀的计划。将领一听要去破蜀，感到又惊奇、又疑虑。陆逊看出将士们的心思，说："刘备是个能干的人，诡计多端。刚到这里的时候，水陆两军并进，军纪严肃，士气旺盛。我不和他交战，是为了避

开他的锋芒。如今他让水军离舟上岸，连营结寨，不但兵力分散，而且军心懈怠，士气消沉，蜀军原来的那股锐气已经疲惫了，我们反攻取胜的大好时机已经到来了！"将领们听了陆逊这一番分析，这才佩服陆逊有远见。

为了使反攻有把握取得胜利，陆逊先派出一小部分兵力对蜀军的一个营寨进行试探性进攻。战斗结果吴军吃了亏，可陆逊已经找到了攻破蜀军的办法，那就是用火攻。陆逊命令水路士兵，用船只装载茅草，迅速运到指定地点；陆路士兵，每人手拿一把茅草，在茅草里藏着硫黄、硝石等引火物，一到蜀营就顺风纵火。

吴军又是火攻，又是突然袭击。蜀军毫无防备，顿时乱成一团。各路吴军趁着大火同时发起反攻，接连攻破了蜀军四十多座营寨。蜀将张南、冯习簇拥着刘备慌忙逃跑，遭吴将徐盛、韩当拦住厮杀。张南、冯习抵挡不住，被吴兵杀死。在慌乱中，刘备拨马向夷陵马鞍山逃走。吴军乘胜追击，杀死大批蜀军，夺得了许多军用物资。

刘备逃到马鞍山，陆逊的大队人马把马鞍山团团围住，从四面放火烧山。刘备只得带着残兵败将杀开一条血路，冲出包围向西逃跑。吴军紧紧尾追，刘备赶忙命令沿途驿站的人员，集中军用物资和士兵抛弃的盔甲堆在要道上，放火烧着，堵塞山道，阻挡追兵。负责断后的蜀将傅肜（róng）坚持战斗，率领部下往来冲杀，身受重伤，奋力死战，才使刘备摆脱追兵，逃到了白帝城（今重庆奉节）。

七擒孟获

刘备猇亭战败后，退到白帝城暂时驻扎下来。不久，他就因忧愤悔恨而病倒了。病势沉重的时候，刘备派人去成都，把大臣诸葛亮等人请到白帝城来安排后事。

刘备把事先写好的遗嘱交给了诸葛亮，要求他尽力辅佐太子刘禅（shàn）。诸葛亮向刘备表示，一定要尽一切力量辅佐少主，不辜负刘备的重托。蜀汉章武三年（公元223年）四月，刘备去世了，死的时候六十三岁。刘备就是蜀汉昭烈帝，也叫先主。

十七岁的刘禅在成都继承了皇位，改年号为建兴，刘禅就是后主。刘禅加封诸葛亮为武乡侯。从此，蜀汉政治上的一切大小事情，都由诸葛亮决断。

为了把蜀汉治理好，诸葛亮不仅重视选拔人才，而且不拘一格任用人才。由于诸葛亮能够听取不同的意见，重视选拔人才，敢于不拘一格用人才，使得蜀汉政治呈现出一派新的气象。

〈 诸葛亮像 〉

诸葛亮把蜀汉治理得井井有条，又和吴国恢复了结盟的关系。接着，他就发兵平定南中地区（今云南贵州两省部分地区和四川省西南部一带）的叛乱。"七擒孟获"就是诸葛亮这次平叛中发生的故事。

孟获是南中地区少数民族的豪强首领，是当地很有影响的人物，他和朱褒、雍闿（kǎi）、高定等人勾结，推举雍闿为主帅，趁蜀国对吴国作战失败、元气大伤、刘备刚死的机会，煽动群众，杀了蜀国派在这一地区的官吏，公开发动了武装叛乱。

南中历来就是多民族聚居的地区。三国时候，那里住着叟（sǒu）、僚、濮（pú）等族人民。他们是今天彝族、壮族、傣族（傣dǎi）、德昂族的祖先。汉朝时候，他们被称为"西南夷"。他们和汉族人民一起，用劳动和智慧开发了祖国的边疆，对祖国的经济和文化发展作出了巨大的贡献。孟获等人在南中地区的叛乱，既破坏了各族人民和睦相处的愿望，也严重威胁到蜀汉政权，妨碍了诸葛亮北伐中原、统一全国的计划。为了维护祖国的统一，诸葛亮经过充分准备，在蜀汉建兴三年（公元225年）三月，分兵三路，向南中进军。马忠带领的蜀军直攻牂柯郡（今贵州省以贵阳为中心的一大片地方，牂柯zāng kē）叛将朱褒，李恢攻打益州豪强雍闿和孟获，诸葛亮亲自攻打越巂（今云南丽江、楚雄、绥江和四川凉山州一带，巂xī）夷王高定。

在开始出兵的时候，诸葛亮采纳了参军马谡（sù）的建议：这次出征的目的，并不是要把那些叛乱分子斩尽杀绝，占领他们的城池，而是要征服当地领袖人物的心，使他们心悦诚服地服从蜀汉的统治，以后不再发动叛乱。这叫作攻心为上，攻城为下。

诸葛亮出兵不久，南中地区的叛军内部起了变化：高定的部下把雍闿杀掉，孟获取代雍闿做了主帅。接着，诸葛亮杀了高定，马忠也攻破了牂柯。这年的五月，

诸葛亮带领军队渡过泸水（金沙江），追击孟获。

由于孟获在当地群众当中有一定的威望，当地少数民族和汉族都服从他的指挥，所以诸葛亮命令不准杀害他，一定要捉活的。孟获见蜀军打了进来，就起兵迎战。蜀将王平跟他对阵，开战不久，王平掉转马头往后退走，孟获驱兵前进，沿山路追赶。忽然喊声大起，蜀兵从两旁杀出。孟获中了埋伏，只得引兵败退。蜀兵紧紧追赶，把孟获活捉了。

军士们把孟获押解到军营来见诸葛亮。诸葛亮大声问孟获："我们待你不错，你怎么反叛朝廷？现在已被生擒，还有什么好说的！"接着他亲自带领孟获参观蜀军军营，问孟获："你看我们的军队怎么样？"孟获一看，蜀军阵营整肃，军纪严明，士气旺盛，心里暗暗佩服，可是并不服气，他说："我不是打败的，只是不知道虚实，中了你们的埋伏，才被捉住了。现在看你们的军队也不过如此，真要硬拼硬打，我是能够取胜的。"诸葛亮笑着说："既然这样，我放你回去；你整顿好队伍，再来打一仗。"说完，吩咐士兵们摆上酒席，招待孟获吃了一顿，然后把他放了回去。

孟获回去以后，和诸葛亮一战再战，加上前面那一仗，一连打了七次，被擒了七次。最后那一次，诸葛亮把孟获的军队引到一个山谷中，截断了他们的归路，然后放火烧山。只见满山满谷烈火熊熊，把孟获的将士烧得焦头烂额，叫苦连天，孟获第七次被蜀兵活捉了。

孟获又被解到蜀军营帐。士兵传下诸葛亮的将令说：丞相害羞，不愿意再见孟获。放孟获回去整顿好人马，再来决一胜负。孟获低头想了一会儿，回答说："七擒七纵，这是自古以来没有过的事。我虽然没有知识，也懂得做人的道理，怎么能这样不懂羞耻呢？"说完，他脱掉一只衣袖，露出了胳膊，跪在地上，流着眼泪说："丞相天威，我们再也不反叛了！"诸葛亮赶忙出来把孟获搀扶起来，对他说："这样就好了！"诸葛亮请孟获进入营帐，设宴招待，又跟他讲了许多道理，然后客客气气地送孟获出了营门，让他回去。这就是著名的"七擒孟获"的故事。

这年的秋天，三路蜀军在滇池（今云南昆明）会师，结束了南征的战争。为了巩固这次军事胜利的成果，加强蜀汉中央政权在南中地区的统治，诸葛亮任命少数民族中的领袖人物担任中央和地方的官吏。孟获后来担任了蜀汉中央政权负责监察的御史中丞。诸葛亮把南中地区原来的四个郡改为七个郡，郡数的增加，郡区的缩小，防止了因郡守势力过大而造成地方割据的危险。

在南中地区，诸葛亮实行政治革新，同时积极推广汉族地区的先进耕作技术，派人教少数民族用牛和铁犁耕种田地。直到现在，云南德宏地区的傣族人民还流传着诸葛亮怎样带来牛耕，佤族人民流传着诸葛亮老爹如何教他们的祖先盖房屋、编竹箩的故事。诸葛亮还教当地人民兴修水利、灌溉农田。在现在云南保山，还有三个据说是诸葛亮修筑的、能够灌溉几千亩田地的"诸葛堰"。

诸葛亮把少数民族奴隶主的盐井和矿山征收为官有，设置了盐铁官，管理煮盐炼铁，以增加国家的经济力量和财政收入。他派人教给当地人民织锦的方法，传播各种手工业技术。他还下令修复了久已不通的牦牛道（牦máo）和沿途的驿亭，方便商人旅客往来，从而促进了西南各地经济文化的交流。

诸葛亮在南中地区的这些政策和措施，对促进祖国西南地区的统一，发展那里的经济，维护西南各民族之间的友好关系，起到了积极的作用。

六出祁山

　　诸葛亮在七擒孟获，巩固了蜀汉在西南地区的统治以后，为了实现国家的统一，于建兴六年（公元228年）发动了北伐曹魏的战争。

　　诸葛亮这次北伐曹魏，进军阳平关（今陕西勉县），打算进攻郿县、长安，最后打到洛阳去。他命令赵云和邓芝带领部分军队作为疑兵，虚张声势地由斜谷道（由现在陕西汉中经凤县到眉县的路）进攻郿县（今陕西眉县北），迷惑敌人，把魏军主力吸引过来。魏军果然中计，魏大将军曹真率兵迎战赵云。这时候，诸葛亮任命马谡为先锋，亲自带领蜀军主力，突然袭击祁山（今甘肃西和西北）。南安、天水、安定三郡的魏军来不及抵抗，投降了蜀汉，关中为之震动。当时魏文帝曹丕已经死去，曹叡（ruì）即位，是魏明帝。诸葛亮在祁山指挥蜀军，连战连胜，吓得曹叡御驾亲

《三国志·诸葛亮传》书影

征，赶到长安督战。

在战局对蜀军十分有利的时候，先锋马谡骄傲轻敌，主观武断，不听从参军王平的意见，违背了诸葛亮的战略部署，在街亭（今甘肃秦安东北）舍水上山扎营。魏将张部围困街亭，断了汲水的道路，使山中无水，又放火烧山。蜀兵饥渴难熬，不战自乱，在山上守不住，马谡只得放弃街亭逃命。

街亭的丢失，使蜀军处于十分被动的不利地位。为了挽救败局，诸葛亮权衡双方的形势后，决定退兵。

为了严明赏罚，诸葛亮对违背作战部署、失掉街亭战略要地的马谡，按军法从事，判了死罪。本来，诸葛亮和马谡关系很好，他们两个人经常在一起谈论军事，从白天谈到黑夜，马谡也出过不少好主意。现在马谡犯了军法，诸葛亮虽然十分难过，可还是决定按军法行事。

街亭的丢失，诸葛亮认为也和自己用人不当、军令约束不严有关系，作为统帅，自己应该承担责任。他想起来，先主刘备曾经说过，马谡这个人言过其实，没有大用处，可自己还是一直重用他，现在后悔也晚了。他写信给后主刘禅，自己请求降职三级，还要求把自己的错误向大家公布。在街亭之战中坚持正确意见的副将王平，战斗失利的时候能够坚守阵地，保全自己的兵力，战斗以后又能够收集马谡的散兵败将回营。对于这样一位优秀将领，诸葛亮大加奖励，破格提拔，升他为讨寇将军。王平是士兵出身，据说他认得的字不超过十个。

诸葛亮第一次北伐曹魏的战争就这样失败了。后来，他又率领部队五次北伐，其中有两次打出祁山。蜀军虽然也打过一些胜仗，可因为后续不足，人马粮草都接

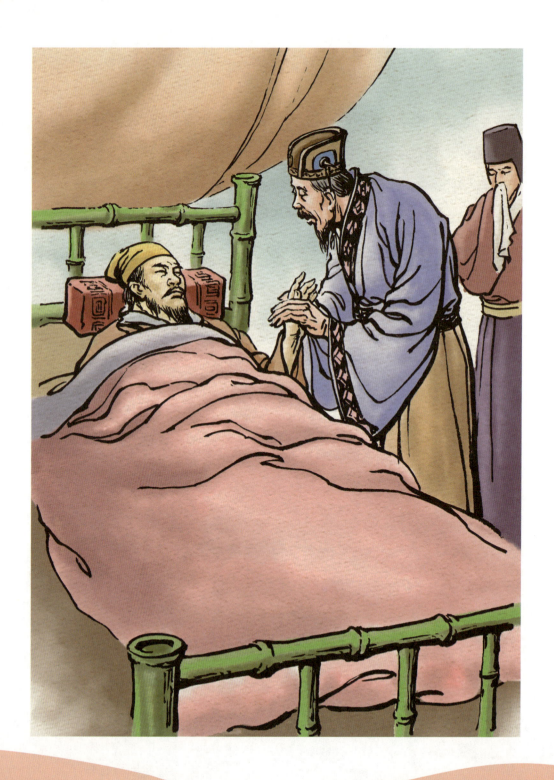

济不上，所以几次北伐都无功而返。诸葛亮在北伐中日夜操劳，事必躬亲，深受将士尊敬，可这也损害了他的身体。连魏军主将司马懿都看出了这一点，对部下说："诸葛亮这样辛劳，能活得长久吗？"建兴十二年（公元234年），在最后一次北伐战争中，诸葛亮因为操劳过度，终于病死在五丈原（今陕西眉县西南）的军营之中，终年五十四岁。

诸葛亮自从被刘备从隆中请出来之后，一心想要辅佐刘备父子统一中国。为了实现这个愿望，他在二十多年的政治活动中，付出了全部的智慧和力量，以至于生命，真正做到了他自己所说的"鞠躬尽瘁，死而后已"。由于蜀汉在经济、政治、军事等各个方面都不具备统一全国的力量，因此诸葛亮的愿望没有能够实现，这是历史发展的客观规律，不是个人的主观力量所能改变的。

装病夺权

　　在曹魏掌握军政大权的司马懿（yì）出身于世世代代做官的士族家庭。据说他的远祖是被项羽封为殷王的司马卬（áng）。他的曾祖、祖父和父亲在汉代都做过大官。司马懿本人才智出众，能文能武。他在曹操当权的时候，曾经帮助曹操推行屯田制。曹操的儿子曹丕废掉汉献帝，自立为帝，司马懿也帮曹丕出过主意、造过舆论。因此，他得到曹丕的信任，被任命为尚书、太尉，掌管军政大权。司马懿在执政期间，除了几次指挥对蜀、对吴的战争以外，还办了两件大事：一是广开漕渠，引黄河水进入汴河，扩大淮北地区的水利灌溉，开辟了许多水稻田，发展了农业生产。二是带领四万人马进攻辽东，消灭了盘踞在那里几十年的公孙氏割据势力，解除了曹魏政权的一个隐患。他在这些事业中赢得了很高的声望。

　　但是司马懿有政治野心，为人圆滑世故。他一边发展自己的势力，一边观望形势。曹丕死

〈 曹魏刻三体石经 〉

后，即位的魏明帝曹叡十分荒淫腐朽，他抢劫民间美女，搜罗珍奇财宝，又大肆营造宫室苑囿（畜养禽兽的园林，囿yòu），弄得国库空虚，百姓怨声载道，曹魏政权开始走向衰落。司马懿就趁机收买人心，扩大势力。

景初三年（公元239年），魏明帝在临死以前，把魏国政权托付给司马懿和曹爽二人，让他们共同辅佐年仅八岁的儿子曹芳做皇帝。曹爽是曹操的侄孙，势力很大。这时候他当了大将军，有了大权，就趁机派弟弟曹羲担任中领军，掌握皇城禁卫军的军权；让自己的党羽何晏、邓飏（yáng）和李胜等人在朝廷里担任重要官职，排挤司马氏的势力。原先掌握军政大权的司马懿被调任太傅，做皇帝的老师，这是一个位高而无实权的职务，其实是剥夺了司马懿的军政大权。

曹爽这一派都是些什么样的人物呢？何晏是曹操的女儿金乡公主的丈夫，他喜欢搽脂抹粉，每走一步路都要回头看看自己的影子，是典型的顾影自怜的花花公子。邓飏是东汉初年名将邓禹的后代。李胜的父亲李休历任上党、巨鹿二郡太守。他们都是官僚世家的公子哥儿，当时就有人叫他们"浮华友"，用现在的话说就是公子哥儿派。这些公子哥儿要争政权，哪里是足智多谋的司马懿的对手？

在反击条件还没有成熟的时候，司马懿只得表面退让，假装生病在家。其实，他在暗中策划布置。他让儿子司马师代替夏侯玄担任中护军，紧紧抓住一部分兵权不撒手。曹爽对于司马懿在暗中的活动并不了解，还是别人提醒他，他才派李胜去探听司马懿的情况。司马懿听说李胜要见他，对儿子司马师、司马昭说："这是曹爽派来的密探。"他吩咐儿子注意事情的动向。为了迷惑对方，司马懿故意装出重病在身的样子，披散头发，盖着被子倚靠在床头上。李胜来到床前，对司马懿说：

"好久没有见到太傅，哪里知道您病得这么重！"司马懿假装听不清楚，支支吾吾，说东道西。李胜果然信以为真，以为司马懿耳朵聋了，神志不清。过了一会儿，司马懿用手指指嘴，侍从的婢女会意地端上了一碗汤。司马懿不用手去接碗，就用口去喝，流了一身汤。他装出一副想要说却说不出话的样子，半天才从嘴里挤出了几句话："我现在年老，病势沉重，快要死了。留下的两个儿子，希望您多多开导。"说完，他躺倒在床上直喘气。李胜坐了一会儿就告辞回去，向曹爽详细地讲述了一番。曹爽笑着说："如果司马懿死了，我就没有忧虑了。"

司马懿却暗中加紧了篡权的步伐。正始十年（公元249年）正月，魏帝曹芳要到皇陵去祭祀他父亲魏明帝，曹爽和大小官员也跟随皇帝出城，由禁卫军护驾，浩浩荡荡向高平皇陵（今河南洛阳南面）进发。司马懿见有机可乘，就用迅雷不及掩耳的手段发动政变，调动军队控制了洛阳。他命令司徒高柔代行大将军的职权，占据了曹爽的军营；又命令太仆王观掌管中领军的军权，占领了曹羲的军营。司马懿自己则带着一批旧官吏，进宫告诉郭太后，说曹爽违背明帝的遗诏，专权乱国。他又命令太尉蒋济写表，声讨曹爽的罪行，一切行动都按照司马懿的部署进行。司马懿自己屯兵洛水浮桥，掌握全局。曹爽知道司马懿发动政变，控制了洛阳，深知大势已去，就答应把兵权交给司马懿，这样，曹爽兄弟才随着皇帝曹芳回到了洛阳。不久，司马懿用灭族的刑罚，杀戮（lù）曹氏的家族和党羽，何晏、邓飏等也被杀。这就是历史上的"高平陵事变"。

"高平陵事变"以后，曹氏政权逐渐转变成司马氏政权。司马懿在事变之后不久就死了，他的儿子司马师、司马昭相继执政。司马师和魏帝曹芳不和，嘉平六年

（公元254年），曹芳与心腹李丰等密谋，要除掉司马氏兄弟，不料被司马师发觉。司马师杀死李丰，又进宫逼迫太后废掉曹芳，改立曹丕的孙子曹髦（máo）为帝。

后来，司马师死了，司马昭掌了大权，更加专横，根本不把魏帝放在眼里，经常在家里穿皇帝的龙袍，篡权的野心毕露。当时民间纷纷传说黄龙在宁陵县（今河南商丘）的井中出现。这个传说是借黄龙在井中，比喻皇帝受到权臣的围困，表示对司马氏专权的不满。

新立的魏帝曹髦只有十几岁，对司马昭的篡权活动非常不满，他有感于井中出现黄龙的民间传说，就提起笔来，写了一首《潜龙诗》，来抒发心中的忧愤。诗的大意是：可怜的黄龙被困在井中，不能到大海里自由翻腾。泥鳅鳝鱼居然也敢来欺侮，在黄龙面前摇头摆尾逞能。可怜的黄龙呀！我眼前的处境与你相同。

司马昭很快就知道了曹髦的这首诗，他对曹髦竟敢借井中的龙来发泄不满情绪大为恼怒。甘露五年（公元260年）四月的一天，司马昭带剑上殿，曹髦站起来迎接。文武官员都对曹髦说："司马大将军功德巍巍，应当封为晋公。"曹髦听了，低下头不说话。司马昭大声嚷道："我父子兄弟三人为国家立下了大功，现在做晋公还不行吗？"曹髦只得说："哪里敢不听从！"司马昭接着说："你写的潜龙诗，把我们比作泥鳅鳝鱼，是什么意思？"曹髦不能回答。司马昭冷笑着走开了。曹髦回到后宫，把侍中王沈、尚书王经、散骑常侍王业三人召来商议。曹髦气愤地说："司马昭之心，路人皆知。我与其坐着等死，还不如早下手跟他拼一场！"王经劝曹髦说："干这样的大事要十分慎重，走漏了消息，性命就难保啦！"曹髦取出写在黄绸子上的诏书说："是可忍孰不可忍！我主意已定，死也不怕！"王沈、王业害怕了，马上去报告司马昭。

曹髦带着宫中的卫兵数百人，吵吵嚷嚷地去进攻司马昭，刚出宫门不远，就被司马昭的亲信贾充的兵将拦住了。士兵们见皇帝手持宝剑，亲自上阵，都有些胆怯，不敢动手。将官成济问贾充怎么办，贾充说："司马公养你们是干什么的，还问什么！"成济上前，用长矛当场刺死了曹髦。曹髦死后，司马昭怕人咒骂他为弑君篡权的乱臣贼子，就假惺惺地自己责备自己，又把凶手成济灭了三族。接着，他立了曹操的孙子曹奂（huàn）做皇帝，把当年的年号改为景元元年（公元260年）。

曹奂完全成了司马昭的掌中物，一个傀儡而已。至此，司马昭篡权活动的重大步骤已经完成，曹魏政权名存实亡。

灭蜀代魏

司马昭知道，想把曹魏的皇帝赶下台，就得先灭掉蜀国和吴国，那样既能提高自己的威望，又可以免得蜀、吴两国趁机捣乱。他经过仔细考虑，认为在当时的情况下应该先灭蜀，然后再灭吴。因为蜀国自从诸葛亮死了以后，国家失掉了顶梁柱，宦官当权，政治搞得一塌糊涂，像一所快要倒塌的房屋，只要稍许用点儿力气一推，就能把它推倒。因此，他调集了十八万大军，于魏元帝曹奂景元三年（公元262年）春天，分三路伐蜀。三路伐蜀大军分别由邓艾、诸葛绪、钟会三员大将率领。

邓艾从小是个孤儿，做过放牛娃，犯有口吃的毛病，说起话来结结巴巴，常常憋得脸红脖子粗，像他那样的人想要做官是没有什么指望的。但是他从小喜欢武艺，爱看兵书，每见到高山大河、形势险要的地方，总要指指点点，

三国时期马钧发明的指南车模型

结结巴巴地对人说："这……这里驻一支兵……兵马，敌……敌人就打……打不进来。"人们都笑他人小心志大，做不了文官还想当武将。后来，邓艾真的被司马懿看中了，做了尚书郎。他做官以后，特别注意兴修水利，发展农业生产，为军队积聚粮食，他还派人疏通航道，以便打仗的时候运输军粮。

景元三年冬初，邓艾率领的伐蜀部队到了阴平（今甘肃文县西北），再往南走，就是现在四川的松潘地界了。从阴平到松潘，中间得走过七百里无人烟的荒僻小道。这一带山势特别险峻，到处是悬崖峭壁，不但行人感到艰难，连猿猴到了这里也会发愁。正是因为这个缘故，蜀汉在这一带没有驻兵设防，而是把重兵驻在离阴平几百里的剑阁。

邓艾经过仔细勘察，选定了一个山口，用毡毯把自己包裹起来，冒险从山上滚下去，试探进攻的道路。士兵们看主将这样勇敢，大受鼓舞，也个个奋勇争先，攀着树木和葛藤，蹬着刀砍斧削似的陡壁，跟着前进。几天之后，他们好像一队从天而降的神兵，突然出现在剑阁的后方江油（今四川江油东）。邓艾派一部分人留守江油，切断驻在剑阁的蜀将姜维的退路；自己则带着另一部分人去进攻绵竹，绵竹的守将诸葛瞻（诸葛亮之子）战死。魏军继续向成都进军。

住在成都皇宫里的蜀汉后主刘禅，小名阿斗，十七岁即位做皇帝，光知道吃喝玩乐，不会管理国家大事。诸葛亮在世的时候，他依靠诸葛亮的扶持。诸葛亮死后，他依靠蒋琬扶持。蒋琬死后，他已经是个四十一岁的中年人了，名义上由他自己掌管国家大事，实际上把大权交给了宦官黄皓（hào）。黄皓是个品行很坏的小人，趁机把大权都揽在自己的手里，什么事都要由他和一帮子宦官说了算，形成了

宦官专权的局面。邓艾率领魏军打进来的时候，刘禅已经五十八岁，是个登位已达四十一年之久的老皇帝了，可他还是一点儿主意也没有。他听说魏军已经打下绵竹，逼近成都，吓得浑身哆嗦，六神无主，赶快叫大臣们帮他拿主意。光禄大夫谯周建议他交出大印，向邓艾投降。他对这个建议一点儿也不加思考就接受了，命令尚书郎李虎带着户口簿和军队的花名册，写明蜀汉全国二十八万户，九十四万人，十万两千名将士，四万名官吏，连同白米四十余万斛，金银各两千斤，锦绮彩绢各二十万匹，全都献了出去。然后他用绳子把自己缚起来，带着象征蜀汉政权已经死亡的棺材，亲自去向邓艾投降。这样，由刘备、诸葛亮以及关羽、张飞、赵云等人流血流汗，苦心建立并经营了多年的蜀汉政权就此灭亡了。

钟会率领的另一路伐蜀大军被蜀国大将姜维挡住，不能前进。刘禅派人告诉姜维，让他也投降。姜维只好放弃抵抗，到钟会帐中投降，可他心里还想着有一天能再恢复蜀汉。正巧，钟会和邓艾在这个时候起了矛盾，使局势变得复杂起来。

邓艾兵进成都，抢了灭蜀的头功，心中十分得意，他上书给朝廷说："现在就可以准备战船，沿江而下，把吴国一齐灭了。"对刘禅的处置，他也自作主张。司马昭知道后，派人告诉邓艾："凡事要先报告，不得擅自行动。"邓艾听了，很不高兴，说了几句牢骚话。

钟会这个人野心很大，本想独占灭蜀之功，不想让邓艾抢了先，心里也不痛快。现在听说邓艾对司马昭不满，就马上密报了司马昭，诬告说邓艾要谋反，应该尽早除掉，他是想杀了邓艾，好自己独占蜀地。姜维见此情形，心中暗喜，打算利用钟会反对司马昭，除掉邓艾，然后乱中取胜，想办法恢复蜀汉。

　　诡计多端的司马昭可不容易上当，他早就提防着钟会了。接到钟会的密报后，他一方面下令让钟会进军成都，逮捕邓艾；一方面又派心腹贾充率军跟在钟会后面。这还不算，他自己也率大军带着魏帝曹奂到了长安，准备随时应对突变。

　　钟会得知这一切后大失所望，只好孤注一掷。他抓住邓艾以后，在姜维支持下，在成都宣布反对司马昭，要当第二个刘备。可是，没等他准备好，拥护司马昭的人先动起手来，经过一场混战，钟会和姜维都被杀死，邓艾也被冤杀。无论是姜维恢复蜀汉，还是钟会占地称王的幻想都破灭了。司马昭牢牢地控制了局势，既灭亡了蜀汉，又防止了又一次分裂，为下一步统一全国打下了基础。

　　司马昭灭亡了蜀汉，威信大大提高了。他已经被封为晋公，现在又升为晋王，有了建立司马氏家天下的条件。可是灭蜀后不久，晋王司马昭就病死了，他的儿子司马炎享受了从祖父、伯父和父亲那里留下的果实，当上了晋王，掌握了魏国大权。

　　本来，司马昭生前最喜欢次子司马攸，把他过继给哥哥司马师（早死）为子，还经常暗示说，要让司马攸接替自己的王位。为此，司马炎非常着急，让身边的亲信大臣帮忙。亲信大臣便对司马昭说了许多司马炎的好话，并强调废长立幼的害处。司马炎也有意约束自己，按父亲的习惯说话办事，讨父亲的好。司马昭很满意，便在死前立司马炎为世子，把改朝换代的希望寄托在他身上。司马炎掌握大权以后，一些亲信大臣就在朝廷上造舆论，说曹魏气数已尽的话。魏帝曹奂听了又难过又害怕，整天提心吊胆。果然，司马炎急于当皇帝，几个月以后，他就不客气地让魏帝曹奂让位，自己登上了宝座。一切禅让仪式和条件，都仿照当年曹魏代汉的格式。这可是曹丕当年万万料想不到的。

司马炎兵不血刃接管了曹魏政权，改国号为晋，他就是晋武帝。三国鼎立的局面变成了南北对峙，下一步，晋武帝就着手准备灭吴国了。

势如破竹

　　太康元年（公元280年），晋武帝司马炎派大将杜预率领二十多万兵马，分六路进攻吴国。杜预出兵的消息传到东吴，吴主孙皓大惊失色，急急忙忙召集文臣武将商议对策。丞相张悌（tì）出谋说："自古道，兵来将挡，水来土掩。请陛下分派车骑将军伍延为都督，进兵江陵，抗击晋军主力；派骠骑将军孙歆（xīn）抵抗夏口等处的晋军；我和左将军沈莹、右将军诸葛靓（jìng）出兵牛渚，接应各路兵马。"孙皓按照张悌的意见调兵遣将。为了防备晋军顺着长江东下，孙皓又下令封锁江中险要的地方，就是锻造了许多碗口粗的铁锁链横截江面，用来阻挡晋军的战船；又造了许多一丈多长的尖利的铁锥，吊在水面下，想用来扎破晋军的船只。

　　吴军在江中布防的消息，很快就被晋军的水军将领王濬（jùn）探听到了。他叫士兵赶造了几十只大木

<　西晋青瓷鸡笼　>

筏，每只木筏宽百余步，上面缚草为人，披甲执杖，作为疑兵；又挑选了一些懂得水性的士兵放筏先行，顺流而下，把吴军在江中布置的铁锥扎在木筏上带走了，为后面的战船扫清了航道。王濬又叫士兵捆扎了许多长十余丈、大数十围的火把，灌上麻油，遇到吴军封锁江面的铁锁链就点起火来，熊熊大火很快把铁锁链烧化了。王濬用这样一些办法冲破了吴军的封锁，顺流而下，打下了东吴沿江的许多城池。

杜预的另一路兵马，由周旨带领的八百多名士兵趁吴军不备，于深夜渡江，神不知鬼不觉地来到了吴军重要防地乐乡（今湖北江陵西南）附近，在巴山上插起了许多晋军旗帜，点燃了无数的火把，造成千军万马的声势。防守乐乡的吴军大将孙歆看了十分害怕，给江陵都督伍延告急说："北来的晋军已经飞渡长江，形势十分危急！"

这时候，王濬统率的晋军也已经沿长江顺流而下，逼近乐乡。孙歆连忙又派出部队去迎击王濬，结果被王濬的军队打得大败，狼狈逃回城里。两军交战的时候，晋军周旨早已带兵埋伏在乐乡城外，趁着孙歆的败兵乱哄哄地逃回城里的时候跟着混进城去。这支晋军突然出现在孙歆的大营里，迅速解除了吴军的武装，俘虏了孙歆和吴军其他将领。

晋军攻克乐乡以后，很快逼近东吴的重镇江陵（今湖北江陵）。江陵的吴军都督伍延假装投降，想趁晋军不备实行突然袭击。杜预识破了伍延的图谋，下令猛攻，打下江陵，杀了伍延，然后继续向武昌进军，占领了武昌。

杜预召集各路将领商议进攻吴都建业的计划，有个将领出来阻止说："吴国盘踞江东已有一百来年，是个顽强的大敌，一下子不可能把它消灭掉。眼下又是黄梅

时节，雨水多，江河暴涨，瘟疫流行，北方来的士兵很难适应，我看还是等到今年冬天再打建业为好。"杜预听了这种泄气的话，很不以为然，他反驳说："战国时期的燕国大将乐毅在济西一战获得胜利后，乘胜追击，很快就打败了强大的齐国。现在我们的士气也像当年乐毅的军队那么旺盛，用这样强的兵力去打建业，好像用刀破竹子一样，劈破几节以后，竹子就会迎刃而解，一破到底，再也没有棘手的地方了。"将领们听了杜预的话，都认为说得有理，决定乘胜去攻建业。杜预一一分配任务，领兵向建业的门户秣陵（今江苏南京，秣mò）进发。杜预的军队所向披靡，吴军纷纷投降，真是像破竹子一样。"势如破竹"这句成语就是从杜预进兵建业的故事中引申出来的。

杜预率领晋军攻下秣陵，一直打到建业城下。这时候，吴主孙皓还在宠信一个擅长溜须拍马的奸臣岑昏（岑cén），整天跟他吃喝玩乐，糊里糊涂地混着日子。有人向他报告说："晋军逼近建业，我军士毫无斗志，都不想打仗，这该如何是好？"孙皓忙问将士们为什么不想打仗，将士们回答说："我们流血流汗，而奸贼岑昏却高坐于庙堂之上，靠着溜须拍马享尽了荣华富贵，这怎么能叫人服气？怎么能鼓舞将士们的斗志？"孙皓听了，自言自语地说："要真是这样，为了保江山，我只好拿这狗奴才来谢百姓、平众愤了。"下面的人听孙皓这样说，都大声地叫道："对！对！"大家争先恐后地去捉拿岑昏。等人们一走，孙皓觉得今后再没有人陪他吃喝玩乐了，忽然又懊悔起来，赶快派人去请求大家免岑昏一死。可是岑昏早已被愤怒的群众捉住，碎尸万段了。

尽管岑昏已经除掉，东吴的败局仍然无法挽回。丞相张悌英勇战死，大将们有的为国捐躯，有的投降晋军，已经没有能够带兵的人了。吴主孙皓急得抓耳挠腮，想不出办法来。中书令胡冲向他建议说："陛下！大势已去，您何不仿照安乐公刘禅的做法呢？"原来蜀汉皇帝刘禅投降晋朝以后，被迁到洛阳居住，只顾个人吃喝玩乐，不再思念蜀国故土，被人们叫作"乐不思蜀的安乐公"。胡冲叫孙皓仿效刘禅，也就是劝他投降。孙皓听了，低头想了一阵，觉得想要维持自己吃喝玩乐的生活，确实只有这一条路可走，于是就带了东吴的户口册子，领着残留下来的文臣武将向晋军投降，东吴灭亡了。从此，东汉末年以来一百年左右的分裂割据局面宣告结束，国家又重新统一了。

周处除三害

　　西晋灭吴以后，大将杜预、王浑等在建业的吴宫里摆酒席，宴请投降过来的吴国旧臣。当大家都喝得有点儿醉意的时候，王浑突然站起来，冲着东吴的旧臣问道："各位！吴国灭亡了，你们难道没有一点儿忧愁吗？"这句话是带有讽刺性的，吴国的旧臣们听了，都感到脸上火辣辣的，许多人都低下了头。可是原吴国的无难督（官名）周处不甘示弱，马上回敬王浑说："汉末天下四分五裂，出现了三国鼎立的局面。魏国被晋灭亡在前，吴国被晋灭亡在后。如果要说有亡国的忧愁，怎么只是我们才有，而阁下却没有呢？"原来王浑是魏国旧臣，司马氏夺了魏国政权，他才做了西晋的将军。周处知道王浑的底细，所以毫不客气地反唇相讥，弄得王浑自讨没趣。

〈　"驿使图"壁画砖　〉

这里说一说周处除三害的故事。

周处是义兴阳羡（今江苏宜兴南，羡xiàn）人，从小就死了父亲，缺乏家庭管教。他力气大，喜欢骑马打猎，可就是性情暴躁，蛮不讲理，动不动就跟人争斗。他做什么事情都由着自己的性子蛮干，从不考虑后果如何。他从来不把别人放在眼里，在村子里为所欲为，到处横行霸道。村子里的人都害怕他讨厌他，把他和山上的猛虎、河里的蛟龙合称为"三害"。

有一天，周处看到村子里的老大爷们围坐在一起，愁眉苦脸地一边叹气，一边在议论着什么。他走过去问："眼下天下太平，五谷丰收，为什么大家还愁眉苦脸不高兴呢？"其中一位老大爷看了周处一眼，慢条斯理地回答道："不瞒你说，村子里的三害还没有除掉，人们哪来的快乐呢？"周处忙问："村子里有哪三害？快说给我听听。"老大爷见问，就回答道："南山上有吃人的白额猛虎，经常到村子里来糟蹋人畜，这是一害；长桥下有兴风作浪的蛟龙，经常闹大水，使庄稼歉收，船舶不能航行，这是二害。"说到这里，老大爷就闭上嘴，不再往下说了。周处赶紧追问："你刚才说是三害，现在只说了两害，还有那第三害是什么？"老大爷见周处追问，就支支吾吾地回答说："要问那第三害嘛，就是村里还有欺压乡邻的恶人，弄得人人不得安宁，大家都在背后咒骂他。就是这三害，使大家感到很痛苦，所以高兴不起来呀！"老大爷说完以后，旁边的人都用冷眼看着周处，附和着说："这三害真太讨厌了。不除掉这三害，咱们村里就不得安宁。"周处不知道这第三害就是指他自己，他见别人拿眼睛看着他，以为别人看他勇敢，希望他去除掉三害，他就拍拍胸脯对大伙儿说："这三害算得了什么，我准能够除掉它们！"大伙儿听周处说要去除三害，都异口同声地说："你能够除掉这三害，真是天大的喜事，我们一定要好好感谢你！"

周处回到家里，磨快了钢刀，准备了弓箭，果然要去除三害了。他背着弓箭带着刀，迈开大步爬上了南山去寻找吃人的白额猛虎。他在树林里转了半天，正想坐下来休息一下，忽然听得一声虎啸，山鸣谷应，连那枯树叶子也被震得簌簌地落了下来。接着，只见一只凶猛的老虎张牙舞爪地向他扑来。周处一闪身，躲到一边，老虎扑了个空。趁着老虎一转身，周处赶快拈弓搭箭，等老虎第二次腾空扑过来的时候对准老虎心窝，猛射一箭，就把老虎射死了。

周处吃了点儿干粮，来到长桥。他看准蛟龙刚刚从水里探出头来，就纵身跳下水去。只见周处和蛟龙在水中激烈地搏斗，弄得水花四溅，他骑在蛟龙背上，挥拳猛打。蛟龙一会儿浮出水面，一会儿沉下水底，想要摆脱周处。周处紧紧抓住蛟龙，丝毫不肯放松。蛟龙顺水下游，一蹿就是好几十里，周处紧追不舍，三天三夜都没有上岸。村里的人见周处一去不回，以为他准是被蛟龙吃掉了，大家都互相表示庆贺。

周处凭着自己的智慧和力气，终于把蛟龙杀死了。他带着胜利的喜悦，爬到岸上，返回村里。一进村，见大家以为他被蛟龙杀死正在庆贺哩。他这才知道，原来自己也跟猛虎和蛟龙一样，是人们心目中的三害之一。这使他痛心极了，他想：一个人到了人人痛恨、被看作吃人的老虎和兴风作浪的蛟龙一样，活着还有什么意思呢？于是，他痛下决心，一定要改过自新。

但是，周处不知道怎样做才能成为一个令人喜欢的人，又觉得自己年龄已大，恐怕不会有什么成就了。他怀着沉重的心情，离开家乡，来到吴郡（今江苏苏州），向名士陆机请教。碰巧陆机不在，他就求见陆云。这陆机、陆云是两兄弟，都是当时很有名气的文人。周处见到陆云，把自己在家乡遇到的情况说了一遍，表示自己想下决心改过，重新做人，可惜已经耽误了时间，虚度了年华，怕今后不会有什么成就，想请陆云指示一条出路。陆云说："古人说，早上明白了真理，晚上死去也就没有遗憾了。你现在还年轻，前途无量。人怕不立志，只要你立定了志向，努力去做，就不怕坏名声改不过来。"周处听了陆云这番开导，心里明白多了，精神上也得到了巨大的鼓舞。

周处回到家乡，振作起精神，一反以前的所作所为。他开始虚心学习，刻苦钻研，处处严格要求自己，不再专横跋扈。他努力做到忠实厚道，尽心尽力地帮助别人。他对老年人十分尊敬，对小孩子尽力爱护。别人求他办事情，他立刻动手去做，一定想法让人满意。周处这种勇于改过的行为，得到了人们的热烈赞扬。当地州府官吏知道了周处的事迹，就推荐他做了吴国的东观左丞（官名）；孙皓末年，他又被任命为无难督。

西晋灭吴以后，周处出任晋朝的官吏，先后被任命为新平（今陕西彬县一带）、广汉（今四川金堂、广汉一带）等地的太守。他为官廉洁公正，注意团结少数民族，认真处理案件。有的案件积压了三十年，周处经过调查研究，判明是非，做了公正的处理，大家都称赞他是个了不起的清官。周处值得学习的地方，不只是为官清正这一点，更主要的是他年轻时候勇于改过的意志和行动。

石王斗富

西晋初年，国家统一，社会秩序比较安定，经济开始有所发展。代表士族地主当政的司马氏统治集团很快就暴露出他们腐朽和贪婪的本性，他们卖官鬻（yù）爵，贪得无厌。晋武帝后宫原有宫女几千人，灭吴以后又挑选吴宫美女五千人，整天宴饮作乐，过着荒淫无耻、纵情享乐的生活。皇室以下的豪门权贵大肆搜刮钱财，挥霍无度。石崇和王恺斗富的故事，就是这些士族官僚地主糜烂生活的写照。

石崇是个大官僚，依靠他家世代剥削，积累了巨大的财富，拥有大量珍宝、金钱、田宅和八百多名奴隶。他家里仅水碓（duì）就有三十多处。农民想把糙米春（chōng）成白米，使用一下他家的水碓，他都要收取高额的春税，扣下许多白米。

王恺是晋武帝的舅父，被封为

‹ 西晋青釉虎子 ›

山都县公，领有一千八百户的封地，还做过骁骑将军、散骑常侍等大官。他和石崇一样，也拥有大量财富，过着寄生生活。

王恺听说石崇家里富有，仗着自己是皇亲国戚，有心想跟他斗一斗，看究竟谁更阔气些。王恺家用麦糖洗锅，并且以此向石崇炫耀。石崇自然不服气，于是他家就用白蜡当柴烧，压倒了王恺。王恺为了讲排场，出门的时候在道路两旁用紫丝布做成挡风墙，全长四十里，用了成千上万匹布。石崇听说了，出门的时候就用锦缎做成挡风墙，全长五十里，又压倒了王恺。王恺想出了新招，用赤石脂来抹墙，把家里的房屋弄得富丽堂皇。石崇不认输，就用花椒泥抹墙，把家里的房屋弄得芳香扑鼻，又胜过了王恺。

晋武帝看到舅父王恺跟石崇斗富，不但不制止他们的奢侈行为，居然还想帮舅父斗倒石崇，就赐给舅父一株高二尺多的珊瑚树。王恺得到了这株珊瑚树，得意扬扬地说："这回世上再也没有人能比得过我了！"他把石崇请到家里来观赏这株珊瑚树。石崇看是株珊瑚，鼻子里哼了一声，随手拿起一个铁如意，一下子就把珊瑚树给打碎了。王恺以为这是石崇妒忌他的富有，就跳起来一把揪住石崇，大声叫嚷说："这是皇上赐给我的无价之宝，你赔我珊瑚树！你赔我珊瑚树！"石崇冷笑一声，毫不在意地说："你不用急，我马上赔你！"说着，叫手下人回家搬取他收藏的珊瑚树。其中高三四尺的就有六七株，株株色彩鲜艳夺目，像王恺家那样二尺多高的更多。他叫人把珊瑚树摆开，任凭王恺挑选。王恺看着这么多的珊瑚树，眼睛都看花了，不知说什么好。这一次，王恺又输了。

王恺、石崇这群剥削者就是这样大肆糟蹋劳动人民辛勤创造的财富，炫耀他们

的富有。皇帝居然帮助臣子斗富，助长奢侈之风，说明当时的统治集团是何等的腐化。难怪当时有个叫傅咸的大臣给皇帝上书，严肃地指出奢侈的危害，他说："奢侈之害，甚于天灾。"这句话说得十分透彻。天灾有一定的限度，互相比赛奢侈是没有止境的。

王恺和石崇还常常大宴宾客，显示自己的阔气。王恺请客人喝酒，要美女在席旁吹笛，如果稍有失韵走调，就把美女拉出去杀了。石崇叫美女劝客人饮酒，如果客人不高兴喝或喝得不多，就杀劝酒的美女。在一次酒席上，石崇请一个叫王敦的官僚饮酒。王敦这个残忍的家伙故意不喝酒，美女怎么劝他，他理也不理。美女吓得直哭，石崇就一连杀了三个美女。这伙剥削者真是残暴到了灭绝人性的地步！

西晋统治阶级为了满足他们奢侈腐化的欲望，自然要广开财源。他们除了加强对人民的剥削以外，还想出种种办法来掠夺财富。

他们的手段之一是公开抢劫。石崇在做荆州刺史的时候，就曾经指使部下公开抢劫外国使者和过往客商的财物。他把这些不义之财据为己有，成了无人可比的全国首富。

手段之二是垄断商业经营。在西晋，经营商业本来是人们瞧不起的事情。当时的法令规定，商人都得戴头巾，头巾上写上姓名及所卖物品的名称，还要一只脚穿白鞋，一只脚穿黑鞋。这些法令当然不合理，是用来限制老百姓的。可是，法令却管不了那些有权有势的官僚。他们根本不顾法令和社会舆论，利用权势垄断了商业经营。大官僚王戎本来是"竹林七贤"之一，可是他做上大官以后，既不贤，也不清高，而是爱财如命。他家里有品种优良的李子树，他怕别人得了好种子，就先把李子核钻破后才拿到市场上去卖。王戎通过垄断经营，贪污勒索，积累了无数钱财，田园遍布天下，他每天晚上还亲自和老婆在灯下拿着筹码算账，挖空心思地盘算怎样赚更多的钱。

西晋的统治者就是这样一群贪得无厌、荒淫腐朽的家伙。正因为如此，所以西晋的社会矛盾十分尖锐，统治集团内部争权夺利的斗争更是激烈，达到了你死我活的地步，毫无亲情可言。西晋只维持了短短二十多年的安定局面，统治阶级内部很快就乱起来了。

"何不吃肉粥"

晋武帝为了使司马氏的江山能够长期存在下去，实行了一些保天下的办法。一是大封同姓诸王，叫他们拱卫皇室；二是重用外戚，给老丈人、小舅子、表兄弟等都封上了重要官职，帮他掌握大权；三是拉拢士族地主，给以高官厚禄，换取他们的支持。晋武帝在位的二十五年里，他的威望在统治集团中还勉强能够压得住阵脚；而那些同姓诸王、外戚、士族的贪欲也都暂时得到了满足，所以没有出什么大乱子，算是维持了一段时间的太平局面。

可是，封建统治集团惯用的这一套巩固统治的办法，不但不能够从根本上消除社会的矛盾，而且还因此种下了动乱的祸根。晋武帝死后，他的儿子司马衷接着当了皇帝，就是晋惠帝。晋惠帝在位的时候，各种矛盾都逐渐尖锐起来，诸王外戚的争权夺利，统治集团的贪暴腐化，再加上各种天灾连年不断，疫病流行，整个国

⟨ 西晋持刀武士俑 ⟩

家从上到下都乱起来了。

晋惠帝司马衷为什么压不住统治集团的阵脚呢？这一方面是由于那些同姓诸王、外戚、士族的势力越来越膨胀；另一方面是由于他本身的昏聩（kuì）无知。关于前一个方面，即诸王、外戚、士族的争权夺利和贪暴腐化，在后面的故事里会讲到，这里先来讲讲，晋惠帝司马衷是个怎样昏聩无知的皇帝吧。

司马衷九岁被立为太子，在皇宫里长大，一直过着极其奢侈享乐的生活，什么打天下的艰难，治天下的不易，对他来说都是一窍不通。据说他还是个白痴，从小就不爱念书，光知道吃喝玩乐。晋武帝为这事很发愁，怕司马衷继承不了皇位。有一次，晋武帝出了几个题目考问他，限他三天以内交卷。司马衷哪里答得出来，只急得他抓耳挠腮，不知道怎么办才好。他的妻子贾南风是个工于心计的女人，见丈夫作难，就赶快请来一些有学问的老先生，请他们帮忙。老先生们想让司马衷在他父亲面前露一手，就引经据典地替他编了一大篇答案。给事（官名，给jǐ）张泓一看觉得不对头，就对贾南风说："太子不爱念书，这是皇上早就知道了的，现在回答问题只要就事论事就行了，切不可引经据典。否则，皇上一追问，反而容易露出马脚来。"贾南风觉得这话有道理，就请张泓就事论事地代编了几条答案，叫司马衷自己誊（téng）写了一遍，去交给父亲。晋武帝一看，觉得答卷虽然没有讲出大道理来，可问题还是回答清楚了。他以为儿子的学问真的有了长进，很是高兴，也就放心了。

可是，假的终究是假的。司马衷做太子的时候，可以请人代答试卷。父亲一死，自己当上了皇帝，遇事要拿主意，他就处处闹出笑话来了。

有一年夏天，刚刚继承皇位不久的司马衷带了一些随从到华林园去玩。当时正是下雨以后，池塘里一片咕咕呱呱的青蛙叫声。司马衷从小生活在皇宫里，从来没有听见过这种叫声，他侧耳听了一阵，觉得很是奇怪，是什么东西这样不知疲倦地叫唤呢？他问随从："这些咕呱乱叫的东西，是官家的，还是私人的？"这问题问得实在太可笑了，青蛙是野生动物，怎么能说它是官家的还是私人的呢？随从知道跟他说不清，就随口回答说："在官家地里叫唤的，自然是官家的；在私人地里叫唤的，就是私人的。"对这种敷衍了事的回答，司马衷一个劲儿地点头，表示很满意。

天灾严重、战祸频繁，使得老百姓没有饭吃，有些闹灾的地方连树皮草根也被灾民吃光了，到处都有饿死的人。有人把这种情况报告给司马衷，请他赶快下令赈济灾民。司马衷听了报告，一面低头思索着，一面重复地念着："没饭吃，饿死人；没饭吃，饿死人……"然后抬起头来，大声对来报告情况的人说："何不食肉糜乎？"意思是说，灾民们没有饭吃，为什么不去吃肉粥呢？叫没有饭吃的灾民去吃肉粥，这岂不是天大的笑话？

皇帝愚蠢糊涂，诸王外戚争权夺利，统治集团贪暴腐化，国家又怎能不乱呢？那时候，道德法律没有人遵守，贪污贿赂公然进行；有权有势的人横行霸道，吹牛拍马的坏蛋步步高升，正直贤良的人被压得抬不起头来。有些人对这种黑暗世道实在看不下去，就写文章来讽刺批评。王沈写了篇《释时论》，鲁褒写了篇《钱神论》，杜嵩写了篇《任子春秋》，这些都是比较有名的讽刺文章，其中尤以《钱神论》写得最为深刻，它把当时的社会现实淋漓尽致地描绘出来了，文章中说：有了钱，能转危为安，变死为活；没有钱，高贵立刻变成卑贱，活的非死不可。打官司，没有钱赢不了；有怨仇，没有钱无法解开。做了大官有了地位的人，更是爱钱如命，见了钱，就紧紧抓住，死也不肯撒手。

这种乱糟糟的局面怎么能维持得下去呢？最后，晋惠帝司马衷因为吃饼中毒而死，实际上是被人害死的。西晋王朝的统治，终于在混乱之中逐渐走向崩溃。

八王之乱

因为司马衷是个白痴，不会管理国家大事，所以他父亲晋武帝临死的时候，把大事托付给太尉杨骏，叫他辅佐皇帝，掌管军政大权。这杨骏是晋武帝的老丈人，被称为"国丈"。晋惠帝即位以后，杨皇后成了杨太后，杨骏自然就更加倚老卖老了。他结党营私，勾结了一大帮人，欺侮他的外孙晋惠帝是个白痴，就自己专权起来。

晋惠帝的皇后贾南风，也是一个喜欢抓权的人。她不甘心让婆婆杨太后和太后娘家的人掌权，就利用晋朝宗室的力量来反对杨太后和杨骏。所谓宗室，就是皇帝的本家、姓司马的那一帮皇族。前面说过，晋武帝在夺得政权以后，大封自己的子侄兄弟，封为王的有二十七个之多，其中有名的、势力较大的有楚王司马玮（wěi）、汝南王司马亮、赵王司马伦、齐王司马冏（jiǒng）、成都王司马颖、河间王司马颙（yóng）、长

〈 西晋画像砖 〉

沙王司马乂（yì）、东海王司马越等八人。

贾皇后先利用楚王司马玮，命令他带兵入朝杀了杨骏，灭了他的三族；还杀了杨太后。

杨骏一死，贾皇后请汝南王司马亮来辅政。司马亮也是喜欢抓权的人，他不愿意做贾皇后的傀儡，于是贾皇后就让晋惠帝派司马玮去杀司马亮。等司马玮杀了司马亮以后，贾皇后又叫惠帝否认下过命令，反而说司马玮假传圣旨，把司马玮也杀了。这样，八个王被除掉了两个，贾皇后就夺得了全部大权。

可是贾皇后没有生儿子，她怕大权将来还要旁落，就假装怀孕，暗地里把妹夫韩寿的儿子抱来，当作自己生的儿子。接着，贾皇后就废掉原来晋惠帝已经立了的太子，并且派人把他毒死，立自己抱来的儿子做了太子。这个消息传出后，宗室群情激愤，都说贾皇后想篡夺司马氏的天下，就起来反对她。赵王司马伦借口贾皇后废杀太子，带兵入朝，杀死贾皇后。接着，他又废掉惠帝，自己称帝。

镇守许昌的齐王司马冏听说赵王司马伦废了惠帝，夺得了皇位，心里很不服气，就向各处发出讨伐司马伦的檄文，号召大家起兵。成都王司马颖、河间王司马颙也有夺取政权的野心，他们和齐王司马冏联合起来，共同攻打司马伦。争权夺利的斗争在四个王之间展开了。经过六十多天的厮杀，牺牲了十万人的生命，最后司马伦兵败被杀。齐王司马冏进入洛阳，他怕司马颖和司马颙来跟他争权，就假装让惠帝恢复皇位，叫惠帝封他为大司马，在幕后操纵政局。

河间王司马颙看穿了司马冏的鬼把戏，就派兵两万进攻洛阳。长沙王司马乂也是一个有政治野心的人，他假装起兵响应司马冏，看准一个有利的时机，选派一百

多名骑兵先打进洛阳，杀了司马囧，控制了朝政大权。这时候，八个王已经死了四个，而争权夺利的斗争又在长沙王司马乂、成都王司马颖、河间王司马颙三个王之间继续展开了。

司马颙和司马颖联合，共同对付司马乂。他们一个从西面，一个从北面，进攻洛阳。司马乂牢牢控制住惠帝，派兵抵抗。双方打得难解难分的时候，正在洛阳城里的东海王司马越，想趁机捞一把，就利用皇城的禁卫军在夜里捉住司马乂，把他用火烧死。而司马颖也趁机进入洛阳，做了丞相，控制了政权。

东海王司马越认为自己杀司马乂有功，却没有得到什么好处，很不甘心，就假借惠帝的名义，起兵讨伐司马颖，结果被司马颖打败，只好逃回东海郡（今山东郯城西，郯tán）。

这时候，跟司马颖有仇的幽州刺史王浚不甘心让司马颖控制政权，就联合鲜卑族、乌桓族，起兵攻打司马颖。司马颖见王浚的力量大，就派人去匈奴，请匈奴左贤王刘渊来助战。结果，王浚还是打败了司马颖。司马颖挟持着惠帝到了长安。长安在河间王司马颙的掌握之中，他当初虽然和司马颖联合过，可现在看到司马颖兵败势穷，就趁机排挤司马颖，把惠帝控制在自己手里，独揽朝政大权。

被司马颖打败逃走的东海王司马越见王浚的势力大，就联合王浚攻打关中。他打败司马颙以后，进入长安，把惠帝和司马颖、司马颙全都带回到洛阳。不久，司马越杀死司马颖、司马颙，毒死了惠帝，拥立司马炽（chì）做皇帝，历史上叫作晋怀帝。晋怀帝把即位的这一年改年号为永嘉元年（公元307年）。至此，八个王在自相残杀的过程中死了七个，一场混战才告结束，史称"八王之乱"。

　　"八王之乱"的时间长达十六年。这场统治阶级内部争权夺利的斗争，给人民群众带来了巨大的灾难，战乱中死了成千上万的士兵，无辜的老百姓死得更多，大约有几十万。洛阳、长安两座名城遭到了严重的破坏，残败不堪。"八王之乱"严重地削弱了西晋的统治。这场大乱以后没有多少年，各地人民群众和从西部、北部内迁到黄河流域来的少数民族，纷纷起兵反抗晋朝的统治，晋朝终于一步步走向灭亡。

王马共天下

晋惠帝永兴元年（公元304年），匈奴贵族刘渊在离石郡（今山西吕梁一带）起兵反晋。过了几年，刘渊在平阳（今山西临汾）称帝。因为汉朝时候曾经把公主嫁给匈奴单于，所以刘渊自称是汉朝的外孙，把他建立的国家定名为汉国，表示他要继承汉朝的正统。

刘渊建立汉国以后不久，曾经三次派出重兵，猛攻晋朝的首都洛阳，最终灭亡了西晋。西晋王朝只维持了五十二年的统治，经过四个皇帝就灭亡了。

被匈奴军队俘虏的晋怀帝和晋愍帝都先给匈奴人当奴仆，后来又被杀了。西晋灭亡后的第二年（公元317年），晋朝的皇族司马睿依靠士族王导的支持，在建康（今江苏南京）做了皇帝，重新建立晋朝。历史上把司马炎建立的晋朝称为西晋，把司马睿重建的晋朝称为东晋，司马睿就是晋元帝。

〈《华阳国志》书影〉

　　司马睿刚到南方的时候，南方的士族都不来求见他，他心里犯了嘀咕：这是为什么呢？

　　王导看出了其中的秘密，他琢磨着：司马睿在皇族中是比较疏远的一支，向来缺少声望，势力单薄，才能也不大，所以得不到士族的拥护。王导自己就是中原有名的高级士族，政治经验十分丰富，他清楚地知道：司马氏是依靠士族的支持才取得天下的，而士族又必须投靠皇帝，才能保住自己的利益。司马睿要是得不到士族的拥护，这皇帝的宝座就别想坐稳当了。王导看清了这一点，决定替司马睿拉拢士族。他和堂兄王敦商议了一番，终于想出了一个好办法。

　　在一个人们四处郊游消灾求福的传统节日里，司马睿依照王导的安排，乘坐金碧辉煌的轿子出游。前面有威武整齐的仪仗队开道，吹吹打打，好不威风；后面有王导、王敦兄弟以及从北方避乱南来的名士，骑着高头大马紧紧跟随，更增添了几分光彩。这长长的皇帝出巡的行列，立刻惊动了许多人。南方士族首领顾荣、纪瞻听说司马睿出游，偷偷地在门缝里张望。当他们看到司马睿的这副派头和排场，吃了一惊，不禁脱口叫道："江东有主了！江东有主了！"他们赶紧带了一些人，争先恐后地来到路旁拜见司马睿。

　　王导的头一招奏了效，司马睿的威望一下子提高了。接着，王导又对司马睿说："顾荣、贺循是南方士族的首领，如果把他们招来做官，就会有更多的人跟着来报效。"司马睿觉得这话有道理，就派王导去登门拜访。顾荣、贺循正想来靠拢皇室，经王导一拉，就应命来了。他们两个人做了官，江南的士族就像风吹墙头草一样，全都倒向了司马睿。东晋政权有了这批南方士族的支持，在江南站稳了脚跟。

　　王导在拉拢江南士族的同时，又积极开导北方南迁来的士族。那时候，北方南迁的士族对司马睿能否有所作为，还抱着存疑观望的态度。有个叫桓彝（yí）的士族首领初到江南，见司马睿势力单薄，就摇着头对别人说："中原动乱，我才到这里来，原想求个安全，却不料这里也是这么力单势弱，看来难有前途啊！"那些北方士族原先在洛阳的时候，经常到黄河边上饮酒聚会，现在避难逃到江南，也常常到长江边上的新亭（今江苏南京南）去聚会饮酒。有一天，他们在新亭饮了一会儿酒，都微微有些醉意。有个叫周颛（yǐ）的长叹一声，感慨万分地说："这里的风景一样好，可惜的是黄河边换成长江边了！"经他这么一说，在座的人思乡之情不觉油然而生，竟互相面对面地失声痛哭起来。这时候，王导严肃地劝解大伙儿说："如今正是出力辅佐司马氏恢复中原的时候，各位何必这样灰心丧气地相对哭泣呢？"士族们听了王导这番激励志气的话，受到鼓舞，停止了哭泣，表示愿意跟着王导一同辅佐司马睿。这样，司马睿才得到了北方南迁士族有力的支持。

　　司马睿很感激王导的帮助，尊称王导为"仲父"。后来，在举行皇帝正式登基典礼的时候，他三番五次地请王导和自己一起坐在御床上，接受文武百官的拜贺。王导当然不敢这样做，推辞了。作为一个开国的皇帝，要请一个臣子同坐受贺，这件事本身就足以说明，在士族权力的扩张之下，皇权是何等的衰微了。难怪当时老百姓当中纷纷传说："王与马，共天下。"意思是说：天下是王导和司马睿共同掌握的，不是司马氏一家的。实际上，那时候司马氏的势力远比不上王氏的势力。王导做宰相，控制了政治大权；他的哥哥王敦都督江、扬、荆、湘、交、广六州，控制了军事大权。其他重要的官职，大多数也被王家人占有。司马睿仅仅因为姓司马，是西晋皇帝的本家，才被推为皇帝，其实是没有实权的。

司马睿在威望还没有建立起来的时候，需要依靠王导，他可以"父"呀"母"呀的对人低声下气，可是当他的皇位坐稳当了以后，他对于"王马共天下"这样的局面就不满意了。他想削弱王氏的势力，由自己来掌握大权。他培植了善于逢迎拍马的刘隗（kuí）、惯会酗酒放肆的刁协作为心腹，暗中进行军事部署，逐渐疏远王导，王马之间的裂痕渐渐显露出来。

王导是个老谋深算的人，他看准了晋元帝司马睿这种做法奈何不了他，所以他不动声色。但是王敦按捺不住了，他想：这不是过河拆桥吗？于是他借口有人挑拨晋元帝和王导的关系，要来"清君侧"，就从武昌起兵，打败了刘隗，进入建康，对司马睿进行武力威胁。王导反对王敦这样公开篡权，劝告王敦退回武昌，一场争夺才平息下去。晋元帝见动摇不了王氏的势力，从此忧愤得病，不久就一命呜呼了。他的儿子司马绍继承了皇位，就是晋明帝。第二年，王敦病重，晋明帝趁机发兵打败了王敦的军队，王敦连病带气死了。但是晋明帝还是不敢触动王导，对王导还是很恭敬，为的是怕得罪了士族。

东晋王朝的统治者把心思全用在争权夺利的事情上，根本不做恢复中原的准备，谁要提出北伐，就会遭到这群腐朽的统治者的排斥打击。御史中丞熊远一针见血地指出：朝廷没有实行北伐返回洛阳的决心，早把国家的耻辱忘掉了。熊远说了真话，触到了朝廷的痛处，不久就被调离京城，派到地方上去做官。"王马共天下"的东晋王朝，继续一天天地腐败下去。

石勒八骑起家

　　灭亡西晋的刘聪死了以后，他手下的大将刘曜和石勒各霸一方，称王称帝。刘曜建都长安，改汉国为赵国，他建国早一年，所以历史上叫前赵。石勒建都襄国（今河北邢台），也自称赵王，他建国晚一年，所以历史上叫后赵。前赵、后赵和李雄的成汉，是十六国中兴起比较早的三个国家。

　　后赵的石勒是羯族（羯jié）人。他原先住在上党武乡（今山西武乡北），家里很穷，给人家做佣工度日。十四岁那年，他跟本地商人到洛阳去贩卖货物，后来又在人家的田庄里干活。晋惠帝末年，并州刺史司马腾大量捕捉少数民族人民，把捉来的人两个一组套在一个木枷里，卖到山东、河北的地主那里去做奴隶。石勒也被捉住，卖到茌平（今山东茌平，茌chí）的师懽（huān）家里去做农奴。那年，石勒只有二十岁。

<　石勒听讲图局部　>

　　石勒智勇双全，擅长骑射。师懽怕他鼓动农奴造反，就把他释放了。石勒离开师家以后没法生活，只好去做短工；不料在做工的时候又被乱军捉走了。他从乱军中逃了出来，邀集了王阳等七人，骑着马到处流窜，靠抢劫度日。因为他们是八个人，都骑着马，所以号称"八骑"。没过多久，又有郭敖等十个人加入他们的行列，这个集团就增加到十八骑。石勒以这十八骑为骨干，再招集一些逃亡在外的人，成立了一支武装队伍，他带着这支队伍到处烧杀抢劫。当时人们把他们叫作"胡蝗"。"胡"是汉族人对少数民族的通称，石勒这帮人被比作为害庄稼的蝗虫。大家都痛恨他们，到处有人反对他们。

　　后来，石勒投靠刘渊，成了刘渊手下的一员大将。刘渊死后，他跟刘聪东征西讨，攻下了洛阳，为刘聪的汉国立下了汗马功劳。刘聪死后，他做了后赵的国王，开始采用汉族士人张宾的建议，改变作风，注意政治、经济、文化各方面的建设工作。他在首都襄国设立太学，请士人做教师，选官员的子弟三百人入太学读书，培养统治人才，还规定了租赋，精简了法令，并且提倡佛教，实行思想上的统治。

　　给石勒出谋划策的张宾自比张良，把石勒当作汉高祖来辅佐。后赵国的许多政策和制度都是张宾帮助拟定的。石勒认为张宾的功劳很大，封他为"右侯"。

　　为了更多地招揽士族，石勒给手下的将领规定：凡是捉到读书人，不许随便杀害，必须送到都城由他自己处理。石勒的侄子石虎是个杀人成性、非常残暴的家伙，有一次出兵作战，俘获了曾做过西晋官吏的低级士族三百家，他也不敢杀害，而是根据石勒的命令，把这些士族送到了都城。石勒马上派出专人去管理这些士族，成立了一个"君子营"，把愿意投降他的人提拔起来做官。石勒还命令部下和

州郡官吏，每年向他推荐有文才和有武艺的人，给他们官做。

石勒能虚心听取读书人的意见。有一次，廷尉续咸知道石勒要在邺城大兴土木，建筑宫殿供自己享乐，就连忙上书，恳切地说明了这样做的危害性，要求不要动工。开始，石勒火冒三丈，大发脾气说："不杀死这个老贼，我的宫殿是建不成的！"他下令把续咸抓起来。中书令徐光劝阻说："陛下是一个很聪明的人，平日常说要效法尧、舜，如果不接受忠臣的意见，岂不成了夏桀、商纣这样的暴君？续咸的话，能听的就听，不能听的也就算了，怎么能够因为人家说了几句正直的话，就把人家杀了呢！"石勒听了这番话很受感动，叹了一口气说："做君王的也不能独断独行啊！"他看了大家一眼，接着替自己找个台阶下，微笑着说："我难道不知道续咸的话是忠言？说要杀他，只是吓唬吓唬他罢了！说实在的，稍稍有点儿钱的人都要建宅第，何况我这个得了天下的人，把宫殿修理一番又有什么不可以的呢？现在我听了续咸的话，明白了更多的道理，我接受他的意见，不动工了。"事后，石勒还奖给续咸一百匹绢，五十担稻谷。这样一来，大小官员就都敢直言劝谏了。

石勒有了这群士族做参谋，再加上他的勇敢善战，就成了当时一支无敌的力量。在晋成帝咸和四年（公元329年），石勒终于消灭刘曜建立的前赵，基本上统一了黄河中下游的大部分地方，他自己也由赵王改称为皇帝。第二年，石勒的后赵又和东晋政府商定以淮水为界，各不相犯，初次形成了南北方和平相处的局面。

石勒从八骑起家，成就这样的大业，是跟他具有军事才能和政治才能分不开的。石勒对自己的才能心中有数。有一次，他问一位大臣："我可以和过去的哪一个皇帝相比呢？"那位大臣说："陛下可以比得上汉高祖。"石勒说："你说得过分了。人哪能自己不知道自己呢？我可比不上汉高祖，只配做他的部下；要是遇上汉光武帝，我就要和他比试比试，看谁能称霸中原。"石勒确实有意要学汉高祖，他在政治措施上，有些是效法西汉的。不过，石勒是受尽苦难的羯族农民出身，在民族压迫和阶级压迫的苦难生活中形成了强烈的报复心理。他对不顺从他的汉族人民和其他少数民族人民实行残酷的镇压。在后赵，劳动人民的生活是很痛苦的。

石勒还有很多忌讳。他禁止人家说他是胡人，甚至不许人家说"胡"字，凡是带有"胡"字的音也得改掉。例如现在我们吃的芝麻烧饼，因为最早是从西域传进来的，在晋朝以前一直叫作胡饼。石勒统治后赵的时候规定不许再叫胡饼，改叫搏炉饼，后来又改叫麻饼。

石勒死后，他的侄子石虎继承了帝位。石虎远不如石勒，不懂得利用读书人，只知道一味地实行残暴统治。他个人的生活穷奢极欲，荒淫贪暴。石虎在中原大规模地圈地作为猎场，供他自己打猎取乐，严重地影响了农业生产。他又在洛阳、长安等地大修宫殿和花园，强迫成千上万的农民给他服劳役。他为了准备进攻东晋，征调成百万的农民去当兵，还规定他们要自带粮食和车马。农民被逼得走投无路，纷纷起来反抗。后赵迅速衰落下去。石虎死后没几年，后赵就灭亡了。

书成换鹅

　　王羲之是王导的堂侄，是我国历史上最著名的大书法家，人们尊称他为"书圣"。他写的字在当时就享有盛名，被人们视为珍品，至今仍是我国书法艺术的极宝贵的遗产。王羲之勤学苦练、学习书法的故事，历来为人们称赞不已。

　　王羲之字逸少，曾担任过东晋的右军将军，所以人们又叫他王右军。他七岁的时候，跟当时有名的书法家学习写字。他学习的劲头可大啦，无论什么季节，碰到什么天气，或者发生什么事情，他都一概不管，只是专心致志地坚持练字。不到三年工夫，他写出来的字已经显得用笔有力、顿挫生姿了，他的老师称赞他说："这

‹ 王羲之《兰亭集序》摹本 ›

孩子的书法真有长进，将来一定比我强！"

王羲之十二岁那年，在父亲的枕头底下发现藏有前人写的《笔论》，这是一本谈论写字用笔的书。王羲之非常喜欢这本书，就背着大人偷偷地读起来，越读越有兴趣。一天，父亲看到儿子在聚精会神地读书，问他读的是什么书，王羲之笑而不答。母亲走过去一看，才知道他读的是《笔论》，就对他说："你现在年纪还小，恐怕还读不懂吧？"父亲也说："不要性急，等你长大了，我会教你的。"可是王羲之回答说："学习是不能等待的，像走路一样，不停地走才能前进。等我长大了再教，那就太晚了！"父亲听儿子说得有道理，就接受了他的请求，开始系统地教王羲之写字用笔的方法，还常常跟他讲前人张芝勤学苦练写字的故事。张芝是东汉著名书法家，擅长写草书，被人们称为"草圣"。他为了练好字，天天在池塘旁边蘸着池水磨墨写字。写完字，又在池塘里洗刷笔砚，日子一长，那池塘里的水都变成黑色了。

王羲之从张芝临池学书的故事里，受到了深刻的教育和巨大的鼓舞。他想，如果自己也能像张芝那样下苦功夫，一定也会有成就的。于是，他就更加勤学苦练起来了。

后来，王羲之游历了许多名山大川，见到了晋朝以前许多有名书法家的手迹，喜欢到了入迷的程度。他对每个书法家写的字，一个一个用心临摹，把各人的特点弄清楚，长处学到手，然后逐渐形成了自己的独特风格。

王羲之每天在书房里练字，全神贯注，目不斜视。到了吃饭的时候，他都不肯放下笔来。有一天，夫人给他送来他最爱吃的蒜泥和馍馍。他连头也不抬，一边随手抓

起馍馍蘸蒜泥吃，一边仍然继续挥笔疾书。过了一会儿，夫人来看他吃了没有，到了书房，只见他满嘴乌黑，手里还拿着一块蘸了墨汁的馍馍正要往嘴里送，夫人禁不住大笑起来。王羲之还是没有注意，一面继续写字，一面随口夸奖说："你今天做的蒜泥真香呀！"说着，手里拿着蘸了墨汁的馍馍已到了嘴边。夫人赶快过去把馍馍夺下来，说："你吃的是什么馍馍？"王羲之抬头一看，见夫人手里拿的黑馍馍，这才意识到自己刚才错把墨汁当蒜泥吃了，不禁哈哈大笑起来。

王羲之在走路和休息的时候，也要揣摩字体的结构、间架和气势，心里想着，手指也随着在自己的身上一横一竖地画起来，日子久了，衣服都被画破了。他每天写完字，都要到门前的池塘里去洗笔砚，时间久了，池塘里的水也都变黑了，人们就把这池塘叫作墨池。他每到一个地方都不停地练字，都要到当地的池塘里去洗刷笔砚，因此，他留下的墨池到处都有。在会稽戢山（戢jí）下有王羲之的墨池，温州和江西临川也有他的墨池。北宋时期，有位著名的文学家曾巩非常钦佩王羲之勤学苦练的精神，特地写了一篇《墨池记》来赞扬他。

由于长期坚持勤学苦练，王羲之的书法艺术达到了炉火纯青的境界，获得了很高的声誉。当时的人们都十分喜爱和珍视他的字，以能得到他的字为荣耀。据说，山阴（今浙江绍兴）有个道士很喜欢王羲之的书法，想请王羲之书写一本《道德经》，但又怕王羲之不答应，便想了个巧妙的办法。他听说王羲之最喜欢白鹅，常常模仿鹅掌划水的动作来锻炼自己的手腕，使手腕运起笔来更加强劲而灵活。于是他就去买来几只小鹅，用心喂养着。几个月以后，鹅长大了，全身羽毛洁白丰满，十分可爱。道士故意把鹅放在王羲之时常经过的地方。一天，王羲之经过那里，看见这些羽毛洁白、姿态优雅的鹅，心里有说不出的高兴。他看了又看，舍不得离去，便对道士说："你把这些白鹅卖给我好吗？"道士趁机说："鹅是不卖的，先生如果真的要鹅，就请写一本《道德经》来换吧。"王羲之满口答应，很快就写好一本《道德经》交给了道士，带走了一笼白鹅。"书成换白鹅"的佳话就是这样来的。

王羲之的书法艺术不仅广泛吸收了晋朝以前许多书法家的特点和精华，更重要的是他摆脱了传统的束缚，开创了一种新的境界。《兰亭集序》是他的书法艺术的代表作。人们称赞他写的字是"龙跳天门，虎卧凤阁"。龙是传说中的一种神奇动物，据说能在空中跳跃游动，矫健有力。虎是兽中之王，即使在睡卧的时候，姿态也是威武雄健的。人们用"龙跳"和"虎卧"的姿态来形容王羲之的字，说明他的字是多么的强劲有力！后来，王羲之还把书法艺术传授给自己的儿子，他的儿子王献之、王凝之也都是很有名的书法家。

在我国书法艺术发展史上，两晋是一个鼎盛时期，涌现了一大批有名的书法家，其中有墨迹流传到今天的就有五六十人之多。除王羲之父子外，还有卫恒、索靖、卫夫人、王恂等，其中卫夫人就是王羲之的老师。这些书法家对我国书法艺术的发展都作出了杰出的贡献。

淝水之战

西晋灭亡东晋建立后，当时的中国出现了许多割据政权，如成汉、汉国、前赵和后赵，除此之外，还有汉族人建立的前凉，兴起晚一些的有鲜卑人建立的前燕，更晚一些的有氐（dī）族人建立的前秦。

前秦的创始人是苻（fú）健，最初的地盘在关中地区，京城设在长安。苻健死后，他的侄子苻坚夺取了政权，势力范围逐渐扩大到整个黄河流域和现在的辽宁东部、四川一带。苻坚自称大秦天王，是个想要有所作为的人。他即位以后，到处搜罗人才，看中了一个名叫王猛的谋士。

苻坚让王猛当京兆尹，负责治理京城长安。长安在王猛的治理下，很快就有了起色。王猛治理京城有功，苻坚很高兴，于是提升了他的官职，派他做吏部尚书。过不多久，又拜他做辅国将军。一年之中，王猛被提升了五次，那年他才三十六岁。

〈 东晋炳灵寺石窟塑像 〉

　　王猛在任期间，严厉打击豪强贵族，引起了豪强们的不满，有个叫樊世的豪强更是公开顶撞王猛。苻坚听说樊世居功自傲，得罪了王猛，怕贵族都这样专横违法，国家无法治理，就把樊世杀了。

　　王猛不仅镇压豪强，整顿吏治，有罪必罚，还注意选拔德才兼备、廉洁奉公的人做郡县官吏；兴办教育，培养人才，恢复了太学和地方各级学校；重视恢复和发展农业生产，奖励垦荒，兴修水利，提倡改进耕作技术。在王猛的治理下，前秦迅速地强大起来，不久就统一了北方。

　　然而，就在前秦统一北方前夕，王猛由于日夜为国事操劳，终于积劳成疾，一病不起。苻坚问王猛国家大事怎么办，王猛一再叮嘱苻坚不要急着去打东晋，说完就去世了，那年他才五十一岁。

　　前秦皇帝苻坚是我国历史上少数民族的杰出人物。他统一了北方，使前秦的实力超过了东晋，他就雄心勃勃想灭亡东晋，统一天下。他在几次小规模战斗中打败晋军以后就骄傲起来，自以为天下无敌了。他不接受王猛生前的忠告，终于向东晋发起了大规模的进攻。

　　苻坚召开军事会议，宣布了要进攻东晋的决定。当时一些惯会逢迎谄媚的官员赶快奉承说："陛下出兵去打东晋，一定旗开得胜，马到成功，胜利是可以预料的。"可是大臣权翼却表示反对，他严肃地指出："东晋虽说偏安江南，力量薄弱，可他们内外齐心，君臣和睦，还有谢安、桓冲这些有名的将领，智勇双全。依我看，目前去攻打东晋，恐怕时机还不成熟。"武将石越也附和说："权翼说得对，东晋还有宽阔浩瀚的长江作为天然屏障，我们不要小看了。"苻坚一听，不由得火冒三丈，他怒气冲冲地说："长江又有什么了不起！我的军队这么多，只要我一声令下，每个人把马鞭扔进长江里就能使江水断流。那时候他们还拿什么做屏障？"

苻坚不听权翼、石越等人的劝告，下令强迫征发各族人民补充兵力，征集了大量的军用物资，在东晋孝武帝太元八年（公元383年）八月，亲自统率全国八十多万军队，号称百万大军，浩浩荡荡向东南地区进发。他把军队分作三路，一路由苻融和鲜卑人慕容垂率领，共二十五万人，作为前锋从长安出发东进；一路由羌（qiāng）人姚苌（cháng）率领，沿长江顺流而下；另一路从幽州出发南下。

东晋这时候是北方士族大户谢安担任宰相，掌握军政大权，还有桓冲与他通力合作，一起出谋划策。在强敌压境、生死存亡的关头，原先钩心斗角的东晋统治集团，在谢安的领导下空前地团结起来了。他们决定抵抗前秦的进攻，紧张地进行军事部署。谢安自任征讨大都督，命令谢石负责指挥全军；谢玄担任先锋，带领八万兵马阻击秦军；又派胡彬率领水军五千，赶去增援淝水（淝féi）河边的寿阳城（今安徽寿县）。布置停当以后，谢安沉着冷静地观察着战争形势的变化，准备随时采取相应的对策。他表面上装作若无其事的样子，整天跟别人下棋，或游山逛水，用来安定人心，内心却是十分紧张，保持着高度的警惕。

前秦苻融率领的前锋部队经过一个多月的日夜行军，到达了淮河北岸的颍口（今安徽寿县正阳关镇）。苻坚亲自率领的主力军随后也赶到了项城（今河南项城）。他求胜心切，不等其他各路人马到齐，就命令苻融进攻寿阳。这寿阳是个军事重镇，它的得失对于整个战局具有举足轻重的作用。奉命增援寿阳的晋将胡彬还在半路上就接到寿阳失守的消息，只好退守硖石（硖xiá）。苻融攻下寿阳以后，一面继续攻打硖石，一面派部将梁成带领五万人马向西推进，占领军事要地洛涧。梁成在那里扎下了许多水寨，把谢玄带领的八万晋军阻挡在洛涧东边。

苻坚听说秦军已经攻下寿阳，高兴极了，当夜就带了八千轻骑兵亲自赶到寿阳。他派尚书朱序到晋军大营去劝降。这朱序本来是东晋的将领，四年以前，他在襄阳和前秦军队作战，兵败被俘，留在前秦。现在他见秦晋交兵，认为自己为东晋出力赎罪的机会到了。他到了晋营不但没有劝降，反而向谢石提出了破秦的建议。他说："秦兵百万，势不可当。现在应当趁他们各路兵马还未到齐，先打败他们的前锋，挫伤他们的锐气。你们什么时候进攻，我可以做个内应，协助你们。"谢石等人经过反复研究，决定首先袭击洛涧的秦军，让朱序在晋军进攻秦军主力的时候再配合行动。

谢石派战斗力较强的北府兵将领刘牢之带领一支兵马，在夜晚神不知鬼不觉地来到洛涧，向秦军阵地发起突然袭击。正在睡梦中的秦将梁成听到喊杀声，吓出了一身冷汗，慌慌张张地从床上爬起来，上马迎战，结果被刘牢之一刀砍翻。秦军失去主将，无心再战，晋军乘胜追击。谢石带领晋军主力渡过洛涧，在离寿阳城只有四里地的八公山下扎下营寨。

在寿阳城里的苻坚，接二连三地接到洛涧方面失利的消息，再也沉不住气了。他忐忑不安地和苻融一起登上寿阳城楼，瞭望晋军的动静，只见晋军阵势森严，旌旗如林，八公山上密密麻麻，不知道有多少晋军驻扎。看到这种情景，他心里着实吃了一惊，对苻融说："你看，这满山遍野全是晋兵，怎么能说他们不行呢！"他

连忙下令，要各处秦军严密防守，没有他的命令不许出击。其实，八公山上并没有晋军。只因秦军在洛涧吃了败仗，挫伤了锐气，心慌气馁、眼花缭乱，把八公山上被风吹得左右摇摆的草木看成是晋兵了。"草木皆兵"这个成语典故就是这么来的。

过了几天，谢石派了一个使者到寿阳城里向苻融下战书，要求定期决战，条件是秦军把阵地向后移动一些，腾出一块空地作为战场，以便让晋军渡过淝水决战。苻融赶快去报告苻坚，两人一商量，同意将阵地后撤，以便趁晋军渡河的时候进行突然袭击，把晋军消灭在淝水里。

到了约定的日子，苻坚传下号令，叫秦军拔营后退，让晋军渡河。秦军的士兵大多数都是被强迫驱赶着来打仗的各族人民，本来就不愿意替苻坚卖命，现在一听拔营后退，就像决了堤坝的洪水，掉转头拼命往后奔跑。这时候，晋军按预定计划，由谢玄、谢琰等带领八千骑兵，冒着严寒抢渡淝水，冲向秦军阵地。朱序看见秦军后撤，晋军渡河，就在秦军阵后大声高喊："秦军败了！秦军败了！"正在向后退走的秦军听到喊声，一时也分辨不清是真是假，都人心惶惶地逃的逃，躲的躲，顷刻间整个队伍溃不成军。苻融赶快跑到阵后去阻止队伍后退，不料连人带马被挤倒在地，还没来得及从地上爬起来，就被赶上来的晋军一刀砍成了两段。苻坚见形势不妙，丢下士兵，只顾赶快自己逃命。一路上，他嫌马跑得太慢，不断用鞭子抽打。他听见随风飘来的八公山上鹤叫的声音，以为是晋军追上来了，吓得连气都不敢喘。他一口气逃到淮北，清点一下残兵败将，原来的几十万人只剩下了十分之二三。

晋军乘胜追击，一口气追赶了三十多里才收兵。谢石、谢玄连夜派人回首都报捷。当报捷的军士赶回建康的时候，谢安正在跟客人下棋。接到捷报，他起先还装得若无其事，继续下棋。送走客人以后，他再也抑制不住内心的喜悦，由于过分激动，在过门槛的时候，把木屐（jī）上的齿也碰断了。

淝水之战以后，东晋的安全得到了保障。前秦吃了败仗，力量大大削弱，鲜卑人、羌人、匈奴人和汉人纷纷反秦自立，组织了许多政权，北方广大地区重新陷于分裂。苻坚战败回国不久，就被他的部将、羌族人姚苌捉住杀死了。

刘裕代晋

　　淝水之战以后，北方出现了大分裂，前前后后出现了十个国家，这十国是后秦、后燕、后凉、西秦、北凉、南凉、西凉、南燕、夏、北燕，加上淝水之战前出现的成汉、前赵、后赵、前凉、前燕、前秦等六个国家，统称为"十六国"。"十六国"是史书上的说法，其实那时候立国的不止十六个。

　　此时的南方，东晋士族豪门凭借特权，过着贪婪腐朽的生活，不断加强对人民的压迫和剥削，终于激起了孙恩起义。孙恩及其继任者卢循坚持斗争十二年，沉重打击了东晋王朝的统治，使其一蹶不振。

　　刘裕自称是汉高祖弟弟楚元王刘交的后代。其实，他出身于一个破落的官僚地主家庭，跟汉高祖刘邦不一定有血缘关系。刘裕刚生下来，母亲就死了，没过几年，父亲也去世了。刘裕跟继母一起，靠他上山砍柴和继母在

<十六国时期统万城遗址>

家打草鞋为生。刘裕虽然很穷，但是喜欢结交朋友，常跟朋友们在一起舞刀弄枪，骑马射箭，练就了一身好武艺。有一天，他听说北府兵正在募兵，就去报名了。

北府兵是东晋大将谢玄在京口（今江苏镇江）招募的军队。京口在东晋首都建康（今江苏南京）的东北，所以又叫北府。在京口招募的这支军队，就叫北府兵。北府兵将领刘牢之见前来应募的刘裕身材魁梧，相貌堂堂，就把他留在自己身边当了一个小军官。刘裕擅长带兵，能约束部下，纪律严明，常打胜仗，逐渐成了北府兵的有名将领。

刘裕出名的时候正赶上孙恩、卢循起义，他被派去镇压起义军。他利用起义军战略上的错误，使用计谋，出奇制胜，打败了起义军，名气越来越大了。

不久，野心勃勃的桓玄发动了政变。桓玄是桓温的儿子，东晋末年担任荆州刺史（管理今湖北南部、湖南、贵州东部、广西和广东北部一带的地方官）。他想篡夺皇位，趁建康一带闹饥荒的时候封锁长江，不准上游的粮食物资运下来。东晋军队只好以麸皮和橡子面当粮食。东晋政府出兵讨伐桓玄。桓玄收买了北府兵的将领刘牢之打进建康，强迫晋安帝退位，自己做了皇帝，改国号为楚。

对桓玄篡夺东晋天下的行为，刘裕全都看在眼里。虽然当时他仍然跟着刘牢之，但心里却在盘算着怎样恢复晋朝。他背地里联合北府兵的中下级军官，密谋推翻桓玄。当一切都准备停当以后，就从京口起兵，向建康进军。桓玄赶快派兵阻击，却被刘裕打得大败，被迫撤出建康，把晋安帝也带走了。刘裕乘胜追击。桓玄在江陵聚集了大批人马进行反扑，峥嵘洲（今湖北鄂州）一战，又被刘裕打败，只好逃到益州（今四川），结果被益州的地方官杀死了。

刘裕打败桓玄以后，把晋安帝接回建康，重登皇帝宝座。这一次，刘裕成了重建东晋皇朝的大功臣。晋安帝把指挥军队的大权都交给了他，还要他坐镇京口，管理徐、青二州（这两个州在今山东与江苏交界的地方）。后来，晋安帝又让刘裕做扬州刺史，兼任代理尚书，也就是说，把政治大权也交给了他。权位的增长，使刘裕产生了政治野心，也萌发了想做皇帝的念头。但是他知道，时机还不成熟。于是，他又出兵讨伐北方的南燕和后秦。他深知，北伐是当时广大人民群众的愿望，打胜了就会更加提高自己的威望，有利于夺取东晋的天下。

南燕是鲜卑人建立的政权，统治的范围在今山东一带。统治者慕容超常常派兵骚扰东晋北部边境，掳走人民去当奴婢，甚至拿掳去的人当礼物，送给后秦等国家的统治者。东晋北部的人民早就盼望着讨伐南燕。刘裕亲自带兵从建康出发，渡过淮河、泗水，很快就拿下琅琊（今山东临沂北，琅琊láng yá）。慕容超派人向后秦求救。后秦皇帝姚兴派使臣到刘裕那里威吓说："我们已经派出十万铁骑，马上就要到达洛阳；你们如果不退兵，我们将直捣你们的建康！"刘裕回答说："你回去告诉姚兴，我本想在消灭南燕以后，休息三年再来平定你们占据的关、洛之地（今陕西和河南的一部分地区）；如今你们愿意自己送上门来，那就快点儿来吧！"姚兴原想吓唬一下刘裕，想不到刘裕口气很硬，反倒被吓住了，不敢来救南燕。刘裕很快就带领人马攻下了南燕的都城广固（今山东青州西北），生擒慕容超，灭了南燕。

六年之后，刘裕趁姚兴刚死、太子姚泓（hóng）即位不久的大好时机，亲自统率五路晋军讨伐后秦。晋军要经过北魏管辖的地区。北魏在黄河北岸集结了十万大军，又派出几千骑兵渡过黄河，骚扰西进的晋军。刘裕派出得力部队，排除了魏军的骚扰，占领了洛阳。晋军在洛阳会师以后，刘裕重新作部署，分兵两路进攻关中。姚泓亲自率领后秦军实施阻击，但是被晋军打败。晋安帝义熙十三年（公元417年），晋军攻入长安，姚泓被迫投降，后秦灭亡了。

刘裕在长安住了两个月，怕自己离开朝廷太久，大权旁落，决定立即回师建康。在他离开长安那天，关中的父老流着眼泪挽留他，希望他能继续留在北方抗击鲜卑、匈奴、羌等族的骚扰。可是，刘裕为了达到夺取皇位的目的，不顾关中人民的愿望，退回江南。

北伐的节节胜利，使刘裕的威信大大提高，有许多部下和亲信都希望他做皇帝。可刘裕知道，自己的政敌还有不少，必须先把他们除掉才行。所以在派兵北伐的同时，他也加紧内部的清洗。当初和他一起起兵灭桓玄的军官刘毅和诸葛长民等对刘裕很不服气，也有夺位的愿望。刘裕掌握朝廷大权后实行北伐，刘毅就出来反对。二人为此闹起了内讧，刘毅几次失败，处在下风，就仗着荆州刺史的身份勾结拉拢亲信和刘裕对抗，还要求朝廷让弟弟刘潘做自己的副手。刘裕假装答应，却趁其不备，趁刘潘入朝辞行的时候杀死了刘潘，又亲自领兵讨伐刘毅。刘毅措手不及，兵败自杀。趁刘裕出兵荆州的时机，身为青州刺史的诸葛长民也想起兵攻打刘裕，秘密联络各地人马。不料，有人将此事向刘裕告密。刘裕不动声色，在消灭了刘毅之后迅速回到建康，以皇帝的名义召见诸葛长民，历数他的罪状，把他杀了。这样，当初和他一起谋划起兵并一同消灭桓玄、恢复东晋朝廷的"战友"，一个个都被他除掉。扫除了障碍，刘裕在朝中说一不二，没有人再敢和他争高低，也没有人怀疑他将是改朝换代的人物。

刘裕出身贫苦，起于社会底层，对老百姓的疾苦有所了解，对士族把持朝政、为所欲为早有不满。自从掌握了东晋大权以后，他就采取了一些措施，缓和社会矛盾。比如，他带头勤政节约，生活比较俭朴，反对铺张比阔，改变了官场风气；限制并处死了一些为非作歹的大地主和士族大户，把他们的土地和财产分给贫民，整顿户口，减少租税，给农民渔民更多的利益，鼓励生产。这些措施在一定程度上改变了东晋朝的腐败风气，刘裕的威信由此日益提高。

刘裕从长安回到建康，东晋朝廷拜他做相国，尊称他为宋公。他看到夺取帝位的时机已经成熟，就在公元420年，把晋朝的末代皇帝恭帝司马德文废掉，自己做了皇帝，改国号为宋，史称刘宋。东晋灭亡了。

乘风破浪

这里讲的是刘宋初年一个有抱负、有理想的少年宗悫（què）的故事。

宗悫小时候跟叔父宗少文读书。宗少文很有学问，但是自命清高，不想做官。他见宗悫很机灵、有心计，有一天问宗悫说："你长大了想干什么？"小宗悫见叔父问他，微微地昂起头，睁着两只明亮的大眼睛，毫不犹豫地回答说："愿乘长风破万里浪。"这句话的意思是说，他要利用有利的条件，冲破一切困难，干一番伟大的事业，这话表达了小宗悫的远大志向。可宗少文以为侄子将来想做大官，就骂道："你这小子尽想着钻到那污浊的官场里去，将来不富贵，就一定要败我的家！"小宗悫虽然被叔父误解了，可他并没有辩解。他有自己的理想、抱负，想做一个有才能的将军，带领千军万马去冲锋陷阵，为国家立大功。

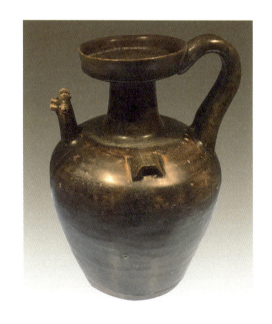

❮ 南朝黑釉鸡首壶 ❯

那时候，大多数年轻人光知道关起门来读书，不喜欢练习武艺。而宗悫却每天挥舞着大刀或双剑，披星戴月，勤学苦练，终于练就了一身好武艺。

宗悫十四岁那年，一件偶然发生的事情使他一下子出了名。那年，他哥哥宗泌（mì）娶亲，新娘子家里比较富裕，嫁妆很多，亲戚朋友也送了许多礼品，没想到被强盗盯上了。晚上，客人们相继离去，宗悫一家正准备睡觉的时候，十几个强盗拿着火把和刀枪棍棒闯入他家抢劫。宗悫抄起平日练武用的大刀，一个箭步冲了出去。强盗看他是个小孩子，根本没把他放在眼里，把他围起来厮打。宗悫一脚便踢倒一个强盗，又举起大刀，把另一个强盗劈倒。邻居和附近的官军闻声赶来，将这伙强盗一网打尽。少年宗悫勇斗群盗的事很快就传开了，人们竖起大拇指称赞说："这孩子真是初生牛犊不怕虎呀！"

这件事情传到了江夏王刘义恭那里，他很赞赏宗悫，就派人把宗悫请来，叫他在自己手下当了一名军官。

宗悫立了许多战功，不到二十岁就当上了将军。他作战时身先士卒，善于跟敌人斗智。有一次，他在岭南和敌人作战，敌人出动了一支用大象装备起来的队伍，大象的皮很厚，普通的刀剑不容易砍伤它。宗悫心想，狮子是百兽之王，什么野兽见了它都害怕，于是他叫人做了一些假狮子装在车上，由士兵推着冲入敌阵。大象看见狮子来了，吓得四处奔逃，敌人的队伍很快就崩溃了。宗悫还很重视军队的纪律，对部下的约束很严，不许抢劫，凡是战利品都一律上缴，他自己分毫不取，部下当然也就不敢私分。

元嘉三十年（公元453年），太子刘劭（shào）谋害了宋文帝。消息传开以后，人们纷纷起来反对大逆不道的刘劭。宋文帝的第三个儿子刘骏正任江州刺史（管理今江西九江西南一带的地方官），听说这件事情后，首先起兵讨伐刘劭。接着，荆州刺史刘义宜，雍州刺史（管理今湖北北部、河南南部一带的地方官）臧质也起兵响应，一起杀向建康。刘骏任命宗悫为将军，和柳元景一起带领主力部队进攻建康。柳元景和宗悫攻破建康，在枯井中捉住刘劭，把他杀了。

这场动乱平息以后，刘骏继承了帝位，就是宋孝武帝。孝武帝论功行赏，宗悫被任命为左卫将军，封洮阳侯（洮táo）。不久，又升为豫州刺史（管理今河南东部、安徽西部一带的地方官）。

宗悫待人宽厚，从不计较个人得失。他有个同乡名叫庾业（庾yǔ），家里拥有良田千顷，生活极端奢侈，每次请客，山珍海味应有尽有。在宗悫不怎么出名的时候，有一次，庾业请宗悫吃饭，只准备了粗糙的米饭和一些青菜招待，还故意对别的客人说："宗悫是个武人，吃惯了粗菜淡饭，所以我不敢用别的饭食招待他。"庾业的目的是有意取笑一下出身贫寒的宗悫。宗悫并不在乎这些，照样吃得饱饱的，向庾业道了谢才走。后来，宗悫做了豫州刺史，庾业恰好是宗悫的部下。可宗悫并不计较当初庾业对自己的取笑，对他仍然很客气。庾业为自己当初的不礼貌多次表示歉意，宗悫听了总是笑着说："过去的事情就不要再提了，那次我不是吃得很香，也没有噎着嘛！"

又过了几年，宋文帝的第六个儿子竟陵王刘诞阴谋夺取帝位，他四处扬言："宗悫是我的得力助手，我一起兵，他就会来帮助我。"宗悫听说刘诞盗用自己的名义招摇撞骗，十分气愤，立即请求孝武帝派他去捉拿刘诞。孝武帝派他跟主将车骑大将军沈庆之去平定叛乱。到了刘诞盘踞的广陵（今江苏江都）以后，宗悫骑马绕城大喊："我是宗悫，奉命来捉拿叛贼！"刘诞听了大吃一惊，赶快派兵加强防守。沈庆之和宗悫很快攻破广陵城，活捉了刘诞。

刘宋朝皇族的争夺权利十分残酷，骨肉之间毫无亲情。宗悫作为武将，从维护"正统"的观念出发，替皇帝在争斗中讨伐对手，虽无可厚非，但也不是什么有太大意义的事，倒是他一贯为人正直，为官清正，受到大家赞扬。有一次，他家的一头牛被皇帝看中，提出要把牛买走供皇家使用。不料宗悫坚决不卖，皇帝气得把他免了官职，还要惩罚。宗悫没有屈服，后来皇帝不得不恢复他的职务。在风气大坏的社会环境中，宗悫确实是个难得的人物。他年轻时候"愿乘长风破万里浪"的豪言壮语，后来被人们简化为"乘风破浪"这样一句成语，用来形容人们的远大志向和抱负。

孝文帝迁都

　　北魏是拓跋部（拓跋tuò bá）建立的政权，拓跋部是鲜卑人的一支。晋太元十一年（公元386年），拓跋部首领拓跋珪（guī）趁前秦在淝水之战中被东晋打得大败的机会，在牛川（今内蒙古呼和浩特东）即王位，后来迁居盛乐（今内蒙古和林格尔北），建立代国，不久改国号为魏，史称北魏，拓跋珪就是北魏道武帝。北魏建立后，于公元439年灭亡北燕，统一了北方，结束了自淝水之战后北方分裂的局面，与南方的刘宋政权形成了南北对峙的局面。

　　公元490年，北魏孝文帝拓跋宏执掌了朝政大权。他雄心勃勃，准备继续实行政治改革。

　　孝文帝年轻的时候就很聪明，念了不少书，对汉族文化有较深的了解。他知道，要使北魏富强，必须抛弃民族偏见，接受汉族的先进文化。为了加强同黄河流域汉族的联系，便于进攻南方，统一中原，他决定迁都洛阳。

　　迁都是件大事，关系到许多鲜卑贵族的切身利益。守旧派贵族留恋旧都的田地财产和奢侈生活，害怕迁都会改变生活方式，强烈反对迁都。孝文帝为了迁都，定下了一条妙计。

太和十七年（公元493年）秋，孝文帝亲自率领步兵、骑兵三十万南征。队伍到了洛阳，孝文帝带领大臣们参观西晋宫殿的遗址。他指着那满目荒凉的景象对大臣们说："西晋的皇帝不好好管理国家，国家灭亡，宫殿荒废，看了真让人伤感。"他触景生情，朗诵起《诗经》中《黍离》（黍shǔ）这首诗来。"黍"是谷子，"离"是指植物长得很茂盛的样子。据说，当年东周大夫回到西周的镐京，看到旧日宫殿的遗址都长上了茂盛的谷子，感到十分哀伤，就写下了《黍离》这首诗。孝文帝朗诵完毕，还掉了几滴眼泪。

那时候，洛阳正是秋雨绵绵的季节。随行的文武大臣们对太武帝拓跋焘（tāo）南征刘宋、战败逃回的情景，还记忆犹新。他们担心这次南征的结果也像过去一样，劳民伤财，毫无收获。

正当大臣们忧心忡忡的时候，孝文帝突然下令立刻向南进发。他来到了军前，文武大臣们见孝文帝真的要南进，都一齐跪下，俯首在地，请求停止南进。安定王拓跋休等代表大家向孝文帝诉说了南进的利害。孝文帝说："我们这次南征，兴师动众，成功或失败影响甚大，这点我是清楚的。你们既然不愿意南下，那就得听我的话，把国都从平城（今山西大同）迁到这里来，等将来有机会再灭亡南朝，统一全国。"南

〈 北魏孝文帝礼佛浮雕 〉

安王拓跋桢赶忙说："只要陛下停止南进，我们一定赞成迁都洛阳。"一时间，停止南进的消息传遍了全军，大家都高呼"万岁"，迁都洛阳的事就这样决定了。

孝文帝怕留在平城的大臣们反对迁都，就派任城王拓跋澄回去做说服工作，又派贵族于烈留守平城。

事情果然不出孝文帝所料。拓跋澄回到平城，一说迁都洛阳的事，鲜卑贵族们都纷纷表示反对，许多人痛哭流涕，有的甚至表示死也不离开平城。拓跋澄再三解释迁都的好处，仍然有不少人反对。第二年，孝文帝亲自回平城去说服他们，才使得多数人服从了迁都的决定。

迁都后，孝文帝着手改革鲜卑的旧风俗，从各方面积极推行汉化政策。他发动了约一百万人迁到洛阳附近地区，开辟新的牧场和耕地，采用汉族的先进生产技术发展农牧业生产。他下令废除鲜卑姓氏，采用汉姓，并且带头把拓跋改为元，把自己的姓名改为元宏。一些鲜卑贵族的姓被改为长孙、穆、奚、陆、贺等，穆、陆等姓被定为北魏的国姓，跟汉族大姓崔、卢、郑、王享受同样的待遇。孝文帝还鼓励鲜卑贵族同汉族大姓通婚，自己带头选了汉族大姓的女子做妃子，给五个弟弟娶了汉族大姓的女子为妻，公主也下嫁给汉族大姓。他又叫鲜卑人改穿汉人服装，学习说汉语，还向南方的齐朝借来四书五经等书籍，派人抄写，供鲜卑贵族子弟学习。他规定，所有迁到洛阳的鲜卑贵族都算作洛阳人，死了以后就葬在洛阳的北邙山（邙máng），不许送回平城埋葬。

对这些改革，顽固守旧的鲜卑贵族当然不满意。他们暗中勾结起来，煽动皇太子元恂（xún）发动叛乱。元恂打算趁孝文帝出游嵩山（嵩sōng）的机会，偷偷逃回平城，依靠守旧派占据平城搞分裂。孝文帝在去嵩山的路上得知这个消息后，立即派人把元恂逮捕起来，亲自用鞭子打了他一顿。有些大臣替元恂求情，孝文帝回答说："古语说：大义灭亲。我为了维护国家利益，决不徇私情。"他将太子废为平民，囚禁起来，过了些日子，又把太子毒死了。

孝文帝迁都洛阳和实行汉化政策，目的是改革鲜卑族一些落后的风俗习惯，学习汉族的先进生产技术和文化知识。经过这一系列的改革，黄河流域的鲜卑族和其他少数民族跟汉族逐渐融合起来，使北魏在政治、经济、文化等方面接受汉族的影响，迅速地发展起来，黄河流域开始出现欣欣向荣的新气象。魏孝文帝对我国民族大融合和黄河流域的经济发展做出了重大的贡献，是一位值得赞扬的少数民族的杰出政治家。

舍身佛寺

宋孝武帝死后，刘宋皇室内部不断演出骨肉相残的惨剧。皇族自相残杀，为大将萧道成夺权创造了条件。公元479年，刘宋最后一个皇帝刘准在位，四月，萧道成部下王敬则带兵冲进皇宫，逼着刘准交出玉玺（皇帝的大印）。刘准吓得躲到佛龛底下，瑟瑟发抖。在王敬则的威逼下，他战战兢兢地将玉玺交给萧道成，刘宋政权就这样完结了。萧道成登上皇帝的宝座，改国号为齐，就是南齐，萧道成就是齐高帝。

萧道成当皇帝后不久就去世了，其子萧赜（zé）即位，就是齐武帝。齐武帝在位时，南齐政局较为稳定。齐武帝死后，他的亲属们争夺皇位，互相残杀。由于得位不正，公元502年，萧衍的梁朝取代了齐朝，齐朝只存在了二十三年就灭亡了，萧衍就是梁武帝。

〈 南朝石刻 〉

梁武帝萧衍是一个残暴、愚蠢、伪善而又善于玩弄政治手腕的人。他趁南齐末年政局混乱的机会夺得了帝位。做了皇帝以后，他一心盘算着为子孙建立万世基业，一方面用严刑峻法镇压老百姓；一方面又把自己打扮成信佛的善人。

梁武帝制定的法律规定：一人逃亡，全家判刑，罚做苦工，结果，老百姓每年因犯法而被判刑的就有五千人之多，监狱里总是满满的，到处都可以见到穿着囚衣、被士兵押着做苦工的人。每年被判处死刑的罪犯也很多。但是梁武帝每逢杀人的时候，又总要假惺惺地掉几滴眼泪，念几声"阿弥陀佛"。

梁武帝大力提倡佛教，规定佛教是梁朝的国教。佛教宣扬人们只要规规矩矩，虔诚地吃斋念佛，死后就可以进"天堂"，如果不遵守皇家的法律，犯上作乱，死后就要下"地狱"，遭受种种痛苦。这种说教实际上是叫人们忍受现实世界的痛苦，把希望寄托于来世。这当然符合统治阶级的需要。

梁武帝既然叫别人信仰佛教，自己也得做出十分虔诚的样子。他经常手里攥着一串念珠，嘴里诵经念佛。有时候，他还斋戒，不吃荤腥，光吃素食。其实他吃的素食也是十分讲究的，一顿饭花费的钱足够好几个老百姓吃上一年。

梁武帝下令修建了一座同泰寺，每天早晚都到寺里去拜佛念经。在他的提倡下，梁朝境内到处建起了佛寺，大批的人出家当和尚、尼姑，光是首都建康（今江苏南京）一地就有七百所佛寺，十多万和尚尼姑。这些和尚尼姑都是不参加生产劳动、光靠别人养活的寄生虫。寺院还拥有许多朝廷给的和自己霸占的土地，强迫农民耕种，成了寺院地主。

梁武帝不光是一般地信仰佛教，甚至还表示不愿意做皇帝，想出家去当和尚。

他先后四次斋戒沐浴，到同泰寺去"舍身出家"，其实这不过是一种骗人的把戏。在他的授意下，他每次"舍身"以后，大臣们就拿一大笔钱把他赎回来。他"舍身"四次，大臣们把他赎回四次，总共花费四万万钱，这些钱都是从老百姓身上榨取来的。在他最后赎身回宫的那一天晚上，同泰寺突然发生火灾，佛塔烧毁了。梁武帝说这是魔鬼干的坏事，应该做法事来镇压魔鬼。他下诏说，道愈高，魔也愈盛，行善事一定会有障碍，应该重建佛塔，新塔修得比旧塔高一倍，才能镇得住魔鬼。他召来了大批和尚尼姑做法事，给他们吃上等的素斋，消耗了上万斤香烛，念了好几天经，又叫大臣们跟他一起烧香磕头，还派出大批工匠上山采石砍树，花了无数钱财，用了好几年工夫，建造起一座十几层的高塔。

梁武帝兴佛教愈来愈厉害，剥削压迫老百姓的罪孽也愈来愈大。有人说，宋明帝的罪比塔高，梁武帝的罪比宋明帝还要大。

梁武帝在舍身崇佛的同时，对政事摆出一副勤奋图治的样子。他每天很早起来批阅公文，冬天手冻裂了也不停止。他还手不离卷，读书作诗，研究学问，动不动就拿出学者的派头。他穿的衣服，盖的被子都很不讲究，宫里摆设也不多。他在位前期，梁朝确实安定了些时候，经济文化也有所发展，但是深层次的矛盾和腐败最终还是显露了出来，并酿成大祸。

人们形容那些表面上信佛、内心里十分凶狠龌龊（wò chuò）的人是"口念弥陀，心如毒蛇"。梁武帝正是这样的人，无论他怎样"舍身"，怎样把佛塔修得高而又高，都难以掩盖他的罪恶，也保不住他的皇位。相反，他的胡作非为，终于导致一场大乱——侯景之乱。在那场战乱中，梁武帝被软禁起来，活活地饿死了。

侯景乱梁

梁太清元年（公元547年）正月的一天晚上，梁武帝做了一个梦，梦见北朝的魏军官吏纷纷献出土地，向他投降。他坐在张灯结彩的宫殿里，接受降书和文武百官的祝贺。梁武帝高兴得哈哈大笑，笑声惊动了他身旁的侍从，他们赶快呼唤他，梁武帝这才惊醒过来。他对梦中的事情念念不忘，常对人说这是"好兆头"。凑巧，到了这年三月，还真有一个东魏大将侯景派人来接洽投降。

侯景是被鲜卑人同化了的羯族人。他原先是东魏高欢的将领，因为跟掌握东魏大权的高澄不和，去投降西魏。西魏不相信他，而东魏又派兵追捕他，他只好到南方来投降梁朝。梁武帝赶快召集文武官员商量。宰相谢举表示反对，他说："我们刚刚跟东魏和好，边境上平安无事，现在又接受他们的叛臣，恐怕未必妥当吧？"梁武帝早就想得到北方的大

<南朝牛车画像砖>

少 年 速 读 297
中国史

片土地，又坚信自己做的梦是个好兆头，认为机不可失。他不听劝告，接受了侯景的投降，并且任命侯景为大将军，封他为河南王，让他管理黄河南北的军政事务。

梁武帝派侄子萧渊明率兵北上接应侯景。萧渊明根本不懂军事，他和东魏军队在彭城（今江苏徐州）相遇，被东魏军打得大败，全军覆没，自己也做了俘虏。接着，魏军又打败了侯景。

侯景带着残兵败将八百多人逃往梁朝的寿阳城。高澄为了挑起侯景和梁朝的矛盾，让萧渊明写信给梁武帝，表示东魏愿意和梁朝重新和好，只要交还侯景，立即送萧渊明回梁朝。梁武帝不顾大臣反对，同意讲和。侯景在寿阳听到这个消息，气坏了，说："我侯景取河北不成，取江南是蛮有把握的。"于是，他率领军队，南下进攻梁朝。梁朝守军抵挡不住侯景的进攻，纷纷败退。侯景很快就攻下了谯州（今安徽滁州）、历阳（今安徽和县），进逼长江。

梁武帝听说侯景南下，赶快派侄子萧正德防守长江，保卫京都建康；又派第六个儿子萧纶带兵讨伐侯景。萧正德早先曾过继给梁武帝做儿子，被立为太子。后来，梁武帝有了亲生的儿子，就取消了萧正德太子的称号。萧正德失去了继承皇位的权利，怀恨在心，总想找机会反叛梁武帝。侯景便利用这个矛盾，派人诱使萧正德做内应，答应事成之后立他做皇帝。萧正德利欲熏心，认为这是自己做皇帝的大好机会，非常高兴。等侯景的军队到了长江北岸，萧正德派船把他们接过江来。这一来，建康城里一片惊慌，梁武帝命令太子萧纲筹备防御，萧纲又命令萧正德守宣阳门。

太清二年（公元548年），侯景率兵八千，马数百匹，进攻建康城，萧正德打开城门迎侯景入城。建康城分三个部分：中间是台城，梁武帝就住在里面；西边是石头城，驻扎禁卫军；东边叫东府城，住的是宰相和扬州刺史等大官。侯景首先把台城团团围住，隔绝了梁武帝和东、西两城的联系，接着向台城发动猛烈的攻势，纵火焚烧东华门、西华门。霎时间，火光冲天，战鼓雷鸣，喊杀声震天动地。台城守将羊侃（kǎn）见侯景纵火，赶快派士兵担水灭火。侯景见火被扑灭，命令士兵用长柄斧头劈砍城门，企图劈开城门，冲入城中。羊侃提起长矛，领兵冲出城外，把攻城的侯景军一连刺杀了好几个，其余的见势不妙，赶快逃走了。侯景不甘心失败，又组织力量猛冲猛杀，占领了城外的公车府和东宫。当天夜里，侯景在东宫摆上酒席，饮酒作乐。萧纲趁侯景不防，派人纵火焚烧东宫，藏在宫中的历代图书文物几乎全部被烧毁。作为南方政治经济文化中心的建康，遭受了一次空前的浩劫。

过了几天，侯景做了数百匹木驴用来攻城。木驴的肚里是空的，每头木驴可以藏六个人。羊侃叫士兵制作雉尾火炬，火炬内装有油和蜡，点着后，对准木驴掷下去，烧掉了木驴。侯景又让士兵造了十多丈高的登城楼，想从楼上向城里射箭。羊侃见了说：“登城楼太高，上面站了人，头重脚轻，一定过不了堑壕。”果然不出他所料，登城楼刚运送到堑壕旁边，堑壕塌方，登城楼一个一个栽倒，站在登城楼上的士兵都活活摔死了。

侯景见台城屡攻不下，就强迫居民在台城的东西两边筑土山，准备攻城。居民忍饥挨饿，被迫日夜不停地担土挑泥，很多人都累死了。侯景命令士兵把疲乏不堪的居民杀死，堆在土山上。羊侃见城外堆筑土山，也在城内筑起土山来应战。双方在土山上用弓箭互射，昼夜交战。不料连天大雨，城内的土山倒塌了，侯景趁机杀了进去。羊侃临危不惧，命令士兵用火断路，阻止侯景的进攻。但是，连日来的激烈战斗，已经使建康城受到严重破坏，粮食已经吃光，很多人都饿死了，能作战的士兵只有四千多人。坚守了一百三十多天的台城终于失陷了。

侯景攻入台城，先杀了为他做内应的萧正德，又把梁武帝软禁起来。他命令将士到处烧杀抢掠，他说："攻进城后要杀个干净，好让天下人知道我侯景的厉害。"他手下的将士杀人犹如割草一般，还互相比赛谁杀的人多。建康，这座自东吴以来经营了二百多年的古城，在战火的吞噬下化成了一片废墟。

八十六岁的梁武帝，在城破的时候无可奈何地说："从我手里得到的，又从我手里失掉，也没有什么可以悔恨的！"后来他活活地饿死了。梁武帝死后，侯景拥立萧纲做皇帝，称为简文帝。侯景自封为宇宙大将军，做了丞相，掌管军政大权。他恢复了秦始皇实行过的禁止人们窃窃私语的法律，违反的要株连三族。不久，侯景派出三路兵马，攻占了吴郡（今江苏苏州一带）会稽（今浙江绍兴一带）等富庶地区，又向江陵进军。

在江陵的萧绎是梁武帝的第七个儿子。他跟大将王僧辩、陈霸先率领的军队联合作战，打败了侯景。承圣元年（公元552年），陈霸先、王僧辩的军队收复建康。

侯景匆忙逃走，在路上被部下杀死。他的尸体运回建康，扔在街头。愤恨已极的建康人民，纷纷赶来咬他的尸体解恨，不到一天工夫，尸体上的肉都被咬光了。侯景作乱，给国家和人民带来的只有灾难，所以他遭到全国上下的痛恨是必然的。

在平定侯景之乱的过程中，大将陈霸先逐渐掌握了朝廷大权。公元557年，梁敬帝萧方智"禅位"于陈霸先，梁朝灭亡。陈霸先即位，改国号为陈，建立了陈朝，陈霸先就是陈武帝。

周武帝灭佛

在北方，孝文帝去世后，北魏政局动荡，先后爆发了边镇大暴动和葛荣起义。经过边镇大暴动和葛荣起义，边镇将领趁机控制了朝廷大权。公元532年，边镇将领高欢拥立孝文帝的孙子元修当皇帝，就是孝武帝。孝武帝不甘心做有名无实的傀儡，跟高欢产生了十分尖锐的矛盾。高欢带兵进逼首都洛阳，孝武帝只好逃走。高欢另立孝文帝的曾孙元善见当皇帝，首都也由洛阳迁到了邺城，因为邺城在东边，故史称东魏，元善见就是东魏孝静帝。

孝武帝逃到关中，投奔宇文泰。宇文泰不喜欢他，不久后杀了他。宇文泰又立孝文帝的另一个孙子元宝炬做皇帝，首都建在长安，因为长安在西边，故称西魏，元宝炬就是西魏文帝。这样，北魏就分裂成了东魏和西魏。

在东魏，高欢死后，东魏的大权落到了他儿子高澄手里。高澄一心想

< 北朝载物陶骆驼 >

做皇帝，怕二弟高洋跟他争夺权力，处处排挤高洋。高洋就装傻，遇事总往后让，不跟哥哥闹矛盾，不论高澄说什么，高洋都点头表示同意。高澄见二弟这般模样就放心了。没想到，皇位还未夺到手，他却被手下的奴隶刺死了。

高澄被刺后，高洋开始执掌大权。东魏孝静帝原以为高欢、高澄相继死去以后，自己就可以亲自执掌大权，没料到又出来了一个高洋，牢牢地控制着军政大权。他连声叫苦，只好拜高洋为丞相、大都督、齐郡王，想用这种办法讨好高洋。

可是，高洋并不满足于当大臣。东魏武定八年（公元550年），他迫使孝静帝让位，自己当了皇帝，改国号为齐，历史上叫作北齐。高洋就是北齐的文宣帝。

在西魏，恭帝三年（公元556年），宇文泰去世。第二年，他的第三个儿子宇文觉赶走西魏皇帝，建立了周朝，历史上叫北周，但是朝政大权落到了宇文泰的侄子宇文护手里。宇文护先后立了两个皇帝，又都把他们杀了，到第四年，他把宇文泰的另一个儿子宇文邕（yōng）推上皇位，就是周武帝。周武帝不甘心做傀儡，在天和二年（公元572年）除掉了宇文护这个"太上皇"，亲自掌握了大权。

第二年，正逢关中大旱，庄稼枯死，颗粒不收，老百姓挖野菜充饥，社会动荡不安。周武帝感到，如果不在政治上做些改革，不仅国家统一无望，就连自己的皇位也难保住。他下令释放奴婢和杂户为平民，制定了《刑书要制》，用重刑来约束骄横的地方豪强。他还决心消灭佛教，加强中央集权。

自北魏以来，北方的佛教很盛行，光北周境内就有佛寺一万多所，和尚、尼姑二百多万人。这些人不劳而食，还享受着既不纳税又不服徭役的特权，成了社会上的寄生虫，掌管寺院的和尚成了大地主。许多农民由于受不了苛捐杂税的盘剥，往往连同土地一起投靠佛寺，受着寺院残酷的剥削。当时有个和尚叫卫元嵩，后来还了俗，他上书给周武帝，提出崇道灭佛的主张，他说："远在唐尧虞舜的时代，没有佛教寺庙，国家很太平，被传颂为太平盛世，而南朝的齐、梁寺庙很多，却很快亡了国，这是很值得深思的。陛下要使国家强盛起来，依我看，对那些拥有巨额财富的和尚不能与穷人一样看待。穷人交纳赋税，可以不服兵役；那些有钱的和尚必须向国家纳赋税、服兵役，不服兵役就要增交免役费。这正符合佛教的平等思想。"周武帝看了卫元嵩这个建议，高兴地说："卫元嵩说得好，正合我的心意。"于是采纳了卫元嵩的建议，决定采取灭佛的措施。他下诏令，叫各地寺院除了留足自己吃的粮食以外，多余的都要拿出来救济灾民。

可是有钱有势的僧侣地主不但不肯把粮食拿出来救灾，还利用人民受灾的机会，放高利贷，兼并土地，敲诈勒索，大发横财。始州（今四川剑阁）寺院里的僧侣乘灾民借粮的机会，强迫村民限期搬家，在那里建造佛塔。村民中有个叫王鞅的人，原来以为寺主只是说说而已，哪能真的弄得他们无处安身呢！没想到限期一到，寺院勾结官府，带来了一帮差役，如狼似虎，见人就赶，见物就拿。王鞅再也忍不住，振臂高呼："寺主既然不发善心，也不讲理，我们只有跟他们拼了！"村民们一拥而上，跟官差拼命。在僧侣地主的逼迫下，始州人民造反了。

始州官吏向周武帝报告，说王鞅聚众造反了。周武帝立刻派大将军郑恪（kè）带了一千多人马，赶到始州，镇压了这次暴动。

始州人民的暴动，使周武帝感到百姓力量的可怕，也感到佛寺的发展加深了社会危机，严重威胁着他的统治。他认为消灭佛教已是刻不容缓了。

　　建德三年（公元574年）五月，周武帝召集文武百官、和尚、道士等在一起辩论儒、佛、道三教的优劣，为灭佛做好舆论准备。辩论会上，有的道士说："佛教编造一些渺茫不可知的东西来欺骗世人。国家的粮食被游手好闲的和尚、尼姑们吃光了，财物在兴修寺塔的名义下挥霍掉了。要这些和尚、尼姑有什么用呢？只有消灭了佛教，国家才能兴旺起来。"和尚马上反唇相讥："你们道士自称能羽化升天，长生不老，画符念咒，消灾灭祸，纯粹是骗人，谁见过一个道士升天了？又有哪个人因为画符念咒，消除了灾祸？有很多人吃丹药送了命。你们这种欺骗世人的道教，难道不应该消灭吗？"和尚、道士互相指责，揭对方的老底，吵得面红耳赤。

　　周武帝见和尚、道士争辩激烈，各不相让，索性下令禁止佛道二教，命令和尚、道士一律还俗。其实周武帝的内心是憎恨佛教、袒护道教的，所以下令设立通道观，挑选著名的道士、和尚一百二十多人入观学习《老子》《庄子》《周易》，学习好的，授予通道观学士的称号。所谓通道，就是要和尚通过学习变成道士，废二教实际上是废一教。随后，周武帝又下令：没收关、陇、梁、益、荆、襄等州僧侣地主的土地和寺院财产充作军用；销毁铜佛像和铜钟、铜磬（qìng）等，用来铸成铜钱和武器；还把近百万的僧侣和受寺院剥削的僧祇户（寺院的佃户）都编为均田户，叫他们开荒种地，发展农业生产；把那些适龄的壮丁征去当兵，扩充军队。

　　不久，周武帝召集僧徒五百人，宣布灭佛。有的和尚吓唬他，说禁佛是要下地狱的。周武帝坚定地说："只要百姓得到快乐，我愿受地狱的痛苦。"周武帝灭佛，是"求兵于僧众之间，取地于塔庙之下"的富国强兵的行动。这一行动沉重地打击了僧侣地主，使国家增加了物质财富，发展了生产，相对地减轻了人民的负担，在一定程度上缓和了国内矛盾，为以后消灭北齐、统一中原创造了条件。

三年后，即公元577年，周武帝出动大军，灭掉了北齐，统一了北方。北齐只存在了二十七年就灭亡了。

两年后，周武帝去世。周武帝死后，其年仅七岁的孙子宇文阐即位，即周静帝，大权落到外戚杨坚手中。公元581年，周静帝"让位"给杨坚。杨坚改国号为隋，就是隋文帝。北周存在了二十四年就灭亡了。

隋军灭陈

　　隋朝建立以后，南方唯一能够和它对抗的就是陈朝了。隋文帝为了准备攻打陈朝，统一全国，实行了许多政治改革，比如减轻赋税，废除残酷的刑罚，裁减多余的政府官员等。没过几年，北方的生产有了很大的发展，人民生活也比较安定了。

　　眼看攻打陈朝的时机渐渐成熟了，隋文帝就召集大臣们商量灭陈的大计，他

<隋代虎符>

说："难道有一衣带水隔断，我们就没办法了吗？"他说的"一衣带水"指的是长江。仆射（相当于宰相的官职）高颎（jiǒng）说："要灭陈，必须先破坏陈的粮食储备。江南的房屋、粮仓多半是竹子、稻草盖成的，只要放一把火就能化成灰烬。没有粮食，他们还怎么打仗呢？"隋文帝连声称好。高颎又说："他们割稻子的时候，我们派兵去骚扰；等他们把割稻子的士兵集中起来，我们就收兵。这样几次，他们看我们并不真打，一定会放松防备。

到那时，我们就趁机突破长江天险，江南的半壁江山不就归我们了吗？"

隋文帝听了非常高兴，一面派兵骚扰江南；一面派大臣杨素赶造战船，准备渡江。

这时候，陈朝是陈后主在位。此时的陈后主仍在过着花天酒地的生活。他大兴土木，建筑亭台楼阁，宫殿里用黄金铺地，玉石做台阶，整天和他最宠爱的张贵妃、孔贵嫔及几个专会阿谀奉承的大臣混在一起。他不问政事，而且越来越迷信。他梦见穿黄衣服的人围城，硬说是橘树作怪，派人把城墙附近的橘树砍掉；看见狐狸，就叫嚷出了妖怪，装模作样地把自己卖给佛寺做奴隶，说这样可以免祸。

隋开皇八年（公元588年），隋文帝决定渡江灭陈。发兵之前，他下诏书一条一条地揭露陈后主的罪恶，把诏书抄写了三十万份，偷偷派人到江南各地散发。随后派他的二儿子晋王杨广为兵马大元帅，率领五十万大军出发了。从东海到永安郡（今重庆奉节），隋军分成八路，同时渡江。

告急文书雪片般地飞到建康，陈后主慌忙把大臣们找来商量对策。都官尚书孔范故作镇静，说："长江古称天堑（qiàn），隋军难道能长翅膀飞过来不成？这不过是守边的将领谎报敌情，想要骗取奖赏罢了。杀他几个，就没人敢说谎了！"昏庸的陈后主一听又振作起来，挺起胸，扬起头，说："此话有理！建康自古是帝王之都，朕（古代皇帝的自称）受天命当皇帝，怕什么？从前，北齐三次攻打，都失败了；北周两次入侵，也都碰了壁。今天，小小杨坚还能成多大气候！"

开皇九年（公元589年）正月初一的清晨，大雾满天，江面上雾气茫茫，什么也看不见。陈朝君臣还在酣睡，两支隋军分别由大将贺若弼、韩擒虎率领，悄悄渡过

了长江，然后会合在一起，包围了建康城。

当时，建康城里有十几万陈朝的军队，地势又十分险要，如果组织得当，积极防守，是难以攻破的。但是，陈后主看到兵临城下，急得日夜哭泣，拿不出一点儿办法。大将萧摩诃建议趁隋军还没站稳脚跟，立即出兵攻打隋军。孔范也对陈后主说："臣以为应该出兵决战，如果战死了，还会青史留名！"陈后主听了他们的话，立即命令萧摩诃、任忠带兵出城决战。陈军士兵长久没有训练，将军们又过惯了享乐生活，双方刚一交手，陈军掉头就跑。任忠投降了隋军，带着韩擒虎冲进建康城的正门朱雀门。守卫城门的陈军持枪抵抗，任忠大声喊道："连老夫都投降了，你们还打什么！"守城士兵听了，一哄而散。贺若弼活捉了萧摩诃，从北门冲进了建康城。

这时候，文武百官各自逃命，愚蠢的陈后主还坐在殿上，等着将士们来报捷呢。忽然听到一片杀声，他才知道隋军已经进了城，吓得跳下宝座，跑到后宫，找到张贵妃、孔贵嫔，一手拉着一个，想逃出宫去。刚跑到景阳殿的一口枯井边，就听到前边喊声冲天，陈后主见无路可逃，就拉着两个妃子一起跳进井里，可没有死。

隋军打进宫里，听说陈后主投了井，忙找来绳子铁钩放到井下去钩。没想到，吊上来的竟是三个人。隋朝士兵看到这个情景，都气愤地说："像这样荒唐的君主，怎么能不亡国呢！"

这口井本来叫景阳井，自从陈后主跳了这口井，人们就管它叫胭脂井了。胭脂是女人的化妆品，人们借此嘲笑陈后主的荒淫无道。陈朝的一些遗老（改朝换代以后仍然效忠前一朝代的老年人）认为这是陈朝的耻辱，又把这口井叫作"辱井"。

正月二十二日，晋王杨广进入建康城，陈朝从此灭亡了。南北朝的分裂局面也结束了。隋朝从出兵攻陈，到最后灭陈，前后只用了四个月的时间。

节俭治国

隋文帝在称帝以前，很了解暴虐的统治不得人心。现在自己当上了皇帝，唯恐重蹈覆辙。特别是他感到自己当皇帝太容易，怕人心不服，所以总是警惕自己，谨慎地处理政事，注意节俭。

他教训太子杨勇说："自古以来，没听说有奢侈腐化而能长治久安的。你是太子，应当注意节俭。"他很注意皇亲国戚的行为，他们要是犯了法，也一律严惩。他的三儿子秦王杨俊，灭陈的时候立下战功，受到奖励。后来，杨俊觉得自己是皇子，又有战功，生活越来越奢侈，根本不把法律放在眼里。他指使手下的人放高利贷，敲诈勒索，使许多小官吏和老百姓倾家荡产。隋文帝听说以后，特地派人去调查处理，把杨俊手下的人抓起来几十个。可是，杨俊不但不收敛，胆子反而越来越大。他模仿皇宫建造自己的宫殿，用外国进贡来的香料

〈 赵州桥 〉

涂抹墙壁，用美玉、黄金装饰台阶，宫殿的墙上到处镶着镜子，还搜罗许多美女，日夜寻欢作乐。隋文帝知道了这些情况后非常生气，下令罢免了杨俊的官职，把他禁闭起来。将军刘升以为隋文帝不过是一时气愤，就去说情，他对隋文帝说："秦王不过是多花了些钱，把房屋修得稍好一些，这算什么大错？我认为陛下处罚过重了。"隋文帝严肃地说："法不可违，不论什么人都得遵守国家的法律。"刘升以为隋文帝不过是说说而已，就坚持说："秦王还年轻，这算不了什么大错，陛下就饶了他吧！"还没等刘升说完，隋文帝站起来就走了。

过了几天，大臣杨素又来劝隋文帝赦免杨俊。隋文帝说："皇子和百姓只有一个法律。照你们的说法，为什么不另立一个'皇子律'？任何人犯罪，都得依法制裁！"

杨俊听说隋文帝拒绝了杨素的请求，又担心又害怕，就病倒了。病中，他给隋文帝写信表示认罪，请求宽恕。隋文帝对送信的人说："你回去告诉杨俊，我艰苦创业，都是为了他们，希望大隋天下子孙万代传下去。他是我的儿子，反倒要把杨家的天下断送，叫我还有什么可说？"

没过几天，杨俊就病死了。他手下的人请求给杨俊立个石碑，隋文帝不同意，说："想要留名，在史书上记一笔足够了，何必立碑！"随后，吩咐把杨俊府中奢侈华丽的装饰全部毁掉。

隋文帝对皇亲国戚、王子、大臣比较严，对百姓却比较宽。他认为，法律太苛，百姓就会反抗，法律和缓，百姓就会受到感化，自己的统治才能巩固。因此，他下令制定"隋律"，废除了前朝的许多残酷刑罚。百姓有冤枉可以越级上告，直到朝廷。各地判了死刑的罪犯不能在当地处决，一定要送交大理寺（最高司法机关）复审，然后由皇帝批准执行。

开皇二十年（公元600年），齐州有个叫王伽（jiā）的小官，送七十多个罪犯去京城长安。当时的法律规定，罪犯在押送途中一定要套上枷锁。走到荥阳的时候，王伽见这些罪犯头顶太阳，颈套枷锁，实在痛苦，就叫他们停下来，对他们说："你们犯了国法，受了处分，这是罪有应得。可是，你们还给押送你们的民夫添了痛苦，让他们陪着你们风吹雨淋太阳晒，你们忍心吗？"罪犯们都表示自己有罪，连累民夫，实在过意不去。王伽说："你们戴着枷锁，长途跋涉，也很不容易，我想把你们的枷锁去掉。咱们约定时间，到长安城门集齐，你们能做到吗？"罪犯们都很感动，一齐跪在王伽面前，说："大人的慈悲，我们终生难报。"王伽遣散了民夫，把罪犯的枷锁去掉，说："如果你们失约，我只好替你们受罪了。"说完，王伽便放了罪犯，自己带着随从向长安进发。

约定的日期到了，罪犯们都按时来到城门口，一个也不缺。隋文帝听说这件事后，非常惊异，马上召见王伽，对他大加赞赏，还把罪犯们召进宫里，设宴招待他们，并赦免了他们的罪行。随后隋文帝下了一道诏书，要求各级官吏学习王伽，用感化的办法管理百姓。

隋文帝能够听取不同意见，凡是批评过他的人，只要是真正有才能的，他也加以重用。太子杨勇生活越来越奢侈，有一次，他又大摆宴席，让家臣唐令则弹琵琶唱歌，还叫后宫的美人出来跟唐令则学弹琵琶，一时间搞得乌烟瘴气。隋文帝派去辅佐杨勇的大臣李纲实在看不过去，就对杨勇说："唐令则本来应该帮助您读书向上，可他却引诱您整日吃喝玩乐，您应该治他的罪。”杨勇不但不听，还替唐令则辩护，说：“是我让他干的，你不要多管闲事。”

不久，这事传到朝廷，隋文帝废了杨勇，并把杨勇手下的大臣训斥了一顿。大家都吓得不敢吭声，只有李纲义正词严地说：“太子不过是个中等才能的人，可以变好，也可以变坏，就看什么人辅佐他了。陛下派去唐令则这样的家臣，怎么能不把太子带坏呢？我认为这是陛下的过错。”

隋文帝一听，惊住了，想了半天，说：“你的话虽然有道理，但是只知其一，不知其二。我选择你这样的人去辅佐他，他都不知亲近、重用，即使再派其他的人，又有什么用呢？”

李纲见隋文帝强词夺理，马上说：“我所以不被重用，就是因为小人包围了太子。如果陛下早把唐令则这类小人除掉，怎么知道太子不会重用我呢？责任还是在陛下。”

隋文帝听了，很不高兴，脸色也变了，一甩袖子退朝了，文武大臣都替李纲捏了一把汗。没想到，过了几天，隋文帝反倒任命李纲做了尚书右丞。

隋文帝是以节俭著称的皇帝。有一次，他配止痢药，要用一两胡粉，找遍宫中也没有找到。又有一次，他想找一条织成的衣领，宫中也没有。他的车马用具坏了派人去修补，不许做新的。平时，他留意民间疾苦，有一年，关中闹饥荒，他看到百姓吃糠拌豆粉，就拿来给大臣们看，责备自己没有治理好国家，下令饥荒期间不吃酒肉。一个封建皇帝，能这样做已经很不容易了。

隋文帝把过去行之有效的制度加以发展，比如，继续推广均田制，规定一个男劳力可分田八十亩，一个女劳力可分田四十亩。这样做虽然得田最多的还是官僚大地主，但是毕竟使无地少地的农民多少分到了一些土地，使地主兼并土地受到了一点儿限制，这就提高了农民的生产积极性。

由于广大农民辛勤劳动，加上隋文帝的节俭治国，只经过二十几年，隋朝的经济就繁荣起来。政府的仓库都装得满满的，一直到隋朝灭亡以后二十年，隋朝仓库里的粮食还没有用完。

瓦岗起义

隋文帝有五个儿子，其中二儿子晋王杨广最能干。在南下灭陈和抵御北方突厥的过程中，他都曾立了大功，并笼络了一批人才。他早就想取代长兄杨勇的太子地位，只因为隋文帝信任杨勇，才没敢动手。后来杨勇因为生活奢侈，渐渐失去隋文帝的信任，杨广就加紧活动起来。

经过杨广的一番活动，开皇二十年（公元600年），隋文帝宣布废杨勇为庶人，立杨广为太子。仁寿四年（公元604年），隋文帝去世，杨广即位，就是隋炀帝。杨广派人给杨勇送信，说皇上有遗嘱，要杨勇自尽，还没等杨勇回答，派去的人就把杨勇拉出去杀了。

隋炀帝在位期间，修成了一条一条长四五千里，沟通海河、黄河、淮河、长江、钱塘江五条大河的大运河。大运河的修成便利了南北交通，促进了南北经济文化交流，有利于国家的统一，这是隋炀帝做的一件好事。但是，与此同时，

‹ 隋代青釉贴花四系罐 ›

隋炀帝下令营建东都洛阳，每月役使民工二百万人，日夜不停地施工，民工不堪忍受，有十分之四五悲惨死去。运河修好后，他又三次巡游江都，每次都要耗费大量人力物力，百姓苦不堪言。

从大业七年到大业十年（公元611年到614年），隋炀帝接连三次发动征讨高句丽（句gōu）的战争，这又给全国人民带来一次大灾难。隋炀帝一次征兵就是三百四十万人，还征调民工在东莱（今山东莱州）海口造船三百艘。工匠们由于不分昼夜地站在水里干活，腰以下的身体都腐烂生蛆了，被折磨死的占十分之三四。民工病死以后，尸体丢在路旁，臭气冲天。隋炀帝还征发民夫运军粮，两个人推一辆小车，车上只能装三石粮，道路遥远，三石粮仅够民夫一路的口粮，等运到指定地点时，米已吃光，民夫无力缴纳，只好逃亡。百姓为了逃避兵役、徭役，甚至把自己的手脚砍掉，还起名叫"福手""福足"。在忍无可忍的情况下，农民起义终于爆发了。

大业七年（公元611年），王薄首先在山东长白山（今山东章丘、邹平附近）起义，活跃在齐郡（今山东济南）、济北郡（今山东荏平）一带。王薄自称"知世郎"，他作了一首《无向辽东浪死歌》号召起义。歌词中说：

> 长白山前知世郎，纯著红罗锦背裆（dāng）。
>
> 长矟（长矛，矟shuò）侵天半，轮刀耀日光。
>
> 上山吃獐鹿，下山吃牛羊。
>
> 忽闻官军至，提刀向前荡。

譬如辽东死，斩头何所伤！

这首歌词的大意是：长白山前的知世郎啊，穿着一身红衣英俊豪爽，长矛一举到了半天上，抡起大刀闪闪发光，上山吃獐肉鹿肉，下山吃牛羊。忽然看到官兵打来了，提起刀就向他们冲去，到辽东去打高句丽也是死，反抗朝廷，即便被杀又何妨！

隋炀帝调集大军进行镇压，更加激起了广大农民的愤怒和反抗。不久，各地起义军会合成三支强大的队伍，一支是由窦建德领导的河北起义军，一支是由翟让领导的瓦岗军，一支是由杜伏威领导的江淮起义军。其中要数瓦岗军的力量最强大。

瓦岗军的首领翟让，是韦城（今河南滑县）人，在东郡（今河南濮阳）衙门做法曹（管理监狱的小官）。后来，因为犯了一点儿小过被关进监狱，判了死刑。狱卒黄君汉平日很敬佩翟让，看到翟让突遭横祸，非常同情他。一天夜里，趁天黑无人，黄君汉偷偷地对翟让说："现在天下大势已经看得很清楚了，像您这样的人才，难道就这样在监狱里等死吗？"翟让说："我现在好比是被关在圈里的猪，由不得自己啊，是死是活全靠您了！"黄君汉急忙打开翟让身上的枷锁，让他逃跑。翟让一边道谢，一边哭着说："蒙您救助，我得以死里逃生。可是，我走了以后，您怎么办呢？"黄君汉生气地说："你这是什么话！我看你是个有抱负的人，将来能干出一番拯救百姓的大事业，才不顾个人安危放了你。你怎么像个小孩子一样哭哭啼啼呢？你只管去干大事业吧，不要为我担心。"说完，两个人就分手了。

翟让逃出东郡，回到韦城老家。这时候，他家乡的农民正在酝酿起义，他和哥

哥翟弘、侄儿翟摩侯，还有同郡的青年勇士徐世勣（后来改名李勣，勣jì）、单雄信等人一起上了瓦岗寨，举起了起义的大旗。起义军活跃在南北运河之间二百多里的广大地区，杀富济贫，队伍不断壮大。

一天，瓦岗寨门口突然来了一个衣衫褴褛的人，要见翟让。卫兵把他带到翟让那里，原来他就是远近闻名的李密。李密出身于贵族家庭，父亲是隋朝有名的武将，被封为蒲山公。李密本来是杨素的儿子礼部尚书杨玄感手下的将官，杨玄感起兵反隋，被隋炀帝打败，李密也被捉去。在押送的路上，李密逃了出来，他在外面流浪了两三年，穷到吃草根、树皮。隋朝官府到处追捕他，最后，他终于上了瓦岗寨。

李密是个很有才干的人，又做过隋朝的官，政治斗争经验和指挥作战的本领比翟让这些人高明。他看到瓦岗军力量越来越大，可只是袭击来往官兵，抢劫运河上运货的船只，没有远大政治目标，便给起义军的将领们分析形势，他对翟让说："如今杨广昏庸残暴，老百姓怨声载道，这和秦朝末年刘邦、项羽起兵时候的形势完全一样。凭您的才干，又有精锐的兵马，完全可以席卷洛阳和长安，推翻隋朝！"李密的分析使农民军的首领大开眼界，他们对李密十分钦佩和信任。接着，李密又去说服瓦岗军周围的小股农民起义军和瓦岗军组成联军，共同作战。这样，瓦岗军越来越壮大，成为一股强大的反隋力量。

大业十二年（公元616年），瓦岗军在翟让、李密的指挥下打下金堤关（今河南滑县南），拿下荥阳附近的几个县城，直逼荥阳城下。

荥阳地势险要，是通洛渠入黄河的枢纽，自古是兵家必争之地。瓦岗军围困荥阳，吓坏了荥阳太守（一个郡的最高长官）杨庆，他急忙向隋炀帝告急。隋炀帝任命张须陀为荥阳通守（一个郡的副长官），带领二万精兵，去援救杨庆。

张须陀是隋朝有名的猛将，十分阴险狡猾，王薄领导的农民起义军就是被他镇压下去的。过去，他曾几次打败过翟让。所以，翟让听说张须陀带兵来救荥阳，很紧张。李密和他研究，决定"智取"，由翟让带领部分兵力迎击张须陀，李密把大部分兵力埋伏在荥阳大海寺北边的树林里，徐世勣和王伯当分别埋伏在大海寺的两侧，摆成口袋形的阵势，等着张须陀的到来。

翟让按照计划边战边退，把张须陀引入埋伏圈。只听咚、咚、咚三声鼓响，左边徐世勣、右边王伯当、背后李密一起杀出，把张须陀团团围住。张须陀急忙下令撤退，可是退路早被截断。隋军乱成一团，被瓦岗军杀得尸横遍野，溃不成军，张须陀也送了命。从此，瓦岗军声威大振。

第二年春天，李密又率领七千精兵，攻下了隋朝设在东都洛阳附近最大的一个粮食仓库洛口仓（又叫兴洛仓），打开仓库，把粮食分给老百姓。人们奔走相告，感谢瓦岗军，纷纷送自己的子弟参加起义军。瓦岗军在很短的时间内就发展到几十万人。

翟让看到李密很有政治眼光，又屡建战功，就把瓦岗军的领导权让给了他。于是，李密称魏公、行军元帅，改年号为永平。李密封翟让为司徒（相当于丞相）。洛口仓扩建为洛口城，成为农民政权所在地。瓦岗军发布了讨伐隋炀帝的檄文（声讨敌人的文书，檄xí），列举了隋炀帝十大罪状，指出："罄（用尽，qìng）南山之竹，书罪无穷；决东海之波，流恶难尽。"意思是说，隋炀帝的罪恶，把南山上的竹子都做成竹简也书写不完，决开东海，用海水也洗刷不清，号召人民起来共同推翻隋王朝。

瓦岗军建立政权以后，南北起义军纷纷响应，前来归附，李密成了中原起义军的领袖。

在起义军的猛烈打击下，隋朝的统治已经土崩瓦解，众叛亲离，许多地方官纷纷起兵反隋。右屯卫将军宇文化及趁机发动了兵变。

被农民起义吓破了胆的隋炀帝，躲在江都不敢回长安，天天心惊肉跳。大业十四年（公元618年）三月的一天，一个宫女跑来报信："不好了，宇文化及造反了！马上就要杀进宫来了！"

隋炀帝浑身发抖，急忙换了一身衣服，逃到西阁。宇文化及杀进宫来，隋炀帝看到哗变的士兵手里明晃晃的刀，哆里哆嗦地说："我犯了什么罪？"士兵说："你发动战争，荒淫无度，还说没罪吗？""全国百姓都痛恨你这个昏君，人人都要杀了你！"

隋炀帝怕挨刀，就哆嗦着自己从身上解下一条绸带，士兵们用这条绸带把他绞死了。

隋炀帝被杀以后，宇文化及自称大丞相，立秦王杨浩为皇帝。这时候，隋朝已经名存实亡了。

农民大起义从根本上动摇了隋朝的统治。但是，政权却落到了大官僚李渊手里。大业十三年（617年），太原留守李渊起兵于晋阳（今山西太原），趁群雄争斗之机南下直取长安，拥立炀帝之孙杨侑为帝，即隋恭帝，遥尊炀帝为太上皇，自领大丞相，封唐王。义宁二年（618年），李渊得知炀帝死后，逼杨侑禅位，改国号为唐，就是唐高祖。从此，隋朝灭亡。

玄武门之变

　　唐朝建立后不久，李世民和太子李建成之间就为争夺皇位展开了激烈的斗争。

　　本来，唐朝的建立，李世民出力最多，功劳最大，他又网罗了尉迟敬德、秦叔宝、徐世勣、李靖等著名将领，广泛结交知名人士，像房玄龄、杜如晦等十八学士都成了他的谋士，他的势力无人能比。李建成在太原起兵之后也统领过一支军队，打过一些胜仗。虽然没有李世民那样雄厚的实力，但是，他有太子这个合法的身份，使得一大批皇亲国戚聚集在他的周围；他长期留守关中，在京城长安一带有坚固的基础，甚至宫廷的守军（玄武门的卫队）都在他的控制之下，他还把齐王李元吉拉拢过去。总的说来，李建成和李世民是势均力敌，旗鼓相当。

　　但是，形势对李世民越来越不利。唐高祖李渊昏庸无能，见李世民威信一天比一天高，十分不满。一次，李世民把一块好地分给了淮安王李神通，得罪了高祖宠爱的妃子张婕妤（jié yú），被高祖训斥了一通。唐高祖另一个宠妃尹德妃的父亲尹阿鼠，无缘无故地把李世民的谋士杜如晦痛打了一顿，还恶人先告状，说李世民唆使部下打他。唐高祖听了以后，不问青红皂白，就把李世民叫来骂道："你手下的人对我宠爱的妃子的父亲都这样凶狠，对老百姓不知道要多么厉害呢！"从此，唐高祖就疏远了李世民。李建成趁机加紧和李元吉、张婕妤、尹德妃勾结，想暗害李世民。

有一次，建成、世民、元吉跟随唐高祖到城外打猎。唐高祖让他们骑马比箭，李建成故意让李世民骑他的一匹难以驯服的烈马。李世民刚骑上马，马就狂蹦乱跳起来。李世民急忙跳下，等马安静了再骑上去。谁知刚一上去，马又蹦跳起来。这样反复了三次，李世民才制伏了这匹烈马。他骑在马上，对旁边的人说："有人想用这匹马害死我，岂不知，死生有命，怎么害得了呢？"李建成听了，就添枝加叶地对张、尹二妃说："秦王太狂妄了，说天命在他身上，一定要坐天下的人，不会轻易死掉！"张、尹二妃又把这话告诉了高祖。高祖立即召见李世民，责备他说："天子是上天规定的，不是你耍点儿手段能当得上的！我还没死，你为什么那么心急呢！"李世民再三解释，高祖不听，拍着案子发脾气。正在闹着，外面送来情报，说突厥入侵。高祖要靠李世民打仗，所以马上改变了态度，笑着说："算了，算了，还是商量一下怎样对付突厥吧！"

李建成一计不成，又生一计。一天夜里，他请李世民喝酒，想用药酒毒死李世民。李世民毫无戒心，拿起酒杯一饮而尽，突然感到胸口疼痛难忍，接着就大口吐血。幸好淮安王李神通在场，把李世民背回王府。

李建成还用金银财宝收买秦王府的武

〈 唐太宗昭陵出土武士俑 〉

将，又鼓动高祖把李世民的心腹谋士一个个调到外地。眼看矛盾由明争暗斗发展到兵戎相见的地步。

李建成和李元吉策划，利用抵御突厥入侵这个时机，先夺了李世民兵权，等出征的时候再把他杀掉。李建成在唐高祖面前推荐李元吉代替李世民北征，高祖答应了。李元吉又请求将秦王府的尉迟敬德、程咬金、秦叔宝等猛将归他指挥，并调李世民部下精锐士兵充实自己的部队，高祖也都一一同意了。李建成以为自己安排得十分周密。其实，这消息很快就传到了李世民那里。李世民急忙找来长孙无忌、尉迟敬德等人商量对策，大家都主张立即动手，先发制人。

唐高祖武德九年（公元626年）六月的一天，李世民上朝去控告李建成和李元吉，揭发他们在后宫胡作非为以及与张婕妤、尹德妃的暧昧关系。高祖大吃一惊，说："竟然有这样的事？"李世民说："不但如此，他们还几次想谋害我。如果他们得逞，儿就永远见不到父皇了！"说完就哭了起来。高祖说："你讲的事情关系重大，明天我要亲自审问！"

当天夜里，李世民调兵遣将。第二天一早，他亲自率领长孙无忌等人埋伏在玄武门附近。张婕妤听到风声，马上派人报告李建成。李建成找李元吉商量，李元吉说："我们应该赶快把兵马布置好，称病不去上朝，观察一下动静再说。"李建成说："怕什么？内有张、尹二妃照应，外有自家军队守卫玄武门，能把我们怎么样？我们一起上朝去，看看情况再说。"说完，两人骑马进入玄武门。

守卫玄武门的将领叫常何，原来是李建成的心腹，但是已经被李世民收买过去了。李建成和李元吉走到临湖殿，发现情况异常，立即掉转马头，往东宫跑。只听

有人喊道："太子、齐王，为什么不去上朝？"李元吉回头一看，不是别人，正是对头李世民。李元吉急忙取弓搭箭，一连向李世民发了三箭，都没射中。李世民对准李建成回射一箭，只听嗖的一声，李建成从马上摔下来，断了气。李元吉急忙向西逃去，迎面碰上尉迟敬德，又掉转马头往回跑。忽然一阵乱箭射来，李元吉趁势滚下马鞍，往附近的树林里钻，正巧遇见李世民。仇人相见，分外眼红，李元吉骑到李世民的身上，夺下了弓，动手去扼李世民的脖子。在这万分危急的时候，尉迟敬德骑马赶到了。李元吉放开李世民拔腿就跑，尉迟敬德一箭把他射死了。

这时候玄武门外，人喊马嘶，原来是东宫的大将冯翊（yì）、冯立和齐王府的薛万彻带着两千多人正在攻打大门。只见大力士张公瑾一个人用身子顶着门，外面的人没能攻进来。守卫玄武门的敬君弘、吕世衡两位将军挺身出战，先后战死。东宫、齐府的士兵又去攻打秦王府，情况十分危急。这时候，尉迟敬德提着建成、元吉的脑袋赶来，大喊道："奉旨讨伐二贼，你们看，这就是他们的头，你们还为谁卖命？"东宫、齐府官兵见两颗血淋淋的人头果然是建成、元吉的，就一哄而散了。

三弟兄火并的时候，唐高祖正带着大臣、妃子在海池中乘船游玩。忽然看见岸上有一个全副披挂的将军匆匆赶来，就问："来的是什么人？"只见那位将军跪在地上说："臣就是尉迟敬德。"高祖又问："你来这里干什么？"尉迟敬德说："太子、齐王叛乱，秦王恐怕惊动陛下，特地派臣来护驾。"高祖大吃一惊，忙问："太子、齐王现在何处？"尉迟敬德说："已经被秦王杀死了。"高祖十分难过，吩咐游船靠岸，回头对裴寂等人说："想不到会有今天这样的事发生，你们看怎么办？"左右的大臣听到建成、元吉已死，旁边又有一个这样凶猛的将军手拿兵器守候着，也就顺水推舟做个人情。萧瑀、陈叔达说："建成、元吉本来就没有大功，秦王功德盖世，深得人心，理该立为太子。"高祖说："我本来也是这样想的。"尉迟敬德忙说："外面还没有完全平静，请陛下降旨，要各路军队都接受秦王指挥。"高祖立即派人传旨，结束了这场政变。

三天之后，唐高祖宣布立秦王李世民为太子，国家大事一律由太子处理。这年八月，唐高祖被迫让位，自称太上皇。李世民当了皇帝，就是唐太宗，第二年，改年号为贞观。历史上把这次政变叫作"玄武门之变"。

玄奘取经

　　我国古代著名小说《西游记》叙述了唐僧在孙悟空、猪八戒和沙和尚的帮助下到西天取经的故事，那些神奇的故事都是虚构的，但是唐僧——玄奘（zàng），历史上确有其人。

<　西夏《玄奘取经图》　>

　　玄奘是唐代名僧，出家前本姓陈，洛州缑氏人（缑gōu，缑氏，今河南偃师缑氏镇），玄奘是他出家后的法号。因为他精通印度佛学中的《经藏》《律藏》和《论藏》，所以也有人叫他唐三藏。他的父亲是个虔诚的佛教徒，他十三岁就出家做了和尚。唐朝初年，玄奘到四川研究佛经。那时候，四川比较安定，从各地来了很多有名的高僧。玄奘向他们请教，学问大有长进。他看遍了国内的佛经资料，有不少问题解决不了。于是，他刻苦学习梵文（梵fàn），决心到佛教的发源地天竺（现在的

印度半岛）去学习佛经。

当时，中国的西部地区还处在突厥的控制之下，唐朝政府严禁百姓私自出境。官府拒绝了玄奘的申请，约好了的同伴都不去了。玄奘没有被这些困难吓倒，公元627年秋天，他跟随一些商人由长安出发，踏上了西行的道路。走到甘肃西部，快到玉门关（唐朝边境的最后一道关卡）的时候，玄奘骑的马死了，跟随他的两个小和尚也跑了，后面官府的差役又追了上来。玄奘躲在客店里，不知如何是好。瓜州的州官李昌拿着追捕文书走了进来，问道："师父就是玄奘吧？"玄奘犹豫了一下，没有回答。李昌说："师父如说实话，弟子可以给您想个办法。"玄奘见李昌态度诚恳，就说出了自己的名字。李昌赞叹道："师父决心取经，研究佛法，真了不起，我一定尽力帮助。"说完便撕碎了追捕文书，说："师父快走吧，天黑就出不了关了。"玄奘又惊又喜，赶紧离开客店，奔向玉门关。

玄奘只身在沙漠中前进，一天中午来到第一座烽火台。他正在马旁喝水，突然飞来一箭，过了一会儿，又是一箭。玄奘急忙朝着烽火台大喊："我是长安来的和尚，要到西天取经，请你们不要射箭。"守卫烽火台的官兵弄清了玄奘的来历，都很敬佩，送他过了烽火台。到了第四座烽火台，烽官（守卫烽火台的将官）还留他住了一夜，给他准备了干粮和清水，并且嘱咐说："第五烽烽官很坏，万一被他发现，性命难保，请师父绕道走吧！"

玄奘又继续赶路了。沙漠中间，上不见飞鸟，下不见走兽，白天热风如火，晚上寒风似刀。有时候因为气流的急剧变化，会看到幻影，明明望到人群马队，走近了却又什么也没有，行人以为是妖魔鬼怪。沿途到处是人马遗骨、断剑折枪。玄奘走了一百多里路，口渴难忍，于是停下来喝水。不料，在取皮囊的时候，一失手，整个皮囊里的水全泼到沙漠上。茫茫黄沙，一望无边，到哪里才能再找到水呢？玄奘忍着极度的干渴，走了五天，最后昏倒在沙漠中。半夜过后，忽然凉风习习，玄奘清醒过来了。幸好前面不远就是一片绿洲，清清的泉水，嫩绿的野草，使他脱离了险境。

经过半个多月的艰苦行程，玄奘终于走出八百里沙漠，来到了高昌国（今新疆境内）。高昌王本是汉人，也是一个佛教徒。他很尊敬玄奘，苦苦请求玄奘留下来说法，答应给他优厚的酬劳。玄奘说："我远游是为求佛，现在被大王阻留，大王只能留住我的身体，却留不住我的精神。"高昌王还是不让他走，他一连三天不吃不喝。到了第四天，高昌王深受感动，答应送他西行，并且送给他衣物、干粮、挑夫和三十匹马，还给沿途各国写信，请他们保护这位远行的高僧。

此后，玄奘又翻山越岭，整整走了一年多，直到公元628年夏天才到达天竺。在这里，他看到许多高大的鸵鸟；看到一百五十尺高的石像和一千尺长的石刻卧佛像；还看到成群的巨象往来运输。他几次横渡恒河，遍访佛教史上的古迹。他访问了伽耶城（今印度比哈尔邦加雅城），那里有一棵五丈多高的菩提树，佛教创始人释迦牟尼据说曾经在这棵树下苦修；他到了佛经中所说的西天灵山，参观了释迦牟尼说法的遗址。这些实地考察，使玄奘对佛经的理解更深入了。

摩揭陀国（今印度比哈尔邦南部）的那烂陀寺是天竺佛教的最高学府，已经有七百多年的历史，长年有僧徒一万多人。玄奘到达寺院的那天，一千多和尚捧着香、花迎接来自中国的客人。寺的住持（当家和尚）戒贤是个年过百岁的佛学权

威，他早已不讲学了，但是为了表示对中国的友好，特地收玄奘为弟子，重开讲坛。他不顾高龄体弱，用十五个月的时间给玄奘讲了最难懂的佛经。

玄奘夜以继日地钻研佛经，学习古代印度的语言，取得了优异的成绩。在那烂陀寺，能通晓二十部经论的有一千人，通晓三十部的有五百人，通晓五十部的只有十人，玄奘就是这十人中的一个。但是他并不满足，十年中，他在天竺到处求教，终于像戒贤一样，通晓了全部经论的奥妙。玄奘博学的声誉传遍整个天竺。

公元641年，玄奘路经曲女城（今印度北方邦卡瑙季），受到戒日王的欢迎。恰好这时候，有一个反对那烂陀派的人写了一篇论文呈给戒日王，声称没人能驳倒一个字。戒日王是个狂热的佛教徒，决定在曲女城举行盛大的法会，公开辩论。

辩论大会举行的时候，戒日王邀请玄奘为论主（主讲人），出席会议的有天竺十八国的国王和六千多位著名的教徒。玄奘坐在为他专设的珠宝床上说法，他举出许多例子，反复论证他的观点，听讲的人没有一个不佩服的。他还把他所著的《破恶见论》挂在会场门口，征求答辩，辩论会持续了十八天，没有一个人能够提出反对的意见。散会那天，各国国王拿出许多金钱送给玄奘，玄奘分文不要，全送给贫苦的百姓。

戒日王一再诚恳地挽留玄奘留在印度，还有一位国王甚至表示，只要玄奘肯留下来，愿意为他建造一百所寺院。但是，玄奘怀念阔别十多年的祖国，他决心回国。临走的那天，戒日王以及当地的印度朋友，挥泪送了他几十里路。

唐太宗贞观十九年（公元645年）初，玄奘带着六百五十多部佛教书籍，经由西域回到了唐朝的都城长安。这时候，距离他从长安出发已经整整十八年了。

玄奘当年出国是违犯禁令偷偷出去的。现在，唐太宗知道了他的全部情况，很佩服玄奘的顽强精神，特地派房玄龄去长安迎接他。

正月二十四日这一天，长安城里人山人海，路两旁摆着香案和鲜花，锣鼓音乐，此起彼伏。长安的僧尼数万人排着队，把玄奘带来的经卷佛像安置到弘福寺。

玄奘到洛阳朝见唐太宗，介绍了他旅途所见所闻和西域、天竺各国的风土人情，唐太宗听得津津有味。他还劝玄奘还俗，帮助他治理国政，玄奘谢绝了。

不久，玄奘开始了翻译佛经的工作。他每天五更起床，三更才睡，十九年间共译出七十四部佛经，一千三百三十五卷，一千三百多万字。他的译文流畅优美，忠于原意。有些专用名词，例如"印度"，就是他翻译的时候确定下来的。

长期艰苦的翻译工作耗尽了玄奘的精力。公元664年二月，这位伟大的旅行家和杰出的翻译家在长安郊外的玉华寺去世了。

玄奘生前还和参加翻译佛经的辩机和尚共同编写了《大唐西域记》。这部书记载了包括今天我国新疆以及阿富汗、巴基斯坦、印度、孟加拉国、尼泊尔、斯里兰卡等一百多个国家和地区的地理情况、名胜古迹和城市风光等，是研究这些地区历史、地理的重要材料。现在《大唐西域记》已经被译成许多种外国文字，成为一部世界名著。

女皇选人才

　　唐太宗在位时期，政治清明，经济繁荣，被誉为"贞观之治"。贞观二十三年（公元649年），唐太宗死了，他的儿子李治即位，就是唐高宗。唐高宗缺少政治才能，下面奏事，自己不会判断，经常要宰相提出意见，才能作出处理。由于他的懦弱，加上身体有病，精神不佳，大权渐渐落到皇后武则天的手里。

　　武则天是并州文水（今山西文水东）人。她的父亲武士彟（yuē）原来是个木材商人，后来跟随李渊起兵反隋，被任命为工部尚书。武则天十四岁的时候，唐太宗听说她长得美，选她入宫，封为"才人"（妃子）。唐太宗死了以后，她和一些宫女都被送到感业寺去做尼姑。几年以后，唐高宗把她召回宫来，封为"昭仪"（妃子）。

　　武则天刚回宫的时候，对王皇后非常谦恭，王皇后常常在唐高宗面前说她的好话。没过多久，唐高宗就和武则天好得如胶似漆，形影不离，渐渐地把王皇后疏远了。王皇后见势不妙，又转过来说武则天的坏话，可这时候唐高宗哪里还听得进去？永徽六年（公元655年）冬天，唐高宗下诏废了王皇后，立武则天当皇后。

　　过了几年，唐高宗患病，不能临朝，便委托武则天处理朝政。武则天把国家大事处理得井井有条，威信越来越高。当时，大臣们把唐高宗和武则天一并称为"二圣"。实际上，实权完全掌握在武则天手中，唐高宗不过是空有其名罢了。

弘道元年（公元684年），唐高宗病死了，太子李显即位，就是唐中宗。武则天以皇太后的身份临朝执政，不久又把唐中宗废了，立她的四儿子李旦为帝，就是唐睿宗（睿ruì）。她不许睿宗干预朝政，一切由她做主。

唐朝的一些元老重臣对这种状况非常不满，徐敬业等人打着拥护唐中宗的旗号在扬州起兵反对武则天。武则天派出三十万大军讨平了徐敬业。

到了载初元年（公元690年），武则天下诏废了唐睿宗，改国号为周，史称武周，自称"圣神皇帝"。经过三十六年的苦心经营，武则天终于正式登上皇位，成为中国历史上唯一的女皇帝。

武则天当皇帝引起了很多人不满，徐敬业在扬州起兵，请当时著名的文学家骆宾王替他写了一篇讨伐武则天的檄文：《讨武曌檄（武曌是武则天给自己起的名字，曌zhào）》。武则天叫人把这篇文章拿来念给她听，文章里说了武则天许多坏话，骂她"豺狼成性""残害忠

◀ 唐高宗和武则天合葬的乾陵六十一王宾石人像局部 ▶

良""弑君鸩母"（鸩zhèn，用毒酒害人）。武则天听了，只是笑一笑，并没有生气。当她听到"一抔（póu，捧）之土未干，六尺之孤何托"两句的时候，反而连连称赞写得好，后来听到"试观今日之域中，竟是谁家之天下"两句更加赞不绝口，问道："这篇檄文，不知出自何人之手？"有人回答说是骆宾王写的。武则天十分惋惜地说："有这样的人才，让他流落民间得不到重用，这是宰相的过错呀！"从这个故事可以看出，武则天是非常重视人才的。

武则天想了很多办法来发掘人才。她鼓励地方官推荐人才，还允许人们自己推荐自己。被推荐或者自我推荐的人经过试用，如果确有才干，很快就会得到重用。武则天还改进和发展了以前选拔人才的科举制度。比如，过去考贡士（从地方上来应考的考生）的时候，要把考卷上的名字糊起来，防止考试官作弊。武则天认为，应该信任考试官，把这种办法废除了。她还在洛成殿亲自考试贡士，表示皇帝的重视，从此开创了"殿试"这种制度。过去的科举只是选拔有文才的人，武则天专门开设"武举"，选拔有武艺的人。过去各州选送举人进京，总是把举人安排在向皇帝进贡的贡物后面。武则天把这种顺序改变成先送举人，后送贡物，表示对人才的重视。

武则天还不拘一格任用人才。她以修书为名，广泛召集有文才的读书人到宫里来，让他们对朝廷政治提出意见，处理各地送来的奏章，协助宰相工作。因为这些人出入宫廷不走南门而走北门，所以称为"北门学士"。由于武则天善于选拔人才，在她当政的时期，人才济济，文武大臣并不比贞观时期少，像李昭德、苏良嗣、狄仁杰、姚崇这些武则天选拔出来的宰相，都是历史上有名的"贤相"。

武则天当皇帝不久，封她的侄子武承嗣做魏王，还任命他做宰相。从此，武承嗣的权力大得很，可是，他还不满足，还想当太子做皇帝。大臣李昭德看到武承嗣野心勃勃，就对武则天说："魏王权势太重，很危险。"武则天说："他是我的侄子，怕什么？"李昭德说："侄子跟姑妈再亲，也没有儿子跟父亲亲。儿子还有杀父篡位的，何况侄子呢！承嗣是亲王，又是宰相，权力和皇帝差不多。这样下去，恐怕陛下的皇位就不安稳了。"武则天听了恍然大悟，说："我没有想到这一层。"她立即下诏，免去武承嗣宰相的职务，任命李昭德做宰相。就在武承嗣飞黄腾达、得意忘形的时候，接到了罢免他宰相职务的诏书，就像晴天一声霹雳。当他知道这是李昭德出的主意，咬牙切齿地发誓，非要罢免李昭德的官职不可。一天，他进宫去见武则天，说："陛下免了我的宰相职务，我十分感谢。但是，李昭德结党营私，别有所图。陛下如果重用他，后果不堪设想。"武则天板着面孔说："我任用李昭德，才能睡好觉。他能为我效劳，你怎么能比得了他！"武承嗣碰了一鼻子灰，只好退出来。

苏良嗣也是武则天后来任命的一位宰相，他为人耿直，不喜欢逢迎。当时武则天特别宠爱和尚薛怀义。薛怀义出入乘着皇家的车马，还有十多个宦官随从。老百姓碰到薛怀义的车马，必须立即躲避，躲不及的，就被打个半死，谁也不敢过问。武承嗣和武三思（武则天的侄子）都把薛怀义当作主子一样，情愿替他牵马。一般的大臣见了薛怀义更是连头都不敢抬。有一天，苏良嗣在朝堂遇见薛怀义，薛怀义趾高气扬，昂首而过。苏良嗣大为生气，命令左右把他拉下去，打了几十个嘴巴。这下可捅了马蜂窝，薛怀义跑到武则天那里去告状。大臣们都替苏良嗣捏了一把汗。没想到，武则天却对薛怀义说："你应该出入北门。南门是宰相们往来的地方，你不要触犯他们。"

武则天保护直言敢谏的大臣，对她身边的亲近人加以约束，尽量限制他们的特权，目的是使她的那些皇亲国戚的不法行为有一定的限度，不至于过多地损害她的统治。

对于那些被提拔上来的人，武则天对他们的监督、控制也很严厉，发现不称职或为非作歹的，不是罢免就是判刑或者杀掉。

从前，武则天侍奉唐太宗的时候，唐太宗有一匹烈马，名叫狮子骢（cōng），没有人能制伏它。武则天对唐太宗说："我能制伏它，但是要有三件东西：一是铁鞭，二是铁挝（zhuā），三是匕首。我先用铁鞭打它；不服，用铁挝打它的头；再不服，就用匕首割断它的喉咙。"她就是用制伏烈马的这种办法来控制她的群臣。所以，她能在唐太宗去世以后局势十分动荡的岁月里稳定自己的统治，客观上起了巩固国家统一、保持社会安定的作用。

武则天在位前期，注意选拔人才，保护直言劝谏的大臣。但到了晚年，武则天越来越昏庸，朝廷政治越来越腐败。为了消灭反对派，巩固自己的统治，武则天任用酷吏，鼓励告密，使许多大臣和成千上万无辜的百姓遭到杀害，公元705年，她亲手提拔起来的大臣张柬之，在她生病时发动政变，杀了她的亲信张易之、张昌宗兄弟，拥护唐中宗恢复帝位。就在这一年，八十二岁的武则天病死了。

武则天是我国历史上一位杰出的女性政治家。她在位时期，上承贞观之治，下启开元盛世，被认为是走向盛唐的重要环节，是唐代历史上承前启后的重要时期。

安史之乱

武则天去世后，唐朝政局一度动荡，七年内先后换了三个皇帝。经过一系列斗争，公元712年，唐睿宗李旦的儿子李隆基即位，即唐玄宗。

唐玄宗李隆基在位的前二十多年里，任用了一批贤能的人做宰相，自己又能虚心采纳大臣们的意见，君臣励精求治，国家富足强盛，百姓生活安定，出现了"开元之治"的盛世。

可是日子一久，唐玄宗就骄傲自满起来，喜欢迷信，生活奢豪，懒得处理政事；尤其是他重用李林甫等奸臣，对那些能干正直的大臣不是罢官，就是流放，甚至把他们处死。这

《明皇幸蜀图》，描绘唐玄宗在安史之乱中避难蜀地的情形

样，唐朝很快就变得乱糟糟的，并且种下了大动乱的祸根。

晚年的唐玄宗不仅重用坏人，而且特别贪恋女色。他最宠爱的妃子武惠妃在天宝三年（公元744年）死了，他就把他儿子寿王的妃子杨氏霸占过来，取名太真，封为贵妃，就是历史上著名的杨贵妃，接着又给杨贵妃的父亲、叔父、两个堂兄都升了大官，把杨贵妃的三个姐姐接到京城长安居住。

杨贵妃有个堂兄叫杨钊（zhāo），原先在四川当县尉（县令的助手）。有一年，杨钊受四川地方长官的委托，带了大量名贵特产，进京结交杨贵妃一家。杨氏姊妹引着杨钊来见玄宗，玄宗便把杨钊留在皇宫里当差，不久就把他提升为禁军的参军（相当于现在的参谋），同时改名为杨国忠。杨国忠到长安的第三年，玄宗就提升他当了京兆尹（相当于现在首都的市长）、御史大夫（中央最高监察官），还让他兼了二十多个其他的重要职务。从此，杨贵妃全家人都受到唐玄宗无比的恩宠，一个个都成了显贵人物。

唐玄宗宠爱杨贵妃，又重用杨国忠，自己则沉溺于享乐之中，对国事很少过问。唐朝统治越来越腐败，终于酿成"安史之乱"的大祸。

"安史之乱"，是指安禄山和史思明发动的叛乱战争。安禄山是混血胡人（胡人是古时候汉族人对北方和西北少数民族的统称），年轻的时候投奔到幽州节度使（管辖今北京市一带）张守珪（guī）部下当兵。他骁勇善战，为人狡诈残暴，经常带领几名骑兵跑到北边的契丹、奚等少数民族的部落里，施用阴谋诡计，活捉一些人回来，报功请赏。张守珪很赏识他，提升他为"捉生将"。安禄山对上司惯于溜须拍马，逢迎谄媚。遇有朝廷派人到边镇来办事，他就送上重重的贿赂，这些人

回去以后，自然要在唐玄宗面前称赞安禄山。就连"口蜜腹剑"的李林甫，也不得不跟着说安禄山的好话。唐玄宗听了，认为安禄山是个人才，提拔他当了平卢节度使，随后又让他兼任范阳节度使和河东节度使。这三镇节度使管辖着现在的北京、河北、山西和辽宁、山东、河南部分地区，统率着重兵十八万多人。当时唐朝的边镇军队共有四十九万人，安禄山一人就掌握了三分之一还多。

安禄山不满足于已经得到的权位和势力，还想爬上更高的位置。他就挖空心思，进一步博得唐玄宗的欢心，取得唐玄宗的信任。

安禄山是个大胖子，肚子特别大，自称有三百斤重。一次，唐玄宗指着他的肚子，开玩笑地问他："你这里面装了什么东西，竟有这般大？"安禄山一本正经地回答说："没装什么东西，只有一颗对陛下赤诚的心。"唐玄宗听了，觉得他忠诚可爱。又一次，玄宗叫他来见太子。臣子见了太子，照规矩应该下拜，可安禄山却不拜。左右的人叫他下拜，他只是拱手站着，说："我只知道有皇上，不知道有太子。"玄宗见他对自己这样忠心，更喜欢他了。安禄山知道唐玄宗一心宠爱着杨贵妃，竟然不知羞耻地拜比自己小十几岁的杨贵妃为母亲，当她的儿子。每当晋见唐玄宗和杨贵妃的时候，他总是先拜贵妃，后拜玄宗，玄宗问他为什么，他回答说："我们胡人是先母后父。"唐玄宗越发觉得他憨厚可爱，叫杨氏五个兄弟姊妹都认他做兄弟。

安禄山深知玄宗好战喜功，就多次用阴谋诡计，诱骗和坑杀了成千上万的奚人和契丹人（我国历史上的北方少数民族），或者把他们押送到京城献俘，或者割下他们的脑袋去报捷。为了迎合唐玄宗和杨贵妃奢豪享乐的欲望，安禄山把从各地搜刮来的奇禽、异兽、珍宝、玩物，络绎不绝地派人送到长安的皇宫中。

安禄山的心思果然没白费。天宝九年（公元750年），唐玄宗封安禄山为东平郡王，这是唐朝开国以来封给胡人的最高爵位。玄宗还下令在京城里给安禄山建筑了极其豪华的府第，一切陈设用具都是用最名贵的材料做成的，连炊具都用金银装饰，或者全用金银制作。有一年安禄山生日，玄宗和杨贵妃赏他许多价值昂贵的衣服和宝器。到第三天，杨贵妃私自把安禄山召进宫来，用锦绣做成的大襁褓（背负婴儿用的布兜，襁褓qiǎng bǎo）裹着安禄山，让宫女用彩轿抬着他，在皇宫里游玩，说是"替禄儿洗三朝（zhāo）"（婴儿出生的第三天叫三朝，这一天要给婴儿洗澡、去脐带，众亲友要送礼贺喜，主人家要备酒饭招待宾客，这些活动就叫洗三朝）。玄宗知道了不以为耻，竟然也去看热闹，还赏赐给杨贵妃"洗儿金银钱"，赏给安禄山大量财宝。从此，安禄山随便进出皇宫，和杨贵妃对坐饮酒作乐，甚至通宵达旦地在一起鬼混，而唐玄宗竟当作没这回事！

就在这种种活动中，安禄山对唐玄宗的荒淫昏聩，对唐王朝政治上的腐败、军事上的虚弱，了解得十分清楚。他那向上爬的欲望，就一步步发展成为发动叛乱、起兵灭唐的野心。

早在天宝六年（公元747年），安禄山就把一个心腹部将留在长安城里当坐探，随时把朝廷中的动静密报到范阳，为叛乱做准备。除了掌握着十八万军队以外，安禄山把同罗（古代北方少数民族）、奚、契丹等部族的降兵降将八千人加以特别训练，组成"壮士营"，作为发动叛乱的基本队伍；同时用心腹胡将三十二人代替不服从他指挥的汉将；畜养了几万匹战马，收集和打造了大批武器军械；派人到各地掠夺和购买了大批物资作为军需；还缝制了大批的绯袍、紫袍和鱼袋（都是官员的服饰），供事成之后给他的部下加官晋爵之用。他还从部将中提升了五百多人任将军，两千多人任中郎将，用这种办法来收买人心，培植叛乱的爪牙。最后，他从亲信当中挑选了史思明、严庄、高尚等二十来人充当自己的谋士和心腹，作为指挥叛乱战争的核心力量。这些人当中，最重要的是史思明。

史思明也是个混血胡人，原名叫史窣干（窣sū），和安禄山同乡同岁，两人自幼成为密友。后来因为欠了官债，史思明逃到奚族的部落里，差点儿被奚王杀了。他使出阴谋诡计，诱骗坑杀了三百个奚族士卒，抓住一个奚人将领，来见幽州节度使张守珪。张守珪认为他有功，让他当了将军。有一次，他进京奏事，被唐玄宗看中了，叫他改名为史思明。后来，任命他为平卢兵马使（节度使的副职），兼任北平太守、卢龙军使。

安禄山叛乱的迹象逐渐明显起来，朝廷的一些大臣和其他一些节度使也逐渐觉察到了。他们多次提醒唐玄宗，要玄宗采取措施，加强防范。杨国忠因为跟安禄山结了仇，所以也多次奏明唐玄宗，说安禄山有谋反的迹象。可是唐玄宗怎么也不相信，反倒说："安禄山这个人，我推心置腹地对待他，他哪能反叛我呀。咱们东边和北边的边境还要依靠他来镇守，你们不必多担心。"

经过十年的经营，安禄山从各方面进行了充分的准备，认为已经具备了打垮唐朝的力量，只等时机一到，就举兵发难。天宝十四年（公元755年）十月，安禄山派到京城奏事的一个官员从长安回到范阳，向安禄山密报朝廷的情况。安禄山和严庄、高尚等人经过一番密谋之后，召集部将们，欺骗大家说，唐玄宗给他下了密旨，叫他带兵入朝，讨伐杨国忠。将领们听了大吃一惊，互相瞧着，可谁也不敢说话。十一月初一，安禄山以讨伐杨国忠为名发兵十五万，号称二十万，在范阳举起叛旗，向南进军，准备大举进攻中原地区，打到长安去，推翻唐朝，自己当皇帝。

天宝年间，唐朝统治腐败，军队战斗力锐减，加上这一带本来就是安禄山直接统治的地区，因此当叛军打来的时候，黄河以北二十四郡的文官武将，有的开城迎接叛军，有的弃城逃走，有的被叛军擒杀。叛军没遇到什么抵抗，很快就席卷了这一大片地区。叛军得逞的消息接二连三地传到长安，这时候，唐玄宗才相信安禄山是真的反叛了。他匆忙调兵遣将，增募军队，部署平定叛乱。可是这临时凑起来的军队仓促上阵，哪里是叛军的对手？叛军打过黄河以后，向西、南、东三面继续攻城略地，一路势如破竹。在安禄山的放纵下，叛军每到一个地方，奸淫掳掠，残害百姓，无恶不作，给人民带来了深重的灾难，给社会造成了巨大的破坏。

叛军很快攻占了东都洛阳，直抵京城长安东边的"大门"——潼关。接着，安禄山在洛阳自称"大燕皇帝"，任命大臣，委派官吏，建立起割据政权。

叛军抵达潼关时，镇守潼关的是名将哥舒翰。哥舒翰是唐军名将，曾立下许多战功，此时的他年老多病，正在长安的家中休养。

安禄山的叛军逼近潼关，形势十分危急。唐玄宗想借重哥舒翰的威名把敌人吓走，就任命他做天下兵马副元帅（元帅由太子李亨挂名），领兵抵御叛军。哥舒翰不同意，想要推辞。唐玄宗不准许，给他凑了十几万军队，配备了几员部将，硬要他领兵上前线和叛军对抗。

哥舒翰只得带病出征，采取以守为攻的策略，坚守不出。可是唐玄宗听说哥舒翰按兵不进，竟怀疑他有什么别的意图，硬要他出征。哥舒翰无奈，只好领兵出了潼关，结果唐军惨败。天宝十五年（公元756年）六月，潼关失守。潼关失守后，京城长安暴露在叛军面前，唐王朝陷入了岌岌可危的局面。

潼关失守后，长安危在旦夕。唐玄宗听了杨国忠的意见，决定离开长安，逃往四川。当唐玄宗一行来到马嵬驿（今陕西兴平西，嵬wéi）时，又饿又累的士兵们发生了哗变。他们杀死了杨国忠，接着把杨国忠的儿子、杨贵妃的两个姐姐都杀了。士兵们又要求杀了杨贵妃。唐玄宗无奈，只得下令赐杨贵妃自尽。

哗变平息后，百姓请求唐玄宗留下来。但唐玄宗去意已决，他把太子李亨留下来安抚百姓，自己则继续前往四川。

太子李亨领着留下来的随从兵卒逃到朔方，主持军事。朔方镇的留守官员劝他当皇帝。七月，李亨在灵武（今宁夏灵武）即位，就是唐肃宗，尊唐玄宗为太上皇。

公元763年，唐军打败叛军，史思明的儿子史朝义自杀，历时八年的安史之乱终于结束了。安史之乱虽然平定了，但对唐朝造成了巨大的破坏。此后，唐朝国力虽有所恢复，但始终无法重现"贞观之治"和"开元盛世"的繁荣景象。

黄巢起义

　　唐朝到最后几个皇帝的时候，大量耕地集中在贵族和官僚手里，到处都有地主的田庄。全国半数以上的农民失去了土地，变为逃户、流民。统治者还用各种名目横征暴敛，老百姓吃盐、喝茶、住房都要上税。那帮如狼似虎的公差，天天来催租逼税。穷人没钱没物，无法交税，只得卖青苗，卖掉妻子儿女，拆毁房屋卖掉材料……可是卖得的钱往往只够招待公差衙役喝酒吃饭用，仍然没钱交税。那时候三年两头发生天灾，地里长不成庄稼，穷苦农民没有吃的，只得把蓬草籽磨成面，把槐树叶当菜，勉强充饥。那些年老、体弱、有病的人连草籽和树叶都弄不到，只好坐着等死，到处可以见到饥民饿死的尸体。当时的诗人杜荀鹤写了一首题目叫《山中寡妇》的诗，描写农民遭受残酷剥削的悲惨状况：一

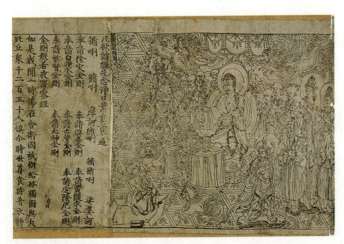

< 唐咸通九年金刚经印本 >

个无依无靠的寡妇整日劳作，还要担负沉重的徭役和赋税。

夫因兵死守蓬茅（小茅屋），

麻苎衣衫鬓发焦（就是苎麻，苎zhù）。

桑柘废来犹纳税（叶子可以喂蚕，柘zhè），

田园荒后尚征苗（征收农税）。

时挑野菜和根煮，

旋斫生柴带叶烧（砍，斫zhuó）。

任是深山更深处，

也应无计避征徭（征徭指赋税和徭役）。

另一方面，统治阶级过着穷奢极侈的生活。唐懿宗（懿yì）每月要举行十几次大宴会，皇宫里蓄养着大批歌童舞女，光是演奏音乐的乐工就有五百人。他出外游玩一次，随从和服侍的人员多的时候有十几万人，挥霍的金钱和财物不可计数。他的女儿同昌公主出嫁，赐给的府第连门窗上都装饰着各种珍宝，水井的栏杆、碾药用的药臼（jiù）、装杂物的小柜都是用金银制作的，簸箕也用金丝编成。唐僖宗（僖xī）跟别人玩起踢球、斗鸡、赌鹅来，一高兴就赏赐几百几千几万钱，把国库都赏空了。皇帝这样奢豪，臣子也不甘落后。大官僚韦宙的田庄里积聚了七千堆粮食，号称"积谷翁"。宰相路岩的亲信边咸聚敛的财产，可以供给唐朝军队两年吃用。

　　穷人活不下去，只有起来造反。唐懿宗咸通十年（公元869年），陕州旱灾严重，农民向观察使崔荛（ráo）请求免交租税。崔荛指着庭院里的槐树说："树上还长着叶子，哪有什么旱灾！"叫衙役们棒打灾民。灾民们忍无可忍，闹了公堂，赶走了崔荛。崔荛逃到路上，口渴难忍，到一户人家讨水喝。主人恨死了他，给了他一碗尿水。这不过是个小例子。当时农民武装起义在现在的山东、四川、湖南、山西、陕西等地彼伏此起地发生着。唐宣宗大中十三年（公元859年）冬，裘甫领导的浙东农民起义爆发，起义军由一百来人发展到三万人，歼灭了前来镇压的大批官军，攻占了浙东的许多县份。后来，由于在战略上犯了错误，被官军镇压下去，裘甫等领导人战败牺牲。这次起义给了唐王朝不小打击，是唐末农民大起义的前哨战。八年以后，桂林发生兵变，后来转战到徐州一带，发展为规模很大的农民起义。起义军有二十万人，攻占了现在山东、江苏、安徽三省交界的广大地区，坚持了十四个月，最后也被镇压下去。但是起义的农民没有被杀绝，他们分散到各地，等待机会，再起来斗争。后来，他们参加了黄巢起义。

　　唐僖宗乾符元年（公元874年），濮州（今河南范县一带，濮pú）私盐贩子王仙芝和尚君长、尚让兄弟率领几千农民在长垣（今河南长垣，垣yuán）起义。王仙芝自称天补均平大将军、海内诸豪都统，发布檄文，斥责朝廷奸臣乱政，赋税繁重，赏罚不平。起义军攻下曹州（今山东曹县）、濮州，从几千人发展到几万人。接着，冤句（今山东菏泽）人黄巢和他的兄弟等八人，率领几千农民在曹州起兵响应。王仙芝和黄巢的两支队伍合在一起，一场轰轰烈烈的农民大起义开始了。

　　黄巢从少年时候就贩卖私盐，走南闯北，见多识广。他擅长骑马射箭，好结交

江湖好汉，喜欢济困扶危，对社会上不平的现象有反抗的思想。他也好读书，几次参加考试都没录取。他曾经写过一首《题菊花》的诗：

飒飒西风满院栽，蕊寒香冷蝶难来。

他年我若为青帝，报与桃花一处开。

有一年他没考上进士，又写了一首《不第后赋菊》：

待到秋来九月八，我花开后百花杀。

冲天香阵透长安，满城尽带黄金甲。

这两首诗借题发挥，不但用词巧妙，更有很强的战斗性，透露了他有朝一日要起来造反的意愿。

起义初期，王仙芝是全军统帅。起义军采取流动作战的方法，从现在的山东南部打到河南西部，又打到湖北东部。乾符四年攻到蕲州（今湖北蕲春，蕲qí）城下。唐朝的蕲州刺史请王仙芝、黄巢等人进城，对他们实行诱降，答应请求朝廷授给王仙芝官职。唐朝朝廷正想平息农民起义，就答应授给王仙芝一个空头官衔。王仙芝十分高兴，黄巢大怒，他责备王仙芝说："起初大家立过大誓，要横行天下。现在你去做官，起义的弟兄们该到哪里去？"说罢抓住王仙芝痛打了一顿。起义军其他将士也都斥责王仙芝。王仙芝害怕了，没敢接受唐朝的官职，下令攻占了蕲州。黄巢原想得个节度使一类有实权的官，占领一些州县，保存起义队伍，以便进一步扩充实力，继续进行推翻唐朝的战争，他比王仙芝坚定得多。两位领袖意见不合，起义军也就分裂了。王仙芝和尚君长、尚让等率领一部分人攻破一些州县，可是他曾经七次向唐朝统帅请求投降，没有得到允许，最后被唐军打得大败，牺牲了几万人，王仙芝也被杀死，这支起义军终于失败了。

黄巢率领另一部分起义军北上，转战于山东、河南一带。王仙芝败死以后，尚让带领残余部队投奔黄巢，推黄巢为王，叫作黄王，又称冲天大将军，改年号"王霸"，设置官属，建立起政权的雏形。

接着，黄巢率领起义军打过长江，一路横扫现在的江西、浙江、福建等省的许多地区。在攻入浙江以后，起义军开辟了从衢州（今浙江衢州，衢qú）到建州（今福建建瓯）的山路七百里，表现了顽强的精神。接着又攻进现在的广东，占领了广州。当时唐朝的军队集结在中原一带，岭南地区兵力比较薄弱。黄巢本想占领岭南地区，休整一个时期，积蓄力量，再打到中原去，推翻唐朝，可是部将们不愿休息，要求尽快打回北方。黄巢同意了这个要求，以天补均平大将军的名义发布檄文，指责朝廷的罪恶，率领起义军从广州出发，向北攻进现在的湖南、湖北，向东打到江西、安徽、浙江等地。起义军的声势越来越大，人数越来越多，发展到六十万人。唐僖宗派了好几支大军前往镇压，也阻挡不住。起义军渡过淮河，向西北进军几千里，攻下东都洛阳，唐军只得退到潼关防守。一路上，起义军纪律严明，不掳掠百姓，只没收官商富户的财产充作军需，他们进洛阳城的时候亲切慰问百姓，秩序井然。

起义军挺进到潼关城下，漫山遍野都是起义军的白旗。当黄巢来到的时候，全军士气高昂，大声欢呼，山河似乎都给震动了。唐军凭借关隘，勉强守了两天。到第三天，尚让和黄巢的外甥林言分兵从一条叫"禁谷"的小路绕到关后，内外夹击，攻破了潼关。这条"禁谷"在平时为了防止商人逃税，禁止通行，里面长满了灌木藤葛。这回起义军打来，唐军竟然忘记设防。第一天双方接战以后，官军溃败，争着从禁谷逃命，一夜工夫把地面踏平了，正好给起义军开辟了道路。

潼关失守，唐朝朝廷一片恐慌。大宦官田令孜带领五百名禁军，拥着唐僖宗和少数几个妃子、皇子，偷偷地溜出长安，逃往四川去了。

起义军的先锋部队来到长安，唐朝的金吾大将军张直方带领文武官员几十人到长安郊外迎接。黄巢乘坐用黄金装饰的轿子，由身披锦绣、手执兵器的随从簇拥着，威武雄壮地进入京城。人强马壮的起义军队伍，充塞道路的辎重车辆，浩浩荡荡地跟随着前进。

长安的老百姓听说黄巢进城，都走出家门，夹道欢迎，观看起义军军容。尚让向大家宣告说："黄王起兵，本来为拯救百姓，不像李家皇帝不爱护你们。你们尽管各自安居乐业，不必惊恐。"起义军士兵多是受尽剥削压迫的农民，见到贫苦百姓都很同情，纷纷散发钱财布帛救济他们，可是抓住了唐朝的官吏就立刻处死。

几天以后，就是唐僖宗广明元年十二月（公元881年1月），黄巢在长安即位称帝，国号大齐，年号金统，任命尚让为宰相，孟楷、盖洪为将军，著名诗人皮日休为翰林学士，组成了由起义军文武首领和唐朝降官混合的大齐政权。

起义军在建立政权以后，仍然不重视建立根据地，夺取了重要城市也不留兵驻守，不穷追唐朝的残兵败将，加上尚让等人急于享乐，随便杀人，不设法革新政治，不讲究斗争策略，埋下了失败的种子。

黄巢领着好几十万起义军进入长安，所经之地又不留兵把守，实际上是把后路让给了唐军。所以到长安后不久，唐军就尾随前来，把长安城团团包围起来。起义军的粮食不多了，许多人饿死。开始陷入被动。

黄巢也想摆脱困境，派尚让等人率领八万人马攻打凤翔。不想尚让骄傲轻敌，遇到埋伏，大败而归，人马损失了两万。有人在他的府门上写诗嘲笑他，他就派人搜捕能写诗的人，逮住就杀，还把看门人和府中官吏的眼睛挖出来，再脚朝上倒挂起来折磨死。这样，起义军渐渐失去了民心。

唐朝朝廷调兵围攻长安。起义军仅占有长安附近一些地方，将领们各自拥有自己的军队，黄巢的号令失去作用。金统二年（唐中和二年，公元882年），起义军将领朱温投降了朝廷，接着唐朝朝廷又调了沙陀（西突厥的一个小部落）贵族、雁门节度使李克用，统领大军前来镇压，形势很危急。金统三年（公元883年），黄巢率领十八万军队撤出长安，转移到淮河中游地区，攻打陈州（今河南淮阳）。起义军打了三百天，没能把陈州攻下来，自己反而遭受惨重损失。黄巢只得下令撤围，带领余下的部队转移，又被李克用击败。起义军中的一些人看到大势已去，陆续向唐朝将领时溥投降，葛从周等投到朱温部下。

金统五年（唐光启元年，公元885年）夏天，黄巢和兄弟黄邺（yè）、黄揆（kuí）、外甥林言退到泰山狼虎谷（在今山东莱芜境内），觉得再没有力量进行斗争，就自杀了。

　　黄巢起义虽然失败了，但起义沉重打击了唐朝的统治。黄巢起义失败后二十多年，公元907年，黄巢曾经的部将朱温（又名朱全忠）就逼迫唐哀帝"让位"，盛极一时的唐朝就此灭亡。朱温改国号为"梁"，史称"后梁"，他就是后梁太祖。

宠信伶人

朱全忠（朱温，又叫朱晃）当上了皇帝，可他的江山并不稳固。有一些藩镇头领不承认他，特别是晋王李克用，发誓与朱全忠不共戴天。这样，后梁一开始就遇上了劲敌。

李克用是北方少数民族沙陀人，本姓朱邪（yé），李是唐朝皇帝赐给他的姓，他瞎了一只眼，外号"独眼龙"。因为镇压黄巢起义有功，唐僖宗任命他为河东节度使，后来封他为晋王。他拥兵占据着黄河以东一大片地区（今山西大部和内蒙古南部），成了实力雄厚的地方军阀。这就和朱全忠有了利害冲突，朱全忠总想消灭他。

唐僖宗中和四年（公元884年）春天，李克用领兵打败了黄巢的军队，回来的路上经过朱全忠的驻地大梁。朱全忠把他和他的随从官员迎接进上源驿的馆舍里，晚上设宴招待他们。表面上两人客客气气，握手言欢，显得很亲密。背地里，朱全忠早已布置了除掉他的陷阱。宴会以

〈 五代白釉盒 〉

后，李克用在驿馆里安歇。朱全忠的部将在驿馆周围埋下伏兵，在附近的街巷设下障碍，断绝了出路。深夜，李克用醉后正在呼呼大睡，突然，伏兵一跃而起，攻进了驿馆。李克用惊醒，来不及抵抗，被随从用席子裹着藏在床底下，才没被发现。碰巧来了一阵雷雨闪电，李克用和随从们慌忙趁机溜出驿馆，用绳子从城墙上吊出城去，狼狈地逃走了。从此，李克用恨死了朱全忠，长期和朱全忠交战。朱全忠灭唐称帝后，许多地方的藩镇表示服从，李克用可坚决不承认，仍然发兵攻打朱全忠。李克用临死的时候，拿了三支箭对他的儿子李存勖（xù）说："这三支箭，一支讨伐刘仁恭（割据幽州的藩镇），一支击败契丹（北方的少数民族），还有一支消灭朱全忠！"李存勖哭着接过箭来，表示一定要实现父亲的遗愿。

李存勖继承了父亲的职位。为了给父亲报仇，为了争夺天下，他把军队训练得更加精锐。他治军很严，给军队定了三条军法：第一，出兵作战的时候，骑兵不见敌人不许骑马；步兵和骑兵要按照各自的位置进行攻战，碰到危险也不许越位躲避。第二，各部队分路并进，必须在规定的时间到达指定的地方会合，不许违反。第三，行军的路上，如果有敢于称病的人，立刻斩首。对这样既严厉又残酷的军法，将士们都很害怕，不敢违犯，因此打起仗来能够拼死向前，以一当十。

李存勖自己勇力过人，武艺精熟，一向把打仗当作游戏。作战的时候，他根本不顾自己统帅的身份，常常冲到最前面，跟敌人单身搏斗。有时遭到对方包围冲杀，陷入危险的境地，部将们拼死把他救了出来，他也毫不在乎，只是说"险些给别人笑话"，下次依然这么干。他出兵跟梁军打了几次大仗，把五十万梁军打得大败而逃。梁太祖朱晃又恼又羞，一病不起，被儿子杀死了，只当了六年皇帝。李存勖发兵攻破幽州，活捉了刘仁恭、刘守光父子，把他们押回晋阳（今山西太原）杀了。九年以后，李存勖大破南进的契丹军队，把他们赶回北边去了。接着，他又跟梁太祖的儿子梁末帝朱瑱（zhèn）打了十来年仗，在后梁龙德三年（公元923年）灭亡后梁，进一步统一了北方，即位称帝，建国号为唐，定都洛阳，史称后唐，他就是唐庄宗。后梁一共存在了十六年。

李存勖报了大仇，当了皇帝，认为大功告成，从前的那点勇猛劲全没了，只顾享乐腐化起来。他特别喜爱演戏和打猎。他年轻的时候爱好音乐，能够作曲填词，后来他领兵作战，让军队在行军的时候唱他所作的歌曲。打完了仗，不管胜负，将士们一掉转马头就同声歌唱。这种做法倒能起到鼓舞士气的作用。当了皇帝以后，他的宫里养了很多伶人（演员，伶 líng），专门演戏给他取乐。他自己也常常穿上戏装，和伶人一起登台表演。他还给自己取了个艺名，叫"李天下"。

有一次，他上台演戏，自己连喊了两声"李天下！李天下！"伶人敬新磨上去打了他两个耳光，台上台下的人都大吃一惊，替敬新磨捏了一把汗。谁知敬新磨满不在乎，笑嘻嘻地说："理天下（理和李同声）的只有一个天子，你怎么叫了两声，还有一个是谁呢？"唐庄宗听了乐滋滋的，虽然挨了打，不但不生气，还很高兴，给了敬新磨厚厚的赏赐。

唐庄宗出外打猎，总要带上一大批将士、随从和伶人，还有猎犬、猎鹰等。每次总要踩坏大片庄稼。一次，他又带着大批人员到中牟（móu）县去打猎。士兵们在地里狂奔乱跑，驱赶着猎犬，追逐着野兽，一大片庄稼又给踩坏了。中牟县令实在看不过去，忍不住上前对庄宗说："陛下图一时的娱乐让士兵们任意践踏庄稼，农民收不到粮食，将来只有挨饿。皇上好比百姓的父母，哪能这样干呢？"庄宗一听气坏了，一个小小的县令，竟敢当众侮辱天子！立刻下令将他斩首。敬新磨看到县令要为这事被杀，实在太冤枉，想要上前劝谏，一看庄宗正在气头上，知道给他讲道理是没有用的。于是他拉着其他伶人一齐上前，揪住县令斥责说："你身为县令，知道皇上爱打猎，就应该让老百姓多留些空地，为什么偏偏让他们都种上庄稼，妨碍皇上打猎呢？你不责备自己，反而胆敢教训天子，岂不罪该万死！"其他伶人跟着一阵哄笑。唐庄宗在一旁听了，认为敬新磨说得挺对，挺解气，可再一琢磨，觉着他话里有话，表面上责备县令，实际上是批评自己。唐庄宗没有说话，气慢慢消了下去，最后赦免了中牟县令。敬新磨做了一件好事，唐庄宗也算接受了正确的意见，没有杀害无辜。

不过，这样的好事并不多。由于唐庄宗特别宠爱伶人，伶人们胆大妄为起来。他们可以随便出入宫廷，任意侮弄朝臣，甚至跟庄宗打打闹闹。最受宠信的伶官景进为了讨好唐庄宗，专门探听宫外的消息，回来说给庄宗听。庄宗特别爱听那些乱七八糟的事情。谁要是得罪了景进，他就无中生有，添油加醋地在庄宗面前说这个人的坏话，叫这个人倒霉，所以人们见了景进，没有不害怕的。一些朝臣和藩镇争着向景进送贿赂，只要他在庄宗面前替某人说句好话，这人就会官运亨通，步步高升。唐庄宗不顾大臣的反对，任命伶人去当刺史，而那些真正有功的武将和有才能的文官，反倒得不到提拔重用。

唐庄宗生活糜烂，经常叫伶官和宦官出去掠夺民间女子，不问什么人，见美女就抢，抢回来供他享乐。唐朝末年已经把宦官铲除了，梁太祖朱晃也没有使用宦官。到了唐庄宗，他下令召集逃散在各地的唐朝宦官进宫听他使唤，加上原来的，有将近一千人。他优待宦官，把宦官当作自己的心腹。他听从宦官出的坏点子，把天下的财货赋税分为"内府"和"外府"。外府作国家的费用；内府供他私人开支和赏赐之用。结果，外府常常空虚，不够支出；内府的财物都堆积如山。他又是个吝啬（lìn sè）鬼，财物再多也舍不得拿出来犒劳军士，曾经给他卖命打天下的军士们经常吃不饱穿不暖。他猜忌功臣，对有功的人不但不信任，不重用，还加以杀害。因此，唐庄宗当皇帝只有四年就闹得众叛亲离，终于在一次兵变中被箭射死了。

唐庄宗以后，后唐还有明宗、闵帝和末帝三个皇帝。后唐寿命比后梁还短，只存在了十四年，最后被石敬瑭（táng）建立的后晋推翻。

儿皇帝

石敬瑭也是沙陀人，他的父亲是李克用和李存勖手下的一员大将。石敬瑭年轻时沉默寡言，喜欢学习兵法，勇猛好斗，射起箭来百发百中。李存勖很赏识他，让他带领亲兵，当了个心腹将领。李克用的养子李嗣源（就是后来的唐明宗）对他也很器重，把自己的女儿嫁给了他。一次，在李存勖的军队跟后梁军队作战的时候，李嗣源带着石敬瑭去偷看梁军的营寨。猛然间，一队梁军骑兵冲出，向李嗣源杀过来，刀口差点儿砍到李嗣源的背上。这时候，石敬瑭一跃上前，舞动铁戟把梁军的几个头领刺下了马，救出了李嗣源。

石敬瑭很会动脑筋。一次，一家客店的老板娘到衙门里告状，说她在地上晒的谷子被一个军士的马吃了。军士辩解说，他的马没吃老板娘的谷子。两人争执不下，审案的官吏没法判断，这事闹到石敬瑭那儿去了。那时候，他已经担任了后唐的河东节度使，他对问案的官吏说："告状的人和被告的

‹ 五代青釉花棱腹双系罐 ›

人都说自己有理，这案子问是问不出来了。你何不把马杀了，破开马的肚肠看看，要是里面有谷子，证明老板娘告状有理，应该把军士杀了；要是马肚里没有谷子，证明老板娘是诬告，就应该把她杀了。"官吏叫人杀了马，破开肚肠一看，里面并没有谷子。在事实面前，老板娘无话可说，被定为诬告罪杀掉了。为这么一件事就杀人，说明石敬瑭为人残暴，但是也可以看出，他确实有点儿小聪明。

就是这个石敬瑭，后来干出了极其无耻的事。石敬瑭是个野心极大的人。在后唐，他虽然做到节度使的大官，被封为赵国公，但他仍然不满足，一心想要当皇帝。唐末帝李从珂（kē）任命他为天平节度使（管辖今山东东平一带地方）。他假称有病，不去上任。后唐朝廷下令削去了他的官职和爵位，命令晋州刺史张敬达领兵包围晋阳。石敬瑭赶忙派亲信桑维翰到契丹去请求援兵。契丹国王耶律德光一直想向南侵犯中原，当然乐意利用这次难得的机会，于是他满口答应等到中秋节以后，发兵去救石敬瑭。

后唐末帝清泰三年（公元936年）九月，耶律德光率领大军从雁门关南下，跟后唐军队打了一仗，把唐军打得大败，杀死唐军上万人。石敬瑭得救以后，带领部下将领从晋阳城出来拜见耶律德光。耶律德光拉着石敬瑭的手，跟他叙起父子情谊来了。石敬瑭比耶律德光大十一岁，到底应该谁是"父"，谁是"子"呢？石敬瑭厚颜无耻，百般献媚，极力装出个孝顺儿子的模样。耶律德光又对他考察了好多天，相信他确实是个尽忠尽孝的儿臣，才对他说："我看你的相貌和气量够做一个皇帝，我要立你为天子。"石敬瑭喜出望外，可又怕耶律德光说话不算数。他假意推辞了一番，桑维翰等人看到机会难得，都来"劝进"，请他不必推辞。这样，石敬瑭就真的做起皇帝来了。石敬瑭改国号为晋，史称后晋，他就是后晋高祖。耶律德光把自己身上穿的袍服脱下来，把自己头上戴的冠冕摘下来，替石敬瑭穿戴起来，封他为"大晋皇帝"，对他说："我把你看作儿子，你对待我就像父亲一样，我和你永远是父子关系。"石敬瑭对耶律德光感激涕零，怎样来报答这位异族"父亲"呢？他和桑维翰等人商量，决定把雁门关以北的幽、云等十六州的大片土地白白地奉献给契丹，每年再向契丹贡献丝绸三十万匹，还要送给契丹王、王太后和宰相等大官大批贿赂。石敬瑭称呼比他小十一岁的耶律德光为"父皇帝"，自称"儿皇帝"。从此以后，契丹王如果对哪件事感到不满意，就派人来责备石敬瑭。石敬瑭总是诚惶诚恐地谢罪赔礼，请求宽恕。

石敬瑭死了以后，他的侄子石重贵继位，就是晋出帝。晋出帝派人向契丹王报丧的时候，表上只称孙，没称臣。契丹王大发雷霆，发兵进攻后晋。晋出帝开运四年（公元947年），契丹军队攻进开封，灭亡了后晋。晋出帝石重贵向契丹王递交降表，自称"孙男臣重贵"。契丹王派人来抚慰他，说："孙儿不要发愁，我总让你有饭吃。"后来契丹王把石重贵一家带回了契丹。这个亡国奴受尽了奇耻大辱，苟活了十八年，最后死在契丹。

契丹统治者每次出兵侵犯中原地区，总要放纵军队大肆掠夺老百姓的粮食、牲畜和其他财物，烧毁房屋，奸淫妇女，掳人杀人。中原方圆几百里的许多地区，常常被他们糟蹋成了一片片的白地。有时候，他们对一座座城市加以屠戮，叫作"屠城"。一次屠城，被杀害的少则几千人几万人，多的时候有十几万人，他们这种行径，经常遭到正直官员和广大人民的反对。

在石敬瑭出卖幽、云十六州以前十年，后唐庄宗死了以后，唐明宗派姚坤为使臣，到契丹去报丧。契丹王看到唐明宗刚刚即位，后唐国内不安定，就趁机向姚坤威胁说："要是你们的天子能把黄河以北的地方让给我，从今以后，我就不再往南进攻你们了！"这话的言外之意是：不割让黄河以北的地方，契丹就要侵犯中原地区。姚坤坚决拒绝这个无理的要求，义正词严地对契丹王说："这不是使臣的事，我不能答应您！"契丹王十分恼火，把姚坤囚禁了起来。过了十多天，契丹王把姚坤放出来，又对他说："要是不同意割让黄河以北的地方，那么，给我们镇州、定州、幽州的地方也行。"说罢，拿出纸笔叫姚坤照这个意思写张契约，姚坤不写。契丹王威胁要杀他，姚坤毫无惧色。契丹王没办法，只好把姚坤又囚禁起来。

石敬瑭割了幽、云十六州以后，云州（今山西大同）将领吴峦率领将士、官吏和百姓守城，拒不接受石敬瑭的命令。契丹军把云州城包围起来，攻打了七个月也没能打下来，只好撤兵退了回去。

后晋出帝开运元年（公元944年），已经投降契丹的后晋将领赵延寿率领一支契丹军队侵犯中原。回来的时候，他们驱赶着大批掠夺来的牛羊从祁州（今河北无极）经过。祁州刺史沈斌带领州里的军队截击契丹军。契丹军人多势众，州里的军队少，打不过契丹军。这时候，赵延寿站在城外，恬不知耻地对沈斌说："咱们是老朋友啦！看在朋友的分上，我劝你还是开门投降，保你能得到好处。不然你会要吃败仗、遭凌辱的。"沈斌愤怒地斥责赵延寿说："你投降契丹，领兵来残害中原百姓，不以为耻，反以为荣！我宁愿为国家而死，决不跟你走一条路！"第二天，赵延寿指挥契丹军队攻破祁州城，沈斌威武不屈，终于殉国。

　　石敬瑭出卖的幽、云十六州中，有个蔚州（今河北蔚县一带，蔚yù），居住在这里的少数民族吐谷浑（谷yù）不堪忍受契丹贵族的残暴统治，在首领白承福的率领下迁移到了河东地区，表现了不可侵犯的气概。

　　当时，还有许多人用各种方式反抗契丹的侵犯和统治。各地人民群众不愿意归附契丹，少的几百人上千人，多的几万人，纷纷组织起来抗击契丹军队，攻破契丹占领的州县，杀死契丹任命的官吏。后晋的爱国士兵也不愿意投降，跟契丹军队英勇作战。在广大军民的抗击下，契丹军队好几次被打得大败。契丹王耶律德光十分害怕，对侍从说："想不到中原人这样难对付！"公元946年，耶律德光灭亡了后晋，后晋只存在十一年。

　　石敬瑭为了个人利益，出卖幽、云十六州，造成了后患无穷。后代人为收复这块失地，付出了极大的代价。

高平之战

当契丹军队攻进开封、灭亡后晋的时候，后晋的河东节度使、沙陀人刘知远在太原称帝，建都开封，国号汉，史称后汉。后汉只传了两个皇帝，存在了四年，就被大将郭威所取代。郭威灭亡后汉，建立后周，都城仍旧设在开封，他就是周太祖。周太祖是汉族人，他出身贫苦家庭，知道民间疾苦。他当了皇帝以后，能够保持节俭生活，虚心纳谏，留心搜罗人才，奖励生产，废除苛捐杂税，因此社会生产得到发展。显德元年（公元954年），周太祖郭威死去，他的养子郭荣（本姓柴）即位，就是周世宗。

周世宗精明强干，很有志气，想在政治上和军事上有一番作为。他曾经说：希望做皇帝三十年，用十年时间开拓疆土，用十年时间使老百姓休养生息，用十年时间把天下治理得太太平平。他留心农事，让人用木头刻了农夫、蚕妇的形象放在殿庭上，以便能够天天看到它，给百姓减轻些痛苦。有一次，他和文武百官在皇宫里会餐。他说："这两天很冷，我在宫中吃好的饭食不觉得寒冷。我对百姓没功劳，坐享天禄，实在感到惭愧。我既然不能耕田自食其力，就只有亲临战阵来为民除害，这样心里也许安稳些。"这番话，固然是说他自己，也是勉励那班文臣武将的。有一年，皇宫里的永福殿坏了，周世宗下令重修，叫宦官孙延希、董延勋等四人管理修缮工程。周世宗到工地，看见有些工匠用瓦盛着饭，把木片削了当汤匙来吃饭，十分生气，下令把孙延希杀了，罢免了董延勋等三人的官职。周世宗作为封建王朝的最高统治者，能够想到农民和工匠的疾苦，能够这样来要求臣子，这是前朝的许多君主做不到的。

周世宗还对佛教采取了一些限制措施。他下令，所有的寺院，不是经过朝廷特别许可的，一律废除。这一年，各地一共废除了三万多座寺院，让大批的和尚、尼姑还俗。这就减轻了老百姓的负担，也免除了一般的和尚、尼姑在寺院中所受的压迫。他还下令把寺院中的铜佛像销毁，拿来铸造铜钱。镇州（今河北正定）有一尊大观音像，传说很有灵验。销毁佛像的诏令下来以后，当地的官员没人敢动这尊佛像。周世宗来到这里，亲自用斧头砍破这尊佛像的面部和胸部，旁边的人都很惊慌，可是看到皇帝亲自动了手，只得上来把这尊佛像毁了。

〈 南唐徐氏墓志（十二生肖） 〉

周世宗所说的用十年时间开拓疆土，意思是统一国家。自从唐朝藩镇割据以来，天下搞得四分五裂。到五代十国时期，更弄得支离破碎，十几个政权同时存在，你攻我打，许多地方百姓不得安宁，生产不能发展。周世宗想要统一天下，表现出他有远大的政治眼光，也符合人民的愿望。

周世宗即位那年（公元954年）三月，

北汉主刘崇（后汉高祖刘知远的弟弟）勾结辽军（公元947年，契丹国王耶律德光改国号为辽）大举入侵。北汉兵三万人，辽国骑兵一万多人，合力向潞州（今山西长治，潞lù）进攻。这是决定存亡的战争，周世宗决定亲自率领军队去抵御。许多臣子都来劝阻，说：刘崇不敢自己来，皇上不必亲征，派个大将领兵出战就可以了，宰相冯道更是极力劝阻。周世宗说："刘崇欺我年轻，又刚刚即位。他想吞并天下，一定会自己来，我不能不亲自去。"又说："从前唐太宗定天下，都是亲临战阵，我怕什么？"狡猾透顶、向来不肯轻易说话的冯道居然顶撞起来，说："陛下未必学得到唐太宗！"周世宗说："刘崇的军队是乌合之众，我去破他就像用泰山去压鸡蛋。"冯道又说："陛下能做得泰山吗？"冯道敢于这样顶撞，说这些挖苦的话，那是因为他认定周世宗出兵一定要失败。

原来，周世宗过去只是由于办事谨慎，得到郭威的信任，替郭家管理家务。他从来没有领兵打过仗，也没有表现出有什么军事才能，所以冯道认为他不中用，打仗必然失败。在这节骨眼上，周世宗如果有软弱的表示，刚刚建立不久的后周肯定会要亡国。周世宗心里可有主意，他力排众议，坚持要亲自领兵前去。另一位宰相王溥（pǔ）也支持他亲征，大臣们这才没再说什么了。

几天以后，周世宗率领大军从开封出发，昼夜兼程，向北挺进。在路上，有个叫赵晁（cháo）的将领说："北汉兵多势盛，咱们应该持重缓进。"他所说的持重缓进，就是畏缩不前，准备挨打。周世宗一听火了，下令把赵晁关进监牢，从此以后，将领们再也不敢说泄气的话了。

北汉军队屯扎在高平（今山西高平）南边，周军屯扎在泽州（今山西晋城）东

北。北汉主刘崇率领中军摆开阵势，东边有猛将张元徽，西边有辽国大将杨衮（gǔn），耀武扬威，根本不把周军放在眼里。周军将士们见了，心里暗暗害怕。周世宗以高昂的气概、坚定的态度，命令李重进、白重赞率领左军在西，樊爱能、何徽率领右军在东，向训、史彦超率领精锐骑兵居中。他自己则骑在马上，由护卫簇拥着，在远处观战。

刘崇望见周军人数不多（周军的后续部队还没赶到），就下令发动进攻。张元徽率领北汉骑兵突击周军的右军。樊爱能、何徽稍微抵抗了几个回合，就往后退走，这一来，右军骑兵大乱，步兵向敌人投降。周世宗看见情况危急，就率领一支骑兵冲到阵前，亲自督战。亲军将领赵匡胤（yìn）和大将张永德，各自带领两千人马杀入敌阵，左冲右突，努力奋战，摧垮了北汉军队的阵脚。周军将士见皇帝亲自来到阵前，立刻军心大振，人人奋勇，个个争先，经过一场激战，把北汉军队打得大败，杀死了张元徽。杨衮害怕周军，不敢前来援助，带领辽军溜走了。刘崇吃了大败仗，只得带着残兵败将日夜奔驰，逃回太原去了。

战斗结束，周世宗对有功的将士都一一赏赐、提升，把临阵后退的将领樊爱能、何徽等处死了。赏罚分明，全军口服心服，军威大振。经过这次大战，周世宗表现出英武果断的才能，国内国外，谁也不敢再小看他了。依附辽国的北汉不得不收起夺取中原，恢复沙陀政权的野心。因此，高平一战，不但保卫了后周的政权，而且保障了从分裂割据走向统一的历史趋势，有着重要的意义。

后来，周世宗又出兵征淮南，取得了淮河以南长江以北的十四州、六十县，和南唐划长江为界。回过头来，他又下诏征伐辽国，收复了北方的部分失地。不幸的是，在进军途中，他突然得病死去，统一天下的事业只完成了一小半。

周世宗立法严峻，对失职误事的官员往往施用重刑，多杀了一些人。由于连年征战，消耗的经费和物资很多，加重了老百姓的负担。不过，周世宗在政治上改革了不少前代积下来的弊病，在军事上开辟了统一全国的道路，是一个有作为的皇帝，他的历史功绩是应该得到肯定的。

唐朝灭亡后，中原地区先后兴起了后梁、后唐、后晋、后汉、后周五个政权，被称为"五代"；与此同时，还存在着荆南（南平）、吴、南唐、吴越、楚、闽、前蜀、后蜀、南汉、北汉等政权，被称为"十国"，历史上把这一时期称为"五代十国"。

陈桥兵变

取代后周的宋朝是怎样建立的？这要从陈桥兵变开始讲起。五代的后周在周世宗在位的时候，先后统一了关中地区、淮河流域，周世宗又亲自北伐契丹，收复了一些地方，打下了统一的基础。显德六年（公元959年），周世宗去世后，他七岁的儿子柴宗训继位。

当时，后周有个重要将领叫赵匡胤，他是涿郡（今河北涿州）人，公元927年出生在一个世代做官的家庭里。青年时代，他喜爱武艺，曾经得到后周太祖郭威的赏识。后来，他在战争中立了不少功劳，被提拔为殿前都点检（皇帝亲军的最高长官）。从此，赵匡胤掌握了后周的军事大权。他兼任宋州（今河南商丘南）归德军节度使（管辖几个州的军事、行政长官），防守都城汴京（今河南开封）。赵匡胤和他的弟弟赵匡义、幕僚赵普等人看到柴宗

《 宋太祖蹴鞠图 》

训年幼，就秘密策划要夺取皇位。

后周显德七年（公元960年）元旦，后周的君臣正在庆贺新年。在赵匡胤等人的指使下，镇州和定州（今河北正定和定州）有人到开封谎报军情，说北汉和辽国的军队联合南下，声势很大。后周的宰相范质和王溥等人不辨真假，急忙派赵匡胤带领大军前去抵抗。赵匡胤带领军队走到开封东北一个叫陈桥驿的地方停了下来。

这天晚上，将士们在一块儿议论朝政。赵匡胤的一个亲信对大家说："如今主上年幼，不能主持政事，我们出死力为国家破敌，有谁知道呢？不如先立点检做天子，然后北征，也还来得及。"

众人听了，连声赞同，就派一个将军去见赵匡义和赵普，把大家的想法告诉他们。正说着，众将闯了进来，齐声说："军中已经商议决定，要推点检做天子！"赵匡义高兴地说："大家都拥戴点检，这真是人心所向呀！大家如果能约束士兵，禁止他们扰乱抢劫，就能稳定人心，四方安定，你们也都可以共保富贵了。"众将连连点头应允。

赵匡义和赵普等人赶忙部署好部队，又连夜派人给镇守京城的禁军将领石守信、王审琦送信，叫他们在京城内部策应。这两个人是赵匡胤的心腹，接到这个消息后立即做好准备。

第二天黎明，陈桥驿四面突然呼声大起，声震原野。赵匡胤酒醉方醒，他走出卧室，只见众将个个手执武器，列队站在庭前，齐声说道："诸将无主，愿请点检做天子。"赵匡胤还没来得及答话，就被众将拥到厅堂。有人把事先预备好的皇帝穿的黄袍披在他的身上，众将一齐下拜，齐声高呼"万岁"。

　　这次政变完全是赵匡胤跟他的亲信一手策划的，可是，他却假意推让了一番。众将哪里肯答应？赵匡胤趁机说："你们贪图富贵，立我为天子。我发出号令，你们能听从吗？"大家异口同声地回答："愿听命。"

　　赵匡胤又说："皇帝和太后都是我侍奉过的；朝廷中的大臣都是我的平辈，你们不能欺侮冒犯。近年来新皇帝一上台，进了京城就放纵士兵抢劫，你们不能这样做。凡是听从我命令的，以后必有重赏；违反的，一律严办。"接着，赵匡胤带领大军，掉转马头，回到了开封。

　　开封居民早已经听到政变的风声，见赵匡胤的大军去了又来，非常惊慌。直到听人说赵匡胤在陈桥驿军前的讲话，又看到巡逻的士兵处死趁机抢劫的歹徒才安下心来。京城秩序也恢复了正常。

　　后周的大臣韩通听说赵匡胤发动政变，急忙从内廷飞奔回家，准备组织力量抵抗，刚走到半路，就被赵匡胤的部下王彦升发觉杀死了。

　　后周的宰相范质、王溥被将士拥到赵匡胤那里。赵匡胤正脱下黄袍打算休息，他假装哭着对范质、王溥说："我受大周天子的厚恩，今日被将军们逼迫做出这样的事，真是惭愧，叫我怎么办呢？"

　　范质刚要说话，赵匡胤的部下罗彦瓌（guī）按剑上前，大声喝道："我们今日一定要立点检做天子！"赵匡胤假意喝道："还不退下！"罗彦瓌却按剑不动，吓得范质、王溥脸色都变了。于是，王溥赶紧退到台阶下，伏身下拜。范质也只好跟着下拜，口呼"万岁"。

　　正月初五下午，赵匡胤举行做皇帝的仪式。崇元殿上聚集了文武百官。一位官员拿着事先以柴宗训的名义写好的诏书，宣布把皇位禅让给赵匡胤。赵匡胤正式登上了皇位，接受群臣的拜贺。

这次政变历史上称为"陈桥兵变"。赵匡胤曾担任过宋州归德军节度使，因此他把国号定为"宋"，仍旧把开封作为都城，历史上称为"北宋"，赵匡胤就是宋太祖。

宋太祖登基后，采用杯酒释兵权的方法，解除了禁军将领和节度使等高级将领的兵权，基本解决了唐朝末年以来武将专权的问题。

在解决了武将专权的问题后，宋太祖开始着手消灭其他割据政权，他采取"先南后北，先易后难"的方针，先后消灭了荆南（南平）、后蜀、南汉和南唐。就在宋太祖雄心勃勃，准备消灭其他政权时，公元976年，宋太祖赵匡胤去世，其弟赵匡义即位，就是宋太宗。

杨家将

宋太宗即位后，继续宋太祖未完成的统一大业，先后收服了南方的吴越政权，灭亡了北方的北汉政权，又将目标对准了北方的辽国。

宋太宗灭亡北汉后，带兵继续北上攻辽，很快就打到了辽国的幽州城（今北京）。宋辽两军在幽州城北的高梁河展开激战，宋军大败，宋太宗中箭后坐驴车逃走。

高梁河战役后，辽国的军队又不断南下，宋辽之间经常爆发战争，其中杨家将抗辽的事迹最为动人。

杨家将最早的统帅是杨业，又名杨继业，本来是北汉的大将。北汉被宋朝灭亡以后，他就做了北宋的将军。他先担任郑州刺史，后来又担任代州（今山西代县）刺史，守卫宋朝的北方边境。因为他英勇善战，所以人们称他"杨无敌"。

〈 契丹大字北大王墓志 〉

　　辽乾亨二年（公元980年）三月，辽国出动十万大军，侵犯雁门关。雁门关是代州北面的重要门户，如果雁门关失守，代州也就难保。镇守代州的杨业带领数百名骑兵从小路绕到雁门关北面。敌人想不到背后来了宋朝的军队，又不知道这支军队究竟有多少人马，吓得四处逃散，结果，杨业打了胜仗。胜利的消息传到京城，宋太宗非常高兴，特地给杨业升了官。

　　这一来，杨业的威望大大提高，因此引起了一些大官僚和防守边境的将领的妒忌，他们上疏给宋太宗说杨业的坏话。可是，宋太宗却把这些中伤他的奏章封起来送给杨业，表示对他的信任。

　　辽景宗死后，年仅十二岁的辽圣宗即位。宋太宗看到辽圣宗年幼，认为收复燕云十六州的机会来了，决心出兵收复失地。宋雍熙三年（公元986年），宋太宗分兵三路攻打辽国。东路由大将曹彬带领主力部队，向幽州前进；中路由田重进带领军队，攻取今河北西北部和山西东北部各地；西路由潘美带领一支军队，攻取山西北部各地；然后三路大军会合，收复幽州。杨业就在西路军中，做潘美的副将。

　　潘美、杨业一路上英勇作战，很快打下了寰（今山西朔州东，寰huán）、朔（今山西朔州）、应（今山西应县）、云四个州，收复了山西西北部的大部分失地。

　　正当西路军节节胜利的时候，不料东路军在涿州打了败仗。宋太宗看到主力部队失败，连忙下令退兵，于是，潘美、杨业退回代州。不久，应州的宋军逃跑了，辽军又趁机打进了寰州，形势非常紧张。

　　宋朝下令把寰、朔、应、云四州的人民迁到内地，要潘美、杨业的部队负责掩护。可是，寰州和应州已经丢了，剩下的云州远在敌人的背后，朔州也在敌人的身

旁，要疏散那里的人民非常困难。

杨业凭着多年来对辽国作战的经验，提出了一个稳妥的作战方案，他说："现在敌人的实力比较强，应当暂时避开他们的锋芒，不能去硬打。我们先假装攻打应州，敌人一定派大军前来迎战。我们派人秘密跟云、朔两州的守将约好日期，要他们利用这个时机，赶快带领百姓往南走。我们派三千弓箭手和骑兵在中路接应，百姓就可以安全撤退了。"他刚说完，监军王侁（shēn）反对说："我们有几万精兵，为什么这样胆小害怕！应该走雁门关北面的大路向朔州行进，然后攻打寰州。"他还冷嘲热讽地对杨业说："将军向来号称'无敌'，如今看到敌兵就停止不前，不肯打仗，难道你有其他想法吗？"

杨业十分气愤。他不愿跟王侁争论，横下心来，说："我并不怕死，只因为时机不利，不愿意让士兵白白送死。你既然这样责怪我，我领兵前去就是了。"

杨业带领军队出发的时候，流着眼泪对潘美说："这次出兵一定不利。我原想等待时机，为国家杀敌立功。现在，我愿意先死在敌人的手里。"接着他又说，"你们在陈家谷准备好步兵弓箭，接应我们。"说完，便带领人马直奔朔州。他的儿子杨延玉和岳州刺史王贵也一同前往。

辽军听说杨业前来，出动大批军队把宋军团团包围起来。杨业父子和他的部下虽然英勇奋战，毕竟寡不敌众。他们从中午一直打到傍晚，只剩下一百多人，好不容易突出重围，边战边走向陈家谷退却，指望着潘美前来接应。

哪知道潘美的军队早已离开了陈家谷。原来潘美、王侁在谷口等候了多时，得不到杨业的消息，以为辽军已经被杨业打败。王侁怕杨业独自立了大功，一心想去抢占功劳，连忙带领军队离谷前进，潘美也带领军队向西南方向前进。不久，他们听说杨业打了败仗，又赶快向后逃跑，再也顾不得接应杨业了。

杨业带领一百多人转战到陈家谷，连宋军的人影也没看到，不觉失声痛哭起来。他决心以死报国，就对部下说："你们各有父母妻子，不必跟着我一道死，赶快夺路逃走，好回去报告朝廷。"部下都感动得哭起来，没一个人肯逃走。

杨业只得带领将士继续跟敌人奋勇作战。王贵用箭射死了几十个敌人，箭用完了，他又赤手空拳打死了一批敌人，才壮烈牺牲。杨延玉也在战斗中英勇献身。这时候，杨业身上已经受了几十处伤，剩下的将士不多了，他仍然坚持继续战斗，杀死了几十个敌人。因为战马重伤走不动了，他跑到树林中躲藏被敌人发现，把他抓住了。杨业被俘以后坚贞不屈，绝食三天，壮烈牺牲。

杨业有七个儿子，除了杨延玉牺牲，其余六个儿子都得到了官职。其中数杨延朗（后来改名杨延昭，就是传说中的"杨六郎"）最有名。杨延昭镇守边关二十多年，多次打败辽军的侵扰，保卫了北宋的边境。有一次，辽军大举南侵，他建议北宋朝廷趁机出兵收复燕云十六州，可惜这个建议没有被采纳。

杨延昭的儿子杨文广曾在西北抵抗过西夏，后来又在河北一带做过地方官。他也提出过收复燕云十六州的计划，但是宋朝统治者没有理睬他。

杨家将祖孙三代英勇抗辽，为保卫宋朝作出了贡献。人们非常怀念和敬佩这些反抗外族侵略、保卫边境的英雄，因此杨家将的故事在民间广泛流传，但是其中有很多情节和人物（如杨宗保、穆桂英等）都是虚构的。

澶渊之盟

宋朝两次攻打辽国失败以后，不敢再主动出击，完全采取守势了。

宋朝在跟辽国交界的地方开凿了一些河道，称为界河，有些地方还种植了树木。可是，河道和树木哪里阻挡得住辽军的进攻呢？

宋真宗景德元年（公元1004年），辽国又调动二十万大军，打到靠近黄河的澶州（今河南濮阳西南，澶chán），威胁着宋朝的都城汴京。告急文书雪片似的飞向汴京，宋真宗召集群臣，商量对付的办法。参知政事（副宰相）王钦若是江西人，主张放弃汴京，把都城迁到金陵。另一个参知政事陈尧叟是四川人，主张把都城迁到成都。他们都为了自身的利益主张迁都逃跑，避开敌人的锋芒。

这时候，一个大臣站起来说："主张迁都的人，都应当杀头！现在上下齐心，要和敌人决一胜负。陛下应当趁

〈 契丹铜镜 〉

这个时机亲自出征，为什么要放弃京城远逃呢？京城一失，人心崩溃，敌人长驱直入，天下还保得住吗？"这个大臣就是宰相寇准。

寇准是华州下邽（今陕西渭南，邽guī）人，从小聪明好学，年轻的时候考中进士，先后在地方上和中央政府里做官。寇准为人耿直，刚强果断，受到宋太宗的信任。宋真宗曾任命毕士安为参知政事，毕士安向宋真宗谢恩，宋真宗说："不用谢恩了，我还要任命你做宰相呢。"并问他，"谁可以跟你一道担任宰相？"毕士安回答说："寇准天资聪明又忠义，能处理大事，我不及他。"宋真宗又问："听说他刚强任性。"毕士安便说："寇准忘记自己，一心为国，主持正义，反对奸邪，所以好多人讨厌他。如今北方边境不得安宁，正应该重用像寇准这样的人。"就在辽军大举入侵的前夕，宋真宗任命毕士安和寇准为宰相。

这年十一月，宋真宗在寇准的劝说下，亲自率领大军从汴京出发，来到了韦城（今河南滑县东南）。

守卫澶州的宋军听说皇上亲自出征，士气高涨，打退了辽国军队的进攻，打死了辽国大将萧挞览。萧挞览在辽军中地位很高，他一死，辽军的锐气受到了很大的挫折。

可是，就在这时候，宋朝统治集团内的主和派又提议迁都金陵。宋真宗本来就没有决心抗敌，在主和派的怂恿（sǒng yǒng）下，他又犹豫不决，找寇准前来商量。

寇准说："群臣胆小无知。如今敌军迫近，情况危急，陛下只能前进一尺，不能后退一寸。在河北的我军日夜盼望陛下前去，他们信心百倍。如果这时候撤军后退，百姓失望，军心涣散，势必瓦解。敌人趁机杀来，恐怕连金陵也保不住了。"

　　宋真宗还是拿不定主意，寇准又和殿前都指挥高琼一道去劝说宋真宗。宋真宗这才勉强带领大军到了黄河边上。举目一望，只见黄河北面密密麻麻，布满敌军的营垒，宋真宗又惊慌起来，不敢渡河。

　　寇准上前催促说："陛下如果再不过河，人心惶惶，怎么能够打败敌人呢？如今各路大军纷纷前来，还怕什么？"高琼也上前说："请陛下赶快去澶州。我们愿意拼死报国，敌军不难破。"宋真宗只好下令进军，渡过黄河，进入澶州城。他在澶州北城门楼上召见众将。远近将士望见宋真宗的御盖，欢呼跳跃，齐声高呼"万岁"，宋军的士气高极了。宋真宗把军事大权交给了寇准。

　　这时候，几千名辽军骑兵前来攻城，寇准下令开城出击。宋军奋勇冲杀，消灭敌人一大半，辽军的士气更加低落了。

　　宋军得胜以后，宋真宗命令寇准留在北城，自己回行宫去了。他回到行宫后还不放心，又派人去看寇准在做什么，只见寇准正跟一位官员在饮酒，说说笑笑，根本不把辽军当回事。宋真宗听说后，高兴地说："寇准这样从容不迫，我还担心什么呢。"

　　其实，宋真宗并没有决心抗辽。早在他亲自出征以前，就派一个叫曹利用的官员到辽国去谈判。辽军因为不断受到挫折，处境越来越不利，就同意和宋朝议和。

　　寇准坚决反对议和，主张乘胜收复燕云十六州。一些主和派便放出谣言，说寇准想利用军队夺取权势。在这种情况下，寇准没有办法再坚持自己的意见，只好同意议和。

　　要议和，就得每年给辽国一些银子和绢。给多少呢？宋真宗对派去议和的曹利用说："如果不得已，即使每年给一百万，也可以答应下来。"

寇准嘱咐曹利用说："虽然皇上许诺给百万银绢。可是，你答应的数目不能超过三十万。超过这个数目，我就杀你的头！"

第二年（公元1005年）年初，宋辽双方订立和约，规定北宋每年给辽白银十万两，绢二十万匹。因为这次和约是在澶渊（澶州）订立的，所以称为"澶渊之盟"。

和约订立以后，宫廷内误传为三百万。宋真宗大吃一惊，说："太多了！"接着又说，"姑且了事，这样也可以。"等到知道确切数字以后，这个一心妥协的宋真宗高兴极了，竟认为这是宋朝谈判的"胜利"，还亲自写了诗表示庆祝。

打这以后，宋朝统治者加紧向人民榨取更多的银绢，付给辽国。百姓的负担加重，生活更加痛苦了。

辽国统治者每年获得大量银绢还不满足。到了宋仁宗庆历二年（公元1042年），辽兴宗又扬言要发兵南下。宋仁宗连忙又派人去谈判，答应每年再增加银十万两、绢十万匹，又一次向辽国屈辱求和。北宋朝廷软弱无能，在外族入侵时只能退让妥协。

王安石变法

宋朝建立后，大官僚、大地主的兼并和剥削越来越严重，农业萧条，田赋收入没有保证，可是政府的开销却成倍地增长，再加上每年还要付给辽国和西夏大量的银绢，造成了财政上的困难，宋朝统治面临危机。宋神宗即位以后，急于改变这种危险的局面，巩固自己的统治，于是起用了主张改革的王安石。

王安石，字介甫，抚州临川（今江西省抚州市临川区）人，公元1021年出生在一个地方官吏家庭里。青年时代的他曾经跟随父亲游历大江南北，对民间的情况比较了解。二十二岁那年，他考中进士，以后就在地方上做官。

王安石担任鄞县（今浙江宁波鄞州，鄞yín）知县的时候，亲自视察当地的农业生产和水利灌溉情况，了解到由于河道淤塞，经常发生灾荒。于是，他组织农民兴修水利，疏通河道，还在青黄不接的季节把县仓的存粮借给农民，

〈 北宋泥活字版 〉

等秋收以后再按照所借数量，加上少量利息偿还给官府，使农民免受地主豪绅的重利盘剥。这样既方便了贫苦农民，又使官府所存的陈粮经常换成新粮，因此受到人们的称赞。

王安石当了将近三十年的地方官，做了不少对农民有利的事。后来，他调到京城任三司度支判官（管理财政的官员），产生了改革政治的想法，向当时的皇帝宋仁宗上了近万言的奏疏，提出了变法的主张。可是，宋仁宗并不重视。

治平四年（公元1067年），宋英宗的儿子赵顼（xū）继位做皇帝，就是宋神宗。宋神宗是个有作为的皇帝。他在做太子的时候就听说王安石是个有学问、有才能的人。因此，他继位不久，就任命王安石做江宁知府，接着又调他到京城做官。

王安石到了开封，宋神宗很快召见他，问道："宋朝开国以来，祖宗守天下，能够百年之久，没有大的变故，保持太平，用的是什么办法？"

王安石经过认真思考，写了一篇奏疏。他在奏疏中说，由于政治、经济、军事方面存在的问题很多，所以，国弱民穷，幸好边境上没有战事，国内没有灾害，才使天下百年没有变故。但是，这种局面不可能长久维持下去，如今皇帝正是大有作为的时候，希望陛下能为国家做一番事业。

就在奏疏送上去的第二天，宋神宗召见了王安石，说："你的奏疏讲得很有道理。你指出的这些过失，应当怎样治理呢？"王安石阐述了自己的变法主张。宋神宗高兴地说："这都是我从来没有听到过的。我想让你帮我改革朝政，想来你不会推辞吧！"王安石怕宋神宗以后变卦，就说："陛下真要用我，不必过急，请先听我讲学吧。"

　　王安石想利用儒家经典讲述他的变法主张，来坚定宋神宗变法的决心。宋神宗毫不迟疑地说："我知道你很久了，希望你好好帮助我。"停了一下，又问："变法应当先从哪里入手？"王安石说："变风俗，立法度，是当务之急。"宋神宗连连点头称是。

　　熙宁二年（公元1069年），宋神宗任命王安石为参知政事。王安石执政以后，建立了一个主持变法的机构，叫制置三司条例司，通过这个机构制定新法，颁布天下。新法的主要内容有：

　　一、青苗法。每年春天青黄不接的时候，政府以较低利息贷款或借谷物给农民，秋收以后偿还，使农民避免受地主豪绅的高利盘剥。这是王安石早年在鄞县采用的办法。

　　二、免役法。政府向不服役的人家收取免役钱，雇人服役。原来不负担差役的官僚、地主也要出钱。这就减轻了农民的差役负担，保证了生产时间。

　　三、农田水利法。政府奖励各地开垦荒地，兴修水利，发展农业生产。

　　四、方田均税法。政府重新丈量土地，按照土地的好坏规定纳税的数目，官僚、地主不得例外。

　　五、保甲法。规定农民每十家为一保，五保为一大保，十大保为一都保，由地主充当保长、大保长和都保正。

　　每家有两个以上壮丁就要出一人为保丁，在农闲的时候练习武艺，平时维持地方治安，战时编入军队作战。

　　新法的推行收到了显著的效果。全国兴修较大的水利工程一万多处，灌溉的土地达到三千六百多万亩，使人民得到了好处，国家增加了收入。

可是，新法触犯了大地主的利益，遭到大官僚大地主等保守派的强烈反对。他们纷纷起来攻击变法，咒骂王安石。

当时，正赶上有个地方发生地震和山崩。保守派把这些事情同变法联系起来，说什么王安石变法不当，所以老天爷发怒了。有的地方发生旱灾，灾区农民被迫流亡，保守派画了一幅流民图呈送宋神宗，说："旱灾是因为王安石变法造成的。只要停止变法，罢免王安石，天一定会落雨。"

王安石根本不相信这一套，他说，灾害是自然现象，不是由人的行为造成的；只要做法正确，就不怕别人议论，用不着顾虑；祖宗的成法也是经常变的，不能死守着不放。有人把这三句话概括为"天变不足畏，人言不足恤，祖宗之法不足守。"这三句话，充分显示了王安石坚持变法的决心。

保守派大都是元老重臣，他们得到两个太后——仁宗的曹后和英宗的高后的支持。这两个太后拼命攻击新法，她们哭着对宋神宗说："王安石把天下搅乱了。"

由于保守派的势力非常强大，反对十分激烈，最后，支持王安石的宋神宗也逐渐动摇起来。王安石两次被迫辞职，此后就没再出来做官。宋神宗死后，高太后执政，反对变法的司马光掌握大权，新法一个个被废除了。北宋失去了难得的"中兴"的机会，从此加速走向了下坡路。

靖康之变

王安石变法失败后，北宋政治愈加腐败。公元1100年，宋哲宗去世，其弟赵佶即位，即宋徽宗。宋徽宗宠信蔡京、高俅等奸臣，把朝政搞得乌烟瘴气，同时大兴土木，搜罗各种奇珍异宝，号称"花石纲"，弄得百姓民不聊生。这时，北方的金国开始崛起。

金国是女真人建立的政权。女真是我国古代东北的一个少数民族，原来活动于白山黑水之间。公元1115年，女真首领完颜阿骨打统一女真各部，建立政权，国号

‹ 北宋张择端绘《清明上河图》局部 ›

为金，完颜阿骨打就是金太祖。金国建立后，开始不断攻打辽国。

金国派使者到宋朝，希望能和宋朝南北夹攻辽国，宋徽宗很高兴，和金国达成了协议，约定双方共同攻打辽国。由于双方使者每次都走海路，所以协议又叫"海上之盟"。海上之盟达成后，宋金双方根据约定，南北夹击辽国。宋朝派童贯率大军北上，很快就到了燕京（今北京），宋军久攻不下，还是靠金军才拿下燕京。金国趁机又向宋朝勒索了一笔钱财，才把一座空城还给了宋朝。在宋金的联合夹击下，辽国于公元1125年灭亡。

公元1123年，金太祖完颜阿骨打去世，其弟完颜晟即位，就是金太宗。金太宗见宋朝软弱可欺，就动了灭亡宋朝的念头。

灭辽后不久，公元1125年十月，金太宗命金军分两路南下伐宋。1126年正月，金军长驱渡黄河，然后合围汴京（今河南开封）。宋徽宗赵佶传位于其子赵桓，即宋钦宗，改元建康，自己则为太上皇，急忙南逃。宋钦宗也想南逃，被李纲等大臣劝阻，没有逃走。宋钦宗赵桓即位后，金兵兵临汴京城下，宋钦宗割地求和，始求得金军退兵。

金军撤走以后，宋徽宗又回到了汴京。父子皇帝以为从此太平无事了，仍旧和从前一样，过着奢侈荒淫的生活，不做任何防御的准备，各地赶到汴京来救援的宋军，也都被他们遣散回去了。

李纲看到这种情形非常担忧。他几次上书朝廷，要求加强军备，防止金兵再来侵犯。可是，朝中投降派当权，不但不理睬他的意见，反而处处排挤他。没多久，李纲就被迫离开了京城。

果然不到半年光景，靖康元年（公元1126年）八月，金太宗又出动大军侵略北宋，他命令宗翰为左副元帅，宗望为右副元帅，分东西两路进军。

这时候，各地宋军又自动赶来保卫汴京。但是，投降派一心求和，命令这些军队停止前进。于是，这些军队又纷纷回去了。金军到了黄河北岸，见宋朝守军有十几万人，不敢渡河。他们把许多战鼓集中起来，敲了一夜，吓得宋军全部逃光。

金军渡过黄河以后，宗翰派使臣到宋朝，提出以黄河为界，河北、河东（今山西）的地方全部归金国。宋钦宗百依百顺，立即派门下侍郎（掌管机密文件的官员）耿南仲和开封知府聂昌去割地，还下诏书给那些地方的军民，叫他们开城降金。

河北、河东的人民非常愤怒，立即掀起了反投降反割地的斗争。聂昌走到绛州（今山西新绛，绛jiàng），被绛州人民杀死。耿南仲和金国使臣一道走到卫州（今河南卫辉），卫州人民要捉金国使臣，使臣吓得连忙逃走，耿南仲也不敢再提割地的事。

金军来到汴京，城中的守军很少，援军早已被遣散，宋钦宗非常惊慌。抗战派官员请求率兵出战，宋钦宗却不答应。兵部尚书孙傅异想天开，竟然想靠"法术"来打退敌人。有个叫郭京的人，胡吹自己懂得什么"六甲法"（一种捏造出来的妖术），说什么只要用七千七百七十七人，就可以活捉金国的宗翰和宗望。孙傅一听大喜，立刻向宋钦宗推荐，对郭京封官赏钱，叫他招募七千七百七十七人去守城。

京城中有些人看到郭京得到很多财帛，眼红起来，也自称是"北斗神兵""天阙大将"，模仿郭京那一套做法招募士兵。汴京一时被闹得乌烟瘴气。

敌军攻城很急，宋朝政府不断催郭京出兵。郭京装腔作势，再三推托，实在无

法再拖了，才派人出城作战。他自己坐在城楼上，假装作法，不许任何人观看。哪知道他的军队和敌人一交锋就纷纷败下阵来，不少人跌到护城河里淹死了，河里漂满了尸首，敌人跟着冲过来。郭京看到混不下去了，就对守城宋将说："金军这样猖狂，等我亲自出城作法，保管打退敌人。"说完跑下城楼，带领一批残兵败将大开城门，向南逃得无影无踪了。金军趁机攻进城来，宋军来不及关闭城门，汴京就这样失守了。

城破后，宋军士兵和城中居民要求和敌人进行巷战。宋钦宗哪里敢抵抗？他马上派宰相何㮚到金营去求和。何㮚吓得连马背都爬不上去，手中的马鞭一连落下来三次。到了金营，宗翰、宗望假意对他说："我们不想灭掉宋朝，叫你们皇帝来商议割地，我们就退兵。"

宋钦宗带领几个大臣赶到金营，向宗翰、宗望交了降表，向金国称臣。宋钦宗送上降表，金军马上变了卦，提出要废除宋钦宗的帝号，另立一个宋朝的国君。宋钦宗回到城里，吓得放声大哭，后悔当初不该听投降派的话。接着，金军派人进城，查封府库中的金银财物，勒索去金一千万锭、银两千万锭、绢一千万匹。宋钦宗还派出大批官员，三番五次到老百姓家中大肆搜刮金银，搜刮了二十几天，金军仍不满足，杀死了四个宋朝官员。

靖康二年（公元1127年）春天，金军要宋钦宗再到金营去。宋钦宗一到金营就被扣起来。没几天，宋徽宗也被押送到金营。金太宗下令废掉了宋徽宗和宋钦宗，把徽宗、钦宗、太后、皇后、妃子、公主、驸马以及宋朝的亲王、大臣和各种手工业匠人等三千多人押送到金国当奴隶，还掠夺去大量金银财宝和文物图书。就这样，北宋王朝被金国灭亡了。

这次事变是在北宋靖康年间发生的，所以历史上称作"靖康之变"。

金军在退走以前，立宋朝投降派的头目张邦昌做傀儡皇帝，国号楚，利用他来镇压南方人民。张邦昌的伪楚政权不得人心，只存在了不到两个月就倒台了。

当时，在汴京的宋朝皇族中，只有康王赵构领兵在外，逃脱了这场灾难。公元1127年五月，康王赵构在应天府（今河南商丘）即位，史称南宋，赵构就是宋高宗。

大战黄天荡

　　宋高宗虽然当了皇帝，可是胆子早被金军吓破了，急忙率领近臣逃到扬州，黄河以北的大片土地几乎全被金国占领。宋高宗任命宗泽为东京留守，负责黄河以南的防御，抵御金军。

　　宗泽上任后，一方面联络起义军共同抗金，一方面派大军北上。宋高宗一心求和，拒绝了宗泽过河恢复故土的提议。宗泽心火上升，于公元1128年夏天病逝。临死之前，这位老将连呼三声"过河"，闭上了眼，死时只有六十九岁。

　　金国统治者听说宋高宗南逃到扬州后，急忙派宗辅、宗弼（即兀术wù zhú）率领东路军，宗翰率领中路军，娄室率领西路军，大举向南进攻。

　　宗泽死后，继任东京留守的杜充是个投降派，不但不支持义军抗金，牵制金军主力南下；反而污蔑义军都是土匪，强迫他们解散。大河南北的抗金义军，由于金军的进攻和投降派的破坏，

金代耀州窑青釉刻犀牛望月纹碗

陆续溃散了。

从此，金军解除了后顾之忧，一路上势如破竹，很快就渡过黄河，进入山东南部和河南南部。建炎三年（公元1129年）初，金军突入江苏，直奔扬州而来。宋高宗接到军报，吓得魂不附体，赶快渡江逃到镇江。他在镇江喘息未定，听说金军已进入扬州，又赶快逃到杭州。金军在扬州大肆掳掠之后，便自动北撤了。宋高宗从杭州北上到了江宁（今江苏南京），把江宁改名为建康府，准备在那里建都。他到建康以后，接二连三地派出使节，拿着他的亲笔信去向金军求和，请求金军不要再往南进攻了，他在信中哀求说："我愿意削去皇帝的称号，使天地间只有大金皇帝最尊贵。我愿意服从大金皇帝的命令，何必再烦劳你们派兵南下呢！"表现出一副十足的奴才相，哪里还像是宋朝的皇帝。

可是这种哀求毫无用处，金军再次南下。宋高宗急急忙忙又从建康逃到杭州，因为杭州在钱塘江北岸，他觉得还不够安全，又渡江逃到越州（今浙江绍兴）。在越州又觉得不保险，便逃到明州（今浙江宁波）。可是金军紧紧跟踪追击，于是他又从明州逃到定海，后来索性在定海坐上海船，往南漂流到温州的海面，在船上建立他的朝廷。金军乘船追击，由于他们生长在北方，不习惯坐海船，加上遇到海上的大风浪翻了一些船，其余的人只好放弃追赶，在定海、明州、越州、杭州等地大肆掳掠以后，又自动撤回去了。

金军北撤的时候，南宋的一些抗战派将领韩世忠、岳飞等指挥军队奋起阻击，沉重地打击了金军，立下了赫赫战功。其中韩世忠和他夫人梁红玉共同指挥的黄天荡大战最有名。

　　韩世忠是宋朝有名的将领，他十八岁从军，能拉硬弓，打起仗来很勇敢。他的夫人梁红玉也懂得武艺，能协助他指挥军队。金军南下的时候，韩世忠正驻守镇江。兀术率领的金军分几路冲破宋军长江防线，直入浙江。韩世忠听说金军掳掠之后就要北撤，立即派前军驻守青龙镇（今上海青浦北），中军驻守江湾（今上海宝山南），后军驻守海口，准备等金军后撤的时候打伏击战。其实，韩世忠这种布置是故意做给兀术看的，他的真实意图是要兀术放弃走青龙镇、江湾这条路线，改走镇江一线，以便在镇江一举消灭他们。建炎四年（公元1130年）的上元节（农历正月十五，又称元宵节），韩世忠得知金军开始北撤的消息，就下令在秀州（今浙江嘉兴）张灯结彩，大闹元宵。等到夜深人静的时候，却悄悄地把主力部队转移到镇江。

　　兀术听探子报告说韩世忠的主力部队在秀州，就决定避开这条路，由镇江到建康，然后渡江北上。他哪里想到，韩世忠的大军正在镇江等着他呢。

　　三月里，金军一到镇江附近就发现形势不妙，长江渡口已经被封锁了。兀术想要了解一下宋军的虚实，就带着四员将领悄悄骑马登上江边山上的龙王庙，准备向下瞭望。韩世忠早已在这里布下了罗网，他派二百名精兵埋伏在山上龙王庙里，二百名精兵埋伏在山脚下的岸边，约定听到号令，山脚下的伏兵首先进攻，然后庙里的伏兵冲出来，前后夹击，活捉兀术。可是，庙里的伏兵见兀术等五个人走上山来，没等号令就冲了出来。兀术等见有伏兵，立即掉转马头逃命。山脚下的伏兵冲出来拦截已经来不及了，只抓住了两员敌将，兀术却逃走了。

　　兀术回到大营，发现自己的十万兵马被包围在一个死港汊黄天荡里，渡江渡不了，后退退不成。无可奈何，他只好派人来跟韩世忠约定决战的日期。到了决战那

天，韩世忠的夫人梁红玉亲自擂响战鼓，韩世忠率领将士冲杀。士兵见主将夫妇亲临阵前，受到极大鼓舞，个个奋勇杀敌，把金兵打得大败，夺得了许多武器马匹。

兀术决战失利，就改变办法，派人来向韩世忠求和，表示愿意把掠夺来的财物全部留下，只求能放他们过去，韩世忠一口拒绝了。兀术又表示愿意把自己骑的千里马送给韩世忠，韩世忠还是不答应。

江北岸的金军听说兀术在镇江被围，赶快派船来接应。韩世忠早就预料到了这一步，他派海船停泊在江心的岛屿金山旁边，每条船上载了许多力气大、懂得水性的士兵，手拿有铁链条的大钩，等敌人的船一靠近，士兵们甩出大钩，钩住敌船，把它掀翻在江心。兀术只好又来求告韩世忠，请求放他们过去。韩世忠回答说："放你们过去可以，但是有两个条件：第一，还我二帝；第二，还我大宋全部疆土。不答应这两个条件，你们休想渡过长江！"

兀术见求和不成，打又打不赢，十万兵马被围在黄天荡里已经四十多天，军粮快吃完了，心里十分焦急，他到处打听怎样才能突破宋军的包围。有个无耻贪财的败类告诉他：黄天荡北面原有一条淤塞了的老鹳河（鹳guàn）故道，可以把它挖通，通向长江，从上游渡江逃脱。兀术喜出望外，连夜派兵挖了一条三十里长的渠道，并且抢来一千多条民船，趁着夜晚，一边放火，一边射箭，从宋军防守薄弱的地方突出重围，仓皇地沿着长江逃往建康。

黄天荡一战，韩世忠只有八千人的队伍，却打败了兀术的十万大军，把他们困在黄天荡里整整四十八天。虽然金军最后脱逃了，没能歼灭他们，却沉重地打击了金军，扭转了南宋军队老是打败仗的局面，使金国不能轻易地灭亡南宋。

"撼山易，撼岳家军难"

虽然韩世忠取得了黄天荡大捷，沉重打击了金军，使金军短时间内不敢南下。但以宋高宗为首的投降派仍一心求和，经过反复谈判，公元1139年，宋金两国议和，因为宋高宗年号绍兴，故称"绍兴和议"，协议的主要内容有：宋对金称臣；南宋每年进贡金国白银二十五万两，绢二十五万匹；双方以淮河大散关（今陕西宝鸡）为界。

宋高宗接受了屈辱性的和约，向金国称臣纳贡，可是，金国并没有信守他们自己提出来的条件，在绍兴十年（公元1140年）五月由兀术带兵，分四路南侵。不到一个月工夫，占领了中原和陕西等地，并且进一步威胁到淮河以南地区。

金兵的又一次南侵，激怒了南宋朝廷里的抗战派将领。他们奋起抗战，打得金兵损兵折将，大败而回。其中功绩最突出的是岳飞。

岳飞字鹏举，相州汤阴（今河南汤阴）人，出身于农民家庭。他年轻时死了父亲，母亲姚氏懂得民族大义，经常教育儿子要精忠报国。据说，她特地在岳飞背上刺了"精忠报国"四个大字。

后来，岳飞拜同乡人周侗（tóng）为老师，学得了一身好武艺，射箭百发百中。北宋末年，金军大举进攻的时候，岳飞正好二十岁，为了保家卫国，他入伍参军，开始参加抗金斗争。

宋高宗即位以后，岳飞跟着"八字军"首领王彦渡过黄河，收复了新乡。在进军到太行山的时候，他在战斗中生擒金将拓跋耶乌，枪刺黑风大王，从此威震金军。有一次，兀术南下打到浙江定海，岳飞在广德（今安徽广德）狙击金军，六战六胜，吓得金军士兵在背地里称他为"岳爷爷"。兀术在黄天荡被韩世忠打败后逃到建康，岳飞又在建康城外拦击，打得兀术丢盔卸甲，仓皇逃过长江。

公元1133年，伪齐皇帝刘豫充当金军的马前卒，派兵南下，攻陷了襄阳等六郡。岳飞奉命跟刘豫作战，他从汉阳附近渡过长江，发誓不打败刘豫决不回到江南。他指挥猛将牛皋等奋勇作战，终于收复了六郡之地。接着，他又转战到庐州（今安徽合肥），打得兀术和刘豫的联军只有招架之功而无还手之力。

岳飞英勇善战，又有谋略，所以常常能够出奇制胜。他十分重视掌握敌情，在作战前总要亲自观察地形，力求做到知己知彼。因此，岳飞率领的岳家军逐渐成了抗金的主要队伍。

这一次金军背弃和约，再次南侵，岳飞被派到河南去作战。战前他作了周密的布置，派牛皋、杨再兴等将领分路向北进攻，去收复河南失地；又派原先太行山的义军首领梁兴渡河重入太行山区去组织和领导义军，策应北上的宋军。他

〈 岳飞塑像 〉

自己则和儿子岳云带兵屯驻郾城（今河南郾城，郾yǎn），准备抗击金军主力。

兀术自认为手中有"王牌军"，一定能取胜，所谓"王牌军"，就是三千多名"铁浮图"和一万五千多骑"拐子马"。"浮图"就是塔，"铁浮图"也叫铁塔兵，即连人带马都披上一身铁盔铁甲，枪刺不透，刀砍不进。"拐子马"就是作战时候从两翼包抄的精锐骑兵，好像是铁塔兵的一副强有力的拐子。

岳飞跟兀术在郾城展开决战。兀术指挥铁塔兵和拐子马，以排山倒海之势冲杀过来。岳飞指挥一批使用钩镰枪的士兵应战，钩镰枪带有一个钩子和一个弯镰，先用钩子把敌人的铁盔钩下来，然后用弯镰割掉他的脑袋。岳飞又出动了一批刀斧手，遇到拐子马，专砍马腿。

两军刚一交锋，少年英雄岳云带头冲向敌阵。他那一对大铁锤所到之处，敌人应声而倒。

战斗打得最激烈的时刻，杨再兴带兵赶来。他单骑闯入敌阵，想要活捉兀术。兀术在手下人的保护下狼狈而逃。杨再兴已经受伤，但是他仍然杀死数百名金兵，安全而归。战斗从下午一直打到天黑，金军损失了几万人马，大败而逃。岳飞取得了大捷。

但是兀术不甘心失败，过了七八天，他又拼凑了十二万兵马再次发动进攻。岳飞派杨再兴率领三百名骑兵先去试探。杨再兴在小商河跟金兵遭遇。他带着三百名骑兵奋勇冲杀，歼敌两千多人，最后英勇牺牲。张宪、岳云等带兵赶来支援杨再兴，遇到敌人，奋勇冲杀一阵，歼灭了大批敌人。兀术抵挡不住，只好仓皇后撤。岳飞乘胜进驻离汴京只有四十五里路的朱仙镇，他勉励将士们说："我们很快就要

直捣金人的老巢黄龙府（今吉林农安）。到那时，我一定同大家痛饮几杯胜利酒！"

岳家军的战斗力所以这样强，打起仗来屡战屡胜，是因为岳飞平时注意选择那些英勇善战的士兵，昼夜操练，十分严格。岳飞治军赏罚分明，立功者受奖，违犯纪律者一律受罚，他自己又能够和士兵同甘苦，以身作则。因此，岳家军纪律严明，部队所到之处，秋毫无犯，做到"冻死不拆房，饿死不掳掠"。老百姓深受感动，自发地用酒肉慰劳岳家军，送稻草给他们打地铺，替岳家军带路和运送给养，随时报告敌人的情况。所以，岳家军才能够克敌制胜，所向披靡。

岳飞取得郾城大捷后，岳家军威震四方。金军的将士曾经说："撼山易（摇动，撼hàn），撼岳家军难。"只要听说岳家军来了，他们就吓得掉头逃命。

岳家军的胜利，吓坏了以宋高宗为首的投降派。宋高宗一天连发十二道金牌，强令岳飞撤军。岳飞无奈，被迫撤军返回首都临安（今浙江杭州）。

岳飞一回到临安，就被秦桧等人诬陷谋反，逮捕下狱。当大将韩世忠问秦桧，岳飞谋反有什么证据时，秦桧回答说"莫须有（也许有的意思）"。韩世忠气愤地说："难道'莫须有'三个字，就能让天下人相信吗？"虽然遭到了许多人的反对，然而，宋高宗和秦桧早已下了除掉岳飞的决心。在金国的催逼下，宋高宗亲自下令，把岳飞处死。

公元1142年1月27日，伟大的民族英雄岳飞在临安风波亭饮下毒药，惨死在昏君和内奸的手里。岳家军很多将领被赶走。一支抗金队伍就这样被拆散了。秦桧为敌人当内奸，成了世世代代人人唾骂的罪人。宋高宗亲自下令杀害了他称赞过的岳飞，也成了中国历史上最招人恨的皇帝。

在岳飞遇害二十几年后，南宋朝廷不得不为他平反昭雪，恢复了他抗金英雄的名誉。坐落在杭州西湖畔的岳飞墓，是几百年来人们凭吊英雄的地方。在墓前跪着的是秦桧等四个历史罪人像，世世代代遭到人们的唾骂！

蒙古灭金

"绍兴和议"达成后，宋金两国虽仍有冲突，但两国间总体保持和平。这时，在金国的北方，兴起了强大的蒙古部落。

蒙古部落最早生活于蒙古高原，起初臣服于金国。金章宗泰和六年（公元1206年），蒙古乞颜部首领铁木真统一蒙古各部，被尊为"成吉思汗"（意为"像大海一样强大的尊者"），建立了大蒙古国。经过多次战争，铁木真占领了金朝的大片领土，并灭亡西夏、西辽及中亚的花剌子模，其征服足迹远抵黑海海滨。公元1227年，铁木真病逝，终年六十六岁。公元1229年，铁木真之子窝阔台继承汗位，继续南下攻打金国。

公元1224年，金宣宗死后，金哀宗完颜守绪继位。金哀宗是个比较有作为的皇帝，他即位以后，任用了抗蒙有功的将帅，停止侵宋战争，又跟西夏讲和，准备集中兵力抵御蒙古南下。

❮ 建于金代的卢沟桥 ❯

接着，金哀宗驱逐奸臣，任用贤能，实行了一些改革。他把供皇帝射猎的一大片围场划分成许多小块土地，交给农民去开垦，这在一定程度上缓和了阶级矛盾。陕西地方官吏为了讨好皇帝，进贡一对毛色洁白的兔子，说皇帝刚即位，我们就捉到了这样好的兔子，真是个好兆头，特地送来给皇帝贺喜。金哀宗下诏说："朝廷上得到贤臣的辅佐，农村里五谷丰登，这才是最好的兆头，一对白兔有什么用呢？居然还从远方派人送来，真是劳民伤财，立即把白兔带回原地放生，以后不许再送这样的东西来！"

有一天，一个男子穿着一身麻衣（古人以麻衣为孝服），走到皇宫的承天门前，一会儿大笑，一会儿大哭。卫兵问他为什么又笑又哭，他说："我笑朝廷上做将相的都是些无能之人，我哭金国很快就要灭亡了。"卫兵把他逮捕起来，要治他的罪。朝廷上的大臣都说这个人太可恶，应当斩首示众。金哀宗反对这样做，他说："我刚刚下了一道诏令，允许老百姓给朝廷提意见，即使是说讽刺性的话，讥笑性的话，也都允许随便说。现在这个人说的虽然有些危言耸听，可也有一定的道理，值得朝廷警惕，不能怪罪。"说完就下令把这个人放了。

金哀宗敢于惩办倚仗权势胡作非为的官僚和贵族。有个外戚无故杀人，罪当处死。大臣们替他求情，要求从轻处理。金哀宗说："外戚犯了罪可以从轻处理，这怎么能使老百姓服气呢？"于是便下令把罪犯处死了。丞相的儿子犯了杀人罪，金哀宗也毫不客气地下令处以死刑。

金哀宗采取的这些措施使金国在政治、军事各方面开始有了一些起色。农民的生产劲头有了提高，收复了一些被蒙古军侵占的土地。但是，靠统治阶级中个别人物一些枝枝节节的改革，是无法挽救金国衰落的。当蒙古大军又一次大举南下的时候，金军抵挡不住，节节败退。

金哀宗正大六年（公元1229年），蒙古的窝阔台汗率领蒙古军主力南下侵金，经过三年多的战斗，蒙古军夺了金国的大部分土地，兵临开封城下。金哀宗向蒙古求和，但和议一直定不下来。金哀宗只好从开封出逃，先逃到归德，后来又逃到蔡州（今河南汝南）。

金哀宗逃走以后，开封城里人心惶惶。奉命留守开封西面的元帅崔立，趁机和他的党徒韩铎、药安国等举兵造反，杀死丞相以下的许多官员，立卫绍王的儿子梁王完颜从恪（kè）监国。崔立自己称太师、兵马都元帅、尚书令、郑王，控制了全部军政大权。他封自己的妻子为王妃，封大弟弟崔倚为平章政事，也就是宰相，小弟弟崔侃为殿前都点检，就是大元帅。凡是跟着他作乱的人，除了药安国后来因为跟他闹翻了、被他处死以外，其他的人都封了官。

崔立举兵造反的目的不光是控制政权，他还想投降蒙古，依靠蒙古统治者的支持，使他像当年金国扶植的张邦昌、刘豫那样当皇帝。他举兵造反以后不久就去见蒙古军统帅，表示愿意投降，献出开封城和金国的皇太后、皇后、宗室等。蒙古军统帅得到这意外的便宜，自然很高兴，就接受了崔立的投降，并答应在窝阔台汗面前替他请功。就这样，崔立把开封城连同皇太后、皇后、宗室都一起出卖了。可是，就在崔立跟蒙古军统帅谈判的时候，蒙古兵冲进了开封城里，首先闯进崔立家里抢劫，把他的妻妾和金银财宝抢了个精光。

蒙古不断袭击金国，使一向受金国欺侮的南宋大为高兴。南宋朝廷赶快派人去

跟蒙古联络，双方达成协议，决定一南一北夹攻金国，把金国灭亡以后，黄河以南的土地归南宋，黄河以北的土地归蒙古。金哀宗所在的蔡州，预定为宋蒙两军会师的地点。

金哀宗听到宋蒙联盟的消息之后，赶紧派人向南宋求和，他在求和的信中说："蒙古已经灭亡了许多国家，它刚刚灭亡了西夏，就来灭亡我们金国，我们金国一亡，下一个就该轮到你们宋朝了。古人说，'唇亡齿寒'，这是明摆着的道理。希望你们宋朝忘记过去的仇恨，跟我们金国讲和，这对我们两国都有利。"可是宋金之间的仇恨实在太深了，当时的南宋朝廷希望依靠蒙古的力量把金国灭掉，好收回一部分被占领的土地，根本没有考虑今后和蒙古的关系，所以对金国的求和一口拒绝了。

金哀宗天兴三年（公元1234年）正月，蔡州已经被宋蒙两军包围了三个多月，金哀宗觉得大势已去，便对左右说："我做了十年金紫光禄大夫（朝廷上管礼仪的官），十年太子，十年皇帝，没有大的过错，死了也没有遗恨了。所恨的是祖宗传国百年，到我这一代灭亡，和自古以来荒淫暴乱的皇帝一样都叫作亡国之君，这实在让我有些受不了。"他把东面元帅承麟找来，流着眼泪对承麟说："蔡州已经守不住了，我体胖不能骑马，大概走不脱了，但是我也决不做俘虏。你有将略，现在我把皇位传给你，万一你能冲出城去，我们金国也就不至于灭绝了。"说着，他把自己头上的皇冠摘下来给承麟戴上，又把皇袍脱下来给承麟披上，然后就在幽兰轩上吊自杀了。

承麟奉金哀宗的遗诏继承了皇位，带着将士跟已经冲进城来的蒙宋联军展开巷战，想要杀开一条血路，突围出去，可是已经来不及了。结果他和将士们全都战死，经历了一百二十年的金国终于灭亡了。

浩然正气

金朝灭亡后，蒙古果然如金哀宗所说，将进攻的矛头对准了南宋，开始了历时四十多年的灭亡南宋战争。

宋理宗开庆元年（公元1259年），蒙古的蒙哥汗在钓鱼城（今重庆合川）被南宋打败，受伤而死。当时他的弟弟忽必烈正在围攻鄂州（今湖北武汉），听说蒙哥汗已死，急忙收兵回到北方，继承了汗位。公元1271年，忽必烈把都城迁到燕京（后来改称大都，今北京），建国号为元，他就是元朝的开国皇帝元世祖。忽必烈先后击败了蒙古贵族中的反对派，巩固了在北方的统治地位，然后又继续派大军南下，准备最后灭亡南宋。

元军围困汉水上游的襄阳、樊城达五年之久，驻守郢州（今湖北江陵，郢yǐng）的宋将李庭芝打造了一百多艘轻快战船，招募了以张顺、张贵为首的民兵三千人，乘船去援救襄

< 文丞相祠 >

樊。张顺、张贵英勇战斗，由于众寡悬殊，最后都壮烈牺牲了。樊城被攻破，襄阳守将投降了元军。

襄樊失陷，南宋朝廷十分震惊。不久，宋度宗病死，年仅四岁的宋恭宗即位。元朝趁机派出二十万大军，由左丞相伯颜统领，兵分两路，攻打南宋首都临安。

元军逼近临安的时候，宋恭宗的祖母太皇太后（谢太后）立即下诏，命令各地起兵勤王，解救皇帝的危难。可是，只有文天祥和张世杰等少数几个人前来勤王。

文天祥是个状元出身的文人，当时在赣州（今江西赣州，赣gàn）担任知州。他接到勤王的诏书，立即变卖了家产，招募一万多勇士，星夜赶往临安。有人劝告他说："如今元军大兵压境，你用新招募的乌合之众去迎敌，犹如驱群羊去斗猛虎，不是白白送死吗？"文天祥回答说："我也知道事实确实如此。但是国家有难，我不能坐视不救，只好不自量力，以身赴难。我希望天下的忠臣义士能闻风而起，大宋的天下也许还能有救。"

文天祥带兵到临安的时候，南宋朝廷的右丞相陈宜中正在主持求和。谢太后表示，南宋皇帝可以向元朝皇帝称侄或称侄孙，元相伯颜不答应。谢太后又表示，愿意奉表称臣，伯颜这才同意进一步商议。文天祥和张世杰反对这种妥协投降的做法，他们提议请太皇太后、太后、皇帝先乘船入海躲避，由他们带兵同元军决一死战，保卫宋朝江山。可是陈宜中一心想投降，不想抵抗。张世杰见临安危在旦夕，便到定海一带去招兵买马。陈宜中代替皇帝起草了降表，连同皇帝的大印一起送给元军。伯颜要陈宜中亲自来商议投降的事情，陈宜中害怕不敢前往，连夜逃往温州。

谢太后见陈宜中逃走，只好任命文天祥为右丞相，派他去元军兵营议和。文天祥到了元营，坚持双方要平等谈判，不肯屈服，结果被伯颜扣留，押解北上。宋恭宗德祐二年（公元1276年）三月，伯颜带兵进入临安，俘虏了谢太后、恭宗及百官，押送北方，南宋王朝名存实亡了。

临安城破之前，宋恭宗的两个异母哥哥、九岁的赵昰（shì）和六岁的赵昺（bǐng）由人护送逃出临安，经海路到达温州，又由大臣陆秀夫、张世杰等人护送到了福州。他们拥立赵昰做了皇帝，建立起流亡的小朝廷。赵昰后来被称为宋端宗。

文天祥在被元军押送北去的途中趁元军不备，在夜里偷偷逃走。他听说赵昰已在福州称帝，就赶到福州。文天祥建议朝廷重整军队，先收复浙江，他从福建经广东东部出兵江西，准备恢复南宋的天下。那时候，江西人民因为不堪忍受元军的压迫，自发地组织起许多支抗元队伍，他们听说文天祥带兵进入江西，纷纷赶来和文天祥联合抗元。抗元联军在雩都（今江西于都，雩yú）大败元军，收复了兴国和赣州、吉州（今江西吉安）附近的一些县城，并包围了赣州和吉州。

元朝统治者听说文天祥到了江西，立即派出大批骑兵，加强了对江西的攻势。文天祥派去围攻赣州的军队被元军打败，驻守在兴国的军队也遭到了严重威胁。文天祥带兵北上，准备和围攻吉州的军队会师，途中得知围攻吉州的军队也被元军打败了，他只好带兵赶快向福建方向撤退。元军倚仗人多，在后面紧紧追赶。在一处叫方石岭的地方，元军眼看就要追上文天祥了。这时候，文天祥手下一位名叫巩信的将军带领一些士兵掩护文天祥撤退，结果，巩信和士兵全都壮烈牺牲。文天祥脱险后的第二天，在一处叫空坑的地方，元军又追了上来。文天祥手下的将军赵时赏走在队伍最后面，佯称是文天祥，把元军的主力吸引到他那里，保护文天祥脱险。可是，赵时赏却被元军俘获，英勇牺牲。文天祥撤退到了循州（今广东龙川），进驻树林稠密的南岭。

公元1278年，赵昰病死，陆秀夫、张世杰又拥立赵昺做皇帝，退守在崖山（即厓山，今广东江门南边的珠江出海口）。文天祥带领队伍在广东潮阳一带阻击元军。

不久，南宋叛臣张弘范率领元军赶到了潮阳。一天，文天祥的队伍正在海丰县附近的五坡岭开饭，张弘范突然带兵包围了五坡岭。文天祥的队伍来不及抵抗，一些人投降了，一些人跳了崖，文天祥不幸被俘。

张弘范把文天祥押到船上，劝他投降，遭到他的痛斥。张弘范又强迫他写信招降张世杰，也被他拒绝了。文天祥站在船头，面对浩瀚的零丁洋海面，悲愤万分，挥笔疾书，写下了《过零丁洋》这首千古传诵的著名诗篇。他在诗的最后写了两句铿锵的誓言：

人生自古谁无死，留取丹心照汗青！

表明他视死如归，决不投降敌人，愿把自己的赤胆忠心照耀历史。"汗青"是古代用竹简写成的历史书。

不久，元军攻破崖山，南宋王朝灭亡。张弘范又来劝文天祥投降，他说："现在宋朝已经灭亡了，你的责任也尽到了。如果你投降元朝，仍旧可以做宰相。"文天祥回答说："国亡不能救，做臣子的死有余辜，怎么还敢苟且偷生呢？"张弘范

没有办法，只好派人把文天祥押送到大都去。

在大都，文天祥被关在一间很小的牢房里。元世祖忽必烈屡次派人来劝他投降，他都拒绝了。一天，文天祥被带到宫里，忽必烈亲自召见他。只见文天祥昂首挺立，不肯下拜。忽必烈便引诱他说："假如你能归顺我朝，我就任命你为宰相。"接着，忽必烈又问："你若不肯当宰相，主管枢密院行不行呢？"文天祥回答说："一死之外，别无他求！"忽必烈无可奈何，只好命令左右把他带回牢房。文天祥在阴暗潮湿的牢房里，挥笔写了一首五言长诗《正气歌》，表达了自己反抗元朝统治的思想感情，同时歌颂了春秋战国以来历史上许多忠君爱国的英雄义士，他决心要向他们学习，保持自己的浩然正气，决不贪生怕死，屈膝投降。

《正气歌》中说：

> 天地有正气，杂然赋流形，
> 下则为河岳，上则为日星。
> 于人曰浩然，沛乎塞苍冥。
> 皇路当清夷，含和吐明庭。
> 时穷节乃见，一一垂丹青。
> ……
> 是气所磅礴，凛烈万古存。
> 当其贯日月，生死安足论！
> 地维赖以立，天柱赖以尊。

三纲实系命，道义为之根。

……

悠悠我心悲，苍天曷有极！

哲人日已远，典型在夙昔，

风檐展书读，古道照颜色。

　　文天祥在大都狱中度过了四年的岁月，元朝统治者软硬兼施，但他始终不肯屈服，最终在公元1283年被元朝统治者杀害，当时年仅四十七岁。文天祥虽然被杀了，但是他那富贵不能淫、威武不能屈的气节，那充满浩然正气的光辉诗篇《正气歌》一直流传到今天，激励着人们的爱国主义精神。

崖山决战

南宋灭亡前的最后时刻，出现了极其悲壮的场面。都城临安被攻破以后，大将李庭芝、姜才坚守扬州，陆秀夫、张世杰在广东沿海一带继续抗击元军，企图保住南宋的天下。

李庭芝原先驻守在郢州，襄樊失守后，他被派去守扬州，姜才是他的副将。元相伯颜在进攻临安的同时，多次派人到扬州招降，李庭芝和姜才都坚决拒绝了。

元军攻破临安之后，强迫谢太后和宋恭宗命令李庭芝和姜才开城投降。李庭芝回答说："我们只知道奉命守城，从来没有听说过奉命投降的。"他再一次坚决拒绝了元军的招降。

谢太后和宋恭宗被元军押送北上，经过扬州附近，元军又让谢太后命令李庭芝和姜才投降。李庭芝一箭射死元军派来的使者，然后带着队伍出城袭击元军，想要夺回谢太后和宋恭宗。但是经过激烈的战斗没能成功，只好退回扬州城里。元军见李庭芝和姜才不肯投降，就派大队兵马团团围住扬州，昼夜拼命攻城。由于扬州被围困了很久，城里的粮食都吃光了，李庭芝和姜才叫士兵们把牛皮煮烂了拌着糠秕（bǐ）充饥，仍然不肯投降，他们跟士兵同甘共苦，防守十分严密，元军一时无法攻进城去。

宋端宗赵昰在福州称帝以后，派人来叫李庭芝和姜才带兵南下，去保卫福州。李庭芝和姜才准备带着队伍从扬州往东，经泰州等地出海，坐海船赶往福州。当他们走到泰州的时候，被元军包围了。不久，泰州被攻破，李庭芝和姜才被俘以后英勇牺牲。

就在李庭芝和姜才坚守扬州的时候，元朝派出的另一支军队向南进攻福州。陆秀夫、张世杰见元军攻势凌厉，福州不易坚守，就护卫着宋端宗和他的弟弟赵昺逃到一条海船上，沿着海岸往南漂流到了广东。在皇宫里娇生惯养长大的宋端宗哪过得了这种艰苦的流亡生活，第二年就病死在广东碙洲岛（今广东雷州湾外的一个小岛，碙gāng）。陆秀夫和张世杰等又拥戴赵昺做了皇帝，继续打着宋朝的旗号坚持抗元斗争。

陆秀夫本来是个进士出身的文人，早年曾在李庭芝手下任过职。他性格沉静，不大喜欢讲话，办事能力很强。凡是经他办的事情，样样都办得妥妥当当，让人十分放心。后来经李庭芝推荐，他做了南宋朝廷的司农寺丞，专管农业方面的事情。临安城破之前，赵昰、赵昺逃到温州，陆秀夫也赶到温州，跟张世杰等人一起护卫着赵昰、赵昺到了

❮ 宋代龙泉窑青釉刻画牡丹纹盘口瓶 ❯

福州，组织了南宋流亡小朝廷，并且担任了重要的职务。这个流亡朝廷虽然地盘狭小，兵马也不多，可是陆秀夫还是严格地遵照封建王朝的规矩，每天按时上朝，协助皇帝处理政务。他虽然是个文人，但是对行军打仗也有些经验，是个能文能武的大臣。

张世杰原来是北方金国统治地区的人，年轻的时候因为触犯了金国的法律，投奔宋朝，当了一名小兵。由于他作战勇敢，屡建战功，升为将军。元军攻下襄樊的时候，张世杰奉命带着五千人守卫鄂州。他用铁链封锁了长江，准备好了火炮和机弩，抗击来犯的元军，使元军无法沿着长江前进。后来元相伯颜设下计谋，才把鄂州攻破。这时候，困居临安的谢太后和宋恭宗发出勤王的号召，张世杰赶忙带着队伍经过江西，赶到临安。他见右丞相陈宜中正在跟元军议和，临安的前途危急，就带兵到了定海，准备在那一带招兵买马，聚集力量。张世杰团结了当地少数民族人民，请他们支援复国斗争。他动员了漳州（今福建龙海）农民领袖陈吊眼和畲族（畲shē）妇女许夫人协助跟元军作战。元军派了一个说客来劝张世杰投降，他坚决地拒绝了。

赵昺做了皇帝之后，任命陆秀夫为左丞相，张世杰为枢密副使，就是最高的军事指挥官。不久，元军从江西南下到了广东。张世杰和陆秀夫认为碉洲岛是个小岛，不可久住，就护卫着赵昺到了新会的崖山。陆秀夫负责派人到海南岛征集粮草，组织民工修筑防御工事，还利用闲暇时间教年仅八岁的小皇帝赵昺读书；张世杰负责招兵买马，训练军队。他们准备在那里建立根据地，以便等待时机，恢复宋朝。

可是天下大局已定，南宋王朝已经无法恢复了。因为崖山是一个小岛，一切供

应都得依靠大陆或者海南岛，选择此地做根据地并不理想。所以，陆秀夫、张世杰叫人准备了许多船只，以便最后撤退的时候使用。

元将张弘范率领军队到达崖山附近，派兵封锁海口，切断了宋军砍柴、汲水的道路。宋军士兵吃水发生了困难，每天吃干粮，口渴难忍，实在没有别的办法，只好舀些海水解渴。海水又咸又苦，喝了之后上吐下泻，许多人都病倒了。张世杰率领部分士兵去攻打新会等地，想要夺回海口，但是跟元军大战几天都没能取胜。

宋帝昺祥兴二年（公元1279年）二月，张弘范趁宋军疲惫不堪的时机猛攻崖山。张世杰战败以后，便和陆秀夫等赶快保护着幼帝赵昺和宋端宗的母亲杨太妃等人乘船撤退。陆秀夫和赵昺乘坐一条船，张世杰和杨太妃坐另一条船。当元军派船来追赶的时候，宋军的船队被冲散了。陆秀夫不愿意被元军活捉，含着眼泪，背起皇帝赵昺跳进了茫茫的大海。张世杰远远望见这种情景，不禁号啕大哭。他想请杨太妃下令再找一个姓赵的人来继承皇位，可是他们的船在海上突然遇上了飓风被打沉了，他和杨太妃全都淹死在汹涌澎湃的大海之中。南宋王朝最后灭亡了。

忽必烈建元

忽必烈是铁木真的小儿子托雷的第二个儿子。铁木真死后，三儿子窝阔台做了大汗。窝阔台在做了十二年的大汗之后，在公元1241年（南宋理宗淳祐元年）死了，由皇后乃马贞氏执政，后来她的儿子贵由做了两年多大汗。贵由死后，拖雷的儿子蒙哥（忽必烈的大哥）做了大汗。

蒙哥做大汗以后，派弟弟忽必烈主管整个北方地区的军事、行政事务，因此使他有机会结识了一批有学问的汉族知识分子。像僧侣刘秉忠，学者张文谦、王鹗（è）、郝经、姚枢等，都是忽必烈最亲信的谋士。刘秉忠对忽必烈说："古人说'以马上取天下，不可以马上治'。成吉思皇帝骑马挥鞭，叱咤风云，灭国四十，没几年就取了天下，但是治理国家还是要靠典章制度，三纲五

<甘肃天祝出土的元代铜牦牛>

常。"郝经也说："今天谁能重用士大夫，又能推行中国原有的治国之道，谁就能当中国的皇帝！"对抱有统治全中国愿望的忽必烈来说，这些话是很有启发的。他寻思，将来一旦得到天下，就可以采用"汉法"，用中原原有的封建统治制度来统治全中国。

为了巩固自己的根基，忽必烈让刘秉忠在滦河北岸的龙岗（今内蒙古多伦西北）看风水，察地形，建造了宫殿、住宅，形成了一座新的城市，叫开平，这里成为忽必烈的根据地，他的一大批谋士也聚集在这儿。

公元1258年（南宋理宗宝祐六年），蒙哥发动三路大军进攻南宋：他自己率领主力军打四川；忽必烈攻鄂州（今湖北武汉）；老将速不台的儿子兀良合台从云南包抄过来，打潭州（今湖南长沙）。三路大军准备在鄂州会师，一起进攻南宋的首都临安，灭亡南宋。

蒙哥先派军队攻占成都，自己率领大军攻占利州（今四川广元），然后沿嘉陵江南下，准备进攻重庆。这年年底，蒙古军到达合州（今重庆合川）。合州在嘉陵江东岸，地势险要，是重庆北边的门户。十多年前，南宋名将孟珙（gǒng）就在合州东边钓鱼山筑城修堡，防备蒙古军队。孟珙死后，部将王坚守合州，他调集十七万军民扩建了钓鱼城，加强了防御能力。第二年春天，蒙古军队到达合州城下，双方展开激烈的攻守战，蒙古军队始终没能攻破合州和钓鱼城。夏天来临，天气炎热，从北方来的蒙古军队很不适应这里的气候，许多蒙古士兵得了痢疾病倒了。蒙哥很着急，就亲自率领军队猛攻合州城，还是攻不下来。一天，前锋汪德臣选择了一批精兵组成敢死队，趁黑夜爬上城墙。王坚率领宋兵拼命抵抗，到天亮时又一次把敌人打退了。这时候，汪德臣骑在马上大声喊："王坚，我是来救活你们一城军民的，还是趁早投降吧……"话还没说完，一阵飞石轰了过来，汪德臣吓个半死，只好收兵回营，不久就因为受惊病死了。这时候，蒙哥也突然病死在钓鱼城下。但是有人说，他是被飞石打中后负了重伤，回到军营以后死的。主帅一死，军心涣散，再加上一连下了几天大雨，蒙古军队攻城用的云梯都折断了，只好退兵。

这时候忽必烈正在向鄂州推进，蒙哥死去的消息传来以后，他想加紧进攻鄂州，再北上夺取大汗位。哪知南宋援军已到，鄂州一时攻不下来，而幼弟阿里不哥正准备抢先在和林（今蒙古国乌兰巴托西南）登上大汗宝座。就在忽必烈一筹莫展的时候，南宋宰相贾似道派人来求和，于是谋臣郝经马上向忽必烈献计：一面派遣军队去迎接蒙哥的灵车，抢先把大汗的宝玺夺过来；一面赶快与贾似道议和，签订密约，迅速撤军，派轻骑兵赶到燕京（今北京），防止阿里不哥的势力南下。忽必烈采纳了他的计策，于公元1260年春天赶到他的根据地开平，召集支持他的诸王贵族开会，宣布即位，并且按汉人纪元的方法，把当年定为中统元年。

阿里不哥是拖雷的小儿子，根据蒙古人"幼子守产"的习惯，他负责留守蒙古国的都城和林。阿里不哥周围的一批蒙古贵族都反对"汉法"，主张用蒙古法来治理国家。他们闭目塞听，不大了解外界发生了哪些变化，实际上是一个非常保守的集团。蒙哥的死讯传来，阿里不哥立刻采取夺位措施：一方面发布大赦令，任命他的支持者担任各级官吏；另一方面派军队占领燕京和陕西一带，摆开阵势，准备阻止忽必烈北上。谁知忽必烈比他动作更快，出其不意地拿下燕京之后，已经在开平即位了。阿里不哥只好匆忙在和林召开大会，宣布自己为大汗。

　　"天无二日，国无二主。"一个蒙古国里出了两个大汗，忽必烈怎么能甘心呢？他不顾兄弟骨肉之情，决定采取军事行动。先派畏吾儿人廉希宪到陕西，把阿里不哥的支持者全部清除掉，自己则亲自带兵打和林。阿里不哥哪里是他的对手，便逃到谦谦州（今俄罗斯境内的叶尼塞河上游南）。他怕忽必烈追来，就施出一套缓兵计，派人向忽必烈表示忏悔，承认忽必烈为大汗，还说："本当马上亲来朝拜，只因现在马匹很瘦，等马匹养肥之后，再同察合台汗国的阿鲁忽王等一起来朝拜。"忽必烈回答说："我相信弟弟说的话。但是希望弟弟不必等待其他诸王，可先到我这儿来会面。"于是他派堂弟也孙哥驻守和林等待阿里不哥，自己先回开平了。

　　中统二年（公元1261年）秋天，狡猾的阿里不哥眼看马儿已经养肥了，假意派人到和林也孙哥那儿投降。也孙哥信以为真，毫无准备。阿里不哥发动突然袭击，又把和林夺了回去。忽必烈得到消息后，马上带兵迎战，双方在戈壁沙漠以南交战。阿里不哥大败，逃回和林。不料阿鲁忽王也起兵反对阿里不哥，阿里不哥带兵到今天的新疆去打仗了。以后阿里不哥多次被打败，加上蒙古高原上年景不好，发生了饥荒，支持他的诸王眼看阿里不哥没有希望了，纷纷向忽必烈投降归顺。走投无路的阿里不哥只得在至元元年（公元1264年）向忽必烈投降，两年后就病死了。

　　忽必烈在平定阿里不哥以后，把政治中心从和林移到中原。这时候，一批守旧的蒙古贵族仍然强烈反对忽必烈推行"汉法"。西北藩王甚至派遣使臣到朝廷来，气势汹汹地责问忽必烈："蒙古风俗制度与汉法素不相同，现在你竟留居汉地，建造了宫殿城市，典章制度都遵用汉法，到底是想干什么？"忽必烈并不理睬他们的种种威胁，坚定地用"汉法"改造蒙古国，他自己也逐步成了蒙汉各族地主阶级的总代表。至元八年（公元1271年），在进攻南宋取得不断胜利的形势下，忽必烈根据刘秉忠的建议，取《易经》上"乾元"（极大）的意思，把蒙古国改为"大元"，元朝正式建立了，忽必烈就是元世祖。第二年，忽必烈把燕京改为大都，正式定为元朝的首都。

关汉卿作杂剧

有一年，在大都的一座戏园子里，所有的座位和过道都挤满了观众。他们屏着呼吸，倾听着杂剧《窦娥冤》里的道白。剧中化为鬼魂的窦娥向当了肃政廉访使（负责监察的官员）的父亲窦天章倾诉着自己的冤情："父亲，听你孩儿慢慢地说一遍。你孩儿受刑不起，只得屈认了……"窦天章听罢，老泪纵横，哭着说："哎！我那屈死的儿呀，真乃痛杀我也！"

……

剧中扮演窦天章的就是著名元曲家关汉卿，扮演窦娥的是著名女演员朱帘秀，这出戏轰动了整个大都城。

什么叫元曲呢？元曲主要是指杂剧，它是一种把歌曲、道白、舞蹈动作结合在一起的综合性戏剧艺术。它和唐诗、宋词、明清小说一样，都是我国古代文学宝库中的瑰宝。

关汉卿是元朝最杰出的杂剧家，他的号叫已斋

< 元代青花瓷玉壶春瓶 >

叟，大都人，大约生在13世纪20年代，死于13世纪末，这时正是蒙古灭亡金朝和南宋、社会动荡的时代。他从儿童时代开始，就亲眼看到和听到贪官污吏、土豪劣绅犯下的数不清的罪行。在他六七岁的时候，蒙古军队派石抹咸得卜做燕京的长官，这个人十分贪暴，杀人如麻，常常夺人家的妻子女儿，甚至让他的亲属在光天化日之下把大牛车赶到平民百姓家门口，见到财物就抢走，阻拦的就一刀杀掉。这些活生生的事例，对关汉卿幼小的心灵是很大的刺激。

关汉卿出生在一个医生的家庭里，从小就读了很多书，很有文学素养，学会了写诗、作曲。燕京原来是金朝的中都，这里盛行一种有说有唱的艺术，叫"诸宫调"，后来这种艺术形式就发展成为杂剧。关汉卿非常喜欢这种新的艺术，和他的一些好朋友杨显之等人组织了创作杂剧的团体——玉京书会。书会里的剧作家多数是熟悉城市下层人民生活和思想感情的文人，他们和关汉卿一样，不想读书做官，不愿意依靠权贵向上爬。他们通过自己的杂剧创作来揭露社会的黑暗面，向封建势力开战。为了冲破封建文人的狭窄生活圈子，创作出更多符合下层人民思想感情的剧本，关汉卿生活在艺人歌伎中间，学会了下棋、踢球、歌舞、演戏、吹弹等，和艺人们一起排练，教他们如何演戏，还虚心向当时最著名的女演员朱帘秀学习。有时候他也粉墨登场，和演员们一起演出。

关汉卿一生中共创作了六十三部杂剧，现在保存完全的只有十二部剧本。这些杂剧绝大多数都揭露和控诉了恶霸、贪官的残暴，赞扬了受害的下层人民的反抗精神。例如《鲁斋郎》里的鲁斋郎是一个"嫌官小不做，嫌马瘦不骑"的公子哥儿，是"动不动挑人眼、剔人骨、剥人皮"的恶霸流氓，他公然抢夺银匠李四的妻子，胁迫小吏张珪把自己的妻子供他蹂躏。《望江亭》里的杨衙内为了夺取白士中的妻子谭记儿，竟捏造罪名诬陷白士中，并把他杀害了。《蝴蝶梦》里的葛彪是个有钱有势的恶霸，他在大街上可以随便打死人，杀个把人就像从房顶上揭片瓦那样轻而易举，他扬言："随你哪里告来"，我都不怕。鲁斋郎、杨衙内、葛彪的丑恶行径，活像关汉卿幼年时代看到的燕京长官石抹咸得卜及其亲属们的暴行。

这些揭露社会黑暗的作品引起了土豪劣绅、贪官污吏的不满，关汉卿遭受了种种威胁，但是他毫不动摇。他在一首曲子里自称是"蒸不烂、煮不熟、捶不扁、炒不爆，响当当一粒铜豌豆"，这是对权贵们的有力还击，也是他倔强性格的真实写照。

关汉卿的晚年正遇上了阿合马、桑哥等奸臣擅权作恶，这伙奸臣靠着搜刮天下财富的本领，受到忽必烈的宠信。全国上下到处有他们的党羽，他们公开索贿行贿，掠夺民财，贪横不法，制造了种种骇人听闻的冤狱。桑哥派人到南方去搜刮钱财，使很多平民倾家荡产，有的卖儿卖女，有的借高利贷，有的因缴不出钱被投入监狱。在这样的时代背景下，关汉卿又一次拿起笔，创作了惊天动地的杂剧《窦娥冤》。

杂剧《窦娥冤》讲的是：窦娥七岁的时候，因为父亲窦天章欠高利贷无法偿还，被卖给蔡婆婆做童养媳。不料窦娥的丈夫早死，她守了寡。有一天，蔡婆婆出外讨账，路上遇到赛卢医，赛卢医要害死蔡婆婆抢夺她的钱财。正在危急的时候，张驴儿和他的父亲救了蔡婆婆。张氏父子趁机要强娶她婆媳俩。张驴儿见窦娥不愿意，就想药死蔡婆婆来威胁她，不料竟药死了自己贪嘴的父亲。张驴儿反咬一口，诬陷窦娥害死了他父亲，把窦娥扭送公堂。张驴儿买通了贪官，这个贪官竟把窦娥判定死罪杀了。窦娥含冤屈死，托梦给做了官的父亲，终于平了冤狱，惩治了恶棍。剧中窦娥喊出"衙门从古向南开，就中无个不冤哉""这都是官吏每（们）无心正法，使百姓有口难言"，就是对封建统治的强烈抗议。关汉卿通过《窦娥冤》一剧，猛烈地抨击了当时的黑暗社会和邪恶势力。

《窦娥冤》是我国最优秀的古典戏剧作品之一，在当时、对后世都产生了很大的影响，早在一百年前就被译成法文传播到欧洲各国。关汉卿的许多作品还流传到了日本。

元代的剧作家除了关汉卿以外，著名的还有王实甫（《西厢记》的作者），白朴（《墙头马上》的作者），马致远（《汉宫秋》的作者），郑光祖（《倩女离魂》的作者）等。后人把关、马、白、郑并称为"元曲四大家"，他们代表了元代不同时期、不同流派杂剧的创作成就。

女纺织家黄道婆

　　元朝统一之后，国内安定下来，经济得到恢复和发展。当时棉花的种植很普遍，所以棉纺织业很快就发展起来了。

　　在江南的松江乌泥泾镇（今上海徐汇，泾tīng），长期流传着这样一首颂扬纺织能手黄婆婆的民谣：

> 黄婆婆，黄婆婆！
>
> 教我纱，教我布，
>
> 两只筒子两匹布。

　　这位黄婆婆是什么人呢？她就是元朝初年劳动人民出身的女纺织家黄道婆。

　　关于黄道婆的身世，史书上的记载是极少的。但是直到今天，在上海松江一带还流传着不少关于她的传说。黄道婆的家里很贫苦，父母没法养活她，让她去做了童养媳。古时候童养媳像奴婢一样，经常挨打受骂。有一天，黄道婆在田里干了一天活，累得全身筋骨疼痛，晚上回家就和衣躺下睡了。她的公婆看见了，把她骂了半天。黄道婆气不过，顶了几句，公婆竟把她拖下床来毒打了一顿。她的丈夫不但不加劝阻，反而帮着父母打她，还把她关在柴房里。倔强的黄道婆再也无法忍受这种非人的生活，决心逃出这个家庭去谋生。半夜里，她在茅草屋墙上挖了个洞，爬了出来。她忍着饥饿，在茫茫的田野里，不知往哪儿奔才好。她远远地望去，在黄浦江边停着一条海船。她不顾一切地上了船，偷偷地躲在船舱里。第二天，这艘船启航开往崖州（今海南三亚），她求得船主的帮助，跟船走了。

海南岛是我国少数民族黎族人民聚居的地方。黎族人民很早就开始种植棉花，并有很高的纺织技术。他们创造了一套包括去除棉籽、纺纱、织布等用的工具，生产出许多花被、缦布和其他日用棉织品。这些产品十分美观、实用，深受内地人民的欢迎，是泉州商人经营的重要货物。黎族的棉织技术当时在全国是最先进的。黄道婆去海南岛之前，在乌泥泾一带，棉花去籽是用双手剥的，皮棉是放在板桌上用线弦竹弓弹松的，效率很低，费工很大。

黄道婆到了海南岛以后，和黎族姐妹共同生活，共同劳动，和她们结下了深厚的友谊，并虚心向她们学习。她在当地大约生活了三十年，把黎族同胞精湛的纺织技术完全学到了手。大约在元成宗元贞年间（公元1295年到1296年），黄道婆越来越思念自己的故乡，就搭乘一艘商船回到了乌泥泾镇。这时

< 建于元代的登封观星台 >

候，她大约五十岁了。

黄道婆回来一看，乌泥泾还是老样子：土地贫瘠，粮食不够吃；棉花的产量很低，纺织技术仍旧很落后，人民生活非常贫困，于是她决心把自己高超的纺织技术传授给乡亲们。黄道婆把黎族同胞使用的纺织工具加以改进，请工匠们制作了一整套擀（gǎn）、弹、纺、织等工具。"擀"就是搅车，又叫轧车、踏车，利用上下两个旋转方向相反的转轴，把棉花相互碾轧，除去棉籽，这比用手剥去棉籽，效率自然要高得多。"弹"就是用木棰击打弹棉花用的弓弦使棉花蓬松起来。黄道婆改制的弓有四尺多长，比以前所用的一尺四五寸长的弓大得多，并用弹力大的绳做弓弦，所以弹起棉花来又快又好。"纺"就是纺车，黄道婆创制的纺车是可以同时纺三根纱的脚踏纺车，比以前使用的一个纺锭的手摇车速度快，效率高。"织"就是织布机，黄道婆改造的织布机究竟怎样，由于材料不足还不很清楚，但是她那时候用的提花机已经能织出许多美丽的花布。黄道婆还教人们学会错纱、配色、综线、挈花（挈qiè）等技术，所织成的被、褥、带、手巾等上面都有折枝、团凤、棋局、图案字等花饰，十分鲜艳美观。她还把黎族特产的棉织品——崖州被的织造方法传授给镇上的妇女，从而生产了大批的"乌泥泾被"，当时的"乌泥泾被"闻名全国，远销各地。

黄道婆的高超纺织技术为人们所称颂，松江地区的人们常常唱着这样一首民谣：

　　　　黄婆婆，

　　吃是吃，做是做，

一天能织三个（匹）布。

　　黄道婆所传授的先进纺织技术被越来越多的人所掌握。到元朝末年，松江一带已经有一千多家居民从事纺织业，那些过去单单依靠贫瘠土地过日子的人，生活都有了改善。人们忘不了黄道婆的恩情，在她去世的时候，乌泥泾人个个悲痛流泪，把她安葬在今天华泾镇北面东湾村，还专门建造了祠堂，塑了她的像，逢年过节都要为她举行祈祷仪式。

　　黄道婆死后，新的纺织技术从乌泥泾进一步向松江、长江中下游，向全国推广开来。到了明代，乌泥泾所在的松江已经成为全国棉纺织业的中心，赢得"衣被天下"的声誉。黄道婆对我国古代纺织业的发展作出了杰出的贡献。

脱脱更化

　　元世祖忽必烈去世后，元朝政局动荡。公元1328年七月，泰定帝病死于上都（今内蒙古锡林郭勒），知枢密院事燕铁木儿在大都发动政变，谋立元武宗之子为帝。九月，武宗子图帖睦尔在燕铁木儿拥戴下即位，改元天历，就是元文宗。同月梁王王禅、丞相倒剌沙等拥立泰定帝子阿速吉八于上都，改元天顺，史称天顺帝。王禅、倒剌沙等发兵大都，经过两月激战，被燕铁木儿击败。大都军包围上都，倒剌沙出降被杀，天顺帝不知所终。

文宗还有一个哥哥叫和世㻋（là），文宗在即位诏书中曾明确表示，等和世㻋回朝就让位。公元1329年，和世㻋闻讯南下，在和林（今蒙古国中部鄂尔浑河上游）北即帝位，是为明宗。明宗南行至上都附近的旺忽察都（今河北张北北）时，图帖睦尔与燕铁木儿前往迎接，明宗偏偏就在这个时候死了。图帖睦尔于八月复位于上都。

〈 元代磁州窑白地褐彩凤纹罐 〉

文宗图帖睦尔做了五年皇帝后，在公元1332年病死了。他在病危的时候，想起害死哥哥明宗的情景，心里十分内疚，为了死后能留下个好名声，他立下诏书，要传位给明宗的儿子。明宗有两个儿子：长子妥懽帖睦尔（懽huān），明宗生前说过不是他生的；次子懿璘质班，当时只有七岁。文宗死后，燕铁木儿主张立懿璘质班做皇帝，主要原因是他年幼好控制。小皇帝即位，就是宁宗，但是宁宗只做了四十三天皇帝就病死了。燕铁木儿又提出立文宗的儿子燕帖古思为皇帝，可文宗皇后为了秉承文宗的遗愿，没有同意，主张让妥懽帖睦尔即位。当时妥懽帖睦尔也只有十三岁，文宗初年，他的母亲被害死，他自己也被流放到高丽（今朝鲜半岛）的一个海岛中，后来又迁到静江（今广西桂林）。燕铁木儿派人把他从静江接到京城。初次见到燕铁木儿，妥懽帖睦尔的心里很是害怕，燕铁木儿问他话，他一言不答。燕铁木儿心怀鬼胎，怕毒死明宗的事败露，就故意拖延妥懽帖睦尔登位的时间。不料燕铁木儿因荒淫过度加上心情不好，很快就死了。这样，妥懽帖睦尔好不容易才登上皇帝宝座，就是元朝末代皇帝元顺帝。

在妥懽帖睦尔做皇帝的过程中，伯颜是拥戴他的。因此，燕铁木儿一死，伯颜就起而代之，不仅当上了中书省右丞相（政府最高长官），而且还加封太师、秦王等头衔。燕铁木儿的儿子唐其势等很不服气，发出怨言："天下本是我家的天下，伯颜算什么，竟敢在我们之上！"他们纠合一批党羽，暗中准备发动政变，废掉元顺帝。结果，阴谋败露，被伯颜一网打尽，全部被杀。

伯颜诛杀唐其势一伙儿后，权势极大，也居功自傲，目中无人。他把爵位任意赏给别人，任用奸臣，杀害无辜，把各地精兵控制在自己手里，国库财富任其挥

霍。他的各种封号、官职、头衔加在一起有二百四十六字之多。天下人只知道有伯颜而不知有顺帝。年岁渐渐增长的元顺帝感到自己像是个傀儡，心里十分不满，但又敢怒不敢言。

伯颜有个侄儿，名叫脱脱。他自幼就生长在伯父伯颜的家里，享受了种种荣华富贵。十五岁的时候，脱脱做泰定帝皇太子阿剌吉八的侍卫官，后来又担任了亲军都指挥使。顺帝即位后，随着伯颜的尊贵，他也青云直上，当上了御史台（最高监察机构）的御史大夫。脱脱从小跟浙江有名的儒士吴直方读书。吴直方足智多谋，人们把他与诸葛亮相比。脱脱对他很敬重，把他看成是心腹幕僚。脱脱眼看伯颜如此骄横，迟早有一天会有杀身之祸，于是产生了把伯颜赶下台的念头。他把自己的想法告诉了吴直方，吴直方说："古人说过，大义灭亲，你应该为国尽忠，不要顾虑什么亲属。"脱脱说："万一事不成怎么办？"吴直方说："事不成那是天不帮忙，一死有什么了不起！即使死了，也得到了'忠义'的美名。"脱脱终于下定决心，并向顺帝吐露了真情。

多年来，顺帝在伯颜威势面前敢怒不敢言，见脱脱同情他，也一边哭，一边把伯颜埋怨了一顿。脱脱把"大义灭亲"的计划告诉顺帝，顺帝连连点头。

伯颜这时候也在磨刀霍霍，准备寻找机会废掉顺帝。一天，他邀请顺帝外出打猎。顺帝进退两难，还是脱脱出了主意，让皇太子代行，这皇太子就是文宗的儿子燕帖古思。伯颜想趁此机会挟持皇太子，号召天下兵马，拥皇太子即位。谁知他刚走出京城，脱脱就把京城里伯颜的亲信全部抓了起来，连夜派人把皇太子接回京城，用顺帝的名义下诏书，宣布伯颜的罪状，降他为河南行省的长官。当伯颜接到诏书赶回京城责问的时候，京城城门紧闭，脱脱在城楼上把他奚落了一番。伯颜狼狈南下，途中又接到命令，改为发配到南恩州阳春县（今广东阳春）。走到江西，伯颜又气又恨，又受不了苦，一病不起死去了，这一年是元顺帝至元六年（公元1340年）。

伯颜死后，脱脱的父亲马札儿台出任中书省右丞相，脱脱任知枢密院事（枢密院最高长官）。不到半年，脱脱代替了他父亲的职位，从此就大刀阔斧地开始了改革，历史上称"脱脱更化"（更化就是改革的意思），主要措施有：

第一，恢复科举制度，在我国封建社会里，从隋唐以来，就采用考试的办法来选拔官吏。元朝建立后直到仁宗时才开始实行科举制度。但伯颜掌权以后，为了防止汉人做官，下令废止科举。伯颜对顺帝说："陛下有太子，千万别叫他读汉人书，汉人读书好生欺侮人。以往我出门，总有马夫牵马。后来马夫不见了，我一问，才知道去参加科举考试了。这种人竟能参加科举考试，这还了得！"于是顺帝下令废除科举。这一措施大失人心，许多知识分子垂头丧气，失去了信心。脱脱为了稳定人心，获得知识分子特别是汉族知识分子的支持，第一件事就是恢复科举。

第二，平反昭雪。伯颜掌权的时候倒行逆施，排斥、打击自己的对立面。例如，郯王（郯tán）彻彻秃是宪宗蒙哥的曾孙，而伯颜的先祖本是宪宗家的家奴。按蒙古人的规矩，家奴称主人为"使长"，而且世世代代都是这样的称呼。伯颜十分恼火："我的地位是大臣中最高的，哪里还有什么'使长'！"于是就诬陷彻彻秃有谋反企图，把他杀了。脱脱上台后查明真相，为彻彻秃平反昭雪，受到大小官吏的赞扬。

第三，减轻剥削，放宽政策。伯颜掌权的时候大肆挥霍，把民脂民膏赏赐给他的亲信，以致国家财政十分困难，人民负担极其沉重，拖欠了许多田赋和税收。脱脱上台以后，下令免除百姓拖欠的各种税收。伯颜还是一个民族压迫狂，一个巫婆对他讲："你一定会死于南人之手。"于是伯颜对汉人、南人十分仇恨，下令搜查民间的军器，拉走民间饲养的马匹，防止汉人、南人造反，又制定蒙古人打汉人、南人对方不得回手等法律。当河南棒胡、广东朱光卿造反的时候，他竟然提出杀掉张、王、刘、李、赵五姓汉人，以为杀了这五姓汉人，汉人就少了一半，造不起反来了。脱脱上台以后，对汉人、南人放宽了政策，例如民间养马就不再禁止了。

第四，主持编写宋、辽、金三史。中国历来有修前朝历史的传统。元朝建立以后，宋朝、辽朝、金朝三个朝代的历史一直没有正式编写过。脱脱为了完成这一任务，由他自己担任"都总裁"，邀请当时最著名的史学家欧阳玄、揭傒斯（傒xī）等人参加，又请了畏吾儿族（就是现在的维吾尔族）人廉惠山海牙、沙剌班，党项人余阙，蒙古人泰不花等人一起参加修史。这三部史书后来被列入中国传统的正史《二十四史》中。而二十四史中，其中只有《宋史》《辽史》《金史》三部是少数民族宰相当主编的，也只有这三史是汉族和其他少数民族历史学家共同完成的。

脱脱是元朝后期有作为的政治家，在四年多时间的改革中，取得了不少成绩，使元朝末年的昏暗政治渐渐有了起色。人们见他年轻有为，纷纷称他为"贤相"。可是没过多久，脱脱就因病辞去宰相职务。过了四年，当他再次做宰相的时候，元朝的统治已经病入膏肓。脱脱即使有天大的本事，也无法支撑这摇摇欲坠的大厦了。

元朝灭亡

　　元顺帝统治末年，政治败坏、税赋沉重，加上天灾不断，百姓民不聊生。公元1351年，元顺帝因黄河年久失修，于是派贾鲁治理黄河，动用大量民夫。治理黄河本是好事，但在当时民不聊生的背景下，把这么多民夫聚集在一起，无疑是为民众反抗创造了条件。

　　有个叫韩山童的见民众不满，于是撺掇大家起来反元。韩山童他们刻了一个独眼石头人，埋在黄河河道底下，又到处传播"莫道石人一只眼，挑动黄河天下反"的民谣。不久，挖河的民工果然挖出独眼石人来，人们无不震惊，起义就这么鼓动起来了。

　　公元1351年五月，三千多人聚集在颍州（今安徽阜阳）城外，打算起义，领头的正是韩山童。谁知起义遭到泄密，官军来抓人，韩山童没防备，被逮住杀了，部下刘福通等人趁机起义。因为起义军头上包着红头巾，故称红巾军。刘福通起义后，各地民众

〈　元代龙泉窑青釉折沿大盘　〉

纷纷响应，起义迅速扩散到全国各地。

就在红巾军在各地如火如荼时，在大都城里的元顺帝依然过着荒淫无耻、醉生梦死的生活，元朝统治集团的内部矛盾也越来越尖锐，乱成了一锅粥。

皇太子爱猷识理达腊（猷yóu）已经渐渐长大成人，看到顺帝整天昏聩（kuì）不悟，就产生了夺取皇帝宝座的念头。顺帝宠信的大臣、左丞相哈麻摸到了这个动向，就想劝顺帝让位。不料这个打算被哈麻的妹夫秃鲁帖木儿知道了，马上报告给顺帝："哈麻说陛下年老，应该让位给皇太子。"顺帝大怒，说："朕头发没有白，牙齿没有掉，怎么是老？恐怕哈麻另有野心，你要设法除去哈麻！"秃鲁帖木儿心领神会，叫御史大夫搠思监（搠shuò）上一道奏章，揭露哈麻的罪行。于是顺帝把哈麻充军到广东，又派人在路上把他活活给打死了。

皇太子夺位没有成功，就和生母奇皇后商量，让左丞相太平出面帮忙。奇皇后派太监朴不花示意太平，太平不肯。奇皇后亲自出马，太平还是不肯。不久，太平就被奇皇后设毒计杀了。

这时候，镇压农民起义的察罕帖木儿已经被毛贵的部将田丰杀死，他的养子扩廓帖木儿（本名叫王保保）在河南称霸，另一个叫孛罗帖木儿的占领山西，他们两个为了争夺地盘，互相攻伐。京城里也矛盾四起，在顺帝的支持下，御史大夫老的沙准备搞掉太监朴不花，皇太子母子两人又来攻击老的沙，老的沙逃到山西孛罗帖木儿的军营里。皇太子向孛罗帖木儿要人，孛罗帖木儿不给，皇太子让搠思监下令削去他的官爵，解除他的军权。孛罗帖木儿大发雷霆，派兵一直打到居庸关，进逼大都城。这下可吓坏了顺帝，只好把搠思监、朴不花交出来，两人被孛罗帖木儿的军队杀死。皇太子这下吃了大亏，又去求河南的扩廓帖木儿帮忙。扩廓帖木儿本来就恨孛罗帖木儿，马上带兵攻打太原。谁知道，孛罗帖木儿使了一个金蝉脱壳之计，留下太原一座空城，带兵直奔大都。顺帝没有办法，只好封他为右丞相，统率天下兵马。这时候，皇太子已经逃到扩廓帖木儿那里去了。

孛罗帖木儿独揽大权以后，就下令削去扩廓帖木儿的官职。扩廓帖木儿整顿军马，前来攻打孛罗帖木儿，孛罗帖木儿大败。顺帝知道扩廓帖木儿厉害，就设计要把孛罗帖木儿杀掉。一天，孛罗帖木儿奉命进宫，刚进宫门，几个埋伏的武士一拥而上，把他刺倒在地，割下脑袋，顺帝立即派人送到扩廓帖木儿的军营。扩廓帖木儿和皇太子以胜利者的姿态来到京城，顺帝只好封扩廓帖木儿为右丞相。这时候，奇皇后又要扩廓帖木儿出面逼顺帝让位，扩廓帖木儿不肯。奇皇后母子就怀恨在心，加上顺帝本来就对扩廓帖木儿不信任，扩廓帖木儿只好请求带兵到外地去。顺帝便封扩廓帖木儿为河南王，统率天下兵马，南下镇压红巾军。但是，李思齐、张良弼等老军阀结成联盟，不听扩廓帖木儿指挥，双方打得不可开交，顺帝下令收回了扩廓帖木儿的兵权。

北方军阀混战的局面，使朱元璋顺利地腾出时间消灭了陈友谅、张士诚两股割据势力。至正二十七年（公元1367年）十月，朱元璋任命徐达为征虏大将军，常遇春为副将军，率领二十五万主力军开始北伐，同时又分出一部分兵力继续南征，消灭浙江的方国珍、福建的陈友定以及湖广（今湖南、湖北两省）的割据势力。朱元璋是全局的总指挥，他亲自制定的北伐军事步骤是："先取山东，拆除元朝的屏障，进兵河南，切断它的羽翼，夺取潼关，占据它的门槛，然后进攻大都。到那时

候，元朝已经势孤援绝，可以不战而取；再派兵西进，山西、陕北、关中、甘肃可以席卷而下。"这个作战方略表明朱元璋对当时的形势了如指掌，不愧是一位优秀的军事统帅。朱元璋也非常重视军纪，他一再对北伐的将领们说："军队所经过的地方，或攻克城市之后，不要随便杀人，不要抢夺老百姓的财产，不要烧毁老百姓的住房，不要损坏农具，不要杀耕牛，不要抢老百姓的子女。"朱元璋重视军纪，是北伐取得胜利的重要原因之一。北伐军一路势如破竹，山东、河南的元朝守将不是投降，就是逃跑。

公元1368年，朱元璋在应天（今江苏南京）称帝，国号为明，明朝正式建立了，朱元璋就是明太祖。闰七月，明军会集德州，从水陆两路沿运河北上，占领长芦，攻克青州，到达直沽（今天津），继续向大都进军。

二十八日早上，元顺帝召见群臣，决定逃奔上都。朝廷的气氛十分紧张，阴森森的大殿里没有一个人开口。过了好一会儿，知枢密院事哈喇章说："贼兵已攻陷通州，皇上一走，京城立刻就保不住了。当年蒙古进攻燕京，金宣宗逃到汴京，从此一蹶不振，难道我们要重蹈他的覆辙吗？请皇上死守京城，等待各路援兵。"顺帝不听，说："扩廓帖木儿远在太原，右丞相也速已经大败于莫州（今河北雄县），哪儿有援兵可以等待呢？"说罢就退朝回宫了。哈喇章只好大哭一场，毫无办法。左丞相庆童叹息地说："我知道自己的死期到了，还有什么话可说呢？"一种悲哀的气氛笼罩着整个朝廷。就在这天夜里，元顺帝率领三宫后妃、皇太子、皇太子妃和文武百官一百多人从健德门北逃。八月初二，徐达率领明朝军队进入大都，统治了中国九十七年的元朝被推翻了。

元朝的灭亡是它长期腐朽统治的必然结果。红巾军起义爆发以后，从京城到江南，到处都在唱着这样一首词曲：

> 堂堂大元，奸佞（nìng）专权，
>
> 开河变钞祸根源，惹红巾万千。
>
> 官法滥，刑法重，黎民怨，
>
> 人吃人，钞卖钞，何曾见？
>
> 贼做官，官做贼，混愚贤。哀哉可怜！

这首词把元朝统治下的腐朽的本质刻画得淋漓尽致。由于这种腐败统治，才迫使老百姓揭竿而起，把元朝打得稀里哗啦。

元朝虽然推翻了，但是元朝的残余势力还一直企图卷土重来。当时扩廓帖木儿还占据着山西，李思齐盘踞在陕西。扩廓帖木儿想趁机偷袭北平（大都，明朝时改为北平），结果偷鸡不着蚀把米，老营被明军占领，只剩下十八人逃走了。明朝洪武二年（公元1369年），常遇春攻打陕西，李思齐投降。在上都的元顺帝惶惶不安，常遇春带兵前来攻打上都，他又逃到应昌（今内蒙古克什克腾旗附近），第二年死在那里。元顺帝死后，皇太子即位，后来皇位又传了六次，延续了三十四年，虽然仍然用"大元"做国号，仍然称"皇帝"，不过是徒有虚名、苟延残喘而已，历史上称它为"北元"。

三宝太监下西洋

明太祖朱元璋在位时，把儿孙分封到各地做藩王，希望能以此巩固明朝的统治。藩王到各地后，确实对巩固明朝的统治起到了一定的作用；但与此同时，藩王势力的日益膨胀，也对皇权构成了威胁。这其中，朱元璋的四子燕王朱棣的力量最强。

因太子朱标早逝，朱元璋立朱标的儿子朱允炆（wén）为皇太孙。公元1398年，朱元璋去世，朱允炆继位，改元建文，是为建文帝。建文帝上台后，与亲信大臣齐泰、黄子澄等人一起，采取了一系列削藩措施。当准备削除燕王朱棣的势力时，早有准备的朱棣趁机以清君侧的名义在北平（今北京）起兵，史称"靖难之役"。

"靖难之役"持续了四年，建文四年（公元1402年）六月，朱棣进入金陵（今江苏南

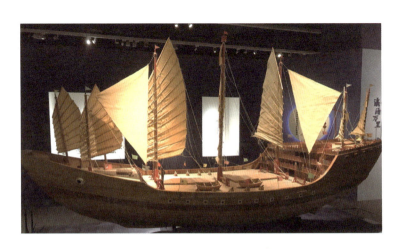

〈 郑和宝船复原模型 〉

京），建文帝朱允炆下落不明。朱棣即位，改元永乐，就是明成祖。

由于明成祖是从自己的侄儿手中夺得皇位的，所以在刚即位的时候遭到不少大臣的反对，他也总觉得这是一桩使人焦虑不安的心事。有一天，他忽然想起刘基的儿子刘璟，过去曾经一块下过棋、谈过天，关系不错，怎么我当了皇帝他也不来祝贺，他派人去请刘璟，刘璟推说有病不来。明成祖很生气，就把刘璟抓来，问他："皇帝召你为什么不来？"刘璟回答说："建文帝死了，哪有皇帝？"明成祖说："我不是皇帝吗？"刘璟说："殿下自称皇帝，百世以后也逃不了一个'篡'字。"那时候管皇帝叫陛下，管诸王叫殿下。刘璟不承认明成祖是皇帝，所以还像以前一样称他为殿下。明成祖一听刘璟说他篡位，勃然大怒，命令把刘璟关起来。刘璟在狱中上吊自杀了。

刘璟虽然死了，可是明成祖耳边总是响着刘璟说的那个"篡"字，心里很不舒服。他想，我若能干出一番事业，证明比建文帝强，别人就没话说了。若是外国都来朝贡，尊我为天下"共主"，宣扬了国威，提高了我的威信，大臣们就服气了。可是怎么才能让各国都来朝贡呢？就得派人去……于是明成祖想到了才能出众的三宝太监。

有一天，明成祖问大臣袁忠彻："我想让三宝率领船队下'西洋'访问各国，你看怎么样？"那时候，人们把现在苏门答腊岛以西的整个印度洋都叫"西洋"。就当时的航海技术说来，"西洋"是海路险远的地方。袁忠彻想了想，说："无论从相貌还是才能来说，三宝在宦官中都是没说的，完全可以胜任。"明成祖和袁忠彻所说的三宝就是郑和。

郑和，本姓马，名和，小名三宝，所以又叫马和、马三宝，云南昆阳（今云南晋宁）人。洪武十四年（公元1381年），大将傅友德、蓝玉、沐英打下云南，把刚十岁的三宝掳进军中，后来又送给燕王朱棣，于是三宝就成了燕王府里的一个小宦官。

燕王起兵的时候，因为是跟朝廷对抗，对领兵的武将怀有戒心，就派自己的心腹宦官去监督他们，三宝也被派到军队里。他聪明好学，有智谋韬略，又懂兵法，在"靖难"中立了不少战功。永乐二年（公元1404年），明成祖奖赏"靖难"功臣的时候，晋升三宝为内官监太监（太监是宦官中最高的官职）。过去说"马不能登殿"，明成祖亲自写了一个大大的"郑"字赐给三宝，让他以郑为姓。从此，三宝便叫郑和了。

郑和是回族人，远祖从西域来到中国，祖父和父亲都曾航海去伊斯兰教的圣地麦加朝过圣。由于祖父和父亲的影响，他年少的时候，心里就有了长大以后航海探险的心愿。他信仰伊斯兰教，又信仰佛教，还有个"福吉祥"的法名。

那时候，由于伊斯兰文化的传播和阿拉伯航海贸易的发达，西起印度洋沿岸各国，东到现在的印度尼西亚、菲律宾，都信奉伊斯兰教。而印度半岛上的一些国家和锡兰（今斯里兰卡）、榜葛剌（今孟加拉国）、真腊（今柬埔寨）、占城（今越南南部）、暹罗（今泰国）等国家则信奉佛教。和这些国家交往，对于既是穆斯林又是佛门弟子的郑和来说，是很方便的。

明朝的时候已经有"识宝回回"的说法，是说回族人善于鉴赏宝物，会做买卖。郑和从祖父和父亲讲述的回族航海经商的故事中受到启发，也懂得一些海外贸

易的知识。所以，郑和确实是完成明成祖联络各国、发展海外贸易任务的最好人选。

郑和接受了明成祖的特别使命，经过充分的准备，在各方面都就绪之后，选定吉日，启程远航。

永乐三年（公元1405年）六月十五日，苏州府刘家港（今江苏太仓浏河口）人山人海，锣鼓喧天，鞭炮齐鸣。郑和告别了欢送的官员和黎民百姓，登上船队中最大的船只——宝船，随着一眼望不到头的船队缓缓向东驶去。细心的人数了数，总共二百零八艘船，光是长四十四丈，宽十八丈的宝船就有六十二艘。船上有将士两万七千八百多人，其中有航海技术人员、管理事务人员和翻译、医生等。

郑和船队的主要任务是联络亚非各国和发展海外贸易，那么，带那么多军队干什么呢？这使很多人感到迷惑不解，总觉得既然带军队，就有"耀兵异域"侵略别人的嫌疑。郑和船队在七次出使中确实曾经三次用兵，下面我们就讲讲这三次用兵的故事。

郑和船队从刘家港起航，途经福建、占城、爪哇（今印度尼西亚爪哇岛），到达旧港（今印度尼西亚苏门答腊岛巨港）的时候，突然遭到海盗陈祖义等人的拦截袭击。

陈祖义是广东人，洪武年间跑到南洋，纠集一伙人占领了旧港，常常劫掠路过的各国商船，很多国家的商人都为这件事感到苦恼。郑和船队路过这里，陈祖义见郑和船多兵众，假意投降，阴谋劫夺船队。郑和发觉了陈祖义的阴谋，严阵以待，等他率众来抢劫时，指挥将士把他打败，杀死海盗五千多人，烧毁海盗船只十艘，俘获七艘，活捉了海盗头目陈祖义等三人，押解回京处死。郑和歼灭海盗陈祖义，为各国商人除了大害，促进了各国的海上贸易，受到各国的欢迎。

在印度半岛东南，有个大岛叫锡兰山（今斯里兰卡），是当时印度洋东西航路上的必经之地。永乐七年（公元1409年）二月，郑和第二次出使"西洋"，归国途中路过这里时，代表明朝政府向锡兰的一座寺庙赠送了很多金银供器、织金宝幡和香油、蜡烛、檀香等礼物，还为此立了一座碑，这就是1910年在斯里兰卡高尔市出土的"郑和锡兰碑"。没想到，就在同一年，当郑和第三次出使"西洋"路过这里时，国王见郑和船队财物很多，就起了贪心，想谋害郑和，劫掠船队。郑和看到情况不对，赶忙率领船队离开了。当郑和回航又经过锡兰时，国王装作很热情的样子，把郑和诓骗进城中，让王子向郑和勒索财宝，同时派五万人劫掠郑和船队。郑和发觉之后，立即赶回船队，可道路已被截断。在这万分紧急的情况下，郑和不得已率两千人出其不意地攻占了王宫，活捉了锡兰国王，并把他带回南京，明成祖后来把他放了回去。

永乐十三年（公元1415年），郑和第四次出使"西洋"，回航时路过苏门答剌国（现在印度尼西亚苏门答腊岛西北部亚齐）。他送给国王大量礼物，可是就在当天夜晚，发生了有人抢劫船队的事。

原来，苏门答剌国的西边有个那狐儿国，因为这个国家的人脸上都刺有花纹，又被称作花面国。永乐六年（公元1408年），这两国打了一仗，苏门答剌国王中箭身亡。王子当时年龄还小，没法报仇，王后对国人说："谁能领兵打败花面国，替先王报仇，我就嫁给他，并让他当国王。"一个渔翁自告奋勇，领着军队打败花面国，杀了花面国王，渔翁娶了王后，当了苏门答刺国王。老国王的儿子长大之后，领一帮人杀了渔翁，登上王位，这就是郑和赠给礼品的国王。渔翁有个儿子叫苏干刺，想夺取王位，被新国王打败，逃到一个叫邻山的地方，自立一寨。他见郑和没有送他礼物，非常生气，就率众数万，袭击郑和船队。在苏门答刺军队的密切配合下，郑和指挥将士英勇奋战，把苏干刺的军队杀得大败，并且活捉了苏干刺，把他押回北京杀了。

郑和三次用兵，都是为了自卫，不得已而为之。带兵是为了保卫船队，消灭海盗，保障各国通商和友好往来，因此深受各国欢迎。

从永乐三年到宣德八年（公元1405年到1433年），郑和七次率船队远航。二十八年的航海活动，耗尽了他的心血。宣德八年三月中旬（公元1433年4月上旬），这位伟大的航海家在最后一次航行的归途中，病死在印度半岛西南部的古里（今印度科泽科德）。

郑和船队七下西洋，先后访问了亚洲和非洲的三十多个国家，最远到达非洲东海岸赤道以南的麻林地（今肯尼亚的马林迪）和慢八撒（今肯尼亚的蒙巴萨港），这是世界航海史上的伟大壮举。它加强了中国同这些国家的友好关系，促进了各国的经济文化交流。郑和是打开从中国到东非航道的第一人，他的航行比哥伦布首航美洲大陆早八十七年，比达·伽马绕过好望角到达印度早九十三年，比麦哲伦到达菲律宾早一百一十六年。他在世界航海史上立下了一座丰碑，是世界航海事业的伟大先驱者。

于谦保卫北京

公元1368年，明军攻克大都，标志着元朝在中原统治的结束。元顺帝向北逃走，史称北元。永乐时期，北元分为东西两股政治势力：东部为鞑靼（dá dá），西部为瓦剌（là）。正统四年（公元1439年），也先成为瓦剌部首领，势力日盛，并联合元朝后裔进行东西扩张，对明朝构成了严重威胁。

公元1449年七月，瓦剌大军南下攻掠明朝边境，首领也先亲率蒙古骑兵攻占大同，大同告急。在位的明英宗朱祁镇好大喜功，在宦官王振的鼓动下，不顾群臣的反对御驾亲征，在土木堡（今河北怀来）与也先部队交战。明朝军队指挥混乱，主动出击后又班师，受到瓦剌军队夹击大败，王振被杀，明英宗朱祁镇被俘，史称"土木堡之变"。

土木堡大败后的第二天，即公元1449年八月十六日深夜，一匹急驰的骏马驮着怀来守将派遣的报使，由西长安门仓皇奔入皇宫，把明英宗被俘的消息告诉了皇太后和郕王。霎时间，宫廷里一片慌乱，恐惧万分。当晚，这一消息不胫而走，满京城里的大小官员都惊呆了。天不亮，他们便不约而同地会聚到午门之外，也不知道是由于害怕还是出于悲愤，竟都哇哇地哭了起来。

　　黎明的时候，郕王朱祁钰来到午门左门接见群臣，大家争着向他弹劾王振的罪状。郕王缺乏主见，只说了句"王振的事以后再说"。这下可把大臣们惹急了，你一言我一语地大声叫嚷起来，要求立即下令族灭王振，平民愤，安人心。郕王哪里见过这种场面，慌忙从椅子上站起来向宫里走去，并叫人赶快关上午门。群臣一时冲动，顾不得平日的礼仪规矩，一拥而上，吓得郕王不知道这帮人究竟要干什么。

　　兵部侍郎于谦拉住郕王的衣服，说："殿下，这可是关键时候，您不能走。群臣的心都是为了国家，没有别的意思。王振是祸首，不下令抄没他家怎么能平息大家的气愤呢？"郕王这才稍微镇静下来，叫宦官金英传令，命锦衣卫指挥马顺去抄没王振的家。大臣们嚷道："马顺是王振一党，怎么能叫他去！"就在这时候，给事中王竑（hóng）在混乱的人群里一把揪住了马顺的头发，喊道："奸党在这儿！"于是众人一哄而上，一顿拳打脚踢。马顺顿时血流遍体，呜呼哀哉了。

　　人们总算泄了一点儿愤。在于谦的提醒下，郕王说了几句"奖谕百官"的话，文武百官这才各自散去。吏部尚书王直看见于谦为了保护郕王，在众人的推搡中袍袖都被撕破了，拉着他的手感慨地说："今天的事情多亏了你。我虽是个老臣，但一百个也顶不了你一个！现在朝廷正需要借重你呀。"

　　于谦是杭州人，永乐时中进士，当过御史、巡抚，是明初很有作为的

❮ 明架火战车 ❯

官员之一。他办事认真、果断，很有魄力，所以王直的话是一点儿也不过分的。

午门事件增添了北京城里的紧张空气。街谈巷议，谣言四起，弄得居民惶惶不安。当时五十万精兵全被也先击破了，留守京城的兵力不足十万人，而且都是英宗出征时选剩的老弱残卒。对于战与和这样的军国大计，皇太后和郕王一时举棋不定，大臣吵闹不休，都增加了人们的忧虑。

最后还是有赖于谦的魄力，总算把大政方针决定了下来。一次，在朝廷商讨严重时刻应采取什么紧急措施的时候，大臣们主张不同，又吵了起来。侍讲徐珵（chéng）危言耸听，妄言："天命已去，只有南迁才能消灾免祸。"正是这个家伙，连日来到处煽动别人送家眷南逃。于谦厉声说："倡议南迁的人，就应该杀头！"一下子使大家静了下来。他接着说："京都是天下根本，人心所系，怎么能随意搬动呢？难道宋朝南渡的事例忘掉了吗？现在的办法就是赶快调集军队，安定民心，积极准备战守，稳定局势。"他陈述的理由得到了一些大臣的赞同，皇太后才下了最后的决心。

按照封建社会的礼法观念，"天下不可一日无主"，皇太后立英宗的儿子为皇太子。可太子年龄太小，为了有效地对付瓦剌的威胁，这年九月，郕王登上大位，做了皇帝，改元景泰，历史上叫景泰帝。景泰皇帝升任于谦做兵部尚书，并且根据他的建议，诏宣府、辽东、山东、河南、陕西等处巡抚带兵入援京都。

于谦在国家危难之中接受任命，为了"内固京师，外筹边镇"，他一面命令各边关镇守将领加强防备；一面奏请景泰皇帝批准，敕令工部从速修缮器甲、战具；同时派兵严守京城九门，把靠城的居民全部迁进城内；还选拔几名能干的文臣做巡抚；提升善战的石亨、杨洪做将帅。而他自己也以军国大事为己任，立下军令状："不见成效，甘受处罚。"

景泰帝也给了于谦最大的信任，命令各营将士一律听从于谦的指挥，都指挥以下的将官如果不服调用或失职犯禁，可以先斩后奏。当时，虽然说各地入卫京师的军队已陆续到达，备战工作也基本就绪，但土木堡五十万精锐的惨败，使得将领们都有些畏怯。在于谦召集各将领研究战守方案的时候，身为总帅京营兵马的石亨就竭力主张把军队全部撤进城内，以土壅（yōng）闭城门，坚壁清野。他认为敌人无法破城，自己便会退却，不少将领同意他的说法。于谦指出这将使敌人的气焰更加嚣张，只有打败他，才能得到和平。于是重新调配了兵力，除守城兵以外，用二十多万人马，列阵在北京九门之外。他自己则亲率石亨等人扎营在德胜门外，面对着敌人来的方向。针对将士的怯懦，于谦还下了一道严令：凡临阵打仗时，将官不顾士兵先退缩的，斩将官；士兵不顾将官先退的，后队斩前队。同时，于谦还下令封闭了北京的所有城门，堵塞了退路，使将士增加了死战的决心。

这年冬天十月上旬，也先带领大军挟持英宗皇帝南下，攻破紫荆关，过易州（今河北易县），到良乡，一路势不可当。十日，在呼啸的寒风中跨过卢沟桥，进抵北京城下，并将他的重兵摆在西直门外。于谦根据敌营阵势，略作调整，叫都督王通、御史杨善负责守城；叫都督孙镗（tāng）列阵城西，派刑部侍郎江渊做参军；自己则穿上铠甲战袍，亲率石亨等领兵据守在德胜门外，严阵以待。

也先的大本营设在北郊土城。为了侦察德胜门外明军的兵力部署，他派出了数骑探马。为了迷惑敌人，于谦即令石亨利用迁空的民舍设下埋伏，同时也派出少量游骑诱敌来攻。也先以为明军驻防城外的兵力有限，于是命令一万多人马发起进攻。当敌人进入伏击圈后，明军一跃而起，枪炮乱箭齐发，也先的弟弟索罗、大将毛那孩首先中炮身亡。趁敌人慌乱的时候，石亨手执大斧，挥军直冲敌阵，奋勇砍杀；于谦亲自督战，杀得敌兵溃不成阵。也先见势不妙，企图撤回土城。明军紧追不放，居民见瓦剌兵败，都爬上屋顶，向敌人投掷砖石，呐喊助威。也先进退两难，转向西面败逃。都督孙镗率军拦截，杀伤很多敌军。也先只得率部向南转移，到彰义门（今广安门）时，又遭到石亨义子石彪的截击，神机营都督范广用火枪火箭助阵。霎时间，枪炮轰鸣，杀声震天，又是一场恶战。于谦命石亨领兵赶到，杀退了也先。

也先环攻北京屡战失利，知道明朝已有准备，料难实现自己的野心；拿明英宗归还做诱饵，朝廷也不上当；眼下天寒地冻，如不能速战速决，万一明军集结，自身就有不保的危险。于是，他开始寻找退路，先派五万兵马攻打居庸关。明朝守将罗通见也先军队蜂拥而来，连夜用水浇城。这时寒风凛冽，滴水成冰，城墙外结成厚厚的一层冰，又光又滑，使敌人无法攀登。也先想不出好办法，只得挟持着英宗，从原路退了回去。

于谦探知也先十五日拔营撤退，连夜命令石亨率领各营用大炮袭击敌人营垒，杀死杀伤数万敌人。敌人经良乡仓皇西去，对所经过州县大肆抢掠。明军尾随追击，在清风店、固安等地又多次击败了敌兵。也先裹胁着明英宗匆匆地出了紫荆关，回到了卫拉特（瓦剌）部。瓦剌军队对北京的威胁就此解除了。

为了进一步加强对京师的守护，于谦除采取有力措施，巩固北边防务之外，还在西面和南面的涿鹿（今河北涿鹿）、真定（今河北正定以南）、保定、易州等处设镇屯兵。他还改革军制，设立团营，从各营中挑选马步骁勇者十五万人分为十营，每营委派一名都督；每五千人为一小营，委任一名指挥管带；以石亨、杨洪等人为总兵，自己兼任总督。将士们每天都得在营操练战阵，这样就大大地提高了军队的作战能力。

于谦临危不惧，运筹策划，指挥若定，挽救了明廷的一次危难，在惊涛狂澜中起到了中流砥柱的作用。所以，也先此后虽曾入寇大同，包围代州，但都一再受挫，始终没能长驱深入。明王朝和它的首都北京在七八十年内再也没有受到敌骑的蹂躏。

朱祁钰即位后，也先认为明英宗已失去价值，于是在"土木堡之变"后的第二年（公元1450年）将明英宗放回。明英宗被景泰帝软禁在南宫。

景泰帝一直没有自己的儿子，这就给了野心家以机会，一些人决定拥立被软禁的英宗复位。公元1457年正月，徐有贞（即徐珵）联合石亨、太监曹吉祥等人趁景泰帝病重发动政变，迎立英宗复位，史称"夺门之变"。

英宗复位后，于谦等人被捕。英宗一度犹豫是否要杀于谦，徐有贞提醒"不杀于谦，此举（复辟）为无名"，英宗遂决定处死于谦等人。于是，保卫北京的大英雄于谦，就这样被冤杀了。

戚继光平倭

公元1521年，明武宗朱厚照驾崩，因无子继位，故由其堂弟朱厚熜即位，年号"嘉靖"，即明世宗。即位后不久，明世宗为了缓和社会矛盾，采取革除积弊、振兴纲纪等改革措施，史称"嘉靖新政"，得到朝野上下的拥护。但明世宗后期迷信道教，祈求长生不老，长期不视朝，奸臣严嵩趁机掌握了大权。

明世宗求仙修道，严嵩把持朝政，弄得朝廷上下一片昏暗，百姓啼饥号寒，内忧外患接踵而至。外患中最突出的是倭寇的侵扰，倭寇是日本海盗集团，从明朝初年开始就在我国沿海地区走私、抢劫、杀掠。嘉靖二年（公元1523年）以后，倭寇为患更烈，连年侵扰我国东南沿海地区，当地百姓深受其害。多亏有一支御倭劲旅戚家军，同爱国将领俞大猷（yóu）、谭纶等领导的军队协同作战，才肃清了倭患。这戚家军就是由抗倭名将戚继光组织和领导的军队。

戚继光字元敬，号南塘，山东东牟县（今山东莱芜）人，嘉靖七年（公元1528年）出生在一个武将的家里。父亲戚景通当时任大宁（今河北保定）都指挥使。戚继光从小聪明好学，父亲是个将官，自然免不了常和客人谈论些用兵打仗的事。戚继光有时在旁边睁着大眼睛听得入了神，他常和小朋友一块堆泥巴作为城墙，搭瓦块作为营垒，削木棍糊上纸当旗帜，玩打仗的游戏。客人们见了都夸奖他不愧为将门虎子，将来一定会有出息。戚景通为人正直，又有见识。他深知，只有严格教育，孩子才能成材，对儿子从不娇惯。他教儿子读书、写字、练习武艺，还经常给儿子讲些为人处世，从小要学好本领，长大才能保国安民的道理。一发现儿子的缺点和错误，就严厉批评。

一天，外祖母送给戚继光一双用丝绸缝制的非常漂亮的鞋子。小继光连忙穿上，跑去让父亲看。戚景通一见，严厉训斥说："你小小年纪就穿这么好的鞋，长大了就会想吃好的，穿好的；若当了军官，非侵吞士兵军饷不可。从小不知吃苦，以后怎么能和士兵同甘共苦呢？"说完硬逼着小继光把鞋脱了。

戚继光十岁那年，母亲死了，父亲年老多病，家里生活很困难。穷困使他懂得很多道理，成长得更快了。他十七岁那年，父亲病死了，他袭职做了登州卫（今山

〈 明代仇英绘《抗倭图卷》局部 〉

东蓬莱）指挥佥事。

戚继光来到登州之后，听到百姓诉说倭寇侵扰山东沿海地区，给人民带来了灾难，心中很是不安。他在一本兵书的空白处，写下了这样的诗句："封侯非我意，但愿海波平。"抒发了他一心保国安民的壮志豪情。

嘉靖三十二年（公元1553年）夏天，明朝政府擢升（擢zhuó）戚继光署都指挥佥事，管理山东三营二十五个卫所，负责从现在的黄河河口到山东、江苏交界一带海岸的防务。对于一个年仅二十五岁的年轻将领来说，这副担子是够重的了。如果有足够的兵力，坚固的海防设施，军队训练有素，纪律严明，击退倭寇的入侵自然没多大难处。可当时的各卫所，戍卒逃跑，剩下的多是老弱残兵；沿海岛屿许多没有设防，岸上虽有工事，却年久失修，残破不堪；军队没有训练，纪律松弛。

戚继光深知军队没有纪律就没有战斗力，不仅不能战胜敌人，还将被敌人打败。所以，他首先整顿纪律。刚一开始整顿，戚继光就碰上了一件棘手的事。有个军官，论辈分算是戚继光的舅舅，竟然依仗自己是长辈，不听命令。戚继光心想：处分吧，别人会说晚辈处罚长辈，无情无义；不处分吧，这整顿纪律怎么进行呢？号令不行怎么带兵呢？戚继光想了个两全其美的办法。他先以长官身份，当众给舅舅应有的处分，然后在当天晚上，以外甥身份把舅舅请来，向他赔礼。舅舅被戚继光坦荡的胸怀和诚挚的态度感动了，当面给戚继光跪下，激动地说："你执法如山，我以后再也不敢违抗命令了！"这件事一传十，十传百，戚继光大公无私、不徇私情的行为，赢得了部下衷心的尊敬。一些不法军官也不敢恣意妄为，那些靠军饷混饭吃的兵油子，也害怕军法处罚，不敢胡作非为了。戚继光接着整顿卫所，修葺（qì）海防工事，裁简残卒，训练士兵。军队过去那种闲散懒惰的习气逐渐克服，纪律严明的军风开始出现，战斗力大大加强了。

过了两年，嘉靖三十四年（公元1555年）秋天，明朝政府把戚继光调到倭患严重的浙江；第二年，由新任浙江总督胡宗宪推荐，二十八岁的戚继光被任命为参将，负责镇守宁波、绍兴、台州（今浙江台州，台tāi）三府。

戚继光刚刚上任不久，就传来倭寇入侵龙山所（今浙江慈溪龙山镇）的警报。他立即率领部下迎敌，同总兵俞大猷、台州知府谭纶联合作战，把倭寇打得大败而逃。

龙山所一战，戚继光开始崭露头角，显出英勇善战的才干。通过这次战役，戚继光看到，浙江的军队也是缺乏训练，纪律松散，因而不少士兵临阵脱逃。特别是由广西、河北等地调来的客兵，享受特别优厚的待遇，却坑害侵扰百姓，当地百姓流传着这样的谚语："宁遇倭贼，毋遇客兵；遇倭犹可逃，遇兵不得生！"这样的军队哪能抵御倭寇的侵扰呢？而每次倭寇入侵，都是当地百姓抵抗、击退的。于是戚继光提出，招募当地百姓当兵并加以训练的建议。

总督胡宗宪看过戚继光的练兵建议书之后，把它丢在一边，傲慢地对他说："我过去也练过兵。如果浙江人可练，我早就练了，还要等你来练？"可他转念一想，这事浙江人已经知道了，如果我不同意，就会埋怨我，不如让他试试吧，这才同意戚继光练兵。

虽说胡宗宪勉强答应了，可由于当时政治腐败，官场办事拖沓，加之战事频繁，拖了两年，戚继光练兵的计划才得以实现。

这两年中，戚继光在岑港（今浙江舟山，岑cén）和台州打了两次胜仗，名声大振，可他却感到这支军队非彻底改造不可。有一次，战斗刚刚结束，一个士兵拎着颗血淋淋的人头来向戚继光报功。还没等戚继光问清缘由，另一个士兵气喘吁吁地跑来，哭着说："这是我弟弟，战斗中负了伤，还没断气就被他割了头来报功。"戚继光十分震怒，严厉惩治了这个歹徒。但是类似的事还是经常发生，战场上临阵逃跑的事也屡见不鲜，军队中那些兵油子和地痞无赖沾染了很多恶习。基于这种情况，戚继光多次报告上级，决心重新招募一支新军。

嘉靖三十七年（公元1558年），义乌县八宝山发生了一场矿工和当地农民的械斗，双方死伤惨重。戚继光为这场悲剧而伤心，想把这支力量转移到抗倭战线上来，于是又一次建议招募新军，加以训练，这次他的建议被采纳了。不久戚继光亲自到义乌招兵，经过严格挑选，把招募的矿工和农民编成队伍，填造名册，发放武器，很快就建立起一支三千多人的新军。

戚继光又根据浙江河湖港汊纵横，稻田里只有田埂才能行军的特点，把部队的作战单位编得很小，具体做法是，每十二名士兵编为一队，最前面的人是队长，队长身后又分左右两行，每行五人，最后一名是挑炊具的伙兵。两行的第一人分别是执长牌和藤牌的士兵，可以遮挡敌人的长矛、长枪，掩护后队前进。随后的两人拿狼筅（xiǎn），照顾牌手。再后的四人持长枪，每两支长枪照顾一牌、一筅。最后两人用短兵器与长枪互相救应。这就充分发挥了每个士兵和各种武器的作用，以长补短，浑然一体。这个阵式就是著名的鸳鸯阵。如果设立埋伏，就把鸳鸯阵变为三才阵，队长居中，左右为两狼筅，筅外各有两枪挟一牌，后面为两短兵。狼筅是戚继光所创制的兵器，又叫狼牙筅，用带竹枝的大毛竹的上截（长约一丈五尺）在顶部安上一尺长的利刃，用来杀伤敌人。

这支军队的士兵绝大多数是农民和矿工，成分好，组织严密，纪律性强，又有适于与倭寇战斗的阵法，因此成为一支常打胜仗的劲旅。以后人们就把这支军队称作戚家军。

戚家军建立之后不久，嘉靖四十年（公元1561年），倭寇一两万人大举进犯浙江。从奉化到太平（今浙江温岭），沿海各县和卫所纷纷报警。戚继光在台州、海门和宁海一带布下伏兵，自己则率戚家军主力直抵倭寇主力侵扰的宁海。进犯宁海的倭寇见戚家军主力来了，纷纷逃跑，而另一股倭寇却趁机直抵台州城下的花街。戚继光得到这个情报后，麾师疾驰，在花街和倭寇相遇。戚家军士气高昂，在战鼓声中英勇奋战，正兵、伏兵一齐杀出，把数百名倭寇全部歼灭在台州城下。这之后，戚家军又多次打败倭寇。在一个多月的战斗中，共歼灭倭寇一千四百多人，倭寇被火烧死、被水淹死了四千多人，戚家军取得了重大胜利。

台州大捷之后，戚继光又招募义乌民兵三千人，戚家军发展到六千人了。第二年秋天，戚继光奉命率师南下福建。在福建宁德县东北二十多里的海中有个小岛叫横屿，和大陆隔着浅滩。海滩涨潮时一片汪洋，退潮时尽是泥淖（nào）。倭寇在这里扎营，修筑了坚固的工事，还修有木城。为了消灭这股倭寇，戚继光察看地形，先招降了横屿倭寇在大陆上的重要据点张湾的倭寇，然后趁退潮时进兵横屿。戚继光对士兵们说："我们趁退潮的时候打进去，在涨潮之前必须全部消灭敌人，不然就没有归路了。你们有这个胆量吗？"士兵们齐声高喊："有！"戚继光说："既然大家有决心，上岛以后，我就为你们擂鼓助威吧！"

夜晚的时候，士兵们打着赤膊，每人背着一捆稻草，摆成鸳鸯阵式，悄悄地把稻草铺在烂泥上，爬着前进。他们浸泡在海水里，一声不吭，一步步接近小岛。

到了横屿岸边，天已大亮，倭寇早就沿山麓布下阵势。戚家军奋勇向前，猛扑敌人阵地，双方展开了白刃战。戚继光部将吴惟忠率领部队攻打木城。正当横屿山麓硝烟尘土弥漫，喊声杀声震天，打得难分难解的时候，突然，倭寇的巢穴火光冲天，浓烟滚滚，倭寇见状惊慌逃散。戚家军乘胜追击，很快就把倭寇全部歼灭，收复了被倭寇盘踞三年的横屿。

在庆祝横屿大捷的时候，戚继光作了一首《凯歌》让战士们唱：

万人一心兮，泰山可撼；惟忠与义兮，气冲斗牛。主将亲我兮，胜如父母；干犯军法兮，身不自由。号令明兮赏罚信，赴水火兮敢迟留？

在伟大的民族英雄戚继光的指挥下，戚家军驰骋在闽、浙两省的抗倭战场上，狠狠打击倭寇，取得了一个又一个胜利。各路抗倭部队齐心合力，经过接连多年的奋战，终于消灭了倭寇。东南沿海的倭患基本上解除了。

海瑞备棺上疏

俗话说："家贫出孝子，国难见忠臣。"嘉靖年间，皇帝敬神信鬼，不理朝政，宰相专横暴虐，贪官污吏搜刮民财……在这政治腐败、国困民穷的时候，朝廷里出了一个被公认为"不怕死、不要钱"，勤政爱民，敢为百姓说话做主，不阿谀奉承，敢顶歪风邪气的官员：他就是历史上有名的清官海瑞。

海瑞字汝贤，回族人，原籍广东省番禺县（今广州番禺，番禺pān yú），祖上迁居海南岛，他出生在琼山（今海南琼山），所以是琼山人。海瑞四岁的时候父亲去世，家境十分清苦。母亲谢氏节衣缩食供他上学。海瑞奋发读书，立下誓言要做个有用的人，如果做了官，一定要言行一致，不自私自利，不说大话空话，不谄媚上司，不妒忌别人的才能，不隐讳自己的缺点，不贪污盗窃、坑害人民。他还给自己起了个号叫"刚峰"，意思就是"一切以刚为主"，表示终生都要刚强正直，决不曲意阿从。事实证明，他的一生是实践了这一誓言的。

嘉靖二十八年（公元1549年），海瑞通过乡试中了举人，被派到南平（今福建南平）当教谕（县学校长），他执教严格，把学校办得井井有条。由于他不阿谀奉承，不轻易赞同别人的意见，因而得了个外号叫"笔架博士"。那时候，学校常有上司和御史来视察，一些学官为讨好上司，一见面就要趴在地上磕头。海瑞认为，学校是教书的地方，不是官府衙门，见面除作揖外，没有跪拜一说，因此不管谁来，他只作揖，而别人都下跪。他是教谕，站在中间，两边的人趴在地上，看起来像个山字，又像个笔架，因此得了"笔架博士"的外号。在那拍马溜须的社会，上司对海瑞这种做法很不满意，但是又拿他没办法。

四年以后，海瑞被擢升为淳安知县。淳安是个贫瘠的山区，国家赋税徭役繁重，地方贪官污吏搜刮民财，广大人民穷得要命。海瑞上任后，目睹惨状，十分痛心。他经过调查研究，决定先整顿一县的吏治，定了许多条规。县丞、主簿、教谕、胥吏都要守职尽责，不许营私舞弊，薪俸之外如有一分一文贪污，便严加惩办；紧缩县里一切开支，尽量减少对百姓的征派；取消一切不合理的需索，即使是上司的额外摊派，海瑞也敢顶着不办。

海瑞一面千方百计减轻百姓负担，一面又设法督促老百姓发展生产，得到了人民的信赖和爱戴，尤其是他在淳安办了两件深得人心的事情。

<明代嘉靖五彩鱼藻纹罐>

一件是怒责胡大公子。胡大公子是浙江总督胡宗宪的儿子。胡宗宪是权相严嵩的大红人，飞扬跋扈，贪赃枉法，无所不为。他的儿子仗势为非作歹，一次路过淳安县，嫌驿站的官吏招待不周，叫手下的随从把驿吏倒挂起来拷打。海瑞知道以后，带着衙役赶到驿馆，抓了几个狗腿子，痛斥了胡大公子一顿，还没收

了他所带的数千两银子。然后，他利用胡宗宪曾经说过的一句空话，写信给胡宗宪说："大人曾经巡视地方，命令所过州县一定要节俭，不许迎送，不许铺张浪费。现在淳安来了个姓胡的人，自称是您的儿子，毒打驿吏，指责招待不周。这和大人的明令不符，这人一定是假冒的。因此，我已惩办了他，请您放心。"胡宗宪看后又气又恼，可又不好声张出去，只好吃了个哑巴亏。

另一件是挡了都御史（中央都察院的头儿）鄢懋卿（鄢yān，懋mào）的大驾。鄢懋卿不仅是朝廷大员，而且是权相严嵩的干儿子，贪污受贿，穷奢极欲，非常骄横。一次世宗皇帝派他总理盐政，他带着妻妾和很多仆役家丁，以钦差大臣的身份前去上任。他的妻子坐在五彩轿里，由十二个女子抬着，一路上浩浩荡荡，威风凛凛。所经过的地方，那些州县官员为了不得罪这位钦差老爷，尽力招待，驿馆布置讲究，酒席上摆满了山珍海味，临走时还要奉送大量的钱财礼物，这些都要向地方上的百姓摊派，一迎一送，加重了人民的负担。

淳安县归严州府管辖，知府事先得到消息，立即通知包括淳安县在内的各县，一定要做好迎送钦差大人的准备，特别叮嘱要盛情款待，不可怠慢。海瑞为了不骚扰百姓，不做任何准备，只给鄢都御史写了一份禀帖，说："卑职看到大人的宪牌，规定迎送从简，但是听别人说您所过之处供应非常奢华，敝邑十分穷困，想要按传闻办事，不仅劳民伤财，还怕违反了大人的宪令；想要照宪牌规定办事，又怕得罪大人，担待不起。卑职左右为难，务请大人明示。"

鄢懋卿看后，一肚子不高兴，但是又不能说违反自己宪令的话，心想海瑞果然厉害，等我到淳安后看他如何举动，再找岔子和他算账。

海瑞拿到鄢懋卿的批示，头一天便把先期来到淳安仗势欺人的旗牌官狠打了一顿板子。第二天，海瑞到新安江边迎接鄢懋卿，看见二十多条船顺江而来，估计这位钦差大人沿途收受的赃物一定不少。他把鄢懋卿接到县衙，这里的居住条件很差，吃饭只有两荤两素一汤，其他一切供应也都非常简单。鄢懋卿从出京以后，还没受过这样的冷遇。他心里恼火透了，想要发作，可听到的都是一片颂扬这位县官的声音，他只好自认晦气。想到接待自己的规矩已经被海瑞破坏，再去严州府（今浙江杭州）不会捞到多少油水了，一怒之下，他决定改道直接回北京。送行那天，本来要派很多纤夫拉船。当时正是春耕农忙季节，海瑞没有征派老百姓，自己带着一班县衙官吏到江边给钦差大人的船队背纤。这一来，把鄢懋卿弄得十分尴尬。

严州知府听说海瑞怠慢了钦差大人，心里十分害怕，也非常恼火，他把海瑞叫到严州，拍着桌子大骂："你是多大的官儿？竟敢如此大胆！"海瑞一声不响，等他骂完，叩个头就走了。知府怒气未消，心想海瑞这回肯定是要丢官了，怕连自己的乌纱帽也保不住了，他派人到京城去探听消息，过了好久才知道：鄢懋卿虽然恨海瑞，却抓不住把柄，又怕人家揭发自己受贿太多，所以不敢向皇帝参奏，只好不了了之。

后来海瑞被调到北京，担任户部主事。他看到皇帝整天求神斋醮（jiào），不上朝理政；大臣们一味迎合，争着向皇帝禀报吉祥的兆头，或者上表祝贺；人民的疾苦却无人过问。他又了解到，嘉靖二十年（公元1541年），御史杨爵上疏劝谏皇帝不要崇信神鬼，要关心国家、百姓，结果被拷打坐牢八年，几乎送掉性命；打这以后的二十余年中，大小朝臣再也没人敢上疏言事了。他又难过又气愤，决定给皇帝

上奏折，希望明世宗能改过自新，好好治理国家。

海瑞以忧国忧民的激情把奏折写好，许多朋友都劝他不要呈递，免得招惹杀身之祸。海瑞却说："有志之士应该以身许国。大家因怕得罪都不规劝皇上，天下何日能治理好呢？"他拿出二十两银子，交给在朝廷做官的一个姓王的同乡，对他说，"看在同乡的情分上，我死后请您拿这钱把我埋到老家，我就十分感谢您了。"海瑞又把多年跟随他的家仆叫来，告诉他："你去买口棺材替我准备停当，然后你就回老家去吧，见了我的老母，请你多多安慰她老人家。"说完就到通政使司（专管接收奏章向皇帝呈送的机构）递交了疏稿，便到朝房等待治罪去了。

明世宗接到海瑞的奏疏，一看内容，竟是激烈指责自己的话，奏折上说："如今的朝廷是'君道不正，臣职不明'。皇上二十多年不理朝政，法纪松弛，吏治败坏，财政崩溃，弄得国贫民穷。所以人们都说，嘉者家也，靖者净也；嘉靖，就是家家都净，穷到啥也没有的地步了！皇上不关心太子成长，缺乏父子之情；因为别人的诽谤和自己的猜疑杀辱臣子，缺少君臣之情；长住西苑敬神吃药以求长生，不回宫室，是无夫妻之情，这都是信道斋醮的错误。……皇上的错误实在太多了，请陛下幡然悔悟，改弦更张……"

明世宗越看越生气：这哪里是上疏，简直是历数我的罪状！他把海瑞的奏折狠狠地摔在地上，拍着桌子大喊："快去把海瑞给我抓起来，别让这家伙跑掉！"

宦官黄锦在一旁说："启禀万岁，海瑞根本不想跑掉。听说他上疏前就买好了棺材，把随从的家人都遣散了，现在正在朝房待罪呢！"明世宗听了一愣，顿时无话可说了，半晌，又把奏折捡起来，接着往下看，边看边叹气，好像触动了什么心事似的，随手把它压在了桌案上，自言自语地说："这家伙想当比干，我可不是纣王（比干是商纣王的叔父，因为多次劝谏纣王，被纣王剖心而死）！"

明世宗虽然没有马上下令杀了海瑞，但他又命令下狱治罪论死。可是刑部判海瑞死罪之后，明世宗又没有批准行刑。两个月后，明世宗病死了，海瑞被即位的明穆宗释放出狱。

由于数十年没人敢对皇帝如此直言疏谏，因此海瑞备棺上疏的事很快就传遍了朝廷内外，天下都知道有个不怕死的"海主事"，百姓称他为"海青天"。

李闯王进北京

李自成是明末一位著名的农民起义领袖，同时也是位有雄才大略的人物。他领导的农民军出生入死，几经危难，由弱变强，成了左右时局、灭亡明朝的强大力量。

李自成是陕西人，祖籍米脂县李继迁寨。他家是个祖辈种田的人家。天启年间，陕北灾荒连年，官府粮差分文不减，李自成倾家荡产，无以为生。为了谋生糊口，在二十一岁那年，他不得不到银川驿站当了名驿卒。不久，他又和侄儿李过跑到甘肃当了守边的士兵，受到了一些基本的军事训练。这时候明朝政治已经腐败不堪，经济完全崩溃，军事上也自然非常虚弱。当时边兵生活困苦，粮饷不足，加上军官贪污盗窃，军卒经常挨饿受冻，有时候不得已连盔甲器械都卖掉了。

崇祯初年，朝廷一面忙着调兵遣将镇压农民起义，一面又要对付后金（东北女真人建立的政权）不断入关侵扰，真是东西难顾，焦头

明代崇祯五彩云龙纹盘

烂额。

崇祯二年（公元1629年），后金兵大举南下，北京吃紧。为了保住京师，明朝政府召集四方军队赶赴京城。李自成和李过随着参将王国从甘肃开拔，路经金县（今甘肃榆中），兵士要求发饷，王国坚决不给，于是发生了兵变，士卒杀了王国以后，四下逃散。李自成平日忠厚朴实，磊落大方，办事精干，又有谋略，深受大伙儿的尊重。他说服了同伴，团结组织了一大批士兵，参加了农民起义队伍，先后在王左挂和不沾泥（张存孟）领导的起义军干了一段时间。王左挂和不沾泥投降官府以后，他带着李过和弟兄们加入了闯王高迎祥的队伍。李自成作战勇敢，处事果断，筹谋缜密（缜zhěn），因此得到高迎祥的信任，成了一名"闯将"。因为有了李自成这样一位将领，这支起义军军威大振，实力大增，成了当时起义军的主力。

李自成在各路义军中越来越显示出军事才能。崇祯七年（公元1634年），朝廷为了消灭农民军，特设山西、陕西、河南、湖广、四川总督府，以陈奇瑜为总督，采用各个击破的战术，加紧围剿起义军。高迎祥转战山西、陕西、河南三省，屡遭挫折。有一次他误入车厢峡（今陕西安康），被明朝政府军包围，几乎全军覆没。由于李自成十分机警，又有谋略，才得以绝处逢生，队伍很快重新发展起来。崇祯八年（公元1635年），各路起义军被围困在河南，为了冲破政府军的包围，十三家共七十二营在荥阳召开军事联席会议，商讨对策。各家起义军领袖在作战问题上分歧很大，很多人慑于敌人一时的强大，惧怕官军，主张逃跑。会上各家固执己见，形成了僵局。李自成这时候已经是七十二营中一营的首领了，他向大家剖析利害，并且激励大家说："只要我们有决心，哪怕只剩下一个人也要奋战，何况咱们还有数十万人马呢？"他提出了互相策应、协同作战和分兵突围、避实捣虚的反围剿方针，终于得到大家的赞同。这个方略在战斗中发挥了很大的威力，打得明军统帅洪承畴（这时候，崇祯皇帝已经把山西等五省总督陈奇瑜撤了职，任命洪承畴为五省总督，畴chóu）首尾难顾，狼狈不堪。李自成的名字从此大振。

第二年秋天，高迎祥在陕西遭到政府军伏击，被俘牺牲，李自成在部众的拥戴下做了"闯王"。由于起义军首领之间不团结，各家不能协同作战，多被政府军各个击破。从崇祯九年到十一年期间（公元1636年至1638年），形势十分严酷，起义军领袖中有的投降，有的迫于形势被招抚，李自成队伍中也有投降朝廷的人。闯王接连苦战，损失惨重，尤其是陕西潼关一战，队伍被打败失散，仅仅剩下数十骑人马隐蔽在商雒（今陕西商洛，雒luò）山中。李自成利用这隐伏休整的机会，白天骑射，晚间读书，总结失败的教训，等待时机，以图东山再起，这对他后来的军事行动，起了很大作用。

崇祯十二年至十三年（公元1639年至1640年）间，河南灾荒严重，饥民遍野，但是明朝统治者仍旧催索钱粮，引起百姓流离怨愤。李自成认为时机已经成熟，就从商雒东出河南，振臂一呼，饥民蜂起响应，很快由几十人发展成拥有几万人的队伍。他攻城略地，开仓济贫，铲除地主恶霸，并且针对当时土地不均，粮差（chāi）苛重的情况，明确提出"均田免粮"的口号，这个口号在农民中立即产生巨大的力量，人们像潮水般地涌进起义军的队伍，各地都在唱着："盼星星，盼月亮，盼着闯王出主张。""吃他娘，穿他娘，吃穿不尽有闯王；不当差，不纳粮，大家快活过一场。"到处都盼望闯王的队伍早些到来。由于有着这样深厚的群众基础，李自成的队伍在几十天内，就增加了几十万人马。

李自成起义军以新的姿态转战河南各地。他严肃部队纪律，不抢掠，不杀民，不占住民房，与商人公平交易，部队所经过的地方秋毫无犯，因而得到了各阶层人民的信任。李自成还重视对敌军的宣传瓦解工作，区别对待。当时明军腐败不堪，将领贪赃，士卒困苦，缺粮少衣，有时连裤子都没有。每当和起义军对阵的时候，李自成便叫部下呼喊："别给官府卖命啦，瞧你们衣不遮体，半年无粮，还能打仗吗？快过来吧，保证不杀，钱粮补发。"因此明朝政府军士卒常常在阵前倒戈，大批参加起义军。再加上李自成指挥有方，战略战术运用得当，很快就在河南取得了"五覆官军"的辉煌胜利。起义军攻破洛阳，杀了福王朱常洵，震动了全国。人民扛着旗，拿着武器，自愿参军的如流水一般，日夜不绝。打这以后，起义军所向无敌。

崇祯十六年（公元1643年）正月，李自成挥军南下，用了不到一个月时间就几乎全部占领了湖北北部各县。于是他设官建制，被部下拥戴为新顺王。为了彻底推翻明朝的统治，李自成在襄阳召开了会议，确定了新的战略方针：进军关中，消灭当时唯一有实力的明朝政府军孙传庭的部队，然后东渡黄河，经山西直捣北京。这年八月，李自成和孙传庭两军在豫西的郏县（郏jiá）和汝州进行了两次激烈的大战，孙传庭的数十万大军遭到毁灭性的打击。李自成乘胜前进，十月攻破潼关，杀了孙传庭，进占西安，很快就肃清了陕西、甘肃一带的敌对势力。

崇祯十七年（公元1644年）正月，李自成以西安为西京，建国号为大顺，年号永昌。二月，大军飞渡龙门，直指太原，明朝政府军望风投诚，人民夹道欢迎。李自成兵分两路，一路由骁将刘方亮率领出故关（今山西娘子关南），直奔真定（今

河北正定），切断敌人南逃的退路；一路由他亲自率领，克忻州（今山西忻州）、代州，破宁武，陷大同、宣府，直取北京。农民军进军神速，三月上旬便进入居庸关，占领了昌平，并在十六日包围了北京城。为了不使百姓遭受战争的祸害，李自成派人射书城内，劝崇祯皇帝投降，遭到拒绝后，李自成命令各军第二天对北京发起攻击，歼灭了明朝政府军卫戍北京的"三大营"，缴获了大量辎重和巨炮，为夺取京城准备了武器。

十八日，李自成发布了强攻北京城的命令，起义军从三面环攻，在彰义门、西直门、平则门（今阜成门）、德胜门等处，战斗打得十分激烈。城郊百姓冒着生命危险，填塞壕沟，帮助起义军攻城。这时候，忽然狂风大作，电闪雷鸣，好像天助神威；加上起义军士卒都穿着黄甲，远远望去，好似黄云蔽野，不断向城边拥来，吓得明朝政府军惊魂丧胆，人无斗志。在督战宦官的鞭打下，他们不得不假装抵抗。只要宦官一离开，他们在开炮之前就先向城下的起义军挥手，示意起义军躲避，然后再放炮。

这天傍晚，起义军攻克彰义门，接着进攻内城各门。北京城人声鼎沸，喊杀连天，火炮的闪光和晃动的火把，照亮了北京城的夜空。北京城里的达官贵人惊恐万状，崇祯帝也发出绝望的哀叹，认为不该生在帝王之家。他十分明白，多年来数百万官军都被起义军打败、消灭，眼下已经无处调集勤王之师了，北京成了一座孤城，旦夕可破。可是他不懂得明朝覆灭的根本原因，认为是奸臣们害了他，一种极端的绝望使他变得十分残暴。他强迫皇后自杀，亲手拿刀砍死宠爱的妃子和女儿，然后跑到万岁山（今景山），吊死在万岁山东麓的一棵老槐树上。由朱元璋开创的明朝的统治，在经历了二百七十六年之后，随着它的末代皇帝的自杀而寿终正寝了。这一天是崇祯十七年（公元1644年）三月十八日。

北京城的战斗仍然彻夜不止，天将黎明，宣武、正阳各门被李自成的骁将刘宗敏、侄儿李过等攻破，起义军像潮水决堤似的淹没了北京城。

十九日清晨，阳光照射着古老的北京城，市民们张灯结彩，焚香设案，在门上贴起"永昌元年顺天王万岁"的红签，并且走出家门、坊巷（胡同），整齐地站在大街的两旁迎候李闯王。中午时分，一队严整的农民军向正阳门走来。闯字帅旗迎风招展，一位身材魁梧，骑着乌驳马，头戴毡笠，身穿缥衣（青白色丝织品做的衣服）的人，频频向两旁的百姓拱手致谢，他就是赫赫有名的农民起义领袖李自成。

李自成率农民军进入北京后，驻守山海关的明朝总兵吴三桂成为农民军争取的对象。李自成多次遣使招降吴三桂，但都没有结果。公元1644年四月，吴三桂投降了关外的清政权，同时引清兵入关。李自成急忙率军撤出北京。

李自成撤出北京后，辗转全国各地作战。公元1645年五月，李自成死在湖北九宫山（今湖北咸宁）。

清的前身是公元1616年努尔哈赤建立的后金政权。公元1636年，努尔哈赤的儿子皇太极做大汗时改国号为"清"，自己做了皇帝，并将女真族名改为"满洲"（后来演变为满族）。公元1644年，清军趁明朝灭亡之机入关，击败李自成，很快就占据了北方大片地区。

郑成功收复台湾

　　崇祯帝自缢身亡后，明朝宗室相继在南方建立起一系列政权，统称南明。清顺治二年（公元1645年）八月，唐王朱聿键在福州称帝，改元隆武。

　　唐王政权的主要支持者是福建地区最大的实力人物郑芝龙。郑芝龙早年经商，积蓄了无数家资，还拥有自己的武装。在海上，他既有能远行南洋和日本的商船，又有许多战船；在陆上，他有数不尽的田庄。他的儿子郑森是个出类拔萃的年轻人，地方上一些有名望的人也都夸赞他，说他将来准能干出一番惊天动地的大事业。

　　有一天，郑芝龙带着郑森去见唐王朱聿键。唐王很赏识年轻有为的郑森，就把他的名字改成朱成功，封他为招讨大将军。在当时，能够赐予皇帝的姓是一种特殊的荣耀，因此许多人后来都尊称郑成功为"国姓爷"。

　　南明唐王政权是一个短命的小朝廷。才过了一年，清军就攻入了福建。郑芝龙见大势已去，就投降了清朝。郑成功那年二十三岁，是个书生。他坚决反对父亲降清，见父亲屈辱投敌，一气之下跑到孔庙，把身上穿的儒服烧了，然后在厦门组织起一支抗清义师，兵力弱小的义师毕竟不是清军的对手。郑成功率领义师南征北战，连连失利，地盘也越来越小。怎么办呢？郑成功十分焦虑，日夜谋划着想找一个安全的地方作为立脚点。

恰好这时候，从与福建隔海相望的台湾来了一个人，叫何斌，急切地要见郑成功。郑成功听说是台湾来的人，马上把他请到室内密谈。

原来早在明朝天启四年（公元1624年），一伙荷兰殖民主义者来到了台湾，他们欺骗当地高山族人民说："只要给我们一张牛皮大的一块地方，付多大的代价都可以。"淳朴的高山族人民信以为真，就答应了他们的请求。

可是，这伙儿强盗却将"牛皮"剪成"细丝"，互相连接，圈占了大片土地。他们又用枪炮逼迫老百姓给他们盖起一座城堡，起名为热兰遮堡（中国人称"红毛城"。郑成功收复台湾后改名"安平堡"，今台湾台南），城堡的墙壁是用糖和糯米调和灌浆砌成的，十分坚固。后来，他们又在热兰遮堡的对面盖起另一座城堡——普罗凡舍堡（中国人称赤嵌城），两座城堡封锁了登陆台湾的水道。城堡由荷枪实弹的荷兰士兵把守，不许中国人随便出入。从此，台湾岛的中国居民不但要为荷兰人服劳役，还要缴纳各种高额捐税，受到敲骨吸髓的殖民剥削，他们恨透了这伙殖民强盗。

《郑成功弈棋图》

从郑芝龙年轻的时候起，郑氏家族就经常派商船到台湾进行贸易，或途经台湾到南洋和日本经商。荷兰人占领台湾以后，常常干扰中国的海外贸易，经常和郑氏家族发生冲突。郑成功组织义师以后，就下令禁止大陆船只到台湾去，不同荷兰人做买卖。大陆的商船不来，台湾的日用必需品就严重缺乏了。荷兰人十分焦急，他们只得准备了厚礼，派通事（翻译）何斌到厦门求见郑成功，要求同大陆通商。

何斌是台湾汉族人的首领，他虽然给荷兰人当通事，却一心想把这伙儿强盗赶走。他利用荷兰人对自己的信任，摸清了荷兰军队的部署情况。这一天，何斌一见到郑成功，立即倒身下拜，流着泪说："台湾百姓受红夷（当时中国人对荷兰殖民者的蔑称）欺凌三十多年，早就恨透了他们，请您救救台湾的百姓吧！"说罢，他从怀中掏出亲手绘制的台湾地图，递了过去，又向郑成功详细地说明了台湾水路变化和荷兰人的设防情况。

郑成功正愁找不到合适的立脚点，听了何斌这番话，心中立刻产生了赶走外国侵略者、收复台湾的念头。他扶起何斌，抚摩着何斌的后背说："此事先生千万不要声张。我胸中自有成算，将来事成之后，定要厚报。"

经过周密的准备，郑成功在顺治十八年（公元1661年），率领大军两万五千人，分乘几百艘战船出发了。船队刚到澎湖就遇上了暴风雨，船只无法行驶，只好停泊在澎湖，等待天晴。过了好几天，天气仍不见好转，郑成功担心这样耽搁下去会影响士气，还可能走漏风声，就命令各船准备起航。中军船上的军官见风浪太大，怕发生意外，纷纷跪在郑成功面前，请求等风浪平息以后再开船。郑成功斩钉截铁地说："厦门孤岛难以久居，我不得不冒风险收复台湾，作为练兵之地。你们传令诸船将领，不要惧怕红夷的炮火，看中军船的船首所向，衔尾前进。"当晚一更天，中军船竖起帅旗，连发三声礼炮，船队冒着惊涛骇浪驶离澎湖。三更后，云收雨霁（jì），天朗气清。三军将士以为是天助神佑，都欢呼跳跃，士气顿时高涨起来。

四月初一黎明时分，船队到达鹿耳门。鹿耳门是台湾的门户，那里暗礁星罗棋布，号称天险，船只很难通过。郑成功让何斌坐在中军船的船斗中，按地图导航。船队悄悄地前进，忽而左转，忽而右拐，绕过了暗礁，神不知鬼不觉地通过了鹿耳门，驰向禾寮港。

台湾百姓听说郑成功大军来了，奔走相告，纷纷赶着牛车接引郑军登陆。不到两小时，郑军几千名登陆将士都安全地上了岸。

天亮以后，荷兰人才得知郑军登陆的消息。荷兰总督揆一（揆kuí）用望远镜一看，只见海上和陆上，到处都有中国军队。他怎么也弄不明白是怎么回事，惊愕地叫了起来："上帝！鹿耳门早已淤浅，中国船难道能飞过来吗？"他连忙下令开炮，不料中国战船紧跟中军船，避开荷兰人的炮台，插到了热兰遮堡和普罗凡舍堡之间，隔断了这两个据点之间的联系。

看到这种情形，揆一急得哇哇乱叫，慌忙派兵从海上和陆上分头迎战。在陆上，荷兰人的指挥官是贝尔德上尉。贝尔德这个人十分狂妄自大，他一接到命令，就拍着胸脯吹嘘说："中国人天生受不了火药的气味和毛瑟枪的响声。只要放一枪，他们就会四散逃命，全部瓦解。"他先做了祷告，祈求上帝"保佑"，然后命令手下的二百四十名士兵按十二人一排排好队形，就向郑军挑战了。郑成功派四千名陆军兵分两路，一路从正面迎战，一路从侧翼包抄，箭矢像下雨一样射向敌人。荷兰士兵见中国人如此勇敢，吓得魂飞魄散，还没开火就乱了队形，有的把枪一丢，抱头鼠窜。郑军乘胜猛追，击毙贝尔德上尉和他的部下一百一十八人，还缴获

了许多军械。

在海上，郑军也取得了胜利。荷兰船只高大坚固，在浅水中却行动笨拙。郑军船只虽小，但是灵活敏捷。荷兰人只有三艘大船，每艘大船都被数十只中国小船团团围住，根本施展不开。开战不久，荷兰最大的战船就"轰"的一声爆炸沉没了。其他两艘见势不妙，一艘转头逃往外洋，向荷兰人在南洋的据点巴达维亚（今印度尼西亚雅加达）报信去了；另外一艘一溜烟地逃回热兰遮城下，依靠炮台掩护，再也不敢轻举妄动了。

揆一武力不行，就耍花招，派使者去见郑成功，表示愿意出十万两白银给郑军充饷，请求郑成功退兵。郑成功拒绝了揆一的请求，义正词严地说："台湾是我们先人的故土，你们必须立刻退出。只要把土地还给我，那些金钱珍宝，你们可以全部带走。"被围困的荷兰殖民强盗饥渴病伤，狼狈不堪。揆一拖了几个月，无计可施，只好宣布投降，带着残兵败将灰溜溜地离开了台湾。

收复台湾是中国人民抗击殖民强盗的一次重大胜利。郑成功也因此成为彪炳史册的民族英雄，受到后代人们的颂扬。

虎门销烟

　　19世纪，欧美各主要资本主义国家已经完成了工业革命，生产力大为发展，国家实力得以增强，而"老大帝国"清朝还在闭关锁国，只允许广州一地对外通商。

　　清朝道光年间（这里主要是指19世纪二三十年代），在广州珠江出海处的洋面上，人们经常可以看到这样的情景：每当几艘满载着鸦片的外国商船停泊在伶仃洋（也可写为零丁洋）的时候，总是有一溜小船飞快地向大船驶去。大船上的人们等小船一靠近，就忙着把一箱一箱的鸦片卸下来，装上小船。装满后，小船张起船帆，伸出船桨，由外国商人押着划向虎门。

　　虎门是广州的门户，那里来回行驶着许多清朝水师缉查鸦片走私的巡逻艇，艇上都有军官和士兵。小船开到巡逻艇旁边，船上的外国商人立即向巡逻艇上的军官扔去一个沉甸甸的红布小包。军官熟练地伸手接住，掂掂分量，装进了口袋，然后挥手吆喝一声"上船检查"，带领几个士兵走上小船，装模作样地检查一番。他们脚下踩着鸦片箱子，眼前堆着装满鸦片的蒲包，嘴里却说："没有鸦片，走吧！"便放小船驶向广州去了。

　　有的时候，还可以看到装满鸦片的走私船上插着"粤海关"的旗号，神气十足地直接开向广州。水师巡逻艇的军官根本不敢过问。他们知道，那些商人已经花钱贿赂了他们的上司，上司允许人家打出自己的旗号，下级也就装着没看见，随它通行无阻地行驶了。

这走私的鸦片又叫"阿芙蓉""大烟"或"烟土"，是用罂粟（yīng sù）果实中乳状汁液制成的一种有强烈麻醉性的毒品。少量服用，能镇痛、止泻、止咳；如果吸食过量，很容易上瘾，非每天吸食不可。慢慢地，人变得面黄肌瘦，萎靡不振，成了"大烟鬼"。鸦片原来出产在印度，而向中国输入鸦片的是西方的英、法、美等国，主要是英国。英国占领印度以后，强迫当地人民大量种植罂粟制成鸦片，再由英国的殖民机构东印度公司集中起来，大量向中国倾销。嘉庆五年（公元1800年），它们向中国输入四千五百多箱，以后逐年猛增，到了道光十八年（公元1838年），就增加到四万多箱了。清朝每年出口的大量茶叶、丝绸等土特产，还不够抵偿鸦片的价值。据道光十五年（公元1835年）的估计，当时中国已经有两百万人吸食鸦片，每年白银外流四百二十万两。因此，鸦片既毒害了中国人的身体，又给清朝的财政造成了很大损失。

鸦片的威胁这么大，很多正直的官员都很忧虑，他们强烈要求禁止鸦片输入，可这时候的清政府已经走向下坡路，腐败无能。有

〈 林则徐销烟池与虎门炮台旧址 〉

些掌权的大臣竟然反对禁烟，更有些只顾自己发财的官员阳奉阴违，暗中和外商勾结，不但纵容官兵大量吸食鸦片，还公然受贿。这才出现了前面说的那种走私鸦片的情况。

然而，在道光十九年（公元1839年），情况发生了变化。这年年初，道光皇帝委派的钦差大臣林则徐到广州来了。林则徐是个坚决主张禁烟的人，在任湖广总督的时候，他就采取严厉措施禁止鸦片，成了禁烟派的代表人物。后来，他又上书给道光皇帝，驳斥反对禁烟的谬论。他说，如果再不禁烟，中国将没有可抵抗侵略的兵勇，也没有充作军饷的银子了。道光皇帝被林则徐的慷慨陈词所打动，决定禁烟，并让林则徐到广州主持办这件事。

在广州的街头上，一些骨瘦如柴、脸色黑灰的"大烟鬼"有气无力地缩身在墙角里，不住地打着哈欠，鼻涕眼泪一齐往外流。身穿便服进行私访的林则徐看到这令人心酸的情形，心里非常激动。他觉得，要想彻底禁烟，非得先从内部整顿不可，一定要查出并严办那些走私鸦片的汉奸和贪官，让老百姓的精神振奋起来。

过了几天，林则徐以钦差大臣的身份去检查几个书院，提出要对学生进行考试。考场的大门关得严严的，学生们紧张地等待着发考卷。考卷发下来了，学生们打开一看，都愣了，原来考卷里面夹着一张纸条，上面写着：此次考试，可以不答试题，但是必须把自己知道的烟贩姓名、住址和活动情况写出来；对官兵受贿走私的内幕，更要写明白，不得隐瞒。书院的学生来自四面八方，知道的情况很多，又大都年轻活跃，对鸦片走私也深恶痛绝，大家默默地写了起来。林则徐威严的面孔也露出了笑容。

林则徐用种种办法，终于查清了走私鸦片的情况，严惩了一些违法官兵和烟贩子。然后，他发出了通告，主要内容是：一切外国商人必须在三天内交出全部鸦片，并写出永远不再贩运鸦片的保证书。今后如再查出鸦片，按犯罪论处：货物没收，犯人处死。

消息传到外国商人居住的广州洋馆里，烟商们都慌了手脚，就有一些胆小的人交出了鸦片，可有的人还要看看再说。这时候，驻在澳门的英国商务监督查理·义律急匆匆地赶来了，他把商人召集起来，对他们说："听说有几个人交出了鸦片？真是软骨头。你们不要怕，更不能把鸦片交出去！"商人们为难地说："可这么硬拖下去也不是办法呀！"义律杀气腾腾地说："感谢上帝，英国的军舰就在附近的海面上，我们随时准备打！"商人们听了，立刻活跃起来，交头接耳地议论着。

可是，他们的密谋已经被在洋馆里做工的中国工人发觉了。就在义律策划让几个大鸦片贩子偷偷逃跑的时候，洋馆外面忽然响起了一片喊声。义律和外商们从窗口向外一望，只见几百个中国工人把洋馆围个水泄不通，他们高呼着："英商立刻交出鸦片！""不许烟贩子逃跑！"义律一听，顿时吓得目瞪口呆。这事很快就传到了林则徐那里。林则徐已经得知义律到广州策划拒交鸦片的事，听说中国工人自动起来和鸦片贩子斗争，他非常兴奋，对周围人说："去年冬初，我们把一个本国鸦片贩子处死，英美的烟贩竟敢扰乱刑场，拆毁绞架，殴打执刑人。这事惹恼了广州百姓，大家就围了洋馆，砸碎窗户，投扔石块，把那些洋商吓得不敢出门，美国领事为此还得了神经错乱。这一回，老百姓又起来了，这真叫我高兴，禁烟如何不能成功？告诉那些外商们：鸦片一天不绝，我一天不离广州，决不半途而废！"

　　林则徐接着果断地下命令说："马上向英商发出通告：根据我们的一贯做法，他们既然拒绝交出鸦片，还策划逃跑，中英贸易就只好中断。我们要派兵封锁洋馆，撤退馆中的中国人员，断绝洋馆通往海上的交通。他们若再抗拒，就要停止食物供应。还有，我们的水师要严密监视英国舰只的行动！"

　　困在洋馆里的义律得到林则徐的通令后，再也无计可施。他紧张地思索了一阵，便铁青着脸对商人们说："我决定了，你们把鸦片交出去吧！"商人们吃惊地望着他，他狞笑着又说，"可这件事并没有完。我要报告女王陛下，要求派兵惩罚他们。不久，我们就要打仗了！"

　　就这样，英国商人交出了他们的鸦片，一共两万余箱（包括美商的一千五百多箱），共约二百三十七万斤。

　　这么多鸦片怎么处理呢？林则徐决定在虎门海滩当众销毁。他叫士兵在海滩上挖了两个方形的大池子，都有十五丈见方，叫销烟池。池的前边挖有涵洞，后边通水沟。销烟前，先把水从沟里引进池里，再制成卤水。

　　道光十九年四月二十二日（公元1839年6月3日），林则徐率领广东各级军政官员来到虎门海滩边的高冈上，亲自指挥和监督销毁鸦片。这天，天气十分晴朗。成千上万的群众闻讯赶来，海滩周围人山人海。

　　销烟开始了。一队队打着赤膊的工人和士兵把鸦片箱子扛来，又用力把箱子劈开，将鸦片切成碎块，投入蓄有卤水的销烟池里。销烟池上搭着木板，站在木板上的工人和士兵把早已准备好的石灰用铁锨撒入池内，用力地搅拌着。不一会儿，池里的卤水和鸦片翻滚起来，烟油上冒，烟渣下沉，一股浓烟冲天而起，直上云霄，

霎时间弥漫了海滩的上空。

人群沸腾了！大家不顾那刺鼻的恶臭味，都欢呼跳跃起来。有的说："再不禁烟，我们的子弟就成了废人，前途不堪设想啊！"那些不久前还吸食鸦片的人更是感慨万分，对身边的妻子儿女说："再不禁烟，我不只是卖房卖地，养活不起你们，我自己也要倒毙街头了。"

那些被林则徐特意邀请来观看销烟的外国商人眼看着鸦片变成废渣泡沫，随着潮水从大坑的涵洞中排入大海，不得不低下了头。有一个美国商人走到林则徐面前，庄重地脱帽鞠躬，表示由衷地钦佩。林则徐微笑着对他们说："我们禁的是害人的鸦片，不是正当的贸易。你们只要遵守我国法纪，与我们互通有无，我们是欢迎的。"商人们侧耳细听，有的还点头称是。

鸦片连续焚烧了二十多天，直到五月十五日（公历6月25日），才全部销毁干净。在这二十多天里，虎门滩上天天像过节一样热闹。青少年们更显得十分活跃，他们歌唱欢呼，奔走雀跃，十分开心。但中国禁烟触动了鸦片贩子及其所属国的不法利益，它们必然会进行反扑。

道光二十年（公元1840年），英国政府以林则徐的虎门销烟为借口，决定派出远征军侵华。1840年6月，英军舰船四十七艘、陆军四千人在海军少将乔治·懿律、驻华商务监督义律的率领下，陆续抵达广东珠江口外，鸦片战争开始。

鸦片战争以中国的失败并赔款割地告终。中英双方签订了中国历史上第一个丧权辱国不平等条约《南京条约》，中国开始沦为半殖民地半封建社会。

黄海激战

　　要说中国近代史上重要的政治人物，就不能不提慈禧太后。慈禧太后姓叶赫那拉，是咸丰帝的妃嫔，同治帝的生母，慈禧是她的尊号。慈禧于咸丰二年（公元1852年）入宫，赐号兰贵人，因为生下皇长子载淳，封为懿贵妃。咸丰十一年（公元1861年），咸丰帝去世，载淳即位，即同治帝，她与慈安两宫并尊，称"圣母皇太后"，徽号"慈禧"（慈禧太后由此而来）。她联合慈安、恭亲王奕䜣发动辛酉政变，诛顾命八大臣，夺取政权。执政初期，她整顿吏治，重用汉臣，获取列强支持，先后镇压太平天国、捻军等起义，使清王朝获得暂时的稳定；同时兴起的洋务运动使近代工商业获得初步发展。同治帝去世后，她择咸丰帝之侄载湉（光绪帝）入继大统。慈安暴卒、奕䜣被免后，慈禧得以独掌大权。光绪帝即位后，因其年幼，故由慈禧太后垂帘听政。随着光绪帝逐渐年长，光绪十五年（公元1889年），慈禧太后宣布撤帘归政，移居颐和园。

　　慈禧太后要去度晚年的颐和园，早就是一个有名的花园了，乾隆时改建过一次，叫清漪园。后来，慈禧太后为了庆祝她的六十大寿，不惜挪用海军经费进行扩建，改名颐和园。几年以后，颐和园修建得差不多了，慈禧太后便命人在北京皇宫到西郊颐和园几十里的沿途上结扎彩亭彩棚，再在里面点缀些奇花异草，叫乐班奏乐，戏班演戏，庆祝颐和园落成，故意显示出一派升平景象。

光绪二十年（公元1894年），当颐和园鼓乐齐鸣，准备为慈禧太后祝寿的时候，传来了日本海军向中国军队发动进攻的消息。朝廷上立刻紧张起来，慈禧太后也很恼火，因为她庆贺生日的计划又要被打仗的事搅乱了。

原来，日本政府早就有侵略中国的打算。这一年，它趁朝鲜发生农民起义，清政府应朝鲜政府要求派兵驻守汉城（今韩国首尔）附近的时候，突然进军朝鲜，并向中国军队挑衅。夏天，中国海军的"济远"号和"广乙"号两艘军舰护送陆军官兵乘坐英国商船"高升"号和"操江"号到朝鲜去，中途受到日本海军的袭击。"广乙"号船身太小，中弹受伤后退出战场；"济远"号是铁甲快舰，吨位大，战斗力较强，但是管带（舰长）方伯谦贪生怕死，刚听到日舰开炮就下令逃跑。日本巡洋舰"吉野"号紧追不放，方伯谦竟挂出白旗投降，士兵们看到桅杆上的白旗，气得说不出话来。水手王国成、李仕茂等转动炮口，对准"吉野"号连发四炮，"吉野"号受伤，不敢再追。士兵们群情激奋，高喊："继续发炮，打沉'吉野'！"方伯谦却命令说："不许胡来！赶快驶回天津。"战士们只得把装好的炮弹退下膛来。

由于方伯谦的逃跑，使运送陆军的"高升"号和"操江"号失去保护。日军劫持了"操江"号，又强迫"高升"号投降。"高升"号的英国船长对船上的中国士兵说："'高升'号是商船，不是军舰的对手，还是投降吧！"中国士兵齐声说："不是对手也要对抗到底！我们宁愿战死在这里，也不愿做俘虏。"日军对着没有抵抗能力的"高升"号连发鱼雷和大炮，中国士兵就用步枪英勇还击。直到"高升"号被击沉为止，一千多中国士兵没有一个愿意投降，全部壮烈牺牲。

清政府接到报告后，并不想对日本宣战，反倒希望英国出面干涉。而日本政府马上就向英国表示是"误会"，并答应赔偿损失。这一来，英国也就不进行干涉了。日本趁清朝势弱无援，又发动了进攻。清朝政府迫不得已在七月初一（公历8月1日）对日宣战。这一年用农历纪年是甲午年，所以叫作"甲午战争"。甲午战争中最悲壮的一幕是黄海之战。

八月十八日（公历9月17日），清朝海军提督丁汝昌率领北洋舰队运兵到鸭绿江口的大东沟，正准备返航的时候，忽然接到报告说："西南方向远处海面有浓烟升起，可能有舰队开过来。"丁汝昌立即走上舰桥，举起望远镜一看，远处果然有一片黑烟，烟下有十二艘军舰。再定睛一看，隐隐约约地看见军舰桅杆上挂的是美国星条旗，正缓缓地朝这边行驶。眼看着快要接近中国舰队了，忽然那十二艘军舰一下子都降下美国国旗，换上日本国旗，并且已经排好鱼贯纵列、头尾相连的阵势，迎面迅速地向北洋舰队扑来。

丁汝昌决定把舰队分成两路，用吨位最大、铁甲最厚、火力最强的"定远"号和"镇远"号两艘铁甲舰做前锋，打头阵迎击敌舰。北洋舰队能投入战斗的只有十艘军舰，而且舰艇旧、速度慢，更主要的是作战准备不足：一是由于海军经费被慈禧挪用，没有更多的钱买弹药；二是由于官吏的腐败和外国商人的捣鬼，有的炮弹和大炮不对口径，有一部分弹药根本不能使用。尽管如此，北洋舰队的广大爱国将士还是决心与敌人拼个死活。

两支舰队离得越来越近了。日本舰队以"吉野"号等四艘快速战舰为前锋，猛攻北洋舰队的右翼小舰，北洋舰队也开始反击。一时炮声隆隆，硝烟弥漫，海水被打得溅起一条条的水柱。丁汝昌在"定远"号的舰桥上指挥作战，命令各舰同时向右转移四度，使主力舰"定远""镇远"首先和敌舰交锋。日本侵略者见"定远"号挂着帅旗，就集中火力猛攻"定远"号。"轰"的一声，"定远"号的舰桥被震断了，丁汝昌从舰桥上跌落下来，受了重伤。其他舰只失去了旗舰的指挥，只好各自为战，队形开始混乱起来。

日军趁机加强了攻势，北洋舰队的"超勇""扬威"两舰相继中弹起火，"超勇"号沉没了。"经远""致远"被敌舰隔开，形势非常危急。"济远"号管带方伯谦这个怕死鬼，又一次逃跑了。另一只舰"广甲"号管带吴敬荣也跟着下令逃跑。但是，广大爱国官兵仍然奋不顾身地战斗着，很多炮手受了重伤，匆匆包扎以后，又继续坚守战位。

这时候，邓世昌率领的"致远"号几次在炮火中穿行，冲近敌舰，和敌人展开肉搏，炮弹如飞蝗一般地射向敌舰，打得敌舰难以招架。这样，"致远"号成了日军集中攻击的目标，不久也中弹受了重伤。当邓世昌得知弹药已经快用完，船身开始倾斜的时候，他意识到，自己为国捐躯的时候到了。他冷

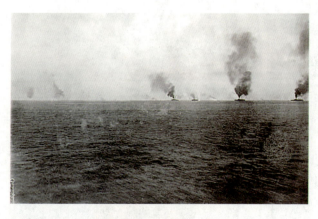

〈 黄海海战现场 〉

静地分析了海战的形势，觉得"吉野"号是日军的灵魂，它速度快、炮火凶、威胁最大。如果把它击沉，日军必然大乱，战局就会扭转。可是，眼下"致远"的弹药快用完了，怎么办？……突然，一个十分大胆的想法在他心头闪过，他不由得热血沸腾，大声对全舰官兵说："今天我们无非就是一死。但是，我们要死得壮烈，要为我们海军壮威。现在，报效国家的时候到了！"

甲板上异常安静，官兵们无言地互相注视着，心里都抱定了必死的决心，就听邓世昌用果断的声音命令着："现在，'吉野'号还在横冲直撞，不可一世。我们要用'致远'舰的残伤之躯，撞沉'吉野'！"

"是！"官兵们的回答同样坚定。

"致远"号劈开层层海浪，向"吉野"号猛冲过去，可是弹药已经用完了。"吉野"号见"致远"号不再发炮，就掉过头猛轰"致远"号。"致远"号舰身中弹，严重倾斜，士兵们仍然坚持用步枪射击敌人。他们穿着被炮火烧焦了的衣服，身上沾满了自己和战友的鲜血。这时候，邓世昌大步跨上舰桥，两手紧紧握住舵轮，开足了马力。他两眼愤怒地盯着"吉野"号，怀着对日本侵略者的满腔仇恨，迅猛地冲过去。甲板上的士兵面向祖国的方向跪着，向自己无限热爱的故土做最后的告别。为了国家的尊严，他们决心与侵略者同归于尽。

"吉野"号上的日本官兵发现"致远"号像一条火龙似的冲了过来，都吓得手足无措，"哇呀哇呀"地叫着，不知如何是好，很多人已经穿上救生衣跳到海里逃命去了。"吉野"号在仓皇中连续发射鱼雷，向"致远"号攻击。"致远"号在前进中不幸中雷，锅炉爆炸了。只听"轰隆"一声巨响，随着漫天的大火，舰身缓缓沉入大海。舰上二百多名中国官兵，没有一个人显出恐惧的神色，他们用自己的英勇行为，谱写了中华民族誓与敌人战斗到底的壮歌。

邓世昌身带救生圈漂浮在海面上，没有溺水，在他身边挣扎的人劝他赶快划走。丁汝昌也命人赶快搭救他。可是，当邓世昌看到"致远"舰的大部分士兵都已沉溺水中，就发誓不单独生还，决心与大家一起赴难。他毅然放弃救生圈，与二百多名官兵，壮烈牺牲在汹涌的黄海波涛中。

"致远"号的英雄壮举，鼓舞了其他舰只上的爱国官兵。"镇远"号用重型大炮击中敌旗舰"松岛"号，敌人死伤一百多人，血流满舰，"吉野"号等都受了重伤，失去了战斗力。下午五时，天色暗下来了，日军不敢再打，首先退出了战场。激烈的黄海大战结束了，海面恢复了平静。中国海军爱国官兵英勇抗敌、壮烈献身的精神，却永远留在了人民的心中。

"致远"舰沉没后，人们一直希望能把它打捞出水。然而由于种种原因，这个愿望一直未能实现。2015年10月，经过权威考古专家的论证，在黄海海域发现的"丹东一号"被确认为北洋水师的"致远"舰。至此，沉入水底121年的"致远"舰终于重见天日。

戊戌变法

甲午战争中，清政府一败涂地，不得不与日本签订丧权辱国的《马关条约》，条约规定：割让台湾给日本，同时赔偿日本两亿两白银，中国社会半殖民地化的程度大大加深了。

消息传到国内，正在参加会试的1300余名举人在康有为和梁启超的带领下，联名上书光绪帝，反对签订《马关条约》，史称"公车上书"（公车是汉代负责接待臣民上书和征召的官署名，后也代指举人进京应试）。虽然上书被清政府拒绝了，但在社会上产生了巨大影响，维新思想在社会上得到广泛传播。

"公车上书"后不久，会试发榜了。康有为考中进士，被任命为工部（掌管工程、屯田、水利等的部门）主事，这为他从事变法活动提供了方便。康有为又连着写了几封《上皇帝书》，说明必须赶快变法的道理。都察院觉得康有为这时已经是政府官员了，又有一定的社会影响，便把一封上书转呈给了光绪皇帝。

光绪皇帝因为对慈禧太后专权不满，又对国家的日益衰落感到忧虑，心情一直很低落。他读了康有为的上书以后，立刻觉得有了一线希望，感到变法倒正是加强自己的地位、巩固清朝统治的好办法。他命人把上书抄写了四份，分别送给慈禧太

后和军机处并转发各省总督、巡抚和将军。

这时候，康有为已经跟光绪皇帝的老师翁同龢（hé）等一些同情皇帝的大臣联系上了，他们也都欣赏康有为，并把他推荐给光绪皇帝。经过一番思索，光绪皇帝决定采用康有为的建议，实行变法。在光绪二十四年四月二十三日（公元1898年6月11日），光绪皇帝颁发命令，宣布变法。五天以后，他在颐和园召见了康有为。康有为说："皇上要变法，必须先改定制度和法律，否则只能是变事不变法。"光绪皇帝点了点头。康有为又问："皇上既然早就知道不变法就有亡国的危险，为什么长久没有行动？"光绪皇帝向门外扫视了一下，才叹了口气，低声说："唉！我处处受人钳制，哪能想干什么就干什么！"康有为很理解光绪皇帝的处境，就说："皇上可以拣能办到的先办，虽然不能全面变法，但也要做几件挽救中国的大事才好。现在的大臣都是守旧的老朽，不能依靠他们变法，要变法就必须提拔有才干的维新人士。"光绪皇帝为难地说："那些守旧大臣，我是无权赶他们走的。"接着就任命康有为为总理衙门章京（主管文书等事的官职），只不过是个六品小官。过了几天，光绪皇帝又召见了梁启超，让他负责办理大学堂和主持译书局，也是个六品小官。光绪皇帝不敢公开重用康有为和梁启超，是因为他们两个人的名声很大，容易招惹守旧派官员的反对。

尽管这样，变法总算开始了。一份接一份的变法诏书在这前后向全国颁布了。因为这一年是农历"戊戌"年，所以这次变法又叫"戊戌变法"。变法的内容很多，包括了政治、军事、经济和文化教育等各个方面，主要内容有：撤除或合并无事可办的闲散衙门，裁减多余人员；废除旗人的寄生特权；设立农工商局，奖励农工商业；改革财政制度，开办国家银行，编制预决算；修建铁路，开采矿产，兴办邮政；裁汰绿营兵将，用新式方法训练军队；废除八股，改革科举制度；开办京师大学堂，设立新式中学校；奖励发明创造和著作；提倡广开言路，准许自由办报纸、刊物和上书建议，等等。

这些办法没有一件提到清朝中央政府的改革，离康有为心目中的"变法"有很大距离。但是由于它带来了一种除旧变新的气象，所以维新派都很高兴。而那些守旧派官僚们都把眼睛盯在慈禧太后的身上，看她如何行动。

正在颐和园"养老"的慈禧太后并不完全反对变法，因为那些所谓的变法，大部分都是洋务派主张并实行了的。当光绪皇帝向她请示的时候，她还说："只要你不丢了祖宗牌位，不剪辫子，我就不管你的事。"但是为了防止维新派利用变法掌握大权，也防备光绪皇帝利用变法把各省实力人物拉过去，慈禧太后从变法的第四天起，就逼着光绪皇帝连着下了三道命令：一是罢了翁同龢的官；二是让新任命的二品以上的官面见太后谢恩；三是派她的心腹荣禄到天津当直隶总督（后又兼任北洋大臣），掌握京津一带的兵权。这样，慈禧太后就把用人大权和兵权掌握了，不经慈禧太后同意，维新派的人是绝对做不了二品以上的大官。

这一招果然有效。各地的守旧派官僚知道实权还在慈禧太后手里，便不把皇帝放在眼里，对皇帝的变法诏书十分冷淡。光绪皇帝也觉察到了这一点。到了七月中旬（公历8月底至9月初），他大着胆子下了三道命令：一是裁减了一些衙门和官员；二是把违抗新法的礼部尚书怀塔布等人撤职；三是授给维新派人士谭嗣同、林旭、刘光第、杨锐四个人四品官衔，让他们在军机处任职，专门给皇帝审阅有关变法的奏折，草拟诏书。

这就捅了马蜂窝。怀塔布是慈禧太后的亲信，被免职以后怀恨在心，马上带着一伙心腹跑去见慈禧太后，边哭边说："皇上任用小人，打击我们这些老臣，太后可得做主哇！"慈禧太后气得脸发青，半天不说话。

过了几天，光绪皇帝到颐和园见慈禧太后。慈禧太后对他说："你实行些新法，我不管。可你要随便裁用大臣，任用那些维新派小人，不行！"光绪皇帝辩解说："不变法不能救国，不把守旧无能的大臣罢免，任用有为之士，就不能变法。请太后理解我的心思。"慈禧太后冷笑着说："你倒该想想，你的皇位还想要不想要！"

光绪皇帝心情沉重地回到皇宫。他感到自己的处境非常危险，立即写了一封密诏，又把杨锐叫来，让他马上带给康有为他们。杨锐出来打开密诏一看，见上面写着："我的皇位可能保不住了，你们要快些想出妥善的办法搭救。我现在十分着急，就指望你们了。"杨锐出了一身冷汗，他知道这可是人命关天的大事，没有马上送出去。

八月初一（公历9月16日），荣禄手下的新建陆军首领袁世凯到北京来了。在这以前，康有为曾经向皇帝推荐过袁世凯，说他是个了解洋务又主张变法的新派军人，如果能把他拉过来，荣禄的力量就小多了。光绪皇帝也觉得变法要成功，非有军人支持不可，就命令袁世凯接受召见。这一天，他召见袁世凯以后，马上就给了他侍郎（相当于副部长）的官衔。

荣禄注意到光绪皇帝在拉拢袁世凯，马上调动自己的亲信部队进驻北京和天津，切断了住在天津小站的袁世凯进京的通道。光绪皇帝在八月初二（公历9月17日）又写了一封密诏交给林旭。林旭连忙把三天以前那份密诏也带着出宫交给了康有为他们。

康有为和谭嗣同等人看了第一份密诏，立刻紧张起来，接着又看第二份，那上面写着："形势已经大变，康有为等要立即出京。你们要爱惜身体，将来才能为国办大事，建立功业，也不负我的希望了！"康有为读完，已经泣不成声，其他人跟着大哭起来。康有为说："要解救皇上，只有杀掉荣禄。听说皇上已经召见过袁世凯了，他现在还在北京。"谭嗣同立刻站起来说："让我去见他！"

八月初三（公历9月18日）深夜，谭嗣同单独到袁世凯在北京的住处去见了他。二人谈起国事来，谭嗣同把光绪皇帝的密诏拿出来给袁世凯看，请求他救皇上，杀掉荣禄。袁世凯表示杀荣禄不难，但要回去准备好才能行事。过了两天，他就回天津去了。

不料，到了八月初六（公历9月21日），光绪皇帝早晨要到颐和园给慈禧太后请安，可刚走不多远，就听说太后已经带人进了西直门。不一会儿，慈禧太后怒冲冲地进了皇宫，一直来到了光绪皇帝的住处。她对手下的人大喝一声："给我搜！去，把那个皇上给我叫来！"手下人一齐动手，把光绪皇帝的一切文书都拿走了。

当光绪皇帝闻讯赶来时，慈禧太后声色俱厉地说："你好大的胆！你四岁的时候，我把你立为皇帝，抚养你二十多年。如今你长大了，竟听信小人的话，要设计害我。你好狠毒啊！"说着，她还流了泪。光绪皇帝默默无言，半天才吞吞吐吐地说："我，我没有这个意思。"

"呸！"慈禧太后唾了他一口，扯开嗓门说，"忘恩负义的东西，你也不想想，今天没了我，明天还能有你吗？"她又高声命令跟随的太监："对大臣们说，皇上得了病，今后不再理事。我虽然老了，但没办法，只好临朝听政了。"接着，她又下令逮捕那些维新派人士和官员。

光绪皇帝被带到瀛台（在今中南海里）幽禁起来，他的变法也到此结束了。从宣布变法到变法失败只有103天的时间，所以人们又把戊戌变法叫"百日维新"。

事变发生的时候，谭嗣同正和梁启超在自己的住处商谈，有人进来报告说："大事不好了！皇上已经被太后软禁起来。朝廷已经下令逮捕康先生，现在正派人四处搜查呢！听说没有抓住康先生，就把他的弟弟康广仁抓走了。"谭嗣同听了，知道变法已经失败了，可他毫无慌张的表情，从容地对梁启超说："以前我们没办法救皇上，现在我们没办法救康先生。我是不怕死的，就让他们来捉拿吧！"梁启超说："那怎么能行呢！还是逃吧。"谭嗣同回答说："没有逃命的人，我们的事业就会中断，你应该走。请你顺便把我的书稿带走，等将来有机会时发表出来，唤醒后来的人。我是不走的。"说着，他把自己的书稿拿出来，交给梁启超。梁启超先跑到日本公使馆，又辗转逃到日本去了。康有为因为在前一天已经离开北京才没被抓到，

< 中南海瀛台 >

后来逃到了香港。

这时候，有的朋友劝谭嗣同说："你赶快离开北京还来得及。还是避避风头，到日本或者南方再说吧！"他对朋友们说："各国变法都是经过流血才成功的。中国还没有听说有因为变法而流血的人，这就是国家不能进步昌盛的原因。既然如此，为变法而流血的事，就从我谭嗣同开始吧！"

过了几天，荣禄派人逮捕了谭嗣同，押入了监牢。八月十三日（公历9月28日），清朝政府决定处死谭嗣同和另外五个被捕的人：林旭、杨深秀、刘光第、杨锐和康广仁（后来，人们称他们为"戊戌六君子"）。这天中午，他们被押到北京菜市口刑场。在刽子手行刑以前，谭嗣同面带微笑，向前一步，高声对围观的群众念了他的诗句：

有心杀贼，

无力回天。

死得其所，

快哉快哉！

关于戊戌变法失败的原因，有许多人认为是袁世凯向荣禄告密，出卖了光绪皇帝和维新派。袁世凯曾极力辩白否认，但他当时站在反对维新派的一边，并在事后受到重用是历史事实。

谭嗣同青年时代就立志改革救国，主张发展民族工商业，废科举、兴学校、开矿藏、修铁路、办工厂、改官制，是维新派中的激进分子。他的死，表现了为国家的进步不惜牺牲生命的英雄气概，也说明了想依靠朝廷自身改革社会不过是幻想。中国人民要想摆脱帝国主义的侵略，求得国家富强，就只有推翻腐朽的清王朝。

武昌起义

　　戊戌变法的失败让人们意识到，只有推翻清政府才能救中国。于是，以孙中山为首的资产阶级革命派开始兴起。光绪二十年（公元1894年），孙中山等人在夏威夷檀香山创建了中国第一个民主革命团体——兴中会；光绪三十一年（公元1905年），孙中山等人在日本东京创建中国第一个全国性的资产阶级革命党——中国同盟会。从公元1906年至1911年，同盟会在华南各地先后多次组织武装起义，均告失败。宣统三年（公元1911年）三月二十九日（公历4月27日），革命党人在广州发动黄花岗起义，虽然起义失败了，但在全国引起了巨大的震动，革命形势逐渐成熟。

　　戊戌变法失败后，慈禧太后曾想过废掉光绪帝，另立新帝，但由于遭到列强反对而未能实现，慈禧太后与列强的关系恶化。正在此时，山东等地发生了义和团运动。慈禧太后有意利用义和团来打击列强，结果引发英、法、德、意、日、奥（匈帝国）、俄、美八国联军侵华。面对八国联军，清军无力抵抗，北京沦陷。慈禧太后带光绪帝逃往西安。清政府被迫与列强签订《辛丑条约》，赔偿列强白银四亿五千万两。《辛丑条约》的签订，标志着中国完全沦为半殖民地半封建社会。

　　光绪三十四年（公元1908年），光绪帝和慈禧太后相继离世，年仅三岁的溥仪即位，改元宣统，溥仪就是宣统帝。宣统三年（公元1911年）5月，清政府颁布"铁路国有"政策，将已归商办的粤汉铁路、川汉铁路收归"国有"，并与英、法、德、美四国银行团签订《湖广铁路借款合同》。各地人民纷纷起来反抗，抗议清政府的卖国行为，史称"保路运动"。

正当保路运动进入高潮的时候，湖北革命党人组织的文学社（前身是杨王鹏等人领导的群治学社）和共进会在武昌举行了联席会议，决定成立起义总指挥部，由文学社社长蒋翊武（翊yì）为总指挥，共进会负责人孙武为参谋长。他们和黄兴等人取得联系，准备在这一年的中秋节（公历10月6日）举行武装起义。不料在发动起义之前，发生了两起自我暴露的事件。

文学社和共进会的成员有很多是新军（清朝编练的新式陆军）官兵。八月初三（公历9月24日），新军炮队的革命党人孟发臣等人给将要退伍的汪锡玖等人设酒席饯行，三杯水酒落肚，几个人就吆五喝六，大声喧哗起来。军官宁鸿钧前来阻止，孟、汪等人借着酒劲进行辩驳。宁鸿钧见士兵敢于顶撞自己，就一脚把酒菜桌子踢翻，又添油加醋地报告了营长杨齐风。杨齐风不问青红皂白，就把孟发臣、汪锡玖各打了几十军棍。士兵们见官长这样蛮横专制，按捺不住心中怒火，拖出几门大炮就向军官宿舍轰击开了。不料忙中出错，射出的全是演习用的假弹，未能爆炸，他们又急忙到弹药库去取炮弹。库门紧锁，一时没法打开。正在士兵们没有主意的时候，统制（相当于旅长）张彪已经领兵前来镇压了。湖广总督瑞澂（chéng）虽然没有利用这一事件大肆搜捕革命党人，却召开了文武官员会议，布置了防范措施，加强了戒备。革命党人因准备得不充分，决定起义延期举行。

八月十八日（公历10月9日）上午，一批革命党人集中在汉口俄租界宝善里的革命总机关赶制炸弹。革命党人刘公的弟弟刘同找孙武谈完话后，就站在一边看孙武拌火药、装炸弹，嘴里还叼着香烟。一不小心，火星落在炸药上，只听一声巨响，黑烟弥漫，孙武的手和脸被烧伤，血肉模糊。在场的人赶快把孙武送到附近的同仁医院抢救，其余同志马上离开，并向起义总指挥部告急。他们前脚刚走，俄国巡捕后脚就到了，把革命党人准备起义时用的文告、旗帜、印信、钞票和宣传品全部抄走，并抓走了刘同等人。俄国人如获至宝，立即打电话通知瑞澂，并把"战利品"引渡给清朝地方官。刘同当时只有十四五岁，在敌人的严刑拷打下，把他所知道的秘密机关的地点和重要革命党人的名字全部供了出来。瑞澂得知革命党人马上就要起义的消息，不禁打了个冷战。他一面命令"楚豫"号兵舰停泊在总督衙门附近的江边，准备随时登船逃走；一面下令全城戒严，搜捕革命党人。

与此同时，革命党人刘复基正在起义总指挥部向刚从岳州赶回来的总指挥蒋翊武汇报起义的准备情况。突然，负责通信联络的邢伯谦闯进门来，气喘吁吁地报告了爆炸事件的经过。蒋翊武马上召开紧急会议，商议对策。刘复基说："与其坐以待毙，不如立即发动起义，用铁血和清朝相拼。"其他人也同意这个意见，决定当天晚上十二点钟，先由南湖炮队的革命党人鸣炮为号，然后由工程八营占领楚望台军械库，其他人一齐响应。

到了晚上十点钟，蒋翊武、刘复基和彭楚藩等革命党人正在起义总指挥部的楼上等待南湖炮响，突然从楼下大门外传来了急促的敲门声。蒋翊武急忙问："你们是干什么的？"门外的人说："是来找你们老爷的。"蒋翊武听出答话的不是自己人，就示意其他同志逃走。刘复基手拿两枚炸弹，沉着地对大家说："你们都走吧！我去对付他们。"话音未落，就往楼下跑。刚跑到楼梯中间，见军警已撞破大门，他用力把两枚炸弹向敌人扔去。哪知慌忙间忘了撞炸弹的发火击针，炸弹在地上滚着没有爆炸。军警一拥而上，把刘复基抓住。蒋翊武等人见势不妙，急忙翻窗逃出，攀上邻屋。这时候，屋子前后左右都布满了宪兵看守。蒋翊武身穿皂色长衫，外套枣红马褂，脑后留着一根长辫子。看守人以为他是个老学究，对他没有注意，他便借机溜走了，其他人都被逮捕。

瑞澂见逮捕了革命党人，暗自高兴，命令湖北督练公所总办铁忠、武昌知府陈树屏等人连夜会审，还吩咐他们说："对这些无君无父的东西，只要取点供词，该杀该剐都由你们决定，不要再问我了。"

首先被提审的是彭楚藩。铁忠见他穿着宪兵制服，而管宪兵的官长正是自己的亲戚果清阿。铁忠怕牵连到果清阿，就给彭楚藩递话说："你不是去抓革命党人的宪兵吗？怎么把你也错抓来了！"意思是让彭楚藩承认抓错了，就可以释放了事。不料彭楚藩大声说："没有错，我正是革命党。"铁忠又问："既然没有错，你为什么不跪？"彭楚藩严肃地说："你好大的狗脸！我岂能给你跪！"接着就当堂大骂清政府对外割地赔款、丧权辱国；对内残酷压迫人民、搜刮民脂民膏的罪行。他说："我们一定要把清朝推翻，建立民国，你们的死期马上就要到了。"陈树屏大怒，拍了一下惊堂木问："湖北究竟有多少革命党人？"彭楚藩说："除个别人以外，其他人都是。"陈树屏指了指自己的鼻子问："难道我也是吗？"彭楚藩冷笑了一声说："你不够资格。我说的个别人，就包括你这个清朝的奴才。"铁忠气得脸色发白，喝令推出去斩首。彭楚藩一边走，一边高呼"民国万岁！"英勇就义。接着，刘复基和杨洪胜也都坚贞不屈，壮烈牺牲。

再说负责到南湖传达起义决定的邓玉麟因为全城戒严，只好绕道而行，等赶到南湖炮队的时候，都快半夜十二点了。炮队营门紧闭，邓玉麟翻墙进去，找到革命党人徐万年，传达了十二点起义的决定。徐万年说："马上就到十二点了，这里的人已经睡熟。事先毫无准备，怎么能起义？"因此炮队当晚没有发炮，这可急坏了工程营的革命党代表熊秉坤。

熊秉坤的公开身份是个正目（相当于班长），他和其他同志接到起义通知以后，整整等了一夜。见南湖炮队没有动静，第二天（八月十九日，公历10月10日）清早，他叫李泽乾出去打听消息。李泽乾回来后报告说："城里到处戒严，人们传说官府昨晚侦破了谋反机关，抓走了好多人，还要按名单到处抓人哩！"又说有人看到了官府杀害彭、刘、杨三人的告示。熊秉坤见情况危急，就利用吃早饭的机会，低声对各队代表徐少斌、金兆龙等人说："我们防守军械库，应当首先起义。因为各营起义后，都必须到这里领取弹药。我们不动手，别营怎敢先动！"于是就约定下午三点钟上完操以后起义，并通知了在楚望台执勤的革命党人接应。可这时候，营里突然接到上级的紧急命令：停止下操。熊秉坤只好改为晚上七点以后起义。

快到晚上七点的时候，排长陶启胜见士兵程正瀛手里拿着上了子弹的枪，金兆龙也在擦枪，就问："你们干什么？"金兆龙回答说："以防不测！"陶启胜大声说："你们想造反吗？"金兆龙急不择言，说："造反就造反，你能把老子怎的！"陶启胜上前跟金兆龙扭打起来，要把他抓起来惩处。程正瀛见情势危急，向陶启胜开了一枪。陶启胜受了轻伤，连滚带爬地出门逃命，迎面正碰上了熊秉坤。熊秉坤怕他出去报告，也就向他开了一枪。全营的革命党人听到枪声后，大喊"反吧！"大家立即行动起来，顿时枪声大作。就这样，几个新军革命士兵的行动，揭开了武昌起义的序幕。

起义的士兵们打死了阮荣发等三个军官，其他军官见势不妙，有的翻墙逃跑，有的躲进了厕所。各队士兵见官长死的死，逃的逃，胆子就更大了。他们蜂拥而出，集中到熊秉坤周围。熊秉坤见大家都动起来了，就鸣笛集合，先带领四十多个战士奔向楚望台，和那里接应的同志会合起来，占据了军械库，其他战士也跟着往那里集中。熊秉坤以总代表的身份，向大家宣布说："从现在起，我们的军队叫湖北革命军。今天晚上的作战目标是攻占总督衙门，以完成武昌独立为原则。口令是'同心协力'。"

宣布命令后，熊秉坤感到自己只是个小小的正目，缺乏领导起义的威望和指挥经验，难以控制局势，就去找队官（相当于连长）吴兆麟。吴兆麟进过参谋学堂，军事知识和作战经验都比较丰富，被人们称为"智多星"，熊秉坤和士兵们推举他为临时总指挥。吴兆麟要求士兵们绝对服从命令，并对起义部队作了部署。

这时候，蔡济民等人又带领别营的起义士兵和学生来到楚望台。南湖炮队也把火炮拉了出来，架设在中和门城楼、楚望台和蛇山等制高点上。约有两千人的革命军开始了围攻总督衙门的战斗。

总督衙门是清朝统治湖南、湖北两省的中枢，有一丈多高的围墙，易守难攻，而且瑞澂在这里配备了雄厚的兵力，用当时最先进的武器进行防守。革命军在进攻

之前切断了电线，全城一片漆黑。他们先派步兵去攻打，敌人的火力强大，无法接近；又让炮队发炮射击，也黑乎乎地看不清目标，作用不大。吴兆麟等人就决定分三路前去放火。过不多久，火光冲天，总督衙门前的大旗杆看得清清楚楚。革命军的炮手们以旗杆为目标，猛烈轰击，十发九中。步兵在炮火的掩护下，冲向总督衙门。总督瑞澂吓得魂不附体，心惊肉跳地说："炮弹太厉害了，在这里落下一枚就不得了！"话音未落，果然一枚炮弹落在院中，爆炸起火。他急忙叫人在衙门后墙挖了个洞，爬出去逃到事先停在长江边的"楚豫"号兵舰上去了。统制张彪带领清兵在望山门拼死顽抗，机枪吐着火舌，封住革命军前进的道路。熊秉坤挑选了三四十人组成敢死队，沿着墙根爬行前进。接近机枪阵地后，突然跳起掀倒机枪，一齐上去摧垮了敌人的防线，后面的革命军也跟着冲了上去。

当敢死队冲到总督衙门附近的时候，张彪率领清兵发起了反冲锋，把敢死队拦腰截成两段。敢死队前有敌人机枪的猛烈扫射，后有敌人的围攻，有被歼灭的危险。在这紧要关头，熊秉坤急中生智，命令士兵散开，对围困自己的敌人进行反包围。士兵王世龙、纪鸿钧先后提着两桶煤油趁敌人不备，纵身冲进总督衙门门房，浇上煤油，放起火来。敌人见衙门里燃起熊熊大火，立刻大乱，纷纷逃走，王世龙和纪鸿钧壮烈牺牲。其他敢死队战士趁敌人混乱溃逃之机冲进了总督衙门，放火烧毁了大堂。张彪见总督衙门成了一片火海，也不敢恋战，只得率领残兵败将过江退到汉口去了。

经过整整一夜的激战，革命军占领了总督衙门和武昌全城。数百名革命士兵在战斗中献出了年轻的生命，用鲜血换来了胜利。八月二十日（公历10月11日）上午，武昌城头飘起了革命军的大旗，革命党人胜利了。这次起义是在武昌举行的，所以叫武昌起义。武昌起义正值农历辛亥年，由此引起的推翻清朝的革命，被称为辛亥革命。

武昌起义爆发后，清政府的统治土崩瓦解。公元1912年1月1日，孙中山在南京就任中华民国临时大总统，南京临时政府成立。2月12日，清廷发布《退位诏书》，清朝灭亡，同时也标志着中国两千多年君主专制制度的终结。

〈 1911 年 10 月 11 日，中华民国鄂军都督府成立 〉